叢書・ウニベルシタス　190

神の存在論的証明

近世におけるその問題と歴史

ディーター・ヘンリッヒ
本間謙二／須田 朗／中村文郎／座小田 豊 訳

法政大学出版局

目次

凡例

(1) 本書は、Dieter Henrich, DER ONTOLOGISCHE GOTTESBEWEIS, Sein Problem und seine Geschichte in der Neuzeit (2., unveränderte Auflage), J. C. B. Mohr (Paul Siebeck) Tübingen 1967 の全訳である。一九六〇年の初版とこの第二版とは、第二版への短い序文に記されているように異同はない。

(2) 本書で用いた括弧その他は次の通りである。

(i) 原文で „ " および ‚ ' と記されている箇所は、その中が語句であると文であるとを問わず、すべて「 」で表記した。

(ii) ( ) は著者の補足であり、訳文でも同じ表記をしている。

(iii) 〈 〉は文意を明確にするために訳者が適宜付けたものである。

(iv) 《 》は原文ラテン語であるが、煩雑を避けるためいちいち原語を付さなかった。

(v) 〔 〕の中はすべて訳者の補いである。これによって必要以上の訳註を付けることを避けた。

(3) 原文でイタリックの語、語句および文には傍点を付した。ただし書名を表わす場合には『 』で表記し、人名の場合には削除した。

(4) 著者による引用文献の指示はすべて巻末の文献表に記された略号にしたがった。著者自身この略号に厳密に従っているわけではないが、すべて統一した。すべての原典に当たるべく努めたが、入手不可能なものについては残念ながら照合を断念せざるをえなかった。また邦訳のあるものについてはその都度参照したが、著者自身によるドイツ語訳および自由な引用の多いこともあって、文脈上参照するに留めた。
（5）原文の誤記および誤植と思われるものはかなりの数に上ったが、訳者の判断で処理し、いちいち挙げることはしなかった。
（6）原註は(1)、(2)…、訳註は（一）、（二）…で示し、巻末に一括した。
（7）訳語について。同一の原語でも文脈からして明らかに異なる意味の場合は訳し分けたが、一語で両義的な意味をもつ場合は、両方を（訳者の補いの形で）並記してある。また、できるだけ原語を忠実に再現できればと思い、ほとんど同じ意味の語も、原語が異なる場合は、一応訳し分けた。たとえば、Dasein は「現存在」、Existenz は「現実存在」、existieren は「実在する」と、それぞれ首尾一貫して訳した。そのため、たとえば「現実的な現実存在」(die wirkliche Existenz)といった生硬な日本語が頻出することになってしまった。それらのうち、前後の文脈で理解可能だと思われる表現については、あえてそのままにしてある。ちなみに、「現実的現実存在」という表現は、「想像されただけの現実存在」――これをまだ「現実存在」と呼べるのかという問題はさておき――と区別される現実的な現実存在を意味していることは文脈（本書九頁及び一二頁）から十分わかるはずである。

序文

近世の存在神学の歴史は存在神学それ自身を擁護するために叙述されるのであってはならない。重要な哲学者たちは、カント以来存在論的と呼ばれている神の存在証明によって、認識の全体の内で究極的に確実なものは何か、という問いに答えを与えてきたのである。彼らの考えによれば、最高の思想は、自らを自分自身によって根拠づけるばかりではなく、自分が現実的なものだということ、しかも存在しうる一切のものと思惟されうる一切のものとの起源だということを、同時に証示するのである。そうすると、最高の思想において、思惟は自分自身を確信し、と同時に自分を乗り越えることになろう。思惟にとっては、自らが純粋な思惟となり、自分の原理を捉えるとき、思惟を存在に対立するものとして規定している諸々の限界が、同時に廃棄されるはずである。そしてそれと共に、思惟が認識しようとしているもの〔存在〕がその根本において思惟には閉ざされているのではないか、という疑念が取り除かれるはずである。

こうしてアンセルムスやデカルトやヘーゲルにおいて、存在神学の思想が、各々特有な仕方で存在論的な問題と認識問題とを、同時に解決する。哲学は今日、ふたつの問いのこの結合に、ドイツ観念論の存在神学の終焉以後に登場してきたどの体系にも増して、再び一層接近している。

とはいうものの、一連の本質的な理由からして、哲学はもはや存在神学の解決に従うこともできない。これらの理由はこの研究の「結び」で言及されるはずである。存在神学は、すべての近世的な思惟に共通する問題系が言い表わされることのできる諸形式のうちのひとつにすぎない。

しかしながら、現代哲学が自分自身の問いを、自分と同族のあの形態〔存在神学〕ではもはや決して再認識したりはしなくなっているという点に関しては、やはり諸々の特殊事情に原因があるのだと言わざるをえない。神の存在の存在論的証明は、一般に周知のものとなっている哲学思想のなかに、なるほど含まれてはいる。しかしこの証明は稀にみるほど一致して排斥されるし、一度として真剣に採り上げられたためしもない。それは合理主義的で没批判的な哲学的思惟の、過ぎ去った時代の記録とみなされたり、あるいは、ただ奸智にたけたやり方で人を啞然とさせることしかできない詭弁のたぐいとみなされる。この証明を擁護する人々でさえ、こうした非難を根本的には否定しない。彼らはただ、存在神学的思想は形式的な意味での証明たろうなどとは少しも望んでいないのだ、といって抗弁するだけである。なるほど、神の確実性はそれ自身において一切の理性に立ち勝っているのだが、存在神学的思想は、そうした神の〔超理性的な〕確実性についての理性的な解釈の、際立った証として理解されなければならない、というわけである。

こうして現代では、神の存在の存在論的証明に関して、互いに対立しているが、しかしどちらも共通の前提をもっているふたつの意見が支配的になっている。一方には、とりわけトマスから受け継いできた異論をもってしてこの論証を否定する批判者たちがいる。他方には、この証明を信仰に基づく「模範的にすぐれた神学の作品」であるとか、包越者による充溢に出自を有する「思惟」であるとか、あるいは生けるキリスト教史のひとつの時代の表現であるとかといって、誉め称える人々がいる。(1) 両者はいずれも、存在論的論証が純粋思惟の次元では挫折するということ、しかもこの論証の欠陥は、存在神学の「なるべくしてなった荒廃」という今の段階では、簡単に看取されうるということについて、確信を抱いているのである。

こうした予断が以下において問われることになる。しかし、存在論的論証を神の有効な存在証明として再び掲げようなどという意図は私にはない。とはいえたしかに、これによって私は、存在論的論証を問題として哲学に返還することを意図しているのである。この論証に偏見をもたずに出会った人は誰でも、この論証から、まるで理解を越えた謎にでも出会ったかのような深い印象を与えられ、この論証の正体は何なのかとか、それをどうすれば解くことができるのか、といった問題を考察するよう誘われてきたのである。この証明に対して一旦は完全に確信を抱きながら、次にはまたも、まったくの疑念に囚われるという、こうした考究につきものの不確かさについて、その歴史的な例証もまたわれわれはもちあわせている。(2) こうした考究は、幻影によって混乱させられた思惟の結果にすぎないのではなく、哲学がただ自らの命運を賭することによって初めて提出することのできるような問題を追究するのである。この問題は、哲学の根本問題であるすべての問いと同じく、捉えるのは容易だが、解決するのははるかに難しく、ひとつの命題に言い表わされはするけれども、広汎な全体を見通すことによってしか克服することのできないものである。「思惟」と「存在」という両概念を単純に区別することによってこの問題から免れることができるのだと考える人は、哲学のこれまでの道程の大半を誤謬の道とみなし、哲学がどうしてそのような道を採ることができたのか理解できないと考える。けれども、この証明が直ちに明証的であると説くことも、〈この証明の妥当性に対する疑念が生じるのは、見たり聞いたりすることのできるものに属する真理しか保持することができないからなのだ〉と説くことも、また間違いであろう。そうすれば軽率な批判者たちの誤りを別な仕方で繰り返すことになろう。この証明を問題として哲学に返還するということは、同時に、そしてまた第一に、存在神学とそれに対する批判との内に、本質的な重要性をもつ困難な課題を認めるということを意味する。

最近数十年間の文献に見出される、この証明に対する以上のふたつの立場は、わけても中世の存在神学に関心を寄せるに至っている。トマス主義的な批判者たちは、自分たちの自然神学を有利に導くために、スコラ哲学におけるアンセルムスとトマスの思想の影響を追究してきた。(3) 彼らには、存在論的論証に関する近世の理論はほぼ、かつて響き渡っていた楽曲の遠い残響だと思われている。彼らにとってはアンセルムスの証明が本来重要な対象なのであって、近世の諸理論は、この証明に関する中世の諸研究に付随して言及されるにすぎない。——そのうえ、この証明に信仰の〔理性的な〕自己解釈としての意味しか認めないような人々すべてにとって、デカルト以降の存在神学はより根源的な真理の堕落形態でなければならないのである。彼らの歴史的な研究は、アンセルムスをライプニッツやヘーゲルよりもはるかに高く持ち上げている。こうした判断の結果、これらの思想家〔ライプニッツ・ヘーゲル〕に関する彼らの解釈は、重要度からいっても広がりからみても、ほとんど意義をもたないものになる。したがって、近世における存在神学の歴史と、この歴史が集約される統一性は、今なお知られていない。驚くほどおびただしい数の、近世の存在神学の最も重要な記録文書が、忘れ去られているのである。(4)

　現存の公刊物や、それに依拠している諸々の観点は、たしかにそれだけの正当性をもちあわせてはいる。誰であれ、存在神学がもともと現われてきた連関が、「《知解を求める信仰》」であったことを否定したりはしないだろう。この連関を見失うことのない研究が、実り豊かな成果を導き出してきたのである。こうした研究は近世の思想家たち、例えばマールブランシュやフェヌロン〔1651—1715〕に関しても書くことができるはずなのである。(5) しかし、哲学者たるものは、存在神学の問題が決して純粋思惟の問題ではないのだと確信するまでは、そうした研究を打ち切ったり、存在神学の問題を歴史家や神学者たちの手に委ねたりしてはならない。こうしたことが許されないのだということを裏付けているのが、わけても存在神学の問題の近世の歴史なのである。

　以下の研究は、存在神学的な思想を近世におけるその歩みのなかで追跡することに限定される。このなかで論じられる諸体系が探究されるのは、それらの体系が存在神学的な思想の展開にいかなる寄与をしたのかを理解するうえで必要である限りにおいてでしかない。この展開は十七、十八世紀の形而上学的な時期にあっては、比類のないほど自己完結した意味統一をそれだけで成しているのであって、この時期と同じように自己完結した例は、きわめて稀だと言ってよい。したがって、スコラ哲学に対する個々の哲学者たちの関係を立ち入って論ずることも断念された。この関係については、すでにすぐれた研究が存在している。(6) 彼らの存在神学と部分的に緊密に結合されている、彼らの宗教哲学の叙述もあればよいのに、と恐らく思われるむきもあろう。しかし、それはこの問題設定の範囲外のことである。

この仕事の第三部は、観念論的形態の存在神学的論証の分析にあてられた。この形態において、カントの批判以後存在神学は再び革新され変更されたのである。カント以後の存在神学は、デカルトから始まりライプニッツの学派において閉じられた歩みを、先に進めることも、今一度採り上げることもできなかった。とはいえ、それは、やはりこの歩みとの関係においてしか理解することはできない。存在神学的思想は、その形而上学的な局面と観念論的な局面を、なるほど統一した発展の歩みにおいてではないにしても、しかしたしかにまったく同じ問題系の統一において、結合しているのである。したがって、ドイツ観念論の存在神学者たちの立場とその批判者たちの立場との間の真の対立もまた、誤解や無根拠な論争の外面性から解き放たれなければならない。わけてもカントとヘーゲルとの間にある差異はあまりにも大きいので、両者に等しい仕方で関わる問いによってこの差異を事柄に則して吟味することができないのだと、今なお思われている。このような問いが仮にあったとすれば、存在神学全体の正否がそこで決せられることになるはずなのである。

存在神学の哲学的探究というものは、この語の前半分〔Onto-theologie の Onto〔存在の意〕〕に力点を置かなければならない。神の存在の存在論的証明の手がける問題は、神〔theos〕の思想から切り離されても、立てられることができたのである。最も重要な存在神学者のひとりスピノザは、いつの時代にも、神の人格性を否認する無神論者だという嫌疑をかけられた。また近世の存在神学そのもののなかで、しかもヘーゲルにおいて、伝統の神概念は曖昧なものになってしまったのであって、そのために今日われわれは、神が「自分自身によって実在する最も完全な存在者」だと語ることができなくなったのである。こうして存在神学は、「神は存在する」という言葉の意味さえも疑問視するような思惟に委ねられることになる。しかしながら存在神学の成果は、哲学的探究とは別の、本来神学的な問い──「存在としての存在 ὂν ᾗ ὄν」も思惟としての思惟も重要だとはみなさない別の問い──との関係なしには、やはり存在しない。存在神学は、世界の現存在に基づいて神を認識することの脆さを暴露し、およそ神へと通ずる道であるからには、神の内に始まりをもたなければならないのだという点で信仰と一致する。デカルトもヘーゲルも、「《何人もあなた〔神〕を予め見出した者でなければ、あなたをたずね求めることはできない》[7]」というベルナルドゥス〔1091─1153〕の言葉に、同意することができたのである。神は、存在神学がそう望んできたように、純粋な思想にとってすでに現前しているのか、それとも、人間が思惟しつつも、最後には理性が自分自身を放棄し、「絶対的なもの」を──積極哲学へのシェリングの脱自的転向や、キルケゴールの逆説や、あるいは「《このうえなく浄き神へと向かう純粋な希望》」にみられるように──自分の限界として認識することによってのみようやく神に達することができるようになるのか、そのいずれかである。とはいえ後者の場合でも、自らの有限性という障碍を、思惟は自分自身の内にしか見出すことができない。してみると、神の存在の存在論的証明の問題は、右のどちらを採るにせよ、哲学の問題だということになる。

以下の探究のような歴史的探究は、事実関係に則した問題によってしか導かれえないのだから、このような二者択一に解決を与えることはできない。恐らくは、この問題がもっと明瞭になるようにする手助けならできるであろう。

この研究は、一九五八年に行なわれた「哲学的神学の問題」と「ヘーゲル以後の哲学」というふたつの講義から生まれたものである。ハンス・ゲオルク・ジーベック氏には、本書の公刊に関して深甚なる感謝の言葉を述べなければならない。また、ハイデルベルク大学図書館には、貴重な文献をほとんど例外なく入手することに理解を示された点について、お礼を申し述べたい。

一九五九年一〇月　ハイデルベルク

著者

引用の方法について

不必要に大きな註を付けるという作業を軽減するために、文献の指示はすべて本文中に組み込まれた。本文中の文献の指示は、そのつど最初に著者名と結び付いて現われる略号と一緒に括弧でくくられる。本書末尾の文献目録に、著作の完全なタイトルの後に略号が挙げられている。幾度も版を重ねた著作の場合は初版本の節や頁数に従って引用される(例えば、デカルト、スピノザ、カント)。ラテン語、フランス語、英語の原文からの訳は筆者のものである。デカルト、スピノザ、ライプニッツおよびヒュームについては、『哲学叢書』(フェリックス・マイナー社刊)の翻訳も共に利用した。クラークについては翻訳しか利用できなかった。

第二版のために

この書に対して長い間問い合わせが続いたことを考慮して、ひとまず改訂を加えないまま再版することにする。もっと広汎な文献に習熟し、〔現代における〕存在神学の問題に関する探究（本書三八三頁以下）を私が現在必要だと考えている範囲にまで拡張したいのだが、そのほかの諸々の計画が妨げになって、近い将来にそれができそうもないからである。『フィヒテの根源的洞察』（フランクフルト、クロスターマン社刊、一九六七年）という最近の研究が、右の探究と関連している。

著者

第一部　近世の形而上学における存在神学

序論

神の存在の存在論的な証明は、デカルトがそれに与えた新たな根拠づけによって、十七、十八世紀の偉大な体系のなかで一般に妥当するものになりえたのだということ、何といってもこのことは哲学史の注目に値する現象のひとつであり続けるだろう。[1] 聖アンセルムスの証明もたしかに中世を通じて大きな名声を博したし、トマスによる批判にもかかわらず、多くの賛同を得てきた。けれども、デカルトの証明に比肩しうるほどの影響力をもつことは決してなかったのである。反宗教改革の神学においては、アンセルムスの証明はまったくの不評を買っていた。「ほとんどすべての神学者たちは、〔神の現実存在の証明は〕そもそも神の結果〔被造物〕に基づいてしか導出できないと主張したのである」(Descartes Med. 342)。それゆえ、存在神学上のデカルトの後継者たちは、存在論的論証を復活させる仕事の価値を認めることができた人たちだと言ってよい。その例証として『新論』におけるライプニッツの次の表現が役立つように思われる〔第四巻、第一〇章、第七節〕。「スコラ学者たちは、《天使博士》〔トマス〕さえも例外ではないが、この論証を排斥し、誤謬推理だと貶めた。その際彼らは大変な誤りを犯していたのである。それで、ラ・フレーシュのイエズス会の学院で十分に長くスコラ哲学を研究してきたデカルト氏は、この論証を再構築すべき十分な理由をもち合わせていたのである」。この表現は、極端にすぎる一般化のせいで、事実からすればたしかに不当である。[2] しかし、デカルトと共に存在論的証明の妥当性を再認識していた人々の自意識を、うまく特徴づけている。

存在論的論証は、哲学的知の体系を公理的方法に従って構築することに携わっていた時代には、その論理的構造によって、好ましい印象を与えたはずである。存在論的論証は何といっても、〈最高の洞察である神の現存在の認識が第一の最も単純な認識でもあること〉を教えることを約束するからである。この論証においては、単なる概念規定から実在的認識への移行が直ちにまったくアプリオリに可能であるようにみえる。この証明のために、《われ思う》はもとより、およそ何らかのものが実在するということすら前提されてはならない。この意味で、モーゼス・メンデルスゾーンは一七八五年にもなおデカルト的論証の業績を賞讃している。「この偉大な歩みこそは大胆且つ先例のないものであろう。人間の認識の全域をとっても、この種の推論の例は決して存在しない。至るところで可能性から可能性へ、あるいは現実性から現実性へと推論が行なわれてはいる。魂の外の実在的な現実存在は、魂の内の観念的な現実存在同士が相互に関係づけられているのと同じように、相互に関係づけられてはいる。……けれども、概念から直ちに事物へと、つまり観念的な現存在から実在的で客観的な現存へと直接推論されたような例はどこにもない」(Morgenstunden 309)。とはいえ、こうした方法的な長所も、単に神の存在の存在論的証明が装いを新たにして頻繁に用いられていることを説明するだけであって、この証明の明証性や説得力を示しているわけではない。存在神学は近世において復活したが、しかしそのことは、偉大な形而上学的な諸体系のなかで存在神学が果たしている機能からは理解できないのである。存在論的証明は、近世以前の未熟なキリスト教哲学の古びた証明形式として、幾世紀にもわたって通用してきてはいた。しかしそれもまた過去のものとなった後に、この証明が再び一般的な声望をもちえたのは、この証明の構造そのもののうちにその本質的な理由があったからにちがいない。

以下の研究ではまず第一に、十七、十八世紀における存在神学の革新の根拠が明らかにされるはずである。この根拠は、その大部分がすでに仕上げられた形で、デカルトの著作のなかに見出される。デカルトの改革によって、存在神学は、中世哲学にはなかったような動機に従って直線的に延びる道を歩むことになった。この道の終わりに位置しているのが、神の現存在についての合理的認識を目論む体系をすべて批判するカントである。存在論的証明に対してはずっと以前から大きな関心が寄せられてきたにもかかわらず、この道の首尾一貫性を明らかにする試みはいまだに欠けている。この道はふたつの時期に区分されなければならない。第一の時期に属するのが、デカルト、並びにデカルト主義者のマールブランシュとスピノザである。第二の時期はケンブリッジの新プラトン主義者たちから始まり、ライプニッツがこの時期の重要な位置を占める。この時期はアレクサンダー・バウムガルテンの『形而上学』と共に終わる。

近世における存在神学の展開は、デカルト以降存在論的証明のふたつの形式が区別されなければならないという事情によって、著しく制約されている。各々の形式はそれぞれ異なった神概念を出発点としている。一方の証明は〈最高に完全な存在者〉の現存在を証明しようとするものであって、したがってカンタベリーのアンセルムスの証明である。他方は〈必然的存在者〉としての神の概念から出発する。両者は以下では、第一の存在論的論証および第二の存在論的論証と呼ばれることになる。

第一の存在論的論証では、神は、それ以上に大きなものを決して考えることのできないような存在者として思惟される。大きさとは、ここでは延長の量ではなく、《本質》の量のことを意味する。神の本質のうちでは、現実性や可能的なもののすべての積極的な規定が合一されている。神は賢明で、力能があり、善なるものであり、しかも比類なくそうなのである。それゆえ、神は最も完全な存在者、つまり ens perfectissimum である。——ヴォルフ学派にあっては、個々の積極的な規定は事象性[一]を意味する。こうした規定は或る存在者に、ただ単に混乱した、単なる主観的でしかない表象に基づいて帰属するにすぎないのではなく、本当に（つまり《事象的に》）帰属するのである（Theol. nat. II §5)。ヴォルフにとって事象性はまだ完全性ではない。或る存在者が完全なのは、この存在者のうちでより多くの事象性が互いに結合されている場合である。してみると、ヴォルフの完全性の概念は関係概念なのであって、それは多様性における統一を意味している。すべての事象性を互いに結合して含んでいる存在者は《事象性の総体》(omnitudo realitatis）をもち、その限りで《最も完全な存在者》である。——第一の存在論的論証の神概念におけるこの〈事象性と完全性との〉区別は、この概念から導き出される推論の妥当性にとっては取るに足りないことである。つまり、現実存在は、アンセルムスの意見からしても、ヴォルフの考えからみても、最も完全な存在者という概念のうちで結合されている諸々の完全性（あるいは事象性）のうちのひとつとみなされなければならない。というのも、現実存在とは、或る存在者に積極的な規定として帰属することのできる何か或るもののことだからである。だから、われわれは現実存在をもたない神を思惟することができないというわけである。

第二の存在論的論証は〈われわれは神を、すべての有限なものとは違って、必然的に現に存在する存在者として表象する〉ということから出発する。必然的に存在するのは、自らの存在と作用とにおいて自分自身にしか依存しないもののことである。他のものによって作られたのであれば、それはこの他のものの支配下に立つことになるし、偶然によって現に存在するのなら、自分の現存在を支配しえないであろう。したがって、こうした神に関しては、神は《自己原因》であるとも言われる。神は自らの力で実在しており、われわれが他のものに関連させずとも、それだけで認識することができる。ところが、何か或るものが自分で自分の現存在の根拠だとすれば、そのものは現実存在という思想と同時にしか思惟されることはできない。第二の存在論的論証はまさにこの洞察に根拠を置いている。モーゼス・メンデルスゾーンはこのことをうまく次のように簡潔に定式化していた。「必然的存在者の観念から現存在を切り離そうとすれば、必ずこの観念それ自身を否定することになる。私は〔その〕概念と〔その〕事実《ザッヘ》とを共に思惟せざるをえない。さもなければ概念そのものを断念しなければならない」(Morgenstunden 319)。
《最も完全な存在者》と《必然的存在者》(ens necessarium)というふたつの神概念はそれぞれ違ったやり方で成立するのだが、これらの概念に導く諸々の考察はそれだけでもう独立した神の存在証明なのだと主張されてきた。《必然的存在者》の概念は世界内の諸々の有限な事物についての探究から生じる。偶然的なものはすべて、〈それ自身は他の偶然的なものによって産み出されたのではありえないような第一の原因〉というものを必要とするからである。この思想はアリストテレス的・トマス主義的な、第一動者の現実存在の証明に帰着する。——世界内の或る程度制限された完全性は、それが無制限な完全性に従って秩序づけられるのでなければ、理解されえないのだから、われわれは《最も完全な存在者》があると考えざるをえない。最も完全なものの現実存在についてのプラトン的・アウグスティヌス的な証明はまさにこの思想に根拠を置いている。

　しかしながら、両方の存在論的論証を研究するにあたって、われわれはこうした前提を度外視することができるし、したがってまた、後に(世界における有限なものの現実存在に基づく)宇宙論的証明並びに(観念の秩序に基づく)観念理論的《イデオロギー》証明(二)と呼ばれた、ふたつの神の存在証明をも度外視することができる。存在論的証明の推論形式は神の概念の起源に関する様々な理論からは独立したものだからである。この証明形式そのものが神の概念を定義する契機となりえたときに初めて、この証明と神の概念の起源への問いとの間に或る内的連関が生じてくるのである。

　同じ証明形式のふたつの様式が区別されるとき、体系的な哲学は自分が両方の証明形式の統一性と差異を規定するという課題に直面しているのに気づく。この課題から近世の存在神学の、これまで誰も指摘しなかった展開法則が明らかになる。すなわち、デカルトからバウムガルテンに至る道は、ふたつの証明を区別することから両者の内的統一を認識するに至る道なのである。内的統一のこの認識こそは合理的神学に対するカントの批判の第一の前提でもある。デカルト自身は両方の証明をまだ明確に分離してはいなかった。とはいえ、彼は証明を《必然的存在者》の概念から根拠づけ、この論証の認識上の価値をアンセルムスのそれから区別していた。デカルトの考えによれば、必然的存在者の概念を《立証の腱》とする証明だけが神の現存在の認識へ導いて行くのである。ところで、近世の存在神学の第二期は一見するとデカルトの発見を放棄することから始まるようにみえる。《最も完全な存在者》という概念に基づく第一の存在論的論証が再び採用されるようになるからである。しかし実のところ、ケンブリッジの新プラトン主義者たちにおいて早くもデカルトの洞察は〔放棄されるのではなく〕乗り越えられるのである。デカルトは《必然的存在者》の概念については、この概念が明晰判明に規定されているということを、ただ単に仮定していたにすぎなかった。それに対してモアとカドワースは、〈或る存在者について、それはそれ自身において必然的に存在すると言われるとき、そもそも何が考えられているのか〉という問いを立て始めている。まだ目立たない形で述べられていた彼らの答えは、〈或る存在者が必然的に存在するのは、この存在者の本質概念がこの存在者の現存在の根拠を含んでいる場合だ〉というものである。ところがそのことは、この存在者の概念からこの存在者の現実存在の存在論的証明を導くことができるということを意味する。こうして第二の存在論的証明が出発点とする概念は、存在論的な証明形式そのものに依存させられる。その場合、この形式は、デカルトがなお不十分だとみなしていた第一の存在論的論証の形式でしかありえない。この論証が今や再び存在神学の中心点となるのである。ところが、デカルトからケンブリッジのプラトン主義者たちやライプニッツ学派へと至る途上で、存在論的証明は、他の多くの神の存在証明と並ぶ、ひとつの神の存在証明にすぎないという身分から脱け出てしまう。というのも、存在論的証明が成功するのか、それとも挫折するのかという問いに対する答えに、今や《必然的存在者》という概念そのものもまた依存するようになってしまったからである。神の存在の存在論的な証明を排斥する人は、《必然的存在者》という概念を使用するいかなる権利ももはやもっていない。この結論を十八世紀の偉大な存在神学者たちは自分たちの証明を批判する者たちに対してしばしば提示した。絶対的に必然的なものという思想が、世界と世界の現存在の原因とに関する形而上学的な理論全体の根本なのであってみれば、神の存在の存在論的な証明が形而上学の根本問題になってしまったのである。最初は神の或る特殊な存在証明への問いであるように思われていたものが、今や絶対的に必然的なものという概念の意味への問いに、したがって形而上学全体の可能性への問いになったのである。カントが批判した哲学に至ってはすでにこう言い切るまでになっていた。すなわち、もしも神の現存在の存在論的証明の試みが失敗するなら、単に神についての認識ばかりか、われわれが理解している限りでのすべての認識作用も、その確実性と明確な意味を喪失せざるをえないのだ、と。してみれば、デカルトによって根拠づけられた存在神学は、近世の形而上学を高みにもたらしたと言うこともできるし、危機に陥れたと言うこともできる。――以下では、十七、十八世紀の重要な哲学者たちの諸々の思想が、神の存在の存在論的な証明として一層詳しく探究されると共に、デカルトからカントに至る途上での宿駅として理解されることになる。

近世の存在神学の展開を完全に描くとなれば、それは存在論的論証に対する批判の歴史をも包括するものでなければならない。この批判史は特に一章を設けて叙述することにしよう〔本書第一部第2章〕。とはいっても、異論のうちのひとつはさっそくこの場で顧慮されてしかるべきである。なぜなら、この異論は存在論的論証を単純且つ簡明な仕方で論駁しているのだという考えこそ、中世後期においても現代においても、存在神学の思想に対するあらゆる本質的な関心に対立するものだからである。この異論は、思惟と存在の概念を区別することによって、〈存在論的証明がこじつけであり、詭弁である〉ということを示すことができる、と主張する。というのも、存在論的証明は《四個名辞の虚偽》[三]を含んでいるからである。神という概念においてはなるほど現実存在の規定も思惟されなければならない。けれども、現実存在は二重の意味をもつことができる。すなわち、それは思惟された現実存在（《私の心の内の現実存在》）であるか、それとも事物そのものにおける（《ものそれ自身による》、《ものの本性における》）現実存在であるか、そのどちらかなのである。しかし、私が単に表象しているだけの現実存在と、現実的な物との間には区別がなされなければならない。私がただ思惟しているだけのものも現実存在をもつことができるが、しかしそれは単に私の表象の内でのことにすぎない。その場合の現実存在は概念の徴表であって、現実的な物の規定ではない。以上のようにその異論は主張するのである。こうして、存在論的証明に対する近世の最も重要な批判者のひとり、サミュエル・ウェーレンフェルスは次のように述べている。「もしも本質が、単に表象されたものとして、表象する人の心の内にしか存在しないのなら、現実存在が本質のひとつであるとはいっても、それは表象する人の心の内で表象されたものにすぎないであろう。しかし、本質が心の外部に現実的に存在すると言うのであれば、本質は知性の外部に現実的にも実在していることになる」。デカルト主義者たちは、この区別を考慮するのを怠ることによって、二義性の曖昧さを利用しているように思われる。彼らは現実存在という思想を現実的な現存在と混同しているのだ、と。

　この異論は、その本質的な特徴から言えば、すでにガウニロによってカンタベリーのアンセルムスに対して提示されていた。トマス・アクィナスはこの異論を自分の体系構制にふさわしい形態で繰り返した。

それ以来この異論は存在論的証明を論駁するために幾度となく用いられてきたのである。近世ではクルージウスやシェリングでさえ、この異論を入念に仕上げ、この異論を大いに重視した人々のなかに数え入れられる。ヴァチカンが新たなトマス研究を奨励してからこのかた、存在論的証明に対する聖トマスの批判はカトリックの哲学者たちのうちのほとんど圧倒的な数の人々の教義になってしまっている。周知のように神の現存在の証明可能性に寄せる信仰を教義にしている教会は、神は「世界の根拠および目標として確実に認識できる」(第一回ヴァチカン総会議決議書。一八六九―七〇年)とか、「原因がその結果から認識できるように、神は可視的な世界から認識されうる」(反近代主義宣誓。一九一〇年)と布告する以上のことはしていない。(3) この定式からはっきりとうかがえることだが、教会は存在論的証明を、たとえそれを表立って排斥してはいないにせよ、放棄しようとしているのである。聖トマスの異論を論拠にしてこの証明を批判する神学者たちのなかには、カスパール・ニンクとエチエンヌ・ジルソンも含まれる。わずかにアドルフ・ディロフがこの証明を擁護しているが、それですらためらいがちな弁明でしかない。比較的最近の存在神学の批判者たちのなかで最も重要な人物であるフランツ・ブレンターノでさえトマス主義的な異論に従っているのである。(4)

この異論がその思慮深さによって好感をもたれ、明証性をもつかのように思われるようになったということは認めざるをえない。とはいってもやはり存在論的証明はこの異論を凌駕している。十七、十八世紀の最も重要な思想家たちはまったくもって正しかった。彼らはしばしばトマス主義的な異論に対峙させられはしたが、だからといってそれだけでは存在論的論証を筋の通った神の存在証明とみなすことをやめようとはしなかったからである。近世の存在神学の歴史全体はこの異論に対する〔存在論的〕証明の正当化の歴史と解することができるが、その最も有効な論拠はすでにデカルトに見出すことができる。この論拠は、或る概念において思惟されるすべての徴表の価値が等しいということから明らかになる。例としてひとつの三角形を考えてみよう。幾何学は三角形が一八〇度の内角の和をもつということを示す。これによって、すべての三角形について、「三角形の内角の和は一八〇度である」という命題が真実であるということが確定する。三角形が一八〇度の内角の和をもつのは、三角形がそれをもつということが前提されているからだ、と制限を加えて述べても何の意味もない。三角形の内角が集められてこの和が生じるということは、まさに三角形の概念の内に存しているからである。これとは別に、ウェーレンフェルスの異論に呼応する形で、例えば一八〇度の内角の和をもつという特性が三角形に帰属するのは思想においてでしかないのだと言って、同じような留保をしてみたとしても、これもまた無意味である。というのは、三角形の概念の内に措定されているのは、「思惟された一八〇度」という規定ではなく、単に「一八〇度」という規定だからである。もしも、或る事物の概念において思惟されるすべてのものについて、それがその事物に帰属するのは思想においてだけなのだ、と言わざるをえないのだとすれば、その事物は現実的に存在している存在者であるのに、その事物について何ごとも決して言明することはできないということになるだろう。そうなれば、或る概念の客観的な意味には常に、この概念が思惟されているということが対立することになってしまうであろう。

　してみれば、トマスの異論は空しい留保にすぎないものとなる。[5] 三角形の例の場合、〔かりに〕内角の和という徴表を現実存在という徴表に置き換えるなら、思惟された現実存在が三角形に帰属するなどと言うことは許されないということが、直ちに明らかになる。ところで、もとより現実存在は、〔実際には〕三角形の概念において思惟されざるをえないような「完全性」といったものではまったくない。けれども、何らかの概念から、この概念の内に「現実存在」という規定が措定されていなければならないということが帰結するのだとすれば、このような思想を思惟することができるためには、この思想において思惟されるものの現実存在をも、――つまり現実的な現実存在（トマス主義的な異論から身を守るためには、たしかにそのほかの点からすれば問題を孕んでいるが、〔思惟されただけの現実存在ではなくて、現実的な現実存在という〕この定式を用いるほうがよい）をも必ず思惟していなければならないのである。

したがって、思惟と存在の区別に基づく異論は、自分が判断している当の事柄を見失うという間の抜けた明敏さの域を出ない。それは概念と存在との根底的な差異という抽象的な予断を、この差異が確立されていないような事態にまで持ち込んでしまう。ところで、われわれはしばしば次のような意見が主張されるのに出くわすことがある。つまり、存在論的証明に反対して単なる思想と現実的な現存在との間の区別を主張した人は、トマスと並んで、なかんずくカントその人であった、というのである。カントにとっては単なる概念から現実の認識を得ようとすることは、やはり「独断的形而上学」の予断なのだ、というわけである。だとすると、そのほかの点ではあまりにも掛け離れているふたりの哲学者の教説が、この点では一致していることになる。しかし、カントの批判がトマス主義的な異論という分母に還元されうるのだとすれば、カントの批判は存在神学の近世の歴史の連続性を見捨てていたことになろう。またカントの批判は、見た目には優越的な調子で自分が論争を挑んでいる形而上学の、最も重要な特徴さえも知らないままであった、と想定せざるをえなくなろう。けれどもそれは、カントはデカルトがすでにトマスの異論に対して提起していた論拠を知りながら、存在論的証明に対する中世の敵対者たちに与したのだという意見同様、およそありそうもないことなのである。もしもそうであったのなら、カントは、近世の重要な思想家たちのなかで、この異論の欠陥を見抜いていなかった唯ひとりの人だったということになるし、どうみても偉大な批判者ではなかったことになるだろう。

ところが本当はカントにはこの異論を用いる気などまったくなかった。彼の批判期の著作のなかには、彼が聖トマスのやり方で存在神学に闘いを挑んでいるということを証明できるような箇所はない。むしろ逆に、カントはデカルトと同じように聖トマスの異論を退けているのだと確信することができるのである。恐らく『唯一可能な証明根拠』という論文公刊後まもない時期のものと思われる覚え書きのなかで、カントは存在神学の批判者たちに反対してデカルトを擁護している。「物に帰属しうる様々な述語のなかに、それらのうちのひとつとして現存在を数え入れることができるのだとすれば、神の現存在を示すために、デカルトの証明ほど的確で同時に分かり易い証明を求めることは、たしかにできないであろう。この証明に対して、〈このような可能的な物は現実存在をただ悟性の内にしか含有していない。すなわち、可能的な物は物そのものが思想の外にではなく思想の内において措定される仕方のみを含んでいる。なぜなら、このようなやり方では、可能的な物について帰属するすべての述語について、それらの述語はすべて実際にその物に帰属するのではなく、ただ思想の内でのみその物において措定されるのだ、と言わざるをえなくなるからだ〉、と言って異議を申し立てたとしても無駄である」（Refl. 3706）。この思想を解き明かすために、カントはデカルトが最初に用いた三角形の例を利用している。「或る述語と或る物との結合が恣意的なものではなくて、事柄の本質そのものによって結び合わされているとき、この述語がこの物に帰属するのは、われわれがこの述語をその物において考えているからではない。そうではなくて、この述語が物に物それ自身において帰属しているがゆえに、この述語を物において考えることが必然的なのである。したがって私は、或る三角形にその三角形の三つの角が二直角に等しいということが帰属するのは、思想の内でしかないのだと言うこともできない。その等しさはその三角形それ自身において帰属するのである」（同前）。してみるとカントは、神を実在するものとして思惟することができるのは、現存在が明確に定義された神概念の徴表である場合だけなのだという点で、彼が批判している当の存在神学と一致することになる。だから、概念と存在との間の根底的な区別は普遍的に例外なく妥当すると仮定することは、カントにとって、存在論的証明を批判するための前提などではありえない。そうした仮定はむしろ批判の成果である。だから、この批判はそれとは別の論拠によって導かれるのでなければならないのである。こうしてみると、存在神学を論駁するに際しても、カントとトマスは意見の一致をみていたわけではまったくないことが分かる。ヘーゲルでさえ、両者は一致しているのだという誤りに陥っている。『哲学史』のなかで彼はこう述べている。「〈思想においては現存在と最も完全な存在者とは結合されているが、思想の外では結合されていないということより以上のことは、最も完全な存在者という概念からは帰結しないのだ〉、ということの異議はすでに古くからあるし、カントのものでもある」(III 355)。もしもカントがそのように論証していたのであったなら、ひとはカントの批判に対するヘーゲルの論争に一も二もなく同意せざるをえない羽目に陥ることになるだろう。

こういうわけで、近世における存在神学的思想の歩みを解明しようと試みるときには、以上のような異論とは手を切り、存在論的証明を簡単に片付けることのできる詭弁とみなす、この異論のもつ周知の予断を、退けなければならない。こうした予断は証明の意義や、証明に具わっている確証力について思い違いをしている。近世の形而上学がこの証明に自分自身の可能性への問いを結びつけたのは、まことに正当なことだったのである。

第1章　存在論的論証の根拠づけ

A　デカルトとデカルト主義者たち

1　デカルト

デカルトの後期の著作『哲学の原理』は教科書の性格をもっている。その第一四節に存在論的論証も見出される。しかしそれはここでは単なる主張として述べられている。「精神は、自分の様々な観念のうちで全知全能の最高に完全な存在者という観念を考察するとき、この観念のなかにその存在者の現存在を認識するが、この現存在は、精神が判明に捉える他のものの観念の場合のような単に可能的で偶然的なものとしてではなく、まったく必然的で永遠なものとして認識される」。デカルトは精神がどの道を通ってその洞察に至るかをこの箇所では述べなかった。引用した文章に引き続く説明も、最高に完全であることが神の属性であるということをただ指示しているにすぎない。それはこの属性から神の必然的で永遠な現存在が導出されうるのだと断言している。――つまり、この属性が神の現実存在の確実性の根拠だというのである。

してみると、『哲学の原理』はデカルトの証明が本質的にアンセルムスの証明であるという仮説を排除するものではない。デカルトは長い間よく知られていた論証を思い起こさせようとしているだけで、このゆえに彼はその論証の全行程を歩みつくすのを放棄しているのかもしれない。もしもそうだとすれば、その行程を誰でも容易に次のように補完することができるだろう。すなわち、〈最高に完全な存在者は、その概念からすれば、あらゆる完全性を所有していなければならない。しかるに、現存在はそのような完全性のひとつである。ゆえに、最も完全な存在者は現実的に実在するものとしてのみ思惟されうる〉、と。

しかし、『哲学の原理』の暗示的な論述の背後にもうひとつ別の、もっと豊かに組織だった思考の歩みが潜んでおり、したがってもともとデカルトにだけ属する神の存在の存在論的証明があるということも考えられよう。彼がこの証明においては全知全能という神の属性が顧慮されなければならないとはっきりと述べていることがそれを証している。それゆえに、完全性の概念それだけでは、最も完全なものの現存在の確実性に達するには十分でないように思われる。事実また、デカルトは、この神の存在証明は神の必然的で永遠な現存在の洞察に至るのだと三度にわたって書き記しているのである。とはいえ、神というこの存在者が存在しないことを不可能にしている神の現存在の必然性は、神は存在するという証明の歩みのなかで現われる必然性からは区別することができる。その証拠に、例えば三角形の観念から必然的にこの図形が三つの角をもつということが帰結するが、しかしだからといって、これらの三つの角そのものが何か必然的なものだと言おうとする人はいないであろう。

『省察』の「第五省察」も、デカルトの証明とアンセルムスの証明との事実上の関係を正確に規定するにはほとんど役に立たない。この省察の証明形式は本質的にアンセルムスの『プロスロギオン』のそれである。「現存在をもたない神、すなわちまったき完全性を欠いた最高に完全な存在者を思惟することは、私の自由にはならない」(81)。「現存在を欠いている、つまり何か或る完全性を欠いている最高に完全な存在者、すなわち神を思惟するということには矛盾がある」(80)。

デカルトはこの証明を明晰判明な認識の方法の適用例として導入し、数学的論証を例にとってこの証明を解明しているが、後になってこの例がとりわけ有効であることが明らかとなるはずである。デカルトの解明というのは、以下のようなものである。最高に完全な存在者の本性には常に現実的に実在するということが属するということをわれわれは、図形や数について証明される事柄が実際にまたその図形や数に属するのだということを洞察するのとまったく同じように、判明に洞察する(79)。われわれはたしかに、あらゆる物において現実存在と本質を区別することに慣れており、それゆえに神的な存在者の場合にもこうした区別を行なおうとする。しかし、もうすこし注意して考察してみると、「現存在が神の本質から分離されえないのは、三角形の三つの角の大きさが二直角になるということが三角形の本質から分離されえないのと同様である」(79)ということをわれわれは納得せざるをえないのである。——この比較によって、デカルトはガウニロやトマスの異論から、アンセルムスの証明を巧みに弁護したのである。けれども、この弁護は存在論的証明の特殊な、デカルトにのみ固有な形式を前提しているわけではない。

『哲学の原理』を読んでみると、その論評の背後に存在論的論証の複雑な理論が隠れているのではないかと、推測したくなる。この推測は「第五省察」に対する様々な反論にデカルトが応えた答弁によってはじめて確かめられる。よくあることだが、これらの反論のせいでデカルトは自分の思想をより広く展開し、より一層明瞭に述べざるをえなくなったのである。カテルス〔?—1656〕の「第一反論」を機にデカルトはまず、「第五省察」の証明に一致しているようにみえるアンセルムスの証明がデカルト自身の立てた明晰判明な認識の条件を満足させるものではないということを承認せざるをえなくなった。カテルスは、アンセルムスの名前を挙げずに、デカルトに、彼の論証がトマスによって論駁された証明と一致していることに注意を促したのである。カテルスはトマスのこの論駁を説得力のあるものとみなし、次のように要約している。「最高に完全な存在者がまさしくその名辞によって現存在を自己のうちに含むということが仮定される場合でも、この仮定から帰結するのは、まさにこの現存在が自然において何か現実的なものであるということではなくて、むしろ単に、最高の存在者という概念に現存在の概念が不可分に結合されているということだけである」(129)。けれども、デカルトは、これに対する答弁のなかで、自らの証明を、トマスが論駁しようとしたものから明白な仕方で区別するすべを心得ているのである。

すでに「第五省察」においてデカルトは、神の存在証明は恣意的な表象から出発すべきではないと述べていた。例えば翼をもった馬を想像のうちで産み出すことは可能である。しかし、だからといって、ペガサスが明晰判明に表象できる存在者となるわけではない。解剖学者は誰であれペガサスがどうして「真の観念」でないか、その理由を示すことができる。私ですら、この表象の本質に注意を向けるだけで、馬に翼をつけて表象するか、それとも翼をつけないで表象するかは私の好み次第だということ、そして私がペガサスの表象を産み出したのは馬の観念と鳥の観念の諸要素を任意に結合することによってなのだということを認識するのである。けれども、三角形については、私は明晰判明な表象をもつことができる。しかも、一八〇度以外の内角の和をもつような三角形について明晰判明な表象を形成することは私にはできない。ところで、神に現存在が帰属するのは、ペガサスに翼が帰属するようにではなく、三角形に内角の和が帰属するようになのである。たしかに、三角形が何であるかを理解しないで、三角形について語ることもできる。同様に、三角形の内角の和は三六〇度であって、一八〇度ではないと言うことも〔一八〇度であると言うのと〕同じようにできる。この場合、これらの命題のうちのどちらか一方だけが真でありうる。どちらが真であるのかを決定するのは、三角形についてのわれわれの表象の分析であって、この分析によってわれわれは〈この図形においては特定の内角の和が必然的である〉ということの明晰判明な概念に導かれるのである。神の概念の場合も事情は同様である。神の本質のうちに神の現存在の確実性が根拠づけられているのだという言表が真であるかどうかを知るのは、神の概念を分析し、こうして明瞭に規定された神の観念を確認する人だけなのである。

ところで、神はそれ以上に大きなものが何も思惟されえないような存在者だと言われる場合、デカルトはそれが単なる言葉だけの恣意的な発言の一例であると明言する。三角形とその内角の和についての真理がそれらについての明らかに誤った名辞的定義からは帰結しないように、神が現実的に存在するということはこの神という名辞からは帰結しえないのである。けれども、「或る事物の真の不変の本性ないし本質ないし形相に属すると明晰判明に洞察されるものは、その事物について真理をもって主張することができる」(152)。そして、デカルトの見解によれば、「第五省察」の証明は神の本質の観念と現存在の観念とのこのような内的で必然的な連関の分析なのである。してみれば、聖トマスの異論をデカルトに当てはめることはできない。なぜなら、トマスはまさしくアンセルムスを非難して、〈アンセルムスは神の名辞から名指されたものの現存在の確実性を導出しようとしている〉と述べていたからである。われわれは神という思想における概念と現存在との連関が単に名辞上のものにすぎないのではないということを、以下のようにして自覚することができる。この連関は、三角形の観念と一八〇度という内角の和との連関と同じように、われわれによって虚構されるものではない。ところが、三角形についての明晰判明な表象の内的明証から帰結するのはただこのような種類の三角形が自然のなかに存在することもありうるということだけであるのに対して、神の観念のうちには必然的な現存在が含まれているのである。神の存在の存在論的証明は現実存在の証明としては類稀な証明なのである。

以上の解明こそ〔存在神学の歴史のなかで〕デカルトの明察にあらゆる名誉を与えているものである。この解明の直接的な結果として、存在論的論証の内的明証に寄せる要求をデカルトは本質的に一層強めることになった。存在論的論証は、三角形の内角の和の証明との比較に耐えなければならないし、それゆえに論証のすべての歩みにおいて「第五省察」が行なったよりももっと精密にもっと見通しの利くかたちで展開されなければならない。デカルトはカテルスへの答弁のなかでそのような叙述を与えようと試みている。

さしあたっては無論、あらゆる証明は明晰に規定された客観的概念から出発しなければならないという デカルトの方法上の要求がどうして存在論的論証の内容に変更をもたらさざるをえないのかということは、依然としてまだ洞察することができない。〔存在論的論証に内容上の変更を加えるのではなく、むしろ〕アンセルムスの思想をデカルトのこの自明な〔方法的〕要請にかなうように展開することは可能なのではないだろうか。もしもそれが可能なら、トマスはもはやアンセルムスをも単なる名辞だけで推論を行なったといって非難することはできなくなるであろう。

「第五省察」のなかでもデカルトは最も完全なものという概念に基づく推論しか用いていなかった。けれども、カテルスが引いたアンセルムスに対する〔トマスの〕反論を通じてデカルトが、概念から現存在への明白な移行を根拠づけるには最も完全なものの表象だけでは原則的にみて適切ではないということを確信させられるに至ったのは明らかである。というのも、問題は、神の存在証明の前提にある概念は単に恣意的に形づくられているにすぎないではないかという嫌疑を晴らすことだからである。とはいえ、すべての完全性の総和という表象はさしあたり、自然〔被造世界〕のなかではただ互いに分離されているだけで、ほとんどわずかな程度しか見出されない特殊な諸完全性の、結合と増加とに基づいている。この場合われわれは、その表象が恣意的に成立するのか、それともその表象の根底に真の〔単に想像されたのではない〕観念が存するのかどうかを確信することができない。存在と真理に関わる結論を最も完全なものという概念だけから引き出すことは許されないのだということを、(6)デカルトは最も完全な物体という表象を例にとって示す。この観念を考え出したのがわれわれ自身だということは容易に明らかになる。われわれはまた、最も良い物体という表象からこの物体の現存在は導出されえないのだということも理解する。というのも、物体的なものは何であれ現に存在しなければならないということはないのだ、ということをわれわれは知っているからである。現存在は「他の物体的完全性からは生じない」。したがって、物体的なものの現存在はいつでも廃棄されうるのである。

右の例から、神の存在証明が客観的認識たらんとするときに満足させなければならないふたつの要求が明らかになる。

第一に、最も完全なものという表象は明晰判明に思惟されることができるということが、したがってそれは「真の観念」であるということが示されなければならない。第二に、最も完全なものが存在するということの証明は、ただ単に現存在を諸々の完全性のうちに数え入れることができると主張するだけでよいのではなくて、現存在がどのような仕方で最も完全なものの本質に結びつくのかということもまた示さなければならない。デカルトがこのふたつの要求を充たすのは、《必然的存在者》の概念を証明の《立証の腱》とすることによってである。この概念がデカルトの論証を聖アンセルムスのそれから区別するのである。(7)

物体の観念は現存在の観念を決して必然的に含んでいるわけではない。というのは、物体の概念の場合には、その現存在が肯定されることも否定されることも随意に可能だからである。デカルトはこの根拠に第二の根拠を付け加えて、「物体の観念を吟味するなら、物体のうちにはそれ自らを産出ないし維持するためのいかなる力もないということを私は知覚する」(156)と述べる。したがって、デカルトによれば、こうした観念において表象されるものの中に、そのような力を知覚するような場合には、そのものの現実存在を納得せざるをえなくなるはずなのである。物体の概念とは対照的に、神の思想こそそのような場合なのである。

以上の点を考慮するなら、デカルトがカテルスへの返答に際して、ふたつの概念を彼独自の仕方で取り替えていることが明らかになる。約束していた神の存在証明の明晰判明な詳述を彼は最高に完全なものの表象から始めてはいる。「ところで、物体ではなくて、それがどのようなものであれ、同時に存在しうるすべての完全性を含むような事物を研究する場合、現存在がそれら完全性のなかに数え入れられるべきかどうかについて、なるほど一見したところではわれわれは疑いをもちもするであろう」。この疑いは最も完全なものという表象そのものの研究によるだけでは取り除かれない。デカルトはむしろ「その際われわれが注意深く、最高に力能ある存在者に現存在が帰属するかどうかを吟味するならば、……」と続けている。してみれば、最も完全な存在者という観念に代って、最も力能ある存在者という観念が登場したわけである。最も力能あるものの現実存在の証明が終わった後ではじめて、デカルトは最も完全なものの表象に立ち帰るのである。「実際われわれは、かの最も力能ある存在者が神の観念のうちに含まれる他のすべての完全性を無条件に自己のうちにもつはずであり、したがってそれらの完全性はわれわれの知性のわずかの虚構もなしに、それ自身の本性からして、相互に結びつけられており、かくして神のうちに実在するということを容易に知覚するであろう」。

〈それらの完全性は相互に結びつけられており、かくして神のうちに実在する〉というこの結論によって、証明に対するふたつの要求が充たされる。その要求とは、第一に神の概念は真なる観念であって、決して恣意的な構想ではないということ、第二に現存在はわれわれが神の概念において思惟する諸々の完全性と必然的かつ内的に結びつけられているということである。しかし、証明の道は最高に力能ある存在者の概念を踏み越えることによってのみこの結論に到達するのである。この道の個々の行程は次のように連続している。A、まず最初に、われわれは完全性の総体という表象を形造る。B、われわれはこの表象が「真なる観念」であることを疑い、次いでそれを恣意的な虚構であるという嫌疑から解放する手段を捜し求める。C、われわれは完全性の総体の表象から特定の完全性の最高度の表象、すなわち最高の力能の表象へと導かれる。D、われわれは、最高の力能が自分自身の現存在にも力能をもち、そのようにしてわれわれにその現実存在を確信させる、ということを発見する。というのは、われわれは最高の力能という単純な、明晰判明に思惟された観念の客観性を疑うことができないということを洞察するからである。[8] E、ところで、この力能の観念から他の完全性を導出することができる。というのは、自分の現存在を支配する存在者は他の様々な完全性を自分自身で自分に与えることができるし、またそうするであろうからである。F、いまやようやく、われわれは最も完全なものの表象が単に虚構されただけのものではないということを納得する。この表象の客観性が、明晰判明に規定された右の歩みのなかで、最も力能ある存在者という観念から証明されたのである。[9]

この証明の歩みは、それを三段論法の意味での証明とみなさないならば、何ら循環を含んでいない。それは省察の過程なのである。そこに含まれている語の厳密な意味での証明といえるものはDの歩みだけである。しかし、或るひとつの表象全体があらかじめ単に問題的なものとして考えられているときに、その表象の要素から表象全体の実在性を導出するとしても、この歩みには何ら論理的欠陥は存しないのである。

したがってデカルトにおける神の存在の存在論的証明は《必然的存在者》の概念に基づく証明である。とはいえ、いかなる仕方でこの概念から現存在の確実性が帰結するのであろうか。デカルトは以下のように論ずる。「その際われわれが注意深く、最高に力能のある存在者に現存在が帰属するかどうか、そしていかなる現存在が帰属するかを吟味するならば、この最高に力能のある存在者には可能的現存在が帰属するが、それと同様にわれわれが判明な観念をもつ他のすべてのものにも、さらにはわれわれの知性によって単に虚構されたにすぎないものにすら可能的現存在が帰属するということを、われわれはまず第一に明晰判明に把握することができるようになるだろう」。最も完全な物体でさえ、それについての表象は単に想像に等しいだけであるにもかかわらず、存在可能だと言えるであろう。その表象はいかなる矛盾も反意味[10]も含まないのである。しかしながら、最高に力能のあるものの場合には、われわれは現存在の単なる可能性を越え出る。「さらにわれわれが最高に力能のあるものの現存在を可能的なものとして思惟できるのは、われわれがその広大無辺な力能に眼を向けながら、それが自分自身の力で実在できるということを同時に認識するときだけなのだから、それゆえにわれわれは第二に、それは現実的に実在し、また永遠の昔から実在してきたと結論するであろう。すなわち、自分自身の力で実在できるものが常に実在するということは、自然の光によってまったく明らかだからである。こうしてわれわれは、必然的現存在が最高に力能のある存在者という観念のうちに含まれるということを、それもわれわれの知性の虚構によってではなくて、現存在がそのような存在者の真の不変な本性に属するがゆえにそうなのだということを洞察するようになるのである」。

この重要な箇所をデカルトは特に熟慮して書いた。引用したのは第二刷だが、それは第一刷とは違っている。一六四一年三月四日付けの手紙でデカルトは友人メルセンヌに文章の訂正を依頼しているが、いまやこれが新しい存在論的証明を含むことになる。「《それ自身の力によって実在する何らかの力能がありうるのだということをわれわれが同時に思惟するときだけなのだから、またこの力能は最高に力能のある存在者それ自身以外の何ものにおいても理解されえないのだから》」という表現の代わりに、「《その広大無辺な力能に眼を向けながら》」が置かれることになる。この新しい定式はアルノーの異論を顧慮し、彼にそれ以上の攻撃の可能性を残すまいとするものである。アルノーは「第四反論」で神の概念を《自己原因》として捉えることに異論を唱えていた。つまり神は自己自身によって存在することは積極的な意味ではできないのである。さもないと、神は、自分が存在する前に、自己自身に自分自身の原因として先立たざるをえなくなるであろうからである。神は否定的な意味でのみ自己によって、すなわち他の何ものかによってではなく、産出され規定されるのである。たしかにデカルトは神の認識において原因の概念を類比的に使用することを認めて弁護するが、しかし彼は神と神自身との関係が原因と結果との関係ではありえず、この意味では神は神自身の力（ops）に基づいて実在するのではないということを認めている。神の力能とは、原因となる力をもつという力能（potestas）の謂ではなく、まったく自己自身に基づいて、つまり原因なしに、存在する力の謂なのである。それゆえにデカルトはカテルスへの最初の答弁の文章を変更したのだ。彼はいまや、存在するために神がいかなる原因も必要としないのは力能の広大無辺性のためであって、それは神における何か積極的なものであると言う。この広大無辺性は「実在するために神がいかなる原因も必要としない、ということの原因ないし根拠」（223）である。したがってデカルトはアルノーと共に《必然的存在者》の概念を《自己原因》の概念から区別して、なお且つ《必然的存在者》の概念のうちで存在力能（potentia）と現存在との必然的連関を維持し続けようとしている。というのも、必然的存在者の概念だけが存在論的論証を筋の通った神の存在証明たらしめるからである。

残る問題は、なぜデカルトは、最も完全なものという観念とは違い、絶対的に必然的なものという観念の客観性を疑わないのかということである。最も完全なものは想像にすぎないのかもしれないという懸念がきっかけとなって、デカルトは存在論的証明を必然的なものの観念に依存させることになった。必然的なものの観念もまた同様に恣意的に虚構されうるのではないだろうか。デカルトは、完全な物体と同じく最高に力能ある存在者にも現存在が帰属することがありうるとまだ語っている限りで、この可能性を認めている。しかし、彼は《広大無辺な力能》の表象が現実的現実存在の確実性に至ることを明らかにした後では、この可能性を放棄している。つまり神の観念から神の現実存在が帰結するがゆえに、この観念は虚構されたものではありえないのである。この一見すると奇異な命題は、想像された表象の起源についてのデカルトの教説から何の無理もなく生ずる。すなわち、知性はそのような表象を恣意的に形づくったのであるから、それをその表象のもとになっている諸成素に再び分解することもまたできるのでなければならないのである。このことは、翼をもった馬、黄金の山、完全な物体といった表象の場合には、容易に成功する。最も完全なものという概念そのものもまたこのような仕方で破壊することができるであろう。しかしながら、《広大無辺な力能》の表象と現存在の表象とのあいだには破棄できない結合があり、それはしたがってわれわれによって産み出されることは不可能であり、それゆえにまた単に主観的なだけのものではありえない。存在論的証明においては、したがって、第一の最も重要な明証は現存在が神の広大無辺な力能のうちに包含されているということである。その明証がまず宇宙論的な神の概念の客観性を保証し、ついには最も完全なものの表象の客観性もまた保証するのである。

以上の解釈は、「第一答弁」における思想の歩みから生じるが、『哲学の原理』の第一五節によっても確証される。そこでデカルトは、他のいかなる観念のうちにも必然的現存在は〔神の現存在と〕同じ形式では含まれていないことに注意すれば、ひとは神の現存在をますます確信するようになるだろうと述べている。「なぜなら、このことから人間〔の精神〕は、この最高に完全な存在者という観念が、人間自身によって形づくられたものではなく、また何かキマイラ的な性質を示すものでもなく、そのうちに必然的な現存在が含まれているがゆえに実在せざるをえない真の不変の本性を表わしていることを理解するであろうからである」。存在論的証明の前提において用いられる観念の客観性に関わる疑念は、証明そのものの説得力に抗しうるものではない。というのも、この証明によって、想像の主観性からは決して生じえないような必然的連関がこの観念のうちに示されるからである。

以上のような洗練された形態での存在論的論証が詳しく述べられているのはカテルスに対する答弁が最初にして最後ではあるが、デカルトは存在論的論証について語るときはいつでも、こうした洗練された形態でのそれを念頭に置いている。このことはデカルトが神の現存在を《幾何学的様式で》証明しようとする、「第二答弁」への補遺にも当てはまる。それはスピノザの『エチカ』の模範である。証明が行なわれる際の出発点となっている公理十によれば、最高に完全な存在者の観念のうちには必然的で完全な現存在が含まれる。この公理は、われわれがいかなる仕方でその公理の主張する明証性に到達するかを述べてはいない。それはアンセルムスの論証と同じ明証性であるのかもしれないのである。けれども、第一公理が〔第十公理の明証性に〕必要な補足を提供している。すなわち、「《その本性の広大無辺性》」が、神が実在するために何らの原因をも必要としないことの根拠なのである。この〔第一公理の〕《広大無辺性》と、かの〔第十公理の〕《最高に完全な存在者》との内的結合はカテルスへの答弁から明らかになる。証明をアンセルムスから明白には区別していない『哲学の原理』第一四節での説明もまた、このようにより広い意味で解釈されなければならないのである。

デカルトは神の存在の存在論的証明が詭弁として作用し易いということを認めている。それゆえに、その証明を説得力のあるものとみなすためには、その展開のあらゆる点を想起しなければならない(158)。

しかもこの推論に際して最高に完全な存在者という観念をあてにしてはならない。それはわれわれの想像力の所産かもしれないからである。それゆえに、最高に完全な存在者の観念は神の明晰で確定された概念――その最も重要な徴表は《広大無辺な力能》でなければならない――を形成するための手がかりや導きの糸にすぎない。この概念からしか神の現存在の確実性は獲得することができない。してみれば、デカルトは、神の存在の第二の存在論的証明がこうした推論形式のなかで唯一妥当な証明であることを確信しているのである。

もっとも、デカルトはこのような事態を彼の全読者に明らかにしようとは少しもしていない。彼がはっきりと完璧なものだと広言している、その証明の唯一の論述は、「第一答弁」の目立たない箇所に見出されるだけなのである。しかもここでも、証明方法の問いが《立証の腱》への問いよりも重みをもっている。このゆえにまた、後の時代には、三角形の例を用いて証明構築における数学的明晰性に迫ろうとするデカルトの論述だけが一般に知られるようになった。したがってデカルトの証明は内容面からみて一般にアンセルムスのそれから区別されなかったのである。デカルト主義者のマールブランシュとスピノザだけがデカルト的証明の伝統をその全範囲にわたって引き継いだ。すなわち、彼らにとっても《必然的存在者》の概念が存在神学の根本概念だったのである。

こういうわけでデカルトは二重の意味で存在論的証明に貢献した。第一に、彼はトマスの異論からこの証明を説得力ある仕方で擁護した。第二に、彼は第二の形式の論証を根拠づけ、それをカンタベリーのアンセルムスに起源をもつ第一の形式から区別した。それゆえデカルト的証明の的を射抜こうとする批判は、ふたつの欠点を回避しなければならない。第一に、その批判は認識と存在、概念と現実性の一般的区別をもち出すことだけで事足れりとしてはならない。なぜならデカルトはこうした抽象的異論に対しては、概念から存在への移行の明証性を神の概念という唯一の場合には確証することに成功していたからである。第二に、最高に完全な存在者という概念に基づく証明を論駁するだけでは十分ではない。この概念はデカルトにとって究極的には補助的表象にすぎない。神の現存在の確実性は必然的存在者の概念から導出される。それゆえに批判はこの概念を何よりもまず取り扱わなければならない。批判は、〈この概念が「真の観念」であるのは明白だ〉とデカルトが主張するのは不当であるということを示さなければならない。批判が以上のふたつの要求を充たさない限り、デカルトの存在論的証明は効力を失わない。ガッサンディの異論ですら、アンセルムスの証明ならたしかにこれを論駁してはいるが、しかしデカルトの思想の的を射抜いてはいないし、少なくとも直接的には的中してはいない。デカルト哲学に引き続く百年の間、《必然的存在者》の概念に基づくデカルト的論証への復帰が存在神学にとって不可能になるほどに、存在神学の批判が根底的且つ整合的になったためしは決してない。このゆえに存在論的論証は十八世紀中葉に至るまで有効な神の存在証明だったのである。重要な哲学の諸体系が存在論的論証を採用してきた理由は、以上のことによってしか理解されない。

デカルトは第二の存在論的論証を決してそれだけ単独で展開したのではなかった。彼は常に最高に完全なものの表象から出発している。ところで、かの必然的存在者の現実存在の証明が神の存在証明だと言いうるというのなら、この必然的存在者に神のその他の諸々の完全性が帰属するということを確実に示さなければならない。しかしそのために、最も完全なものの表象から出発しなければならないのだろうか。〔けれども〕最も力能のある存在者の現存在を証明し、次いで神だけがそのような力能をもつことを示せば〔彼にとって〕十分だったはずである。そういうわけで、デカルトは自分の論証に明敏な構成を与えるすべを心得てはいたけれども、そこにはまだ何か曖昧で無規定なものが残っているのである。《広大無辺な力能》と《最も完全な存在者》との関係への問いを新たに立てることが要求される所以である。とはいえ、この問いに対する答えは、デカルトの後継者たちのうちでふたつの論証が明確に区分されたあとで初めて探究されたのであった。

存在神学の歴史にとって、神の存在の存在論的証明がデカルトの体系というより大きな連関のなかで自立したものであるか否かは重要ではない。すでにクノー・フィッシャーはその証明が「第三省察」の神の存在証明の妥当性に、つまりわれわれの知性における神の概念の事実性に基づく証明に、依存しているというテーゼを主張していた。(11) 同じテーゼは最近マルシアル・ゲルーによって詳細に根拠づけられ、アンリ・グイエの批判に対する小冊子のなかでもう一度開陳された。(12) このテーゼは以下の考察の結果生ずるものである。すなわち、存在論的証明は、われわれの明晰判明な表象は真理を含むという主張から出発している。ところが、「第一省察」の徹底的な懐疑はこの前提にも襲いかかる。この懐疑が〈或る神が存在し、その神が私を欺くことはありえない〉という確信によって除去されたときに初めて、明晰な観念に基づく証明は客観性を主張する権利をもつのである。ところで、デカルトにおいて、哲学者の抱く懐疑は神の現存在の存在論的証明によって除去されると述べられている箇所が、例えば『哲学の原理』のなかに存在するということは争う余地がない。ゲルーはふたつの形式の懐疑を区別することによってこの箇所を解釈している。それによれば、第一の懐疑は数学的証明の真理にすら襲いかかる形而上学的懐疑であり、第二の懐疑はこれより徹底的ではなく、結局単に過去の洞察を想起するという人間の能力の有限性から生ずるにすぎない方法論的―心理学的懐疑であって、この第二の懐疑だけが存在論的証明によって除去される、というのである。神が存在するという確信は、私がかつて遂行したが、しかしいまは眼前にしてはいないあらゆる証明の根底に錯覚がひそんでいるのではないかという疑念から私を解放してくれるというわけである。——しかし、ゲルーのこの解釈上の仮説はテキストと何の裂け目もなく重なり合うというわけではない。「第二反論」への答弁のなかで、デカルトはより一層の明晰さを期して、「第一省察」の懐疑から導かれる思想の歩みをもう一度反復しようとしている(195ff)。ここで彼ははっきりと、明晰な認識の妥当性に対する懐疑は単に想起の弱さにのみ由来し、それは神の認識によって除去されると述べている。してみると、デカルト自身は形而上学的懐疑をいわゆる心理学的懐疑から区別していないばかりか、むしろそれらをあらゆる形式において同一視しているのである。ゲルーは『省察』を「理性の秩序にしたがって」[四]、それゆえ体系的著作として理解しようという意図を抱いて、『省察』のテキスト本文に完全に定位している。このゆえに彼は、少なくとも正確に表現することを目指している「諸答弁」の補足を、その内容上の重要さに見合うほどには顧慮してはいないのである。

しかしこの問題は、ここでは存在論的論証の解釈がその問題への解答として役立ちうる限りで興味を惹くにすぎない。われわれは最も信頼するに足る箇所の分析〔本書二三頁〕を通して、存在論的証明の証明形式の客観性の規準は、この証明そのもののなかにあるとデカルトは考えていたという結論に到達した。すなわち、存在論的証明は概念と現実性との間の解消しえない結合を示す唯一の証明だというのである。この結合によって存在論的証明にその自立性が確保されるのである。その上、デカルトは異なるふたつの神の存在証明について語る権利をもっているし、しばしばその権利を行使してもいる。フィッシャーやゲルーなら、前提の客観性をこの前提から導出される命題の妥当性に依存させるなどということは無意味だと抗弁するであろう。しかし、三段論法の論理的形式は、《結論》が認識として有している客観性を決定するものではなく、むしろ推論の結果が機縁となってこそ知性は前提を客観的な意味をもったひとつの命題とみなすことができるようになるのだということが理解されるなら、〔この証明の〕見かけ上の不条理は、そのような推論の経過のうちで消滅してしまうであろう。結論を引き出すことと、その結果を客観的認識とみなすこととは、異なるふたつの作用なのである。

アルノーは、周知のように、神の観念の事実に基づくデカルトの第一の神の存在証明を〈それは循環のなかを動いている〉と非難した。その証明は論理学と数学の真理を保証するといわれているにもかかわらず、それ自身が論理学や数学の規則に従う認識であるというのである。この異論に対処するのは存在論的証明の自立性に対するゲルーのそれに答えるよりもはるかに困難である。その際デカルトはこのアルノーの異論そのものに対しては常に、〈それは形而上学的懐疑を心理学的懐疑と解しているし、直接的に現在的で明晰判明な認識に、究極的にそれ以上問いえない確実性を認めている〉とだけ答えている（189ff., 344)。この事情を斟酌してみると、存在論的証明の卓抜さがますます明らかになってくる。というのも、この証明は明晰な認識にその客観性をそれ自身に基づいて授けるからである。

もちろんデカルト自身は以上の問題にいかなる箇所でも一義的な解決を与えてはいなかった。そしてそのためにデカルト学派は『省察』の体系的連関に注意せずに、存在論的証明だけを切り離し、自分たちの体系の中心に置くことができたのである。近世の存在神学は、それ自身からだけでも十分に理解できる伝統のなかで、展開されていった。この証明はその伝統のなかで様々な体系の契機や機能となっただけではない。それはそれ自身の歴史をもっているのである。

2 マールブランシュとスピノザ

マールブランシュとスピノザの作品のうちに認められるのは、拡張された相でのデカルトの存在神学である。両者とも存在神学的証明に何ら実際に新しい形式を与えなかったのである。このゆえに彼らは、たとえ彼らの体系の意義が、近世の存在神学の新たな局面を切り開いたケンブリッジの新プラトン学派のそれを他の点では凌駕しているとはいっても、証明の歴史のなかではどちらかといえばエピソードにとどまってきた。しかし彼らは両者ともデカルトの神の存在証明において何が《立証の腱》であるかは理解していた。彼らにとっても神の現存在の確実性の根拠は神の本質の必然性の思想なのである。各人ともこの思想を自分たちの体系に合った、〔デカルトとは〕別の意味で解釈したのである。

キリスト教哲学者マールブランシュは、彼の師デカルトの存在神学に対するスコラ学派の敵対者を論駁するという課題に直面した。その際、彼はその論議の体系的構成における明晰さという点でデカルトに勝っている。とはいうものの、彼は、はっきりとデカルトを証明の創始者と呼んでいる。ふたつの異論がこの創始者には提示された。その一方は前提となっている神の概念に対するものであり、他方は推論形式そのものに対するものである。それらは次の通りである。(1) 自己自身によって存立するような無限な存在者を思惟することは不可能である。(2) 必然的なものの思想から帰結するのは単に思惟された現実存在にすぎない。

(1) マールブランシュも有限な人間が無限な神を直接且つ十全に認識することはできないと確信している。人間が神を把握するのは神に内在する観念を手がかりにする場合だけであるが、この観念を人間が分かち持つようにさせるのは神なのである。しかし、このことは人間が神の概念をまったくもちえないということを意味しない。「知性は、たとえ概念的に把握していなくても、無限なものを認識する」(Rech. III 2.6)。われわれが無限なものの概念を所有していることは容易に示すことができる。すなわち、この概念がなければ、われわれは何を称して有限性というのかまったく知りえないであろう。というのも、自己のうちに否定を蔵し、そしてそれゆえ他者に対して、また究極的には全体に対して規定されるものはすべて有限だからである。してみると、誰でも、無限な存在者は「円いのか四角いのか、あるいは何かそれらに似たようなものなのか」(Rech. IV 11,2; s.a. Entr. 22) という問いに答えることができる。誰もが、無限なもの、つまり制約されていないものには空間的なものというそのような制約は帰属しえないと言うであろう。けれども、無限なものについて何の概念ももたない人がいるとすれば、その人は神が四角いかどうか知らないと白状せざるをえないであろう。したがって、神についてのわれわれの認識の性格が不十全であるからといって、そのことが神の本質概念に基づく神の現存在の認識を妨げることはないのである。

以上のマールブランシュの解答は今日でもなお重要である。というのも、多くの歴史家は、デカルト主義の哲学者たちは彼らの主知主義のせいで存在論的証明に固執していると思っているからである。[13] 歴史家たちによれば、スコラ学者たち、なかでもトマスは、人間の認識能力に関しては、デカルト主義者たちよりはるかに批判的だということになる。だからこそトマスも経験によって証示されない純粋な観念に基づくいかなる証明も許そうとはしない、とみなされる。トマスの考えによれば、神の本質について明晰な概念をもつことはわれわれには不可能だというわけである。これに対して、われわれはマールブランシュと共に、〈スコラ学者たちも神の本質を定義する際、神の本質は不十全にしか認識できないと言明しているのであって、したがって、彼らは少なくとも神と有限な存在者との区別についての明晰な概念を認容せざるをえないのである〉と言わなければならない。例えば、トマスでさえも、神は《純粋現実態》であり、神の本質が現実存在を含むことは「それ自体で」《おのずから知られる》、と述べている。この本質を概念的に把握しないときでも、われわれは自分がそれについて何を述べているのかを判明に認識していなければならない。われわれは神が単に《自己原因》(《自己による存在者》) としてしか思惟されえないのだということを洞察せざるをえないのである。してみれば、神の本質はわれわれにはたしかに隠されているが、しかしわれわれにとって未知なものだというわけではない。そしてこの前提だけで存在論的証明にとっては十分なのである。トマスは現実存在を含む神という単なる思想と、この思想そのものからは認識されえない神の現実性とを区別するが、彼のこの区別は、われわれの認識が制約されていることが指摘されたからといって、根拠づけられることができるものではないのである。(14)

(2) 概念と存在との根本的差異を主張するもう一方の異論に対して、マールブランシュはデカルトの諸論拠を持ち出してきて、心得たやり方でデカルト本人よりも的確に次のように定式化している。敵対者たちは、デカルトの証明は詭弁にすぎず、すでに真だと前提されているもの以外の何も証明していないと主張する。すなわち、〈神の思想のうちにはなるほど現実存在が含まれる。したがって神は現実に実在する。だがしかし、それは人がすでに神が実在するとあらかじめ前提した場合だけにいえることである〉、と。マールブランシュは彼らに異議を唱えて以下のように述べる。無限な存在者の観念のうちに必然的な現実存在が含まれることを承認する人は、そのことが現実存在の観念にしか妥当せず、現実的な現存在には妥当しないと言ってはならない。このような留保は、不合理だということが容易に見てとれるようなもうひとつ別の留保と同列のものである。すなわち、われわれは四角形の概念に四つの角をもつという規定が帰属することについて明晰な表象をもつ。このことから、四角形は四つの角をもつということが帰結する。「ところで、この推論が真であるのは、四角形が四つの角をもつことが前提されているからだ、と私が言うとする。――まさしく、神が現実的に実在するのは、神が実在することが前提されているからだ、と彼ら敵対者たちが言うのと同じように。このことは、とりもなおさず、これらの証明の帰結が真で正当であるのは、それら帰結が真であることが前提されているからだということを意味する」(W W. II 350)。しかし、これは無意味な制限である。というのは、四角形が四つの角をもつということ、そして神が実在するということは、まさしく明晰判明に思惟された観念から導出されたのだからである。

同様に、デカルト的論証の方法によるなら無限に完全な物体の現存在でさえもが導出されうるではないかという異論も、根拠がない。デカルトがすでに正当に示していたように、われわれはどのような仕方でわれわれの知性がこの完全な物体という観念を虚構するかを自覚することができるようになる。実際、最も完全な物体という表象は矛盾した本性をもっているのである。物体は常に制限された、有限な物である。物体はそれゆえに決して無限に完全ではありえない。「特殊で有限なものは、例えば物体がそうであるように、普遍的で無限なものとして思惟されることはできない」(a.a.O. 350)。

「神の観念のうちには、つまり無限に完全な存在者という観念のうちには必然的な現実存在が含まれている」(Rech. IV 11,2) というマールブランシュの証明も、その具体的な形態においては、さしあたって聖アンセルムスのそれと同じであるようにみえる。けれども、それにもかかわらず両者の間に横たわる差異は、デカルトの場合よりもっと簡単に認識することができるのである。それは、論証の次のようなもうひとつの定式化のうちに、はっきりと現われてくる。「存在 (l'être) ないし無限なものについてのこのような単純で自然的な観念は必然的な現実存在を含む」(a.a.O. 351)。マールブランシュはこの推論を次のような仕方で説明する。「というのは、存在 (私が言わんとするのは、しかじかの存在 (un tel être) のことではない) はその現実存在をおのずからもつということ、そして——真の存在が現実存在を欠いているということは不可能であり、矛盾しているのだから——存在は現実性において実在するということは、明らかだからである」(a.a. O.)。したがって、マールブランシュにおいても、その現実存在がその概念から導出される存在者は、諸々の《完全性》を付加する過程を通してその概念が獲得されるような、完全性の最大量だというわけではない。それは「真の存在」なのであり、これについては引き続いて、「制限のない存在」であり、何ものにも依存せずに、一切のものの根拠である、と言われている。「存在するものはすべて、この真の存在に由来する」。してみれば、この存在論的証明を導く手助けをしているような神の概念にあっては、無限性は存在の一規定であるが、しかし存在は無限に完全な存在者の様々な完全性のうちのひとつの完全性といったものではない。マールブランシュは神の本質を「必然的な現存在」(Rech. Ⅲ 6)と定義している。《必然的存在者》の概念は、マールブランシュにおいても、存在神学の根本概念なのである。

けれども、この概念は彼にとって特殊な意味をもっている。マールブランシュの理論はデカルトの「第五省察」にすでに見出される次の命題(もっとも、デカルトはカテルスに答弁したとき、その命題に詳しくは言及しなかったのだが)の敷衍とみなすことができる。「最高の存在があるということより以上に、あるいは現存在がその本質に属するということは神にのみふさわしいことなのだから、神は実在するということより以上に、明白なことがあるだろうか(15)」(84)。神は存在そのものであり、《純粋現実態》であり、したがってすべての有限な存在者は単に派生的な意味においてしか存在しないのである。ところで、真の存在は現実存在なしには存在することはできないというこの命題は、マールブランシュには直接に明証的であるようにみえるのである。

シェリングは後年、その積極哲学の存在神学を現存在の概念で根拠づけようと試みたとき、右の思想に依拠した。彼の考えによれば、マールブランシュは神を純粋な現存在として思惟した最初の人であった。――ところで、その本質を現存在として定義せざるをえない何ものかは現実的にも存在するということは、もちろん明白である(16)。しかし、マールブランシュにあっては、存在概念はこのように本質〔完全性〕から遊離したものとして把握されてはいない。マールブランシュのいう存在は、最高の本質がまた存在そのものでもあった中世の哲学においてすでにそうであったように、自己のうちにあらゆる完全性を含むのである。

端的に単純な存在とあらゆる完全性の総体とのこの統一は、以下の道程を経て達成される。個々の有限な物が有限であるのは、それが「しかじかのもの」だからである。それは、ほかでもなく、特定の固有性をもつのである。例えば、或る物体は円いか角張っているかのいずれかであって、同時に両方であることは決してない。ところで、角と円は空間の無限性を図形によって特殊な仕方で制限したものである。したがって、しかじかの性状をもつ空間が現実的になりうる前に、空間そのものが現実的に存在するのでなければならない。空間については、それはあらゆる図形を、したがってあらゆる「しかじかの」空間を自己のうちに含むと言うことができるのである。それにもかかわらず、空間は単純であり、その特殊化に対して無記的である。図形と空間との関係は「しかじかの存在者」と存在そのものとの関係に等しい。「しかじかの存在者」は存在の特殊化のひとつなのであって、存在そのもののうちにすでに含まれている。——とはいえ、それは贈り物がパンドラの箱のなかに含まれているようにというわけではない。無限なものの単純な統一性は、同時にその多様の無限性にほかならない。「無限なものは一にして同時に全であり、言わば様々な完全性の無限性から合成されている。——とはいえ、それはあまりに単純であるので、そこでは各々の完全性は他のすべての完全性をいかなる現実的な区別（distinction réelle）もなしに含むのである」（Entr. 21）。神つまり制限されていない存在者は、無限な多様を自己のうちに包摂しないのであれば、それ自身有限であるということになろう。このような単純な神的本性をわれわれは理解することができない。しかし、われわれの理解する一切は、無限な統一態が存在するという前提の下でのみ、明らかになるのである。

したがって、マールブランシュが神について、神の本質は純粋な存在であると言うとき、それは、神は本質的に現実存在であり、現実存在に尽きるということを意味しない。マールブランシュはモーゼに対する神の啓示を伝えている『聖書』の「出エジプト記」の第三章第十四節の箇所を二度引いている。彼は二度ともその箇所を、「私は現にあるところのものである」という言葉で神が考えているのは、「私はすべてを包括するものである」ということだと解釈している（Rech. III 2, 6 ; Entr. 20）。それゆえ、マールブランシュがこの神は決して存在しないことはできないとか、神は「必然的現存在」であると言うとき、それはまた彼にとって同語反復以上のものを意味しているのでなければならない。すべてを包括する唯一のものという思想は、必然的現実存在の思想と同じではないのである。してみると、なぜマールブランシュが唯一なる神に絶対的自存性を認めることができるのかがなお明らかにされなければならない。

さしあたり、神が必然的に存在するのは、有限なものがすべて神の現存在に依存するからである。「存在するものはすべて神に由来する。そもそも何ものかが存在するならば、この存在者も実在する。というのも、存在するものは神に由来するからである。これに対し、特殊なものが何ら存在しないとしても、神はやはり存在するであろう」（Rech. IV 11, 351）。これは、他のすべてのものがそれに依存する第一原因という伝統的な宇宙論的な神の概念である。しかしマールブランシュは更に、無限な存在者の現存在に含まれる必然性の意味の解明にまで突き進む。宇宙論が必然的存在者を思惟しなければならないのは、何か或るものが有限なものである場合だけである。この必然的存在者は《第一原因》であるにもかかわらず、われわれはその存在者がいかなる意味で《自己によって》実在するのかを正しく洞察することができない。というのも、われわれがそのような存在者の現存在の必然性を仮定するのは、この存在者に依存する有限なもののためであるにすぎないからである。この存在者が自己自身によって、つまり有限なものが存在するかしないかに依存せずに、必然的に存在するのは、いかなる意味においてであろうか。

この問いにマールブランシュは観念と無限なものとの関係についての理論を用いて答えた。すべて有限なものは絶対的なものの一定の制限であるが、しかしさしあたりは純粋に観念的な制限である。思惟された円と現実の円盤とが区別されるのは、それぞれがもつ特殊な形態によってではない。だからこそ、われわれは個々の特殊なものを、存在するものとしても存在しないものとしても思惟することができるのである。このものの本質は、存在するとかしないという、このような区別には関係がない。ところで、無限な存在者がこれと同じ区別をもつと考えるのは意味のないことである。無限な存在者はあらゆる観念の総体だからである。それを存在しないものとして思惟しようとすれば、その観念をその現実性から区別せざるをえなくなるであろう。ところで、仮に神の観念〔現実性から区別された意味での観念〕が存在するとすれば、その観念はそれ自身観念の総体のうちの一部であることになるであろう。したがって、神において本質と現実存在との区別を考えようとするなら、われわれは無限な存在者《ヴェーゼン》〔＝本質〕を有限な存在者《ヴェーゼン》にしてしまうことになる。それゆえ、神についてはいかなる〔現実性を欠いた〕観念もありえない。存在する神をそれと比べることができるようないかなる原型、いかなる規定された存在者《ヴェーゼン》も存在しない。「神は自己自身で自らの原型であり」、本質と現存在は神においてはひとつである。神とは本質《ヴェーゼン》〔＝存在者〕一般を可能にするものにほかならない。というのは、本質（観念）とは神の無限性の一定の制限のことだからである。したがって、神は、自分自身を直観するとき、自分の本質と自分の現存在とを同時に認識する。そしてそれだからこそ、神は《必然的存在者》なのである。「神が存在することを洞察しない人たちは、神を存在者《ヴェーゼン》〔＝本質〕一般としてではなく、あれこれの存在者《ヴェーゼン》として、したがって存在することも存在しないこともありうるような存在者《ヴェーゼン》として通常は考察するのである」(Rech, IV 11, 2;Entr. 20)[17]。

疑いもなく、以上の議論はそれだけで神の存在証明として十分なはずである。しかしながらそれは《必然的存在者》の思想にようやく到達したにすぎない。そしてこの《必然的存在者》の概念こそは、マールブランシュの考えからしても、存在論的証明がそれによって根拠づけられなければならない概念なのである。それゆえ、この存在論的証明は、マールブランシュにあっては、デカルトよりもはるかに強く彼の体系の他の諸前提に依存しているのである。しかしそうだとはいえ彼は、正当なことに、この証明を独立した神の存在証明としてやはり承認した。というのも、存在論的論証の厳密さにとっては、この論証の前提である神の概念へと導く推論に、いかなる説得力が具わっていようとも、それはどうでもよいことだからである。もし無限性と観念との連関に関するマールブランシュの探究が、必然的存在者の現存在を確定するには至らないまでも、せめてこの存在者についての明晰判明に規定された概念に達してさえいたなら、存在論的証明は神の現実存在を確実なものにしたであろう。

スピノザは存在神学の根本思想に、それがかつて形而上学の歴史のなかで占めていた最も価値のある地位を認めた。スピノザのすべての体系的著作において、この根本思想は、他のすべての論証がそれに依存している第一の論証である。だから、それは、内容からみて最高の洞察を伝えるのみならず、哲学的認識の方法的構造において最も重要な洞察をも伝えている。したがって、この根本思想の自立性はまったく問題にされないのである。

デカルトのテキストの場合、例えばゲルーとグイエとの間で議論が闘わされているからといって、何ら驚くには及ばない。存在論的証明が〈われわれが神の観念を思惟する〉という事実に基づくアポステリオリな証明と同じものを遂行しているかどうかということは、デカルトのテキストからは一義的に浮かび上がってはこないのである。けれども、スピノザにあっては、アポステリオリな証明が存在論的証明の上位にはないということはまったく明らかである。ことによると初期の著作のなかでなら、アポステリオリな証明はアプリオリな証明と同等のことを行ないえたかもしれない。しかし、そこでも、彼は常にアポステリオリな証明を二番目に挙げている。主観的確信を手がかりにするこの証明スタイルは、デカルトの『省察』の際立った特徴であって、彼の『哲学の原理』もそれを前提にしたし、マールブランシュの『探求』もそれに従っていたのだが、デカルト主義者スピノザはもはやこのスタイルを継承することはなかったのである。スピノザにとって、〈明晰判明に洞察されるものは真である〉というデカルトの真理基準は十分な確実性をもって確定している。ところが、数学的方法こそが認識を見通しの利く連関において展開する最良の道である以上、彼の第一の学は《幾何学的様式》という、数学において定評のある模範に頼ることになるのである。

デカルトとデカルト学派による探究の後では、スピノザにとって、観念（概念）――つまり主観に洞察される想念《オブイエクテイーフ》的(18)真理――と本質――つまり形相(19)的真理であり、そして事物そのもののうちに存立する連関であるところの本質――との関係もまた、もはや何の問題も含まないようにみえる。明晰判明な観念とは、主観のうちに本質が現前することである。したがって、存在論的論証において思惟される本質と現実存在との統一は、主観が所有する神の概念とこの概念に対応する現実性との統一(20)ではなく、神についてのわれわれの概念の内容を構成するような、本質と現存在との統一体のことである。たしかにわれわれは神の現存在をその本質概念から認識しはするけれども、統一はまずもって神の本質における統一であって、神についてのわれわれの認識における統一ではない。概念の客観的連関に理解を示すスピノザのこのような方法のために、観念論者のシェリングとヘーゲルはスピノザを特に身近に意識したのである。

ところで、《必然的存在者》という神の概念は、存在論的推論における、このような客観性《オブイエクテイヴイテート》に特に適している。この概念は〈本質と存在の統一こそ、神自身がそれであるところのものなのだ〉と直截に言明する。すでにデカルトが存在論的証明をこのような神の概念に依存させていた。デカルトにとっても、最高の力能（すなわち自己をうみだすことのできる力）という思想のうちで本質と存在とを直接的に統一するということは、完全性の総体から存在という特殊な完全性への移行〔第一証明〕よりもっと理解のいくかたちで、したがって明晰判明に規定されていると思われたのである。スピノザの方法にとっては、絶対的に必然的なものという概念は、存在神学に適う唯一の神の概念である。スピノザの方法の客観主義およびそこから帰結する観念と本質との同一性という前提の下であれば、なぜデカルトがカテルスへの答弁のなかで《必然的存在者》の概念を神の存在の存在論的証明の推論原理とせざるをえなかったかを、われわれは次のようにスピノザ主義的なやり方で説明しようと試みることさえできたであろう。すなわち、この概念においては、概念と現存在との統一が客観的に、つまり直接的に洞察される仕方で思惟される。他方、最も完全なものは現存在という完全性と同時に思惟されざるをえないという思想は、主観的反省である。この反省は、したがって、単に恣意的に構成されているだけではないのかという懐疑に晒され続けるのである、と。

　スピノザの存在神学が第二の存在論的論証から出発せざるをえないということは、彼の初期の著作においてはまだ明らかにはならない。『ルネ・デカルトの哲学原理』のなかでスピノザは自分の弟子の一人のために、デカルトの体系を幾何学的方法にしたがって叙述した。したがって、この著作は彼自身の教説を含んでいない。それゆえ、そのなかで最初の形而上学的定理として次のような古い形式での存在論的論証が出現してはいるが、それはさして重要ではない(21)。すなわち、「神の現実存在は単にその本質を考察するだけで認識することができる」。「というのは、神の概念のうちには神の必然的現実存在が含まれているからである」。これを根拠づけるためにスピノザは彼自身の公理六を引き合いに出しているが、それは神の現存在についてのデカルトの幾何学的証明のなかの公理十に対応するはずのものである。デカルトの公理十は次のようなものである。「あらゆる事物の観念（ないし概念）のうちには、可能的現実存在か、さもなければ現実的現実存在が含まれている。必然的現実存在は神ないし最高に完全な存在者の概念のうちに含まれる。というのも、そうでないとすれば、この存在者は不完全なものとして思惟されることになるが、これでは前に考えられていたはずのことと矛盾することになるからである。これに対し、偶然的ないし可能的現実存在は制限された物の概念のうちに含まれる」。してみれば、神の概念のうちにその現実存在が含まれるのは、神が最も完全な存在者として思惟されざるをえないからである。この命題は第一の存在論的証明の根本命題と同じであるように思われるのである。

もっとも、より綿密に調べてみれば、スピノザにとって「完全性」という用語がここでもすでに「質」とは別の意味をもっていることが明らかになる。彼にとって、「完全性」、「事象性」、「《存在者性《エンテイタス》》」（Seiendheit）は等価な概念なのである。したがって、《最高に完全な存在者》は、制限された意味での存在しか帰属しない物とは違って、端的に存在する存在者である。してみれば、第一の存在論的論証の推論形式の背後に、すでにこの初期の著作においても、むしろ第二の論証に対応する思想が潜んでいる。しかし、それはまだはっきりと現われていたわけではない。デカルトその人においてそうであったように、主観的な議論がデカルト主義的でスピノザ主義的な存在神学の特殊な構造をなお覆い隠しているのである。

同じ事情が、普通はフランス語訳から引用される遺稿『短論文』のなかにも見られる。そこには神の存在証明が再び最初の定理として挙げられているが、しかし今度は根拠づけを欠いている。「ものの本性に属するとわれわれが明晰判明に洞察するものはすべて、実はものそのものについても言明することができる。しかるに、われわれは現存在が神の本質に属するということを明晰判明に洞察することができる。《それゆえに、〔神は存在する〕》」。この証明が依拠しているのが、《最も完全な存在者》の概念なのか、それとも《必然的存在者》の概念なのかということは、さしあたって明らかにはならない。しかし、もっと後の箇所をみると、『ルネ・デカルトの哲学原理』のなかに見出されるのと同じ思想が考えられているのが分かる。[23] われわれは「神が無限で完全な存在者でなければならない」ということを「すでに先に」見てとったのではなかっただろうか、と彼は言う。いまや「無限」とはスピノザにとって「最高度に存在する」ということにほかならない。ところで、最高度に存在するものは自己自身によって存在しなければならない。というのも、制限されているいかなるものも制限されていないものを生み出すことはできないからである。この途上で、最高の存在者はまた自己を生み出す力能をもつ存在者でもあることが示される。しかし、存在論的推論は、『ルネ・デカルトの哲学原理』における推論と同じように、この規定から直接引き出されてはいないのである。

スピノザは『短論文』のなかで〈その原因がすでにわれわれに知られているものだけがアプリオリに認識されうるが、神の現存在にはいかなる原因も先行しないのだから、神の現存在をアプリオリに洞察することは不可能である〉という異議に対しても存在神学を弁護している。スピノザはこう応酬する。神はもちろんその原因からは認識されない。しかしわれわれは神を神自身の原因として認識する。存在論的証明において、「神は自己自身によって自己を告知している」。神の本質はわれわれに直接的に現前しており、われわれにその現存在の確信を伝達するのだ、と。してみれば、スピノザは、聖アンセルムスと同じように、存在論的証明とは神が自己自身を理性に対して啓示してくる形式なのだと理解しているのである。中世のアウグスティヌスの後継者〔アンセルムス〕にとっては、証明はもちろん、信仰において神を求める者に授けられる洞察という人格的恩寵であった。スピノザの《幾何学的様式》はたしかに《知解を求める信仰》という意味をもってはいない。けれども、スピノザとアンセルムスは、理性と神との関係の理解という点ではやはり共通するものをもっている。すなわち、証明可能な真理の明証的な基底であり、ヘーゲルの「絶対知」のなかに再び見出されるスピノザ主義的観念の客観性は、あらゆる存在神学がそこへ辿り着く思想、つまり〈神の本質が人間の理性に自己を即且つ対自的にすでに、そして自己自身によって告知したのでないとすれば、神の本質と現存在は有限なものからのいかなる媒介によっても認識されえないであろう〉という思想の、近世的形態なのである。(24)

『エチカ』は、スピノザの教説を含むと共に、スピノザ自身が刊行の準備をした唯一の著作である。そこでは必然的な、つまり最高に力能ある存在者という概念だけから直接存在論的証明がなされている。その定理のうちのふたつをスピノザは存在論的論議によって根拠づけている（第一部、定理七および十一）。定理十一は、ひとつの実体だけが存在することができ、そしてこの実体には無限に多くの属性が帰属するということをすでに前提している。それはこのような実体が現実的に存在することを証明しようとしている。スピノザはそのことをふたつの手順で行なうことができると考える。その第一は、定理七で行なわれているものと同じである。その第二は、この箇所でのみ使用されている。

この第二の証明は、実在することができないということが力能のないことであるのに対し、実在することができるということは力能であるという命題から出発する。この命題はスピノザの考えによれば明白である。この命題から彼は次のように推論する。「したがって、いま必然的に実在するものが有限な存在者だけであるならば、有限な存在者は絶対的に無限な存在者より力能があることになるが、これは不合理である。したがって、何も実在しないか、それとも無制約的に無限な存在者が同じく必然的に実在するかのいずれかである」。しかるに、少なくともわれわれ自身は実在し、そしてわれわれ自らは実体であるか、それとも実体に依存しているかのいずれかなのであるから、無制約的に無限な存在者もまた実在するのである。——この証明はアポステリオリな証明であると言ってよい。スピノザは、自分がこの証明を選んだのは、「外部の原因から生ずる物だけを考察するのに慣れている」ような人にはアプリオリな証明は概して難しいからだ、と述べる。けれども、アポステリオリな証明は欠陥推論か、あるいは冗漫かのいずれかである。なぜなら、それは、妥当性をもつためには、アプリオリな証明を前提せざるをえないからである。このため、スピノザが行なっているアポステリオリな証明の形式に反対して、〈実在する有限な存在者の方が無限なものという単なる想像より力があると言っても、そこには何の矛盾もないのだ〉と簡単に反論することができるのである。例えば、弓術家の矢はマードゥク(五)の助けより力がある。つまり、現実的であるような存在者だけが現実に存在するという力能をもつのである。こうして、ブロンズ製の器の方が粘土製の器よりも「より力がある」と言うことができる。というのも、それはそれを破壊する試みに対してより大きな抵抗を示すからである。スピノザは、最高度の力〈《広大無辺の力能》〉は自己を生み出す力能であると考える点でデカルトに従っている。自己自身によって存在する存在者の現存在は決して破壊されえないからである。けれども、存在論的論証がまだ行なわれていないあいだは、われわれは〈必然的存在者が常に存在するのは、そのような存在者が存在する限りにおいてである〉と制限つきで言わなければならない(25)。存在論的証明だけが、必然的存在者を現存在抜きで考えることは無意味であるということ、したがってそのような存在者は現実的に存在するということを示すことができるのである。それゆえ、この論証を定理十一の第二の証明は前提している。「注解」のなかでスピノザはこのアプリオリな証明の方も素描している。しかしながら、彼はそれをアポステリオリな証明に置き換えることができると信じている。しかるに、アポステリオリな証明はそれだけでは欠陥推論なのである。

スピノザの存在論的証明と、カテルスに対する答弁でのデカルトの存在論的証明との間には、書き留めておかなければならない区別がある。デカルトは最高の完全性という概念から出発し、この概念から力の完全性という特殊な完全性の概念へ導かれる。最高の存在者は力の完全性もまた最高度に所有しているのでなければならない。これに対して、スピノザにとって重要なのは、完全性＝事象性＝存在という等式であり、この等式に彼は「実在するための力」を第四項として接続するのである。したがって、それぞれの完全性は自分で現実に存在するための一定程度の力をもつ。そして、或る存在者が完全であればあるだけ、すなわち事象的であればあるだけ、その力もその分だけ大きなものとなる。最も完全な存在者の概念においては、それゆえに、現存在の無限な力が思惟されるのである。そして、この力からスピノザは存在論的証明を導く。したがって、『エチカ』のうちには、『短論文』のなかではまだ十分判明に展開されていなかった推論形式がはっきりと現われているのである。

定理七はスピノザの別の存在論的論証を内容としている。それはこうである。「実体の本性には現実存在が属する」。この定理が定理十一から区別されるのは、実体が無限な実体でなければならないということがここではまだ確定していないからである。この定理の証明は、自己自身の原因とはその本質が自分のうちに現実存在を含むもののことであるという『エチカ』全体の第一定義の適用である。実体が原因に依存することはできないということは、実体という概念から帰結する。したがって、実体は、もしそれが存在するのであれば、自己自身によって存在しなければならないし、この意味で自己自身の原因でなければならない。しかるに、自己自身の原因であるものは、実在ずるものとしてしか概念的に把握されえない。

したがって、実体の本性には現実存在が属するのである。

この証明はもともと《自己原因》ということで理解されなければならないのは、実在せざるをえないような存在者のことである〉という定義上の指示を定理の形式にしただけのものである。してみれば、この第一定義は哲学的な学問としての『エチカ』全体の基盤である。なぜなら、『エチカ』で行なわれる諸の演繹が実質的認識でありうるのは、ただ神の（つまり実体の）現実性が保証されている場合だけだからである。定理の体系においては、神の現実性は第一定義に立ち戻ることによって証明される。したがって、第一定義だけが神の現存在の証明の全責任を担っているのである。

スピノザにとって、存在神学の思想は、哲学的世界認識の体系構制の基盤として役立つためには、ただ言表されさえすればよいというほど明証的なものである。だからこそ、彼はこの体系を《幾何学的様式》に従って構築することができた。彼は自らの哲学的証明法においてユークリッドに従いながらも、それでもやはり現実的な神と実在する世界との認識を与えることができると確信しえたのである。それ自身としては単に首尾一貫した仮説にすぎない公理的体系の客観的真理が確定されるのは、その定義や公理に具わっている明証の力によるか、あるいは経験のなかでの適切な確証によるかのいずれかである。スピノザは、ユークリッドもそうだが、自分の体系全体に明証性が具わっていると想定する。本質と存在との客観的統一という思想に基づいて、この本質についてのわれわれの概念から現実的な《自己原因》の認識が生ずるということは、彼にとっては疑う余地のないものと思われているのである。

してみれば、スピノザの『エチカ』の直接性はデカルトによる存在神学的思想の媒介を前提する。スピノザ主義の客観主義は不可疑的認識の可能性の条件に対するデカルト的反省の帰結なのである。スピノザもこの反省を認識の本性についての彼の研究のなかで継続した。しかし、スピノザの『エチカ』は、まったく第二の存在論的論証の根本概念の上に築かれているとはいえ、この証明の的確性の記録というよりはむしろこの証明の力の記録とみなすことができる。

デカルトが基礎を据えた存在神学の最初の局面は、『エチカ』において終局に達した。この局面に特徴的なことは、存在神学がアンセルムスの第一の存在論的論証を放棄し、《必然的存在者》の概念から証明を行なっているということである。それゆえ、この局面においては必然的存在者の概念が明晰判明に思惟されうることが前提されている。デカルト、マールブランシュ、スピノザは、《広大無辺の力能》(デカルト)、制限のない存在(マールブランシュ)、《自己原因》(スピノザ)といった概念が、よく規定された客観的な観念であることを確信していた。この前提が問題的なものとなりはじめたとき、存在神学はデカルト主義と袂を分かたざるをえなかったのである。

スピノザの『エチカ』そのものがすでにそのような問題を提出している。それは《自己原因》の概念から出発するという点でデカルトとは違っている。なぜならデカルトはこの概念を、最も完全な存在者の概念の助けを借りて、神の完全性のひとつとして導入していたからである。定理八に至るまでは、実体や必然性が帰属する存在者がどのような性状をもつかは明らかでないまま、ただ必然的存在者としての実体が語られているにすぎない。これらの定理も、スピノザによって〈現実的に存在するもの〉に関する定理と呼ばれている。したがって、実体の現実存在がアプリオリに確定されているにしても、この実体についてはその本質が神と呼ばれる存在者に対応するかどうかはまだ明らかではないのである。存在神学的な推論は、その始原において、もはや神の現存在への推論ではない。たしかにスピノザは後続する定理のなかで、実体が無限であり、したがって神的存在者でなければならないのだということを示そうとしている。けれども、その前にすでに問題がもち上がる。すなわち、それは、必然的存在者がどのような性状をもち、その現存在がその存在者にどのような仕方で結びつくのか洞察ができていないときに、必然的存在者について語ったり、その現存在を想定したりすることは果たして有意味なのかという問題である。《自己原因》や《広大無辺の力能》について語ることは、神の本質における完全性（デカルト）や存在そのものの表現（マールブランシュ）としてならば、正当であるようにみえた。しかし、これらの用語を〔完全性等の用語から〕分離し、ただそれだけで現存在証明の対象にしてしまうならば、それらの用語の意味は、外見上はよく規定されているようにみえたとしても、曖昧なものになる。存在神学は、格別何の性格づけもしないで必然的存在者について語ることがそもそも意味をもつかどうかを吟味するという課題に直面している。しかし、現存在の必然性が神の特性にすぎず、その神の本質は現存在の必然性とは別のやり方で規定されなければならないとすれば、第二の存在論的論証はすでにその自立性を失ってしまっているのである。いまやこの論証には神の概念と、神の現存在の必然性について語ることとの間の連関への問いが先立つことになる。この問題はたしかにすでにデカルトにとっても存在している。しかし、いまや、この問題と共に、絶対的に必然的なものという概念そのものも問題的なものとなるのである。カントが初めてこの概念の全帰結を考え抜いた。しかし、この問題はすでにケンブリッジの新プラトン学派において影響を及ぼしはじめている。

デカルト的な存在神学は、スピノザ以後もなお長い間、信奉者を見出してきた。これらの人々のなかには、存在論的証明の批判史に弁護者として名を連ねている明敏なジャクロと並んで、何よりもまずフェヌロンの名を挙げなければならない。一七一二年の彼の『神の現実存在についての論説』は、第二部第二章のなかに、まったくデカルト的な形態での、必然的存在者の観念に基づく証明を含んでいる。しかしながら、デカルト的な哲学が新しい形式の証明を生み出すことはもはやなかったのである。

B　イギリスのプラトン主義とライプニッツ学派

1　モアとカドワース

ケンブリッジの新プラトン主義者たちもまた、存在神学者であった。存在論的論証に関する彼らの研究は、十七世紀においては、その範囲からみて最大のものですらあったが、ドイツではほとんど知られていなかった。このため、それらの研究は、十八世紀における存在神学の発達に寄与することができなかったのである。しかし、それらはライプニッツ学派の多くの着想を先取りしていた。デカルトは、アンセルムスの論証の証明力に異論を唱えた。マールブランシュは、なるほどこの論証に固執していたようにみえるが、しかし彼は「制限されていない存在者」というアンセルムスの鍵概念を、宇宙論的な意味に解釈していた。スピノザは《自己原因》の概念を、直接、彼の演繹の発端に据えた。デカルト以後の存在神学の局面でのこれらの思想家たちの徹底性に比較すると、モア〔1614—1687〕とカドワース〔1617—1688〕は、時勢遅れに見えるかもしれない。この二人は、アンセルムスのそれにかなり近い状態での存在論的論証を利用する。それゆえモアは、デカルトのほかにスコトゥス派の人々をも自分の論拠として引き合いに出している。彼らスコトゥス派の人々はアンセルムスの証明を「もっと愚鈍なトマス主義者たちに抗して不屈の闘志で擁護した」(Ant, WW42) とモアは述べている。[26]

しかし実を言えば、モアとカドワースの研究は近世の存在神学の第二の局面の前触れなのであって、とりわけこの局面に属するといえるのは、ライプニッツ・ヴォルフの哲学である。デカルトが宇宙論的な神概念によって存在神学に新しい基礎づけを与えた後、さしあたり論証はこの概念に基づいて彫琢されたし、トマス主義的なスコラ学の信奉者たちによってなされた異論から身を守るのにも、それが使われたのである。デカルト主義は、必然性の概念をつねに問題の余地のないものと考えた。十七世紀の後半にようやくこの概念の意味が熟慮され始めた。そうなると、かつてアンセルムスによって基礎づけられデカルトによって排斥された古い形式の存在論的証明も、再び関心を呼び起こさざるをえなくなった。モア、カドワース、ライプニッツ、ヴォルフにおいては、この形式が再び存在論的論証の最も重要な形式となる。必然性という概念それ自身が実質的な定義を必要としており、〈存在しないことはありえない〉という同語反復的規定では〔定義としては〕不十分であり、そしてむしろその定義は第一の存在論的論証から導出されうるものだという洞察、要するに、或る存在者が必然的であるのはその存在者の本質概念がその存在者の現存在を含む場合であるという洞察が、いまや確かな地歩を占めるに至ったのである。ところで最高の完全性という概念のうちに現実性という規定が存在する。かくして、神が必然的存在者であるのは、現存在という完全性なしには神は存在しえないからなのだ、ということになる。

とはいえ、こうした連関は近世の存在神学の第二の局面において直ちに、完全に明瞭な形で、またその意義が意識された上で、認識されていたわけではなかった。最初はそれは、第一の存在論的論証をその批判者から弁護する際にだけ、真価を発揮したにすぎない。体系的な著作の基礎づけの歩みのなかで、こうした連関が初めて見出されるのはバウムガルテンにおいてである。彼はふたつの存在論的論証の関係を転倒せしめるに至った。その転倒の過程で、デカルトによって基礎づけられた第二の証明は、まずその優位を、次いでその独立性を失ったのである。その転倒は結局は存在神学全体の危機となって幕をとじた。というのも、第二の証明を弁護できるのは、ただ第一の形式の証明に対する批判に同意し、それを第二の形式から区別するときだけだと、すでにデカルトは認めざるをえなかったが、このために、デカルトによる存在神学の弁護すらもがその新しい局面においては、存在神学に対する異論とみなされたからである。合理的神学の終焉はそれ自身のうちに準備されていたのである。

モアとカドワースは、新しいデカルト主義の思想に用心深く近づいたにすぎないが、このような転倒を開始した張本人である。彼らにおいては、ふたつの存在論的論証の根本概念間の関係や、それと共に《必然的存在者》の概念が問題とされた。

ヘンリー・モアは、必然的現実存在は完全性であるということを示すことから、存在論的論証の探究を始める。つまり、恒常的で不変でかつ必然的であるものは、偶然的なものや単に可能的なものより大きな完全性をもつ。このため　必然的な現実存在は最高に完全な存在者という概念に含まれているというのである(Ant. 32)。いま、そのような存在者の観念を考察してみると、以前考えられていたよりも大きな認識上の前進が可能になる。つまり、この観念が真の観念であるなら、神が実在することをまったく確実に証明することができるのである。というのは、神は現実存在を欠いては思惟されえないということは、単に恣意的に主張されたり思い込まれたりするものではないからである。それは「人間精神の必然的で自然な成果」(37)なのだ。われわれ自身の自然の光に目を覆うまいとすれば、愚かな躊躇を一切捨てて「神あり」と認めざるをえない。神は単に観念のうちに実在するにすぎないという異論は、先入見から来る。われわれは、あらゆる物の観念と本性を現実存在を度外視して思惟する習慣がある。このため存在論的論証の敵対者は、現実存在が本質に帰属するような場合〔神の場合〕にも、現実存在を本質から分離しようとするのである。しかし、神が存在するのは、〈すべての完全性の総体が現実的に存在する場合〔だけ〕だ〉などと、留保をつける敵対者の言い分は、明らかに矛盾を犯している。敵対者のひとりトマスですら、神の概念のうちに必然的な現実存在が含まれることを認め、この概念を「真なる観念」とみなしていた。ただしその場合、〈神が実在するとすれば、〔そのときには必ず〕神は実在する〉という制限を持ち込むなら、それは神は実在しないこともできるという主張と同じことを意味することになる。「だとすれば君は、絶対に必然的に存在しているものが、それでもやはり、それとは別のもの〔必ずしも存在するとは限らないもの〕にもなりうると仮定しているのだ」。これは「明らかな矛盾」である。端的に必然的なものは存在するのでなければならない。それが或る条件の下では存在し、他の条件の下では存在しないなどということはありえない。不可侵の権利に基づいて当然現実存在が与えられてしかるべきものが、実際にも実在するのは疑いえないし、その上、われわれの理性の諸能力を拠り所にする以上は、このことを否定するわけにはいかない(42)。したがって、無神論者は論理学の敵である(37)。というのも彼は、どうみても否定するのは正当とはいえない結論を、先入見ゆえに承認できないからである。

モアはこのような思想を、ガッサンディに起源をもつ次のようなふたつの特殊な反論に対して擁護する。

(1) 第一の反論においては次のように言われていた。すなわち、必然的な現実存在は現実存在の一様相(modus)にすぎない。だから、必然的な現実存在は或る物の本質に属しはするが、ただしその物の現実的な現存在を基礎づけているわけではない。その物が存在するならば、それが常に必ず存在しなければならないということは洞察されるかもしれないが、しかし、それが存在するという事実を見てとることはできないのだ、と反論はいう。これに対してモアは次のように答える。必然性とその対立物である偶然性とは、単に現実存在の〔ふたつの〕様相を特徴づけているばかりではなく、同時に〔それ以前に〕全体として、現実存在との或る関係を特徴づけているのである。その概念において、実在することもありうると立言されるような物は偶然的であり、実在せざるをえないと立言されるような物は、必然的である。それゆえ、神の概念を調べてみれば、神が実在するかどうか、また実在するとすれば、なぜ実在するのか (quod deus existat, cur deus existat iam existens) というふたつの問いへの答えを見つけることができるのだ。第二の問いにだけ答えるのであれば、神の存在の存在論的証明は《論点先取の虚偽》を犯しており、ガッサンディが正しいということになろう。この場合、その現実存在がすでに前提されているような神の本質から、神の現実存在の様相〔必然的現実存在〕が推論されているだけのことになろうからである。そのことによって自分は現実存在の証明をやってのけたのだと主張する人は、自分の証明の前提を繰り返しているだけなのである。しかし、〔真の〕存在論的論証はこの両方の問いに答えているのだし、しかももっぱら神という純粋な概念を探究することによってこれらに答えているのである。「私は最高に完全なものの現実存在からではなく、もっぱら最高に完全な存在者の本質ないし本性だけから、それの現実存在を推論するのである」(40)。以上のようにモアは反論に答えている。

モアは、存在論的論証に対する懐疑から生ずる諸帰結を警告している(41)。必然的な現実存在を欠いては、理性の使用も望めない。すなわち、存在するものがすべて偶然的なものだと考えられざるをえないとすれば、何か或るものが現実的であるということは理解されえないであろう。人間精神の能力の一切を放棄しようなどとしないのであれば、われわれは存在論的論証を固持しなければならないのである。——したがってモアはデカルトより更に一歩を進めている。というのも、デカルトは必然的存在者の概念から論証を展開するということによって存在論的論証を改良しようとしただけであるが、モアは、この論証を否認すれば、宇宙論全体が、したがってまた個々の事物の原因へ遡及することを課題とするわれわれのあらゆる現実認識が、支えを失うのだということを、明示するからである。究極的には必然的存在者〔神〕から生ずるのでないとすれば、そもそも何か或るものがどうして現実的たりうるであろうか。しかし、われわれが明晰に表象できる神の本質のうちでその現存在の根拠がもしも認識されうるのでないとすれば、神はそれ自身偶然的になってしまうであろう。

モアがここで、必然性の概念をどんな連関で使っているかは、容易に見抜くことはできない。この概念は彼においては三つの意味を持っている。A、必然性は神の本質のうちで一緒に思惟されている。というのも恒常的現存在は、非恒常的現存在より完全だからである。B、この本質における必然性からして、神は必然的に現実的に存在するということが認識されうる。C、われわれが現実を説明するとき、われわれは世界のうちのあらゆる偶然的な事物が依存している必然的な存在者〔＝本質〕を前提しなければならない。したがってモアは、必然性Aを現存在の様相として、Bを現存在の認識根拠として、Cを偶然的なものの説明根拠として語っているわけである。ところで第三の必然性（C）は、第二の必然性（B）に則して理解のいくものとなるはずである。或る存在者《ヴェーゼン》〔本質〕のうちにその必然的現存在の根拠がある（B）のではないとすれば、有限なものの存在を説明すること（C）は不可能であろう。バウムガルテンに至ってようやく、宇宙論的必然性の概念（C）は、〈最も完全なものの概念において現実存在を考えざるをえない〉という論理的必然性（B）から首尾一貫した帰結として解釈される。モアも同じような連関を立ててはしたが、しかし彼は、「必然的現存在」（C）が「物の本質概念から認識されざるをえない現存在」（B）と同じものを意味するという主張をどこまでも一貫して固持したわけではない。もしも固持していたら、彼はただ、宇宙論的必然性（C）がそこから理解されるような神の〔単なる〕現実存在を仮定する必然性だけを、話題にすることができたであろう。ところが彼は、神概念は神の「必然的現実存在」を認識する論理的必然性に帰着すると語っている。この発言は、必然的現実存在という概念（C）が、存在論的神概念における本質から現存在への移行という概念（B）に等しいということを、モアがまだ徹底して固持していないからこそ可能であるにすぎない。もしも徹底していた場合はしかし、神にその諸完全性のひとつとして必然的現実存在を帰したりすれば、冗語〔必然的な必然的現実存在〕が生ずることになるのである。この場合、必然的であるということは、本質の必然性からして現実存在をもつということを意味するにすぎないからである。第一の存在論的論証がもう必然的な現実存在の概念を定義しているのであれば、《必然的存在者》の概念に基づく第二の存在論的論証は、第一の存在論的論証に対する自立性を失ってしまう。ところがモアの場合、第一の必然性の概念（A）があるために、こうした帰結に達する道がふさがれている。モアにおいては、必然的現存在の結果としてしか考えられないもの（恒常性）が、必然的な現実存在を完全性の下に算定するための根拠となる。すなわち、恒常的なもの、不変なものは、変化するものよりも完全なのである。このプラトン的思想は、「必然的現実存在」という言葉に、一見宇宙論的根本概念（C）から独立しているようにみえる意味を与える。宇宙論的概念によって、神は神自身および世界の根拠としてのみ考えられるのであって、現存在における一形式（恒常性）として考えられているのではない。けれどもやはりこの形式は、神が自分自身の根拠であることの結果にほかならないのである。なるほど、その現存在が事実上、他のいかなるものによっても廃棄できないような存在者を考えることはできる。この存在者は破壊しうる物よりも完全だと言うこともできよう。しかしそうは言っても、こうした存在者も絶対的な意味で不滅であるわけではなかろう。この存在者の現存在を妨げうるようなどんな制約も考えられえないのだとすれば、それは、この存在者がその本質からして実在するからなのである。最も恒常的な存在者（A）は、したがって、それが必然的存在者（C）であるときにのみ、不滅である。もしも必然的現存在という概念の意味と事象性があらかじめすでに、別の考察によって確定されていなければ、単に完全性を増加させるだけでは、決して必然的現存在の概念には達しないのである。

したがって、かの必然性（C）を神という思想内容のうちでの概念から現存在への移行（B）ということから理解のいくものにしようと思えば、神に必然的な現存在ではなく、単に完全性としての現実存在だけを与えなければならない。モアは自分の存在論的論証の第一歩を、すでに必然的な現実存在の概念〈A〉で始めていたのだが、この概念〈A＝C〔Aは上述のとおりCを前提するのだから同時にCである〕〉を第一の存在論的論証〈B〉そのものから解釈する最後の一歩と、この第一歩を、矛盾なく結びつけることはできなかった。バウムガルテンが初めて、この最後の一歩を矛盾なく準備したのである。彼においては、モアにおいて護教的覚え書きにとどまっていたものが内的体系的に統一される。すなわち《必然的存在者》の概念〈C〉が存在論的論証〈B〉から導出されるのである。

(2) モアは、無神論に反対する著作の付録のなかで、現存在はいかなる完全性でもないというガッサンディの異論にも答えている。「現実存在は、何らかの事物のうちに或る完全性が存在することを表示するいかなる言葉でも用語でもないという主張を、少なからぬ人が疑おうとしない」(155)。これらの人たちは、重量や純度のような特性がすべて等しいふたつの金塊は、たとえその一方が実在しない場合ですら、完全性に関しては、何ものによっても区別されることがないということを、引き合いに出すのだ。(27)

モアは、こうした異論に対して次のように応戦する。われわれがふたつの金塊を思い浮かべ、一方が他方から区別されるのは、後者が前者より二倍長持ちする〔つまり完全性が異なる〕からだと考えるのなら、後者はわれわれにとっても二倍の価値を持つことになろうと。次いで彼は、死んだライオンよりも生きている犬の方がましだという格言を引いている。

さて、明日抵当として差し押えられる予定の一塊の金は、われわれがしっかり所有している金よりわれわれにとって価値が低いというのは、いかにもその通りである。しかしその金塊は、金塊それ自体としてみれば、〔抵当であろうとなかろうと〕同じように「完全」なのである。最も完全なダイヤモンドでさえ、それを紛失するならば、われわれにとっては無価値なものになるだろうが、ダイヤモンドそれ自身は以前と同じように完全であり続けるだろう。不正直な拾得者は、われわれがこのダイヤモンドを売るのと同じ値段で、このダイヤモンドを売ることができるはずだからである。外面的には同じふたつの物がその耐久性によって区別されるということも、確かにありうる。その場合、もちろん、そのうちの一方をより価値あるものとしてだけでなく、より完全なものともみなすのは正当である。われわれがそれに与える優位は、そのもの自身のうちに根拠をもつのであって、単にそのものとわれわれとの関係のうちに根拠をもつのではない。決して破壊されることのできないような存在者をすら人は考えることができる。この存在者は、それがどんな破壊的な攻撃に対しても抵抗する抵抗力を持っていることによって他のものから区別されるであろう。この抵抗力はひとつの完全性と認められざるをえないであろう。この存在者が完全性を自分で自分に与えたのだとすれば、この存在者は必然的存在者であるということになろう。したがって、必然的存在者は可変的な存在者から、ひとつの「完全性」によって現実的に区別されるのである。このために、デカルトもまた、《広大無辺の力能》を正当に神の諸完全性のうちに数え入れるのである――ただし必然的存在者を概念的に理解することができると仮定してのことだが。

なるほど現存在は存在者のいかなる完全性でもないというガッサンディの主張は、以上のような場合にも、依然としてまだ論駁されてはいないかもしれない。しかしモアにとっては、〔現存在がではなく〕必然的現存在が神の諸完全性の内に属するならば、それで十分なのである。すなわち、仮に現実存在が完全性でも不完全性でもないとしても、神に必然的な現実存在を帰せざるをえないであろう、と彼は言うのである(155)。したがって、モアは、それ以上思惟を進めない限りはあくまでも首尾一貫している。しかし、彼は必然性の概念(C)を第一の存在論的論証(B)から解釈し始めるのだから、この概念の意味と正当性は、第一の論証が適切であるかどうかにかかることになる。ところがその論証それ自体は、今度は、純粋な現存在が最も完全な存在者の諸完全性のうちに含まれるということに依存している。そしてまさしくこのことこそガッサンディが異を唱えたことなのである。――モアは、自分自身の立場が廃棄され始める限界にまで達した。しかし、彼はまったく当然の如くにその限界内でなおも動き回っている。というのも、彼は必然性の様々な概念の連関についてほんの僅かに意見を述べたにすぎず、それらの概念の多面的な意味についての統一的理論を展開しなかったからである。

ルドルフ・カドワースは、存在論的論証の問題において、モアと同じ観点に立っている。彼の『知的体系』の第五部は、モアと同じように無神論者に対する論駁を含んでいる。この論駁のなかの第九九節―一〇三節が存在論的論証を取り扱っている。これらの節は、或る問題について長い間にわたって議論されてきた後に書かれた著作にありがちな、不必要に回りくどい形式を採っている。カドワースは、まずデカルト的証明に対する賛否両論の論拠を提出し、次いで彼自身が考え出したいくつかの新しい思想表現によってデカルトを支持する。反対する論拠は、すでによく知られたものである。すなわち、もしも神が現実に存在するならば、そのときにのみ、存在論的論証は、神が必然的に実在すると推論しうるのである。ところが、この論証は、或る条件の下で妥当するにすぎないものを、端的に妥当するものとして説明する。そしてそれがこの論証の誤りである。神についてのわれわれの概念からは、われわれの精神の外部でのその現実存在は帰結しない、と〔デカルトに反対する論拠は〕いうのである（§99, Mosheim 886）。――第一〇〇節に見られるデカルトに賛成する〔次のような〕論拠（Mosheim, 887/888）も、本質的に新しいものを提供しているわけではない。すなわち、一般に認められることだが、その概念に矛盾する表象から形成されているものは、実在することはできない。矛盾なしに思惟されうるものは、また実在することもできる。しかるに、現実存在の必然性が思惟されるような概念もある。「その必然性をあたかも或る条件下にあるかのように考えてはならない。そう考える人は、必然的に実在するものは、もしかしたら実在するが、しかし実在しないこともあると主張することになるのである。そこで私はたずねるが、同じひとつの物が必然的に実在しかつ必然的に実在しないなどと主張することより以上に不合理なことがあるだろうか」(888)。

確かにカドワースの可能性の概念は、このカテゴリーを、後にカントが独断的と名付けた仕方で捉えるとどうなるのかということの一例ではある。ひとつの思想を矛盾なく思惟することができるという可能性が、ひとつの物が世界のなかに実在しうるか否かの可能性を決定するはずのものだというのである。しかしカドワースは、この点では、当時の存在論的論証のどんな信奉者からも、またその敵対者からさえも区別されることはない。それゆえに、彼が可能性の概念から引き出してきて、デカルト的論証を支持するのに使っている明敏な帰結に対して、当時としては、異を唱えることはできないわけである。カドワースは次のように論証する。すなわち、神の概念においては必然的な現実存在が思惟されるということ、しかもこのことが矛盾なくなされるということは存在神学の敵対者によってすら承認される。したがって、神がかつて存在したか、あるいは将来存在するようになると仮定するのは不合理ではないということが、少なくとも認められなければならない。ところが、そのことが承認されうるのなら更に進んで、神がいずれ存在するようになるかあるいはかつて存在したことがありうるのだとすれば、神は現実的にも存在するのだということを示すことができるのである。というのもわれわれは、神を必然的存在者として思惟するが、或る存在者が必然的でありうるのは、それが常に存在しているときだけだからである。それは生起したり消滅したりすることはできないのである。したがって、神は存在しうるという命題は、神がすでに実在していているのでなければ、無意味である。「というのも、神は存在しうるが、現在は存在していないのだとすれば、そのことは、神が必然的に実在する存在者であることを否定することになるからである」(893)。カドワースにとっては、この論証は十分に説得的なものであった。「しかし人間は、万人に理解できるというにはあまりに緻密なこうした論拠の力と妥当性とを疑う傾向があるので、……この推論を空虚なものとみなして無造作に捨て去ったり、この推論の理解の糸口をつかもうとする根気をなくしてしまったりするのではないかと、非常に懸念されるのである」(894)。そのために、彼は第一〇二節で、同じ論証を最も単純な形式で提示しようと試みている。それは次のようなものである。われわれが或るものについて矛盾のない表象を形成することができるとすれば、そのものは、現実的に存在するか、もしくは現実的になることができるかのいずれかである。ところで、神は、現に存在しているのでなければ、現実的になることもできないものである。なぜなら神は必然的存在者だからである。さてわれわれは神について矛盾のない表象を形成することができる。ゆえに神は存在する、というのである。

この推論は、デカルトの推論から切り離しても提起することができる。切り離したとしても、それは第二の存在論的論証となるであろう。しかしカドワースは、この推論を、第一の論証を解明するためのものと解している。すなわち、この推論は、神の本質における必然的な現実存在の概念を或る条件下に置いたり、第一の存在論的論証のなかで遂行される概念から現存在への移行に抵抗したりすることが、無意味であることを示しているというのである。

カドワースは、彼の考えによれば無神論者（合理的神学の敵対者）と神学者の間で解決されるべきただひとつの問題であるものを、第一〇三節で次のように定式化している。必然的存在者が存在するかしないかということが問題なのではない。必然的存在者がもしも存在しないとすれば、そもそも何かが存在することは不可能であろう。というのも、偶然的なものは、無から生ずることも、自分自身を生み出すこともできないからである。したがって、問題となるのは、必然的存在者がどのような種類のものであるか、それは完全なのか、それとも最高の完全性からは区別されるのかということだけである。

カドワースは、モアを手本にしてこの問題を解決する。モアもまた、必然性の概念を存在論的論証から導出したからである。「当然のことだが、その本質が、〈どんなときにも必然的に現存する〉という必然性を自らの内に含むものをおいてほかには、何ものも、自らによって必然的に永遠に実在することはできない。ところで、完全であるというには何か欠ける所があるものはすべて、その本性上、必然的な仕方で実在することはなく、それはそれ自体としては、存在することもしないこともできるのである。以上のことから、あらゆる事物のうちで最も完全で絶対的なもののほかには、いかなるものも、実在する必然性をその本質のうちに含まないということが帰結する」(898/899)。その本質が現実存在の必然性を含むという性質をもつものは、したがって、ひとりこの上なく完全なもののみであることになる。これによって、たしかに必然的存在者を仮定しはするが、しかしただ神だけが、すなわちすべてのもののうちで最も完全なものだけが必然的存在者であるということを認めない無神論者が論駁されているわけである。

このようなカドワースの思想は、カントが百年後に合理的神学全体に対する自分の批判を基礎づけた思想と同じものである。すなわちそれは、存在論的論証は、必然的存在者の概念を説明する唯一の説明だという思想である。どんな物についても、われわれはそれが存在しないと考えることができる。ただ最高に完全なものという概念のうちだけに、現実存在の必然性は含まれているように思われるというわけである。カドワースは、「無神論者」に存在神学の前で降伏するよう強要しようとして、〈存在神学の否認は無神論者たち自身が認める必然的存在者の概念を破壊することになる〉と述べて彼らを非難している。この言葉が正しいならば、——実際正しいのだが——懐疑をあと一歩先へおし進めさえすればよい。そうすれば、存在論的論証への懐疑は、カドワースの意見に従いながらも、圧倒的な勝利を博することができるのである。すなわちこの一歩は、必然的存在者という言い回しに特定の意味が結びつけられうることを否定せざるをえないのである。しかし、カドワースは自分の時代には、誰もこの一歩を踏み出す用意がないということを確信することができた。この一歩〔を踏み出す人〕は、世界における変化するものの第一の根拠を問う際、出口のないアポリアへ導かれるからである。それゆえ、ヒュームやカントの批判主義的思想にして初めて合理的神学を全体として論駁することができたのである。そのときまで、モアとカドワースの議論は、存在論的論証の批判者たちに対して勝利を収め続けたのである。

2 ライプニッツ

近世の存在神学の第二の局面においては、ライプニッツがモアとカドワースの後継者である。彼はアンセルムスの論証を、《自己原因》の概念に基づくデカルトの証明と並ぶ独立した証明と見た。デカルトとマールブランシュはたしかに神の現存在を《最も完全な存在者》の概念から推論した。しかし、彼らの意見からすればそれだけが筋の通ったものであるがゆえに決定的でもある回り道、すなわち〔必然的に〕存在する力能の思想という回り道を経て、彼らは推論したのである。スピノザが『エチカ』を《自己原因》の概念からいきなり始めたとき、彼は正当にデカルトの後継者を自認してよかった。これら三人の哲学者は、第二の存在論的論証だけを適切なものだと明言している以上、存在神学においてはデカルト主義者である。彼ら三人はこの証明を、必然的なものという概念の研究によって支えようとしていたが、彼らとは反対に、モアとカドワースは、この証明の古いアンセルムス的な前提に固執した。ライプニッツは、ふたつの証明を区別し、アンセルムスの証明を新しいデカルト的議論と並置した最初の人である。彼は神の存在の存在

論的証明を初めて複数形で語るのである。(28)

それゆえ、《最も完全な存在者》の概念と《必然的存在者》の概念とをむしろ付随的で無反省的な仕方で結合してきた存在神学の段階が、ライプニッツによって克服される。しかしライプニッツもデカルト的伝統を受け入れている。彼も「《自己原因》」の概念に基づく証明を、神の現存在をアプリオリに推論するための、唯一のとは言わぬまでも、正当なやり方であるとみなしている。ヘルマン・コンリング宛の一通の手紙(Erdm. 78)が示しているように、ライプニッツはデカルトの理論を改良しようと望んではいるが、自分がデカルトの後継者の位置にいることを自覚していたのである。他面でこの改良への提言は、ライプニッツがすでに知っていたモアとカドワースの思想に結びつけることができる。そしてライプニッツは彼らプラトン主義者たちと同じく、彼以後明瞭に区別されることになるふたつの存在論的論証の間に多くの結節点と媒介とを見てとったのである。どちらかといえばついでに言われている或る註のなかで、ライプニッツは、ふたつの証明をつなぎ合せて存在神学に統一をもたらすような問題、しかもそれの解決が存在神学の真理価値を決定するような問題すらもはっきりと定式化している。

いわゆる『モナドロジー』はライプニッツの最も影響力の大きい著書である。その四五節は、神の存在のアプリオリな証明を第二の形態で扱っている。「それゆえ神〔すなわち必然的存在者〕だけが、それが可能ならば現実に必ず存在するという特権をもっている。そして、いかなる制限も否定も含まず、したがっていかなる矛盾も含まないものの可能性を妨げるものはないから、可能性という点だけで十分、神の現存在をアプリオリに証明することはできるのである」。

この証明に先立つ三八節と四四節の探究を見れば、ライプニッツが必然的存在者について語るときそれにいかなる意味を結びつけているかが分かる。三八節から四一節においてまず必然性の概念の宇宙論的演繹が見出される。すなわち〈神は世界におけるすべての偶然的な変化の系列の充足理由である。したがって神は存在しなければならない。あらゆる偶然的なものは互いにあまねく結合し合っているのだから、神はただひとつしかありえない。神においては有限なもののもつ様々な限界が廃棄されているのだから、神は最も完全な存在者である〉というわけである。

四三節と四四節は、神がただ単にあらゆる現実的なものの必然的な制約であるばかりでなく可能的なもののすべてにとっての必然的制約でもあることを明らかにする。神の存在の必然性はそれゆえ、可能性に対する神の関係からも同じく理解されうるのである。ライプニッツは、すでにアウグスティヌスにおいて見られる証明、しかも彼が意識的にアウグスティヌスから受け継いだ証明によって、この命題を基礎づけている。(29) すなわち、もしも神の現存在がなかったならば、本質的諸規定と本質的諸関係（つまり《永遠の真理》）――これらは偶然的で現実的なものにおいて実現されているし、また偶然的で現実的なものはその可能性に関して、これらに依存してもいるのだが――もまた、根拠のないものとなるだろうし、したがってまた存在しないものであることになるだろう、というのである。「実際、もしも本質つまり可能性の中とか、永遠の真理の中とかに事象性が存在するのならば、この事象性は何か実在している現実的なものに必ず基づいている。したがって、その本質が現実存在を含んでいるところの、言いかえれば、現実的であるためには可能的でありさえすればいいところの、必然的存在者があるということ〔必然的存在者の現実存在〕に、この事象性は必ず基づいているのである」（Ziffer 44）。神の現実性は、そもそも何か或るものが可能であるための根拠である。それゆえまた神においては、可能性と現実性の区別も存在しえない。あらゆる可能性は神の現実性に依存しているのである。もしも神が可能ならば神は存在する。しかしもしも神が可能でないのならば、何か或る他のものが可能であることは不可能である。したがって神は必然的存在者である[30]。
こうして必然的存在者の定義が、ライプニッツによって特別な演繹のなかで突きとめられるのであるが、その演繹は、それだけでもう神の存在証明として通用しうるようなものである。この演繹によって神〔という概念〕の可能性も確証されている。存在〔一般に或る物が存在するということ〕は、或る物の可能性〔その物が可能であること〕を保証するからである。デカルトによる神の存在の存在論的証明は、直接《必然的存在者》の概念から出発していた。その証明がもしもそれだけで説得力をもつというのなら、それは、もうすでに完結している宇宙論的証明や観念理論《イデオロギー》的証明に頼ることすらゆるされない。またそれだけで説得力をもつというのなら、デカルトの証明は《必然的存在者》の概念を、その可能性とその起源を反省することなしに受け入れざるをえないのである。ライプニッツはこうしたやり方を許されないことと考えた。そもそも証明がそこから開始される概念の可能性が、確証されていなければならない。そうでなければ、証明（存在神学的証明といえども）が想像上の概念、デカルトの言葉によれば恣意的に虚構された概念から出発するという事態が生じうるだろうからである。それゆえ、第二の存在論的論証が始まる前に、必然的存在者の可能性とその存在者の適切な定義の問題に解答が与えられていなければならない。

ライプニッツは存在神学のやり方を、次のような要請によって改良したことを、自分の功績として認めていた。すなわちそれは、その現存在が推論されるべき当の存在者の可能性が証明されなければならない、という要請である（Vgl. Erdm. 80, 138, 176, 375）。ライプニッツの可能性概念は無論、思惟されるものの論理的可能性と存在するものの事象的《レアール》〔＝実在的〕可能性とをいまだ区別していない形而上学の可能性概念を意味する。その定義がいかなる矛盾も含まないような概念は、いかなる矛盾も含まないという理由ですでに事象的〔＝実在的〕な意味でも定義されている。つまりその概念の対象の可能性は、〔無矛盾的だというそのことですでに〕確証されている、というのである。「《われわれは、定義が事象的〔＝実在的〕であるということ、すなわち何ら矛盾を含んでいないということを知るに先立って、結論を導き出すために定義を安全に使うことはできない》」（Erdm. 80, Vgl. Nouv. Ess. Ⅳ10 §7 Erdm. 375）。

あらゆる証明に先立って、定義の事象的〔＝実在的〕性格が証明されなければならないというライプニッツの要請は、明晰かつ判明な表象だけを認識根拠として用いるというデカルトの立てた要請に呼応している。ライプニッツは本来デカルトのものである発見を自分の功績にしたのだという非難は、それにもかかわらず正しくはない(31)。というのも、ライプニッツは同時に、或る概念が可能性をもつか否かを判定するための基準を展開しようとしていたが、彼の意見によれば、この基準たりうるのは論理的原則だけだからである。デカルトは、明晰性と判明性の欠如はつねに概念相互の結合における矛盾に還元されうるとは言っていなかった。これに対して、表象を明晰かつ判明にするライプニッツのやり方、つまり表象の可能性を認識する彼のやり方は、表象の無矛盾性を確証することのうちに成立する(32)。してみれば、デカルトの要請の方がライプニッツの要請よりはるかにゆるい内容を持っていて、単なる明証性に関係するのに対して、ライプニッツのそれは思想の論理的構造に関わる。ライプニッツによれば、可能性のデカルト的基準は不十分にしか規定されていない。「現在人々は、しばしば用いられる原則、つまり〈或るものについて人々が明晰かつ判明に知っていることは真であり、そのものに対して〔正当に〕言表されうる〉という原則を、少なからず濫用しているのを私はまた知っている。というのは、無分別に判断する人間には、不明瞭で混乱しているものが明晰かつ判明なものに見えることがしばしばあるからである。それゆえ明晰かつ判明なものの標識がその際使用されないなら、この公理は無用なものとなる」（Erdm. 80/1）。その基準が矛盾律と充足理由律であり、すべての可能的思想はこれらの基準と合致しなければならない。単なる明晰性は見かけだけのものであったり、人を欺くものであったりすることがあるのであって、例えば人々が完全性の総体を表象する場合ですらそうである。なにしろ、最大の数とか最大速度の運動という概念が矛盾を含むことは容易に立証されうることだからである。「最大のもの」への上昇というものは、一定の条件下でしか許されない。神の存在の存在論的証明がその推論に着手することが許されるためには、その前に、最も完全な存在者と第一原因の概念が矛盾を含まない概念であることが示されているのでなければならないのである。

先に言及した『モナドロジー』の第四五節でライプニッツは、《最も完全な存在者》の可能性を証明するために彼が展開していた思考の歩みを、《必然的存在者》の概念に適用している。（彼はこれに先立つ節〔四一―四四〕で最も完全な存在者は必然的存在者でもある（し、その逆でもある）ことを示したのだから、第一の存在論的神概念の可能性が証明されるならば、第二の存在論的証明を用いる権利を彼はもっている。）つまり、最も完全な存在者のようにいかなる制限（bornes）も否定も、したがっていかなる矛盾も含まない存在者は可能であるというのである。矛盾が生じうるのは、何か或るものがまったく同じものとの関係において措定されると同時に破棄されるときだけだからである。ところで完全性とは、分解不能にしてかつ単純であるところの「本性ないし本質形式」のことである。したがって、それらの概念は決して互いに矛盾し合うことはできない。仮に矛盾が生ずるとすれば多分、或る完全性が同じ物に言い立てられると共に否定されるか、あるいは異なる高さの度合で与えられるかしたときであろう。しかるにそうしたことは最も完全な存在者の概念の場合には起こりようもない。なぜなら、この概念は、最も完全な存在者に最高度の完全性がすべて帰属するのだということを意味しているからである。ライプニッツは最高の度合にまで達しうるような諸性質だけを完全性と名づけている（Disc. Met. Ziffer 1）のであるから、最も完全な存在者の可能性は確証されている。――われわれは、こうした存在者が存在しうるかどうかを疑う必要はないのである。[33] しかし最も完全な存在者が必然的存在者でもあるとすれば、最も完全な存在者の可能性から第二の存在論的証明の推論形式でもって直接に必然的存在者の現実的現存在が推論されうる。〔ライプニッツによって〕改良され完全にされたデカルトの証明に対しては、聖トマスの反論も無力なのである。

その他の多くの箇所でライプニッツは神の存在の存在論的証明を――一方では可能性の証明と他方ではそこからの現存在への推論という――ふたつの歩みにおいて、しかも《最も完全な存在者》の概念から直接に遂行した（Erdm. 74A, 80A, 138B, 177A, 374B)。この証明は、〈現存在は ひとつの 完全性である〉という命題なしには成り立ちえないのだが、その命題はガッサンディによって激しい非難を浴びせられたものであった。[34] ほかならぬその命題がライプニッツにおいてもたびたび見出されるのである（Erdm. 74A, 80A, 177A)。だが、それはライプニッツの体系では特別な意味をもっている。『人間知性新論』での或る一節がその意味を告げている。「現実に存在することは現実に 存在しないことよりも一層大きな 事柄である。言いかえれば、現実存在というものは大きさないし完全性の度合を付け加えるものである。あるいはデカルト氏が言うように現実存在それ自身が ひとつの完全性である」（Erdm. 374)。デカルトの語り方とは一線を画そうとするこうした慎重な語り方の背後には、現存在に対する本質の関係についてのライプニッツの理論が存在している。その原則は「《すべての可能的なものは実在することを要求する》」（Erdm. 99）というものである。あらゆる 可能なもの、あらゆる 本質は、《実在しようとする主張》を持っている。それらはしたがって自分から実在しようと努めるというのである。

その原則についての証明をライプニッツは「第一の 諸真理について」という論文の中で行なっている。彼は、意味が異なるふたつの真理、すなわち永遠の真理と事実の真理とが根拠と帰結の関係において結合していると考える。すなわち、単に可能的仕方で現存しているだけで、必然的に現存しているわけではないもののうちで現実的なものになるのは、そのつど最高の度合の事象性を含んでいるものだけである。というのは可能的なもののすべてが現実的であるわけではないというのが事実だからである。この事実と、さらには現実的であるということの意味〔現実性の概念〕も、現存在に向かう本質の衝動からしか理解されえない。現実存在を本質の《要求》から理解しようとしない人は充足理由律に違反している。この証明は以下のふたつの仕方で遂行されうる。

(1) われわれは〈可能的なものは、可能的なもの自身にそなわった〔現存在への〕《要求》なしにはまったく理解されえないのであるから、およそすべての可能的なものはすでに現実的である〉と仮定するか、それとも、〈若干の可能的なものは現実的ではない〉と仮定するかのどちらかである。後者の場合、理性は何ゆえに或る可能的なものが現実的であって他のものが現実的でないのかを解明する理由を探さなければならない。そしてこの場合にも、可能的なものそのものの本質規定に起因するような理由以外の理由は考えられないのである。なぜなら、そもそも何ゆえに或るものが現実的に存在するのであってむしろ無ではないのかという理由が問われるときには、解答に際して何ら現実的なものは前提されえないからである。ところで現実存在は単純な概念である。現実的になったすべての可能的なものに現実存在が等しい仕方で帰属する。それゆえ可能的なものにおける現実存在の根拠はどんなものの場合にも同じでなければならない。そうでなければ、われわれは十分な理由もなく、一定の本質だけに現実存在への特別に卓越した関係を認めていることになるだろう。

(2) 仮に現実存在が《本質の〔現実存在への〕要求》とは違ったものであって、それゆえ本質そのものにそなわった規定ではないとするならば、現実存在はそれ独自の《本質》をもつのでなければならなくなろう。[35]そうなれば、その現実存在についてわれわれはさらに、それが存在するか否かと問わざるをえなくなろう。もしもそれが存在するならば、それ〔つまり現実存在という本質〕以外の別の本質が現実に存在していないのに、なぜそれが現実に存在するのかという根拠がなければならないことになるだろう（Erdm. 99）。しかし現実存在が実在すると言うのは無意味である。

以上ふたつの根拠は、スアレスに遡りヘーゲルを予告する注目すべき主張に通じている。すなわちそれは、現実存在は本質における契機としてのみ理性的に把握されうるにすぎないという主張である。この主張は〈現実存在の概念は理性にとって解決しがたい問題を含んでいる〉という懐疑主義的ないし批判主義的な主張に代わるべき、唯一可能な選択肢なのである。

すべての本質が現存在を目指して努力するとき、異なる等級にある諸本性の〈現実化への衝動〉の間には競争が生ずる。この競争に勝利を収めるのは、より大きな事象性、より大きな完全性をもつ本性のはずである。というのも、本質と現存在しようとする力とは比例しているのだから[36]、より小さい完全性の抵抗に打ち克つための十分な理由は、より大きな完全性をもつ本性のうちにのみ存在することになるからである。完全なものが現存在を得るのは最も完全な創造的精神に働きかけることによってなのか、それとも直接自分自身によるのかはここでは重要ではない。したがって、或る本質が現実的に存在するということから、いつまでも同じ仕方で単に可能的なままにとどまっているものによりもこの本質の方により高い完全性が内在しているということが推論されうるのである。だからこそライプニッツは、現存在に向かう本質の衝動から生じる現実的な現実存在は「大きさ、もしくは完全さの度合」であると言えるのである。ライプニッツは現実存在を単純に完全性の内に数え入れているのではない。もしも数え入れていたとすれば、現実存在は再び実在することも〔しないことも〕できる或る特殊な本質だということになってしまうだろう。

だがライプニッツはむしろ、存在しない本質は完全な本質ではありえないということを示そうとしているのである。

〈現実性はひとつの完全性である〉というデカルト的な命題を解釈する際、ライプニッツは以上の理論を前提にしている。大切なのは、この理論が同時に宇宙論的神概念の事象的〔＝実在的〕定義に至ることを理解することである。つまり最も完全な存在者《ヴェーゼン》〔＝本質〕だけが自己自身の現存在の十分な理由なのだという定義である。というのはその存在者においては《本質の要求》が最高の力をもっているからである。同じように現存在に向かって努力する他のすべての本質はそのような力をもたず、神はそれらの本質が現実的になるのを妨げることができる。なにしろ完全で有限な存在者ですらもが、神が全面的な意味でそれであるところのものに、ただ制限された意味でしかなりえないからである。これによって、〈《必然的存在者》においては本質と現存在は無差別である〉という命題は明晰なものとなる。『モナドロジー』においてライプニッツが示したのは、そのような〔現存在と本質との〕無差別な存在者が存在しなければならないが、その理由は、もしもそうでなければ「永遠の真理」の中にはいかなる事象性もなくなってしまうからだ、ということである。ところで、その存在者において本質と現実存在がどのように結合され、そして両者の規定のうちどちらが第一の根本規定なのかという点はそこではまだ示されていない。《本質の要求》の考究がこうした欠点を克服してくれる。すなわち最高の存在者は自分の本質に基づいて現存在をもち、しかも直接その本質と共に同時に現存在をもっているのである。

しかしこの理論も、ライプニッツ以後、後代の哲学にとって決定的なものになった次の問いにまだ解決を与えていない。本質は本質としてはまだなお現実存在していないのに、その本質がどのようにして現実存在への衝動をもつことができるのかという問いである。この衝動そのものは何か現実的なものとして考えられなければならないのではないか。しかし、それが何か現実的なものとして考えられるのだとすれば、この衝動によってはじめて実現されるとされている本質の現実性が予め前提されていることになるだろう。ライプニッツが各々の存在者のうちにあると考えている本質と現実存在との関係は、存在論的証明や《必然的存在者》の概念に劣らず問題を含んでいる。両者はこの関係から理解されうるとみなされていたからである。ライプニッツの本質という概念は存在神学の推論形式と同じ構造をもっている。各々の本質は、可能的なものの領野にあっては、現実性の領野における《必然的存在者》にあたるわけである。

ライプニッツは現実存在の概念を第一の存在論的論証との連関で用いた。この概念を用いてガッサンディの異論をかわすこともできたはずである。しかし今や、第一の存在論的論証の諸前提は第二のそれの諸前提でもあることが示されたのである。すなわち最も完全な存在者は、現存在と同時に考えられなければならない（第一の論証）。最も完全な存在者においては本質が現存在の十分な理由だ（第二の論証）からである。これと同じ連関は推論（の順序）を転倒させて定式化することもできる。或る存在者が自分自身の内に現存在の十分な理由をもつ（第二の論証）のは、それが最も完全な存在者であり、それゆえ「現実に向かう衝動が抑え難いときであり」、またそのときだけである（第一の論証）。——ライプニッツはこれらふたつの論証を区別した最初の人であった。というよりも、このふたつの論証を取り込んだ彼の理論が、ふたつの論証の内的な統一性を発見するのにむしろ適していたのである。

『神の現実存在のデカルト的証明について』という標題をもつ、『トレヴー新聞』の中の小論は、ライプニッツの著作の中で神の存在の存在論的証明に関する最も重要なテキストである（Erdm. 177/8）。なぜならばこの小論でライプニッツはそのような連関をあらゆる形態にわたって確証していたからである。彼はふたつの証明を挙げることから始める。ところであらゆる完全性が相互に結合されうることを否定する哲学者たちがいる。第一の証明に対するこの異議に長く関わるつもりは、ライプニッツにはない。そしてそれゆえ彼は、自分が新しい形式を与えた第二の証明に向かう。つまり神は《自己による存在者》、すなわち自己の本質によって実在する存在者であるという証明に向かうのである。この存在者に関しては、他のすべての物とは違って、〈もしもそれが可能であるなら、それは現実的に存在する〉と言うことができる。第二の存在論的証明はそれゆえ、《自己による存在者》が可能な存在者であることが立証されさえすれば、容易に行なわれることができる。《自己による存在者》の概念規定は直接には単に〈もしも必然的存在者が可能ならば、それは現実的に存在する〉という条件命題に至るにすぎないのであって、デカルトが信じていたような〈その存在者の現存在は確実である〉という命題に通じてはいない。

『モナドロジー』の中ではライプニッツは、自己による存在者〔必然的存在者〕の可能性を最も完全なものという概念の無矛盾性から導出した。この方途を彼はここでは選ぶことはできない。なぜなら、第二の証明は、すべての完全性の総体という思想を拒否する人々こそをまさしく納得させるべきものだからである。一切の事象性を総括することができない場合に、これらの事象性を合計すれば或る矛盾が生じてくる。それゆえライプニッツは、自分の証明をもうひとつ別の思想の上に建設するのである。すなわちすべての可能性は《自己による存在者》の現実存在に依存するという思想である。もしも《自己による存在者》が不可能ならば、他のすべての存在者もまた不可能である。なぜなら、自己によって存在しているのではない存在者はすべて、「自己による存在者」に依存しているからである。こうした存在者が存在しないならば、それ以外のどんな物もまた存在しえない。ライプニッツはそのとき宇宙論的連関の依存関係のことを考えているのである。彼は同じ思想を『モナドロジー』の四三節――この四三節は有限なものの本質可能性と無限なものの現実性との間に或る関係、つまり「観念理論的《イデオロギー》」連関を立てているのだが――でも根拠づけることができたであろう。この場合、宇宙論的依存関係のことを指示することは容易に誤解を受けかねない。例えば、仮に事実的にはいかなる必然的存在者も存在しないとしても、有限なものはやはりそれ自体で依然として可能ではないか、というような誤解も生じよう。しかし、ライプニッツは〈もしも無限なもの（自己による存在者）が不可能ならば、もはや有限なもの(他による存在者)はどんなものも決して存在しえない〉と述べるのであり、それは正当である。自己によって存在する存在者をわれわれが決して考えることができないのならば、それに依存しているものという思想も矛盾することになるということは正しいように思われる。[37] しかし、あらゆるものは有限であるか無限であるかのいずれかである、ということが一般に承認される以上、何か或るものを可能なものとして考え、それでいて無限なものを不可能なものとして考えるなどということはありえない。ライプニッツは自分の演繹の結論に自負をもっている。「この証明はこれまで一度もこれほど広汎に遂行されたことがなかったようである」。その結論に従えば、《自己による存在者》の可能性に異論を唱える人はすべての可能性一般を否定するのである。それゆえ第二の存在論的証明は説得力をもつ。つまり必然的存在者は可能である、そしてもしもそれが可能ならば、それはまた現実的でもあるというわけである。

《自己による存在者》の可能性の証明を開始するに先立って、ライプニッツはすでに付随的に或る論評を加えているが、それは存在論的推論形式の敵対者である聖トマスの後継者たちにあてはまるはずの論評であった。トマスの後継者たちは、本質概念から現実的現存在を導出することは原則的に禁じられていると主張する。ライプニッツは現存在が或る概念から直接推論されうるわけではないということは承認する。直接推論する前にまず、存在論的論証への第一の要求が満たされていなければならない。すなわち可能性の証明が与えられなければならないのである。「もしもそれが可能ならば それは実在する」という必然的存在者に関する仮言的命題は、しかし、争いようもなく明証的である。それゆえ、その存在者の現実性を導出するためには、その存在者が可能であることを示すだけで足りる。ライプニッツによれば、或る存在者が可能なのは、その存在者の本質規定が無矛盾的であると証示されるときである。それゆえその存在者の現存在の推論に異論を唱えるには、ただ〈それは不可能である、つまりその本質規定は矛盾を含んでいる〉と言うことしかできないことになる。

ところでしかし本質規定（可能性）から現存在への推論は概念から或る事物の現実的現実存在への推論であり、したがって存在神学の敵対者たちが不可能と言明する種類の推論である。この推論はしかし、《自己による存在者》が可能なときには、遂行されざるをえない。なぜなら、さもなければ《自己による存在者》ということで何ものも考えられていないことになるからである。それゆえ仮言的形式においては、存在論的証明の批判者たちも、その推論を受け入れなければならない。有意味な批判がありうるとすれば、それはこの推論の諸前提に向けられた批判だけである。第二の存在論的証明を論駁しようとする人は、《自己による存在者》の可能性を否定しなければならない。この成果は最も重要である。それは存在神学の問題のどんな決着に対しても今日でもなお有効な二者択一をまったく明瞭に定式化してみせている。

ライプニッツはもう一歩進む。すなわち存在神学の敵対者たちは、概念から現存在へのいかなる移行も許そうとはしない。しかし第二の存在論的論証の場合、彼らが《自己による存在者》の可能性を認容するとすれば、彼ら自身がそのような移行を認めざるをえないことになる。この連関を見定めたことによってライプニッツは、ガウニロとトマスの言う諸根拠によって存在論的証明を否定するすべての人々を論難する可能性を与えたのである。この論難によってライプニッツは、彼らが存在論的証明を重要なものだと感じとるようになることを期待できた。「単なる諸概念、観念、定義、あるいは可能的本質からは決して現実的現実存在は推論されえないと主張する人々は実際、私がたったいま指摘した事実、つまり自己による存在者の可能性を否定するといぅはめに陥る」(177 b)。或る概念から現実的現存在を推論することは決してできないのだと主張する人は、結局神の可能性を否定するに至る。その人は、意に反して、独断的無神論者になってしまう。存在論的証明の可能性を原則的に否定することは神の不可能性をアプリオリに確信するのと同じことなのである。

恐らく人々はこれまで、明察的であるが同時に悪意も感じられるこうした言い回しに対して〈こうした言い回しは純粋に論理的な可能性概念を前提しているのだ〉ということを指摘することによって応戦しようとしてきたのである。つまり、概念の論理的可能性から事物の事象的〔＝実在的〕可能性が区別されなければならない以上、存在論的論証は通用することができないというわけである。また、そこからのみ神の現存在が把握されるはずの、神の事象的〔＝実在的〕可能性などというものは、洞察されえないとも言われてきた。ところで、トマスにもカントにも等しく妥当するこの区別立ては他のあらゆる概念との関係においては確かに正当なものである。しかしそれは第二の存在論的論証の神概念に関しては適用することができない。なぜなら、すべての概念のうちでただひとつ、《必然的存在者》の概念だけが実在的現存在の概念をも必然的に含んでいるからである。デカルトがトマスの異論を撃退した際に用いた論証は、それゆえ、ライプニッツの同意をも得る十分な根拠をもっているのである。トマスは神概念の論理的可能性を承認しようとしたが、それでいて必然的存在者をその現実性なしに考えようとした。しかし神の事象的〔＝実在的〕可能性を不確実なものとみなす唯一の道は、神の論理的可能性を疑う道である。それはカントの批判がとった道である。逆の言い方をすれば、《自己による存在者》の可能性が立証されなければならないという要求が意味しうるのは、事柄の上からは単に、この表象の明晰性と判明性とは基準に基づいて確認されなければならない、ということだけである。してみれば、存在神学の敵対者たちに対してライプニッツが行なった非難は、もっと鋭く次のように表現されなければならない。すなわち、概念から現存在への移行の可能性を否定する人は「《自己による存在者》」の概念の内的な理解可能性をも否定することになるのだ、と。

これによってライプニッツは、近世における神の現存在に関する存在論的理論の運命が決定されることになる問題連関を定式化したのである。デカルトがこの理論の新しい方法的基礎づけを発見して以来、この基礎づけは、かなり長い間通用しつづけた。とはいえそれは、〔存在神学〕批判の側が発展して、概念から現存在への移行の批判〔という段階〕を脱し、《自己による存在者》の概念そのものを批判するに至ってはもはや通用しなくなったのである。デカルトと同じくライプニッツは、この概念を批判する決意をすることまではできなかったので、彼が聖アンセルムスの立場をトマスの攻撃から擁護したり、またこの〔アンセルムス弁護という〕点で〔デカルトが〕ラ・フレーシュの学派から自由になったという理由でデカルトを賞讃したりするときだけに、彼は首尾一貫した態度を取ることができたのである。

3 クリスチャン・ヴォルフ

ヴォルフ学派は存在神学のためのライプニッツの構想をさらに発展させたにすぎない。このことはヴォルフ自身の二巻本の『自然神学』にもあてはまる。この書はライプニッツが異なるふたつの存在論的論証の基礎として認識していたふたつの神概念の区別によって、外面からしてすでに完全に規定されている。内容〔神論〕の点では両方の巻は一致している。両者はただ異なった道を通って「神の現実存在と属性」を証明しようとしているだけなのである。第一部〔＝第一巻〕は、「《宇宙論》」の学に接続しているが、この学はすでに《必然的存在者》の現存在を世界の偶然性から推論し終わっている。第一部の課題はこの存在者が神であることを示すことである。ヴォルフはそのなかで神の本質規定のすべてを《必然的存在者》の概念から導出しようとする。宇宙論と連関しているために『自然神学』のこの第一部はアポステリオリな学になっている。第二巻〔＝第二部〕の最初のいくつかのパラグラフはアプリオリに進行する。それは「最も完全な存在者の概念から」神の現実存在を証明せんがために、「存在論」という哲学の基礎的な学問分野に直接基礎をおいている。

ところで、《必然的存在者》と《最も完全な存在者》とは神の存在の存在論的証明のふたつの前提をなす概念である。第二巻は第一の存在論的証明から始まる。第一巻はなるほど、偶然的世界の事実性から出発してはいる。だが、そこにも存在論的証明、すなわち「《必然的存在者》」の概念からの証明が含まれているのである。

ドイツ語で書かれた彼の形而上学、『神、世界および人間の魂についての理性的思想』の中では、ヴォルフは神の存在の宇宙論的な証明しか使用していない。彼は他のいかなる証明よりもこの証明を優先させることに何ら疑いを差しはさまない。しかし、そのことは、彼がその他の証明の妥当性を疑っているということを意味するのでは決してない。彼はたしかに、目的論的証明が説得力のあるものではないことを立証してはいるが、しかしふたつの形態の存在論的論証には固執しているのである。神の存在の宇宙論的証明と、この証明に基づいて建設される神学とは自然哲学（宇宙論）から何の断絶もなく生じてくるという長所をもっている。そこから、その直接的帰結という形で神のすべての属性も演繹することができるのである。このことは第二の存在論的証明に同じように妥当するわけではない。だからしてこの第二の証明は合理的神学の第二部〔つまり『自然神学』第二巻〕の冒頭にしか位置することができないのである。第二部

においては、第一の存在論的証明を引き合いに出すことは避けがたいのである。(38)

しかし、ヴォルフが第一証明を引き合いに出すのはすべて、第二部に体系的自立性を保証するという条件下でのことであった（Pars II §20 Anm.）。「《〔第一部で〕体系のために想定された神の名目的定義〔自己による存在者という〕が、最も完全な存在者に、最も完全な存在者の定義からして、一致するのだということが証明されるまでは、この名目的定義に依存する原理を、ここで用いるべきではない》」。第一部から引き継がれた規定はどれも《最も完全な存在者》に、その定義からして帰属するということが示されなければならない。さもなければ、間違った循環が生ずることになるだろう。そのときには独立していると言われている第二部は恣意的なやり方で第一部の諸成果を使わざるをえなくなるだろう。――そうすれば第二部は第一部の無秩序な繰り返しになってしまうだろう。けれども、ほとんど評価されていないが、哲学的神学に体系的連関を持ち込んだということがヴォルフの功績なのである。第一巻の序論は多くの貴重な方法的指示を含んでいる。それらのおかげで、講壇哲学にあっても首尾一貫した導出の基準が明晰になったのである。それと共に、これらの基準は間接的に批判の下準備をしたのである。ヴォルフはひとつの体系には唯ひとつの神の証明しか与えられてはならないという要求をした最初の人である。なぜなら、彼の考えによれば、その現実存在が証明される当の神についての名目的定義から、神のすべての属性も導出されることが求められなければならないのだが、しかし、どんな神の存在証明も、ある特殊な神概念から出発するのであるから、証明がいくつもあるとすれば、それらは方法的に混乱した、したがってまた洞察力を欠いた理論に帰着することになるからである（Pars I §§6と10）。

正しい演繹の方法を模索するヴォルフの努力によって、宇宙論的論証とふたつの存在論的論証との体系的な関係は、ライプニッツの場合よりも一層明瞭なものにされた。第一巻の冒頭で彼は《必然的存在者》

の現実存在を主張する。この現実存在はライプニッツが築いた形態での宇宙論的論証から帰結する。[39] 次いで存在論へ還帰することによってヴォルフはこの存在者についての次のような完全な規定を探り出す。つまり、この存在者は現実に存在するために他のものの力を必要とせず、自分の力で存立し、それゆえ自存性をもち、独立しており、そして自己の現実存在の根拠を自分自身の本質の内にもっているのである。だからこそ、なぜこの存在者が実在するかということは、この存在者の本質そのものに基づいて洞察されうるのである。《なぜそれが実在するのかは、そのもの自身の本質によって理解される》(Pars I §34)。これによって神の存在の存在論的証明にとっての第二の前提が確証される。第一の前提、つまり《必然的存在者》の可能性を、ヴォルフは、《必然的存在者》の本質概念を展開した先行する数節から得てくる。ところで、《存在者はその本質からすれば何ら矛盾を含まない》と『存在論』(§153)が説いているように、或るものが可能的なものであるのはその本質によってなのである。すなわち無矛盾性は、ヴォルフにとっても可能性の基準なのである。それゆえ彼は《必然的存在者》の本質規定の可能性からこの存在者の現存在を導出できるのである。ヴォルフはこの証明が、デカルトの証明と一致することを自覚していた。第二巻(§675ff.)で彼は、神の現実存在に関するスピノザの第一の定義と自分の導出との間には何の違いもないことを詳細に示している。

この存在論的論証は単に直接宇宙論的論証に続いて出てくるばかりではない。それは明らかに宇宙論的論証に依存してもいる。なぜなら、《必然的存在者》の概念は直接的かつ単純に形成されたのでも恣意的に形成されたのでもなく、はたまた超自然的な影響によって思惟に伝えられたのでもないからである。この概念に到達できるのは、世界から世界の根拠へと至る宇宙論的移行の思想が遂行されるときだけなのである。無論、《必然的存在者》の概念を初めは単に問題的なものとしてしか妥当させず、後になって、つまりこの概念が完全に規定されているときに初めて、現存在の確信にまで至る大いなる歩みをそこから進めるということもヴォルフには可能であったかもしれない。ヴォルフがライプニッツと同じようにこの方法を許されているとみなしていたことを疑ういかなる根拠も存在しない。しかし、ヴォルフの演繹の仕方のなかではこの方法は煩雑にすぎ、また余計なものでもあったろう。〔もしも彼がこの方法を使っていたならば〕偶然的なものが現実に世界の中に存在するということを宇宙論的思想においてはわざと無視して、次のように言わなければならなかったであろう。〈仮に偶然的な存在者が現実に存在するのならば、私は必然的存在者の思想を思惟せざるをえないだろう。必然的存在者というこの思想は矛盾を含んでいない〔可能的で（に）ある〕。ところで私は必然的存在者が現実的にも存在するのかどうかを見ることにしよう。この存在者の概念にはその現存在が含まれている。云々〉と。しかしこの存在論的証明が、その前提の概念的規定性という点ではどのみち宇宙論的思想に基づいているのなら、この証明を宇宙論的に基礎づけられた神学の体系のなかでただ補足的に顧慮する方が〔こうした方法よりも〕ずっと良いやり方なのである。[40]

以上の理由からして『自然神学』の第二巻だけが存在神学の形態を有している。《最も完全な存在者》の現存在を存在論的に推論する際にヴォルフは、ライプニッツがこの証明に対して行なった論評をすべて斟酌していた。最も完全な存在者の定義は〈最も完全な存在者とは、相互に結合されうる事象性のすべてが最高の程度において帰属する存在者である〉、というものである。「事象性」とはライプニッツにおける「完全性」と同じものを意味している。最も完全な存在者は、わずかの事象性しかもたない制限された存在者とは反対に、あらゆる事象性を自分の内で結合している。しかも最も完全な存在者は自分の事象性を最高の程度でもたなければならないのである。事象性の数においても個々の事象性の程度においてもそれは最高のものである。ヴォルフは一切の事象性が相互に結合可能であるという証明をライプニッツから引き継いでいる。ライプニッツはこの証明の中に存在論的証明の第一歩を見ていたのであり、第二の歩み、すなわち神の現存在の証明はすぐそこから帰結するのである。

ところが、この第二歩目の証明にヴォルフは、別の形式を与えた。ライプニッツにおいても「神はすべての完全性を所有し〔A〕、それぞれの完全性は神に最高の程度において帰属する〔B〕」(Disc. 1) という神の定義が見られる。第一の存在論的証明においては現存在は完全性の中に数え入れられている。それゆえ神には現存在が認められなければならない。しかしそれによって考慮されているのは右の神の定義の最初の部分〔A〕でしかない。現存在がひとつの事象性であるのなら、この事象性は「《絶対的に最高の程度において》」神に帰属しなければならない〔B〕。してみれば、現存在の最高の程度とは何であるのかが決定されなければならない。ヴォルフは答える。それは必然的な現存在である、と。それゆえ神にはただ単に現存在が認められればよいというだけではなくて、必然的現存在が認められなければならないのである。

ヴォルフが神という思想の無矛盾性の証明の後で、すぐには聖アンセルムスの証明に話をもっていってはいないという事実は、彼の『自然神学』の体系構制からも説明することができる。『自然神学』の第二部は神の本質については、第一部でも導出されていたのとまったく同じ言表に、たどり着かなければならないのである。というのは、『自然神学』は同じ神の概念をただ違った方途で展開しているにすぎないからである。神は《必然的存在者》であるということが、第一部の基礎的規定であり、かつ以後の前進にとって最も実り豊かな規定なのである。それゆえ第二部もまた、神が必然的に実在するということを証明しなければならない。ヴォルフはこの必然性を、神を実在するものとして考えざるをえない論理的必然性から区別している。一方は洞察の必証性であり、他方は神の存在の様態的規定である。われわれが神の概念の分析に基づいて、神が実在するということを確信するとしても、われわれはまだ、この現実存在がそれ自身いかなる仕方で規定されているかを認識したわけではない。だからこそ『自然神学』の第二部では神の現存在を越えてさらに神の現実存在の必然性もまた証明されなければならないのである。作品の構成上のシンメトリーがヴォルフに〈存在論的証明における神概念の定義の後半部〔B〕もまた考慮されなければならない〉ということを気づかせたのである。

最も完全な存在者が可能であるということが確証されている場合、この存在者には必然的な現実存在が帰属する。この命題を基礎づけるためにはヴォルフは次のふたつのことを示さなければならない。第一に、現実存在、とりわけ必然的な現実存在はひとつの事象性であり、それは最高速の運動といった類の《想像上の存在者》にすぎないのではないということ。第二に、必然的に実在するということは最高の程度の現実存在のことであるということ。これらの証明は第二部の第二〇節に含まれている。

(1) 必然的な現実存在は神のひとつの事象性であるという証明は、〈第一部の神の諸規定のひとつが最高に完全な存在者の定義の下にも含まれるということが示されうるときにのみ、第一部を引き合いに出すことが許される〉という、方法的規則の最初の最も大切な適用例なのである。何らかのものが事象性と呼ばれるのは、それが「或るものに真に帰属する」場合である。それゆえ、必然的な現実存在がひとつの事象性であるということは、必然的存在者が存在するということからしか見てとることはできない。『自然神学』の第一部、すなわち宇宙論的部分は、必然的存在者が存在することを証明していたし（§34）、あるいはそのことを宇宙論によって証明されたものとして前提していた（§24）。こうしてわれわれは、必然的な現実存在の概念がただ単に「《混乱した知覚》」にすぎないのではなくて、「《何らかの事象性》」であることを知るのである。

(2) この事象性を（『自然神学』第二部の神である）最も完全な存在者に認めようとすれば、この事象性が最高の程度の「現存在」という事象性であるということを示さなければならない。すなわち、そのときにはこの事象性は最も完全なものの定義に含まれることになる。たとえその定義の事象性が宇宙論的神学の助力によってしか証明されえなかったとしてもそうである。ところで、現実存在の程度というものは現存在の必然性との関係においてのみ区別されうる。現存在に関してはただ、必然的なものか偶然的なものかという区別だけが存在するのである。「《というのは必然的な現実存在とは――〔偶然的な存在の場合は〕その偶然性によって実在しないことが可能であることになるのに――それのもつ力によれば、実在しないことが不可能であることになるようなもののことだからである》」。したがって、必然的なものの中には〔偶然的なものよりも〕現存在のより大きな力が存在する。そして、現に存在するもののすべては、その現存在に関して、ただこうした仕方〔必然的なものか偶然的なものかという〕でのみ区別されうるにすぎないのだから、必然的な現実存在より大きな程度の現存在は存在しえない。こうして今や、最も完全な存在者はこの最高の程度の現存在を現実にもっていなければならないということが、容易に証示されうるのである。

こうしたヴォルフの神の存在の存在論的論証は、外面的には、カテルスの反論への答弁のなかでのデカルトの証明に似ている。ヴォルフもまた、《必然的存在者》に必然的な現実存在が帰属するのだということを証明しようとしているのである。ヴォルフは、ライプニッツによって区別されたふたつの証明形式を再びごちゃまぜにしてしまったように見えるかもしれない。しかしそれは外見上のことにすぎない。実際は『自然神学』第二部の存在論的証明はアンセルムスのそれであ〔り、ライプニッツの第一証明にあた〕る。最も完全な存在者の現存在とその現実存在の必然性とは、デカルトの場合のように、必然性の思想そのものから推論されることはない。必然性は最高の存在者の完全性のうちに数え入れられるだけである。《必然的存在者》〔《広大無辺の力能》〕に基づく第二の存在論的証明は『自然神学』第一部に含まれるのである。

ヴォルフの存在神学は体系構築的、保守的性格をもっている。その中にはモア、カドワースそしてライプニッツと似たどんな論評も、問題の連関全体やふたつの証明の統一を照らすような論評も見出せない。すでにカドワースが言っていたように、「必然的な現実存在」とは、単に「本質概念に由来する現実存在」を意味しうるにすぎないのである。ヴォルフは至極当然のごとくに、必然的な現実存在を最も完全な存在者のひとつの特殊な質として把握している。それはまた宇宙論的なものを優先させることによって彼の神学のうちに生じた結果でもある。すなわち、偶然的世界の根拠への問いから生ずるような、したがってまた存在論的証明に基づく解釈によって後から解明されてはならないような一義的な意味を、《必然的存在者》の概念は、ヴォルフにとってはもっているのである。それゆえ彼は「《必然的現実存在》」という概念と「その本質からその現存在が認識されうる神」という概念とを〔相互に〕完全に独立した意味統一をもつふたつの概念として扱っているのである。例えば、彼は第二部第二〇節で、必然的な現実存在は「《それのもつ力によって、実在しないことが不可能なもの》」と言い、またこの命題を彼は、神〔最も完全な存在者〕は現実存在なしには考えられえない、という証明の中で用いてはいる。しかし、〈必然的存在者の存在必然性は最も完全な存在者の本質必然性から了解されうる〉という思想には、ヴォルフはモア、カドワース、ライプニッツそして自分の弟子バウムガルテンとも違って、到達しなかったのである。一面ではそのことは、形式的にみればライプニッツよりも確かに一貫している彼の立場の長所を形成している。というのも、たとい現実存在が最も完全なものについてのライプニッツの定義から生ずるにしても、ライプニッツは現実存在の最高の程度とは一体何なのだろうか、という問いをなおざりにしているからである。しかしその代わりに、ライプニッツは《最も完全な存在者》と《必然的存在者》の内的連関を提示しさえしていたのである。ところがヴォルフにこの連関を求めても無駄である。それゆえ他面では、ヴォルフの存在神学は諸概念の外面的結びつきを扱う域を出ていないということが、形式的にはきわめて明晰な彼の存在神学の弱点になっている。なるほどヴォルフは、〈私は必然的な現実存在を欠いた最も完全な存在者を思惟することはできない〉と表明している。彼はまた（第一部第一一五節と第一六八節で）、必然的存在者はあらゆる完全性をもたなければならない、ということを明らかにしている。しかし何に基づいて必然的存在者は必然的存在者であるのかを、ヴォルフから聞くことはできない。ヴォルフの体系は壮大な演繹の歩みの中で構築されているが、この歩みは論理的に一貫した連関をもつにしても、洞察の連関をもってはいない。この体系は首尾一貫した形で演繹されているが、しかし最高の原理を欠いているのである。この体系が出発点にしている《存在者》の概念は、体系の歩みの中で、外部から受け入れられる諸規定によって豊かなものにされる。それらの諸規定の位置が演繹の連関の中に見つかりさえすれば、それらはヴォルフの目にはもはやいかなる問題も含んではいないのである。それゆえヴォルフは、証明を構築する点では一貫しているにもかかわらず、他の哲学者たちよりも頻繁に恣意的諸前提に依存することになったのである。ところで《必然的存在者》の概念はたしかに近世の形而上学においてはそのような単なる恣意的な構築物ではない。しかしこの概念は依然として問題を含んだ概念なのである。そして重要なのはこの概念の意味を規定することであって、この概念の可能性は宇宙論的証明によっては単に不十分にしか確証されない。彼一流の哲学的な思惟が妨げになって、ヴォルフはそれを洞察することができなかったのである。ヴォルフの体系の堅固な形式はドイツ観念論の模範であった。しかし内容の点ではそれはまたライプニッツの構想や模索的《ゼテーティッシュ》な論文よりも激しいやり方でドイツ観念論に対立している。

しかしヴォルフもまた、デカルトとライプニッツに劣らず、存在神学的思想が近世の形而上学を支配した威力の証人である。存在論的証明の批判者たちの様々な反論を、彼は論駁にも値しないものとみなした。その際ヴォルフが「存在神学におけるデカルトの後継者」を自認していたことは、ブッデ〔1667―1729〕に対する彼の論難書のひとつから見てとれる。ブッデ等ハレの神学者たちがヴォルフを非難した最も本質的な点のひとつは、ヴォルフが無神論者たちに反対する重要な証明根拠（目的論的証明）を証明力のないものとみなし、それによって無神論に手を貸したというものである。こうした非難に対してヴォルフは自分の立場を守ったのだが、その際彼が使ったのは、とりわけこの非難と同じ論難であった。すなわち彼は、自分の敵対者〔ブッデ〕たちもまた「いくつかの証明を不適切なものとして否認している」、しかもそれらの証明にはデカルトの論証が含まれていると論難したのである。

一七二四年にブッデは『ヴォルフ哲学に関する疑念』という小論を公刊した。この小論をヴォルフは自分のある著書の中で「いくつかの註を使って解説を加えて」いる。これに対してイエナで或る匿名の答弁〔ランゲ〔1670―1744〕の手になるもの〕が出現した。それに対してヴォルフは「ブッデ氏の疑念に関する是非とも必要な付論」という論文で同じ年にもう一度回答した。その第五節でヴォルフはブッデの『理論哲学の基礎』（1703, S.361）を引用している。そこでは次のように言われている。「最も完全な存在者の概念が自己の内に必然的現実性を蔵しているということは、曖昧な言い方のもつ単なる欺瞞にすぎない。なぜなら最も完全な存在者が実在するということが真であるのは、それが実在する限りという条件においてであるからである。だがしかしそのことからは、そのような存在者が現実にも存在するということは帰結しない」。さてここでヴォルフは次のように断言する。自分は〔デカルトの〕この証明を決して誤りとみなしているのではなくて、むしろ証明されなければならないことがこの証明では前提されていると考えているだけなのだ、と。デカルトは、或る事物を明瞭な言葉で言表することができるならば、その事物を明晰に理解することができるのだと考えていた。「しかし私は、或る概念が必ずしも常に明瞭な語で表現されるわけではないということを示したし、それゆえこのような証明をすることが必須のことだとみなしてきたのである」(S. 8/9)。この証明は、ライプニッツが要求していたものと同じ証明であって、〈最大の完全性の表象は最高速の運動とは違って、いかなる矛盾も含まない〉というものである。ところで要求されたこの証明は容易に遂行することができる。だからデカルトを批判する人たちが彼の神の存在証明を棄却しようとするのは不当なのだ。「それゆえ私は、デカルトと彼の後継者たちを非難して、〈最も完全な存在者の概念の中に必然的現実性が含まれている、しかもその概念にひとつの固有性として必然的現実性が付与されなければならない〉とした点で彼らは過ちを犯したのだというつもりはない。われわれが哲学において判明な概念に基づいて理性的に推論し始めたのは、とりわけデカルトのおかげなのだから、彼に感謝しなければならないというのに、そのデカルトが、きわめてわずかな洞察力しかもたなかったので、話し方の曖昧さによって自らだまされてしまったのだ、などということは決してありえなかったのである」(9)。

4　バウムガルテン

神の存在の存在論的証明の歴史にとってヴォルフの弟子アレクサンダー・バウムガルテンは卓越した意味をもっている。彼の『形而上学』は、モア、カドワースそしてライプニッツが単に註の形でしか主張していなかったふたつの証明の統一性に関する理論を、体系的な形式で含んでいる。ヴォルフは第二の存在論的論証をまだ宇宙論の助けを借りて根拠づけていた。なぜなら彼の見解によれば、宇宙論の中で必然的存在者の「事象性〔＝実在性〕」は証明されてしまっているからである。バウムガルテンは逆に宇宙論的必然性の概念を第一の存在論的証明に結びつけるのである。バウムガルテンにおいては、ライプニッツの次のテーゼが形而上学の体系の構成要素となっている。すなわち、第一の存在論的証明の可能性を否定する者は、《自己による存在者》の可能性をも否定することになる、というテーゼである。

カントはバウムガルテンを「卓越した分析家」として賞讃したが、それはバウムガルテンが定義と演繹においてヴォルフの明晰さをも凌駕しているからであった。『形而上学』は、ほとんど四〇年もの間カントの講義の基礎となった。したがって、それが批判哲学の展開に及ぼした影響を過小評価してはならない。カントが「独断哲学」について語るとき、彼はまずバウムガルテンを念頭においているのであって、バウムガルテンの概念規定と証明はカントに常に文字通り現前していたのである。カントの用語法はその大部分がバウムガルテンに由来している。

存在論的証明に対するカントの批判は、その大部分がバウムガルテンの「自然神学」に向けられている。カントの批判が存在論的論証の別の諸形式にかかわることもあるが、それはただ、このバウムガルテンの存在神学がそれに先行する存在神学とどんな本質的な連関に立つのかを尋ねるという回り道をするためだけなのである。存在神学の諸々の演繹を批判的に吟味する際、カントは、最も完全な存在者の概念と必然的存在者の概念とを存在論的論証において結びつけている結合の根拠と問題とを把握したのである。たしかにカントは、バウムガルテンその人と同じく、存在神学がすでにデカルト以来この問題に支配されていたことを知らなかった。しかしデカルトと共に始まった展開の終わりに位置するバウムガルテンのうちに、カントが見出した客観的〔な問題〕状況と、この状況を見通すことができたカントの明晰性とが、カントを単に自分で恣意的に考案した理論に対する批判者にではなくて、歴史上の存在神学全体に対する批判者にしたのである。カントは合理的神学を、合理的神学自身が彼に手渡した手段を用いて論駁した。そのことによって彼の批判は、例えば、自分の認識論を形而上学の諸命題に適用するだけの、ヒュームの批判から区別されるのだし、またその点に彼の批判の説得力は基づいているのである。形而上学の伝統的連関のなかでバウムガルテンは、カント的批判という形での形而上学的神学の終局を準備したのである。

バウムガルテンの神の存在証明は三段階に分かれる。

(1)「宇宙論」において、現実的で有限な存在者の全体としての世界はその現存在の超世界的根拠、すなわち《必然的存在者》を前提することが示される（§354ff., 特に§381）。この証明は、これに対応するヴォルフの証明と同じく、ライプニッツを模範として遂行されている。その反対がそれ自身において不可能なものは、それ自体で必然的に存在する。《必然的なもの》とはそれゆえ、自らの現実存在の反対がそれ自身において不可能であるような存在者のことである（§109）。この存在論的規定の域をバウムガルテンは決して踏み越えたりはしない。絶対的に必然的な現実存在はいかなる存在者に関して言われ、いかなる条件に基づいて考えられうるのかということについては、彼は触れずにいる。したがって無論、神は必然的存在者たりうるかもしれないが、〔神に限らず〕物質ですら必然的存在者たりうることになる。

(2)『形而上学』の「自然神学」の部の第一章（§803—§862）で神の現実存在が証明される。神は《最も完全な存在者》である（§811）。ヴォルフにとってと同様バウムガルテンにとっても、「《完全性》」は或る存在者の個別的な積極的規定ではないし、「事象性」でもない。彼はそれを或る共通の根拠の下での種種の事象性の「《一致》」と捉えている（§94）[41]。それゆえ《最も完全な存在者》とは、自分自身のうちで無制約的な最大数の事象性が合一されているような存在者のことである。さて現実存在もひとつの事象性である（§66）。なぜならそれは「《何か或るものの内に》」措定されうる《積極的規定》だからである。それゆえ《最も完全な存在者》は現実存在をもつ（§810）。

バウムガルテンはそれゆえ、ライプニッツの第一の形式での存在論的論証を行なっている。この形式はアンセルムス、モアそしてカドワースによっても用いられていた形式なのである。その点ではバウムガルテンがその論証のなかで彼の師ヴォルフから離れて独自のやり方をとっていなかったとしても、何ら奇妙なことではないだろう。ヴォルフは最も完全な存在者の概念から、必然的現存在という特殊な事象性を直接推論していたが、この事象性は彼が宇宙論から引き継いだものだったのである。それに対してバウムガルテンはこの神概念からただ現存在を導出するだけである。存在論的な神概念はそのすべての要素にわたって宇宙論的な神概念と一致しなければならない、というヴォルフの要請をバウムガルテンも知っていた。彼はこの要請を是認しそれに従ったが、しかしヴォルフの『自然神学』とは異なったやり方でそうしたのである。それゆえ『形而上学』〔という構築物〕の構造をバウムガルテンがヴォルフとは違った形に変えたということが、ヴォルフに対するバウムガルテンの批判としても理解されなければならないのである。[42]

(3) バウムガルテンは単に神が存在するということだけを示そうとしているのではない。神の存在証明の第三の歩みの中で、彼は神の現実存在の必然性を明らかにするという課題を自らに課している。けれども彼はその際(ヴォルフがしたように)宇宙論的論証を引き合いに出したりはしない。なぜなら宇宙論的論証においては絶対的必然性はひとつの事象性であり、したがってこの事象性は《最も事象的な存在者》の概念にも含まれているのだということが、すでにあらかじめ確定し〔たものとして前提され〕ているからである。バウムガルテンは「必然的な現実存在」という概念の意味を存在論的論証そのものによって規定しようとするのである。彼はこの目的のために第八一〇節の証明〔本書前頁〕を第八二三節で次のように変えている。もしも神に現実存在が帰属しないのだとしたら、「《すべての事象性を享受する存在者》」としての神は神そのものではないであろう。それゆえ神の現実存在の反対はそれ自身において不可能である。しかるにこれこそは必然性の基準であった。ゆえに神は必然的な現実存在を所持している、と。

してみれば、《最も完全な存在者》という神概念が現存在の規定を欠いては考えられえない以上、この現存在に必然性の規定が与えられなければならないのである。或る存在者が必然的に実在するという言葉の意味は、神概念の場合には、論理的な思考の歩みの必然性から――《最も事象的な存在者》という本質概念からその現実的現存在の思想への移行を洞察することから――明らかになるのである。

続いてバウムガルテンは、必然性のひとつの事例〔神概念の場合〕のこうした解釈を、必然性一般の定義にまで高めざるをえなかった。というのも彼は今や、ヴォルフの《合理的神学》〔『自然神学』〕の第一巻と第二巻の結びつきの問題に対応している課題を解決しなければならないからである。神はさしあたっては、神の本質規定からその現存在が帰結するというただそれだけの理由で必然的存在者として考えられなければならない。宇宙論的論証も同様に、世界における偶然的存在者の原因である必然的存在者に至る。このふたつの〔必然的存在者という〕概念が同じものであるかどうか、あらゆる完全性の根拠としての神は創造の神でもあり、世界の根拠であると言ってもよいのかどうかが問題となる。もしも必然的存在者に関する両方の規定において必然性の意味が同じものであるのなら、そのように言ってもよいだろう。

ところで宇宙論的論証はただ仮言的な必然性に到達するだけである。もしも世界が存在するならば、そのときには何らかの必然的存在者の現実存在が仮定されなければならない。宇宙論的論証は、われわれが必然的存在者一般について語るとき何を考えるべきなのかを明らかにしてはくれない。したがって、存在論的論証において生ずる必然性の概念だけが本来、明確に規定された概念なのである。それゆえに、宇宙論的概念をも存在論的概念から解釈し、そうすることによって宇宙論的概念にまず初めて内容を与えるというのが自然なやり方である。バウムガルテンは第八二五節でまさにこの重要な歩みに着手しようとしている。すなわち、そのプロセスは次の通りである。まず第一に、必然的存在者にはいかなる「《様相》」も帰属しない。〈《様相》とはひとつの規定であるが、この規定の十分な理由が、この規定それ自身が属している本質の内に存在していないようなもののことである。《様相》は根拠を本質の外にもっている。《様相》を所持する諸物は、したがって自らによって十分に規定されず、それゆえ必然的でもない。第五〇節、第一一一節〉。これは『形而上学』の第一部、すなわち「存在論」で確認された必然的なものの特徴的性質である。その後でバウムガルテンは「宇宙論」〔『形而上学』第四部〕の中で世界の超世界的〔それ自身は世界を越えた〕原因に関して、それは《必然的存在者》であるということを明らかにした（§381）。〔第一部と第四部の成果を合わせれば〕したがって、世界の根拠である存在者、つまり宇宙論の《必然的存在者》については、それはいかなる《様相》ももっていないと言うことができるわけである。——さて「自然神学」の部の中の第八二三節は、神もまた必然的存在者である、と主張していた。神が必然的であるのは、現存在が神の本質概念の中に含まれているからである。バウムガルテンは必然性のこうした存在神学的概念と先の宇宙論的概念とを同一視している。それというのも彼は宇宙論的概念に妥当する諸規定を、ただちに神学的概念にも要求しているからである。「神は必然的存在者である」（§823/24）。「必然的存在者の内にはいかなる《様相》も存在しない」（§111）。「それゆえ神の内にはいかなる《様相》も存在しない」（§825）。こうした同一視は、バウムガルテンの『形而上学』の体系構制から必然的に生じてくるものである。《必然的存在者》という存在論的概念は、宇宙論と神学との両方においてひとつの統一的意味をもたなければならない。しかしこの同一視によって後から、《必然的存在者》の概念は、存在論的証明に依存させられることになる。バウムガルテンの『形而上学』を注意深く読み、しかも第一の存在論的証明を欠陥推理とみなす人は、「必然的存在者」ということで一体そもそも何を考えたらよいのかと自問しなければならない。

合理的神学のこれらふたつの根本概念のこうした結合は、近世の存在神学を特徴づけるものであったのだが、そうした結合を『形而上学』の演繹の歩みの中で行なった後にはじめて、バウムガルテンは、第二の存在論的論証をも持ち出してくる（§854）。彼はその際ヴォルフの『自然神学』（§34）をただ繰り返しているだけである。ヴォルフ同様彼にとっても、この証明は単にアポステリオリにしか妥当しない。というのも《必然的存在者》の可能性は、宇宙論の中で（それゆえアポステリオリに）証明されたものとして、前提されなければならないからである。外面的に見れば弟子〔バウムガルテン〕は教材の配列によってしか先生〔ヴォルフ〕と区別されないかのように見えもしよう。しかし〔ふたつの概念の〕概念規定の意味にとって本質的なことは、いかなる仕方で一方の概念規定が他方の概念規定から相互に展開されるのかという点である。そしてこの点に関して明らかなことは、必然的存在者の実在性は宇宙論から帰結するはずなのだが、その必然的存在者という言葉の意味が、バウムガルテンにあっては第一の存在論的論証によってしか完全に規定されないということである。

バウムガルテンは、《自己原因》という宇宙論的概念と存在論的論証とは相互に受け入れられるにしろ排除されるにしろ常に一緒にされる運命にあるというライプニッツの指摘を、体系的に仕上げた最初の人である。無論バウムガルテンは自分のやり方の意義と帰結をはっきりと見通していたわけではない。ヴォルフの形而上学を包括的に叙述するという課題に完全に没頭していたので、彼は世界における実在的必然性の概念を、最も完全なものという思想の内での本質と現存在の統一性から解釈してしまったのである。

このことから第二の証明、つまりデカルト的な存在論的証明の認識価値に関して重要な諸帰結が生まれる。この証明の説得力は必然的なものの思想における概念と現存在の統一性（広大無辺な力能）に基づいていた。ところが今や、必然的なものという概念は第一の存在論的論証によってしか定義されえないことが明らかにされた。このような必然性が存在しなければならないという考えはなるほど宇宙論によって支持されはする。しかし第一の存在論的論証が妥当しなければ、必然的なものの概念と共に宇宙論全体も疑問に付されることになる。

デカルト自身はアンセルムスの証明を不十分なものとみなし、自分が根拠づけた第二の形式に立ち帰るよう勧めていた。〔ところが今や〕形而上学的存在神学の展開の最終段階で、この方途は通用しなくなった。必然的存在者に基づく証明〔第二証明〕は、それが出発点にしている概念が第一の証明の助けを借りて解釈されなければならない以上、第一の証明に取って代わるべき別の方途となるには不適切なものである。第一の証明がなければ必然的存在者の概念というのは不可解な言い方であり、単なる名辞にすぎなくなってしまう。だからこそモア、カドワース、ライプニッツそしてバウムガルテンは第一の存在論的論証に固執せざるをえなかったのである。ところがこの証明に対する反対理由をすでにデカルトと彼の批判者ガッサンディが提出していた。デカルトが近世の存在神学を根拠づけてから一世紀がたつと、デカルト自身の立場がこの学の可能性に対するひとつの異論となってしまったのである。〔こうした事態にたち至ったのは〕この間にこの学が、自らが利用しなければならない諸概念の連関について、ますます明晰の度を増していったからなのである。この学〔存在神学〕と共に形而上学全体も危機に陥ったのである。形而上学は、主観主義的感染(六)によるかのように、外部から危機におそわれたわけではない。形而上学自身の展開の内で危機は準備されていたのであり、形而上学自身から危機は当然の帰結として生じて来たのである。

バウムガルテン以来存在神学は守勢にまわったのである。ブッデの異論に対するヴォルフの抵抗からはまだあれほど見てとることのできた確実性が今や消え始めた。今やはじめて存在神学批判の側は、存在神学自身の内に、存在論的証明をその全形式にわたって論駁することを可能にしてくれるような〔自分に有利な〕状況を見出したのである。もちろんこの批判は、第二の存在論的論証をも攻撃する。しかもガウニロやトマスの異論とは別の手段を用いて攻撃する決意をしなければならなかったはずである。そのときにはこの批判は《必然的存在者》の概念を、そしてそれと共に宇宙論を廃棄してしまうはずである。その手筈を整えたのはさしあたってはヒュームと、そして後にはカントだけである。その他のすべての批判者に対しては、存在神学は、外見上なお有効でありえたが、それは、存在神学が、第二の存在論的論証に固執することによって可能だったのである。けれども形而上学的体系構制の点からすれば、第二の存在論的論証の自立性はすでに失われてしまっていた。形而上学の時代における存在神学の終局はすぐ目前にさし迫っていたのである。

付説 バウムガルテンの洞察はすでにモアとカドワースにおいて準備されていたのだが、その洞察がヴォルフ学派において決して一般的なものにならなかったということは、ヨハン・エルンスト・グンナーの著作から見てとれる（Beweis von der Wirklichkeit und Einigkeit Gottes aus der Vernunft, Jena 1748）。存在神学的問題以外の点では卓越しているこの著作は存在論的論証をめぐる論争についても最良の文献目録のひとつを与えてくれる（§2）。その際この著作はランゲ（ヴォルフの論敵）に関連して完全性の概念を改良している。諸々の事象性が全体に一致していることが完全なのである（他方ヴォルフは多くのものの統一性をすべて完全なものと名づけていた）（§7まで）。これに最高の完全性は矛盾を含まない概念であるというライプニッツの証明（§10まで）が続き、そして現実存在は完全性であるかどうかに関する研究が（§13まで）それに続く。「現実存在の概念はわれわれのもつ最も判明な概念に数え入れられることはできないということを、たとえ私が承認せざるをえないとしても」（S. 32）、「それでもやはり現実存在は、確証的な概念規定なのであって、この概念の内では、単に見かけの上からではなく、実際に、何ものかが措定されるのである」（ebd）。必然的な現実存在はより高次の完全性とみなされなければならないのであるから（§15）、それは最も完全な存在者に割り当てられなければならない。グンナーが明らかにしようと試みたのは、《最も完全な存在者》だけが絶対的に必然的な存在者たりうるということであった。すなわち〈この存在者が最も完全な存在者であるがゆえに、その現実性は絶対的に必然的なのである〉ということであった。この推論は最も完全な存在者の場合しか妥当しない。したがって最も完全な存在者がまた唯一必然的な存在者でもある。「それゆえ、必然的なものでないものはこのうえなく完全な存在者でもない。したがって、いかなる偶然的なものもこのうえなく完全な存在者ではありえない」（§15—17、この文はS. 47）。これに反対して次のように言うことはできる。その他の諸存在者も――たとえそれをその概念に基づいて洞察することができないとしても――絶対的に必然的であるという可能性はきわめて高いのだ、と。この可能性を排除することができるとすれば、それは「絶対的必然性」が「概念からして必然的である」ということと同じことを意味するときだけであろう。バウムガルテンのこの解釈に、グンナーは同調しなかったのである。

5　メンデルスゾーン

一七六〇年頃からヴォルフ学派の哲学的神学に動揺が起こりはじめた。一七五九年にはマイヤーの形而上学が出現したが、それはまだ形而上学を体系化する洞察力を自己確信する点でヴォルフやバウムガルテンに決して引けをとらなかった。それは存在論的証明をバウムガルテンの方法に従って行なっているが、ここではこの証明のもつ隠れた問題系はバウムガルテンの『形而上学』ほど分明になってはいない。

しかし存在論的証明を説得力のあるものとみなしていた人々の意識も、まもなく変わったのである。彼らは〈確固とした教説を教える〉教師から〈攻撃から証明を守る〉弁護者になった。存在論的論証は拘束力と洞察力をもたないか、もしくはまだ完全にはもつに至っていないという認識によって、神学的議論はますます規定されるようになった。デカルトはこの論証の明証性についての確信を根拠づけることに大きな成功を収めたが、その確信が色あせはじめたのである。経験論がドイツで盛んになった。しかもロックやヒュームの作品と、クルージウスの影響というふたつの道を介してそうなったのである。それに加えてこの展開の進行中に、ガッサンディ以来行なわれ様々に改良されてきたが、これまでドイツでは影響力をもたなかった存在論的論証批判が、ヴォルフの講壇哲学においても真剣に認識されるようになったのである。

ベルリン・アカデミーは懸賞問題を作成する際に哲学の現在的な諸問題に対する見識の深さをしばしば実証してきたが、一七六三年度には次のような問いを哲学の課題として選んだ。すなわち「形而上学的真理一般、特に自然神学と道徳の第一原則が幾何学的真理と同じ判明な証明をもちうるか。それをわれわれは知りたい(43)」。メンデルスゾーンの提出した作品がカントの作品に勝る第一席として選ばれたが、カントの作品もそれと「ほとんど同じ価値をもつ」ものとして評価された。この決定もアカデミーの名誉となっている。というのもアカデミーは、未熟だが卓越したカントの力量を見誤らなかったし、形式的によく考え抜かれたメンデルスゾーンの議論を承認するのにやぶさかでもなかったからである。

メンデルスゾーンは一七六〇年以降のヴォルフ学派の最も重要な代表者である。ヴォルフとバウムガルテンによって体系的演繹という形で証明されてきたことを問題として展開し、それでいて最終的には敵対者の異論に対してそれをやはり主張するためには、体系の外部にひとつの立場を取ることが必要になってきたのである。メンデルスゾーンはこの課題に適した著作形式を絶えず求めていた。いまにも経験論に賛意を表明しようとしていたその時代に、彼は懸賞論文、対話、講義そして往復書簡の中でヴォルフ哲学を主張したのである。

神の存在の存在論的証明に対する彼の〔『朝の時間』（一七八五年）における〕弁明は、近世の存在神学のとりわけ特徴的な文献となっている。その中には存在神学のふたつの概念規定の連関がもう一度明瞭に現われている。——それもカントの『純粋理性批判』が出現して四年後のことであったが、メンデルスゾーンがこの批判を知ることはもはやなかったのである〔一七八六年没〕。——すでに懸賞論文の中でメンデルスゾーンは、存在論的論証には人間の認識の中での卓越した位置が割り当てられるということを強調している。すなわち可能性から現実性へのこの推論は「この種の推論のなかでも唯一の推論」である。幾何学の証明ですら自分の対象が現実性をもつか否かには無頓着である。ところが存在論的証明は概念から直接現実性へ移行するのである。このような推論は、それが「〔神以外の〕どんな場合にも見られないものであるから、多くの人々に理解されないのである」（I 75）。

懸賞論文でこの歩みを基礎づける際に、メンデルスゾーンは『自然神学』第二巻のヴォルフの言葉を利用している。すなわち、独立性は依存性よりも大きな完全性である。したがって独立性は最も完全な存在者の概念に含まれており、それゆえこの存在者は現存するものとしてしか考えられえない、というのである。以前デカルトがそうであったように、メンデルスゾーンも、《必然的存在者》の概念を《媒名辞》として採用することによって存在論的論証の完全な明証性を得られると思ったのである。けれどもデカルトと違って、彼はすでにガッサンディの異論を知っていた。とりわけ、彼が後にモスハイムやベーリングやカント（『唯一可能な証明根拠』）によって知りえたような形の異論、すなわち〈現存在はいかなる完全性でもない〉という異論を知っていたのである。たしかに、彼はこの異論に同意してはいないが、しかしこの異論の正当性をすべて否認するわけでもない。この異論について議論することを避けるために、メンデルスゾーンは存在論的論証の第二の形式に撤退する。その理由は、「そもそも或る事柄の現存在を解明することはきわめて困難である」からだというのである。

懸賞論文にみられるメンデルスゾーンの存在論的証明が実は第二の証明であるということは、すぐには明らかにはならない。その叙述の冒頭で彼は、現存在の代わりに非存在から始めるつもりだと言っている。非存在から始めたとすれば証明は次のようなものになりえたはずである。すなわち、非存在が積極的〔肯定的〕なものではないのは明らかである。それゆえ現存在は或る存在者の積極的な規定のうちに数え入れられなければならず、したがってまた端的に積極的なもの（神）に帰属しなければならない、と。ところがこの道をメンデルスゾーンは選ばなかったのである。彼は次のように推論する。〔現に〕存在していない存在者は〔存在〕可能〔なもの〕であるか〔まったく存在〕不可能であるかのいずれかである。もしも神が不可能なものならば、神という思想も矛盾を含むものであるはずであろう。ところが実際には神という思想に矛盾はないのだから、少なくとも神は可能である。可能的な存在者に現存在が帰属するのは、この存在者の内的な可能性によってではない。可能的な存在者が現実的になるとき、その現存在は単なる偶然性にすぎないのであって、この存在者そのものの内に根拠づけられることのない諸々の事情に依存したものであることになる。したがって、もしも神が単に可能的でしかなく現実的ではないのなら、〔可能的なものとしての〕神にそれでもなお帰属しうるような現存在があるとしても、それは非独立的な〔依存的な〕現存在であることになるだろう。ところがそのような現存在はこのうえなく完全なものという概念に矛盾する。独立した〔他に依存しない〕現実存在が、依存的な現実存在より完全なのは確実である。「してみれば、このうえなく完全なものは偶然的な現存在をもつという命題は明白な矛盾を含んでいる」。このうえなく完全なものは、それゆえ、単に可能的でありうるばかりではなく、常にすでに現実的でなければならない。「したがって、このうえなく完全なものは現実的であるか、それとも矛盾を含んでいるか、そのいずれかである」。メンデルスゾーンは以上のように推論している。

この証明の中では、必然的現存在という思想に完全に対応する独立した現存在は、まったく定義されていない。このうえなく完全なものは必然的存在者として考えられなければならず、それゆえまた現実存在を欠い〔たものとし〕ては考えることができない。してみると、外面的には一致しているにもかかわらず、メンデルスゾーンはヴォルフの『自然神学』とは意見を異にしている。ヴォルフにおいては神の必然的存在は第一の論証の推論形式に従って演繹された(44)。しかしメンデルスゾーンは第二の論証の推論形式を使用している。もちろん、彼はまだこうした違いを自らはっきりと認識してもいなければ、定式化してもいなかったのである。

『朝の時間』の中で初めて、彼はふたつの論証の差異についてはっきりと考えを述べている。さしあたっては無論この著書でも、ふたつの存在論的証明の前提が雑然と用いられている。すなわちメンデルスゾーンは必然的存在者の概念に基づく証明を告示し(308)、次いでデカルトは必然的存在者の代わりに最も完全な存在者の概念を置いたのだと〔歴史的事態を転倒して〕述べている(310)。彼はこの証明を(314まで)詳論するが、その後では再び第二の存在論的論証が第一の論証と同じであるかのごとく語るのである(315)。彼が両者を最初に明白に区別するに至るのは、現実存在は決して単なる特性ではないという異論を検討した後のことである。「私はこのことを認める。たとえ現実的現存在がひとつの特性ではなくて、ものののあらゆる特性の定立であるか、さもなければそれはまったく不可解なものたりうるかのどちらかだとしても、私は偶然的なものを、この定立がなくとも考えることができる。私は偶然的なものの観念から現存在を抜きとってもなお、その観念そのものを廃棄せずにすますことができる。……しかし必然的存在者に関してはそうはいかない。私が必然的存在者の観念から現存在を切り離すとき、必ずその観念そのものを抹殺することになる。私は〔神という〕概念と〔神という〕事実《ザッヘ》とを〔同時に〕思惟しなければならないか、それともその概念そのものを断念しなければならないか、のいずれかなのである。この重要な区別にすべてが掛かっている」(319)。

それゆえ神の存在の存在論的証明についてのメンデルスゾーンの擁護のうちにも、デカルト以来のこの証明の歴史を分析する過程でこれまですでに明らかにされてきた連関のすべてを、認めることができる。第一に、存在論的論証のふたつの形式が区別されなければならない。第二に、第一の形式が説得力をもつというのなら、それは第二の形式の証明契機を自らの内に取り込んでいなければならない。第三に、したがって神の存在の存在論的証明の十分行き届いた批判は、両形式が体系的統一性において理解されるときにだけ可能になる。すなわち、批判はこの統一性〔をもったものとしての証明〕を突くのでなくてはならず、それゆえこの統一性をあらかじめそれとして捉え、それが可能になる根拠を押えておかなくてはならないのである。

よしんばそれが叙述の方法に対する貢献にすぎないとしても、メンデルスゾーンは神の存在の存在論的証明の理論に独自の貢献をした最後の人物である。もっと若いヴォルフの信奉者たちは既知の事柄を反復したり変奏したりすることに汲々としている。彼らのうち——もっともその数はあっという間に少なくなったのだが——J・A・エーベルハルト〔1739—1809〕は確かに注目に値する。というのはカントが後年エーベルハルトの『自然神学への準備』に従って講義をしたからである。第一の存在論的論証の紹介に続いて、エーベルハルトは独自の一節(§22)を設けて、〈最も完全な存在者の現実存在が必然的な現実存在であるということをいかなる仕方で示すことができるのか〉という問題〔の解明〕に当てている。彼は次のように言う。「或るものが必然的に現実的であるのは、そのものの現実性の根拠が本質そのものの内に含まれているときである」。このことは、第一の存在論的論証が示していたように、最も完全な存在者に妥当する。それゆえ、必然的現実性は、最も完全な存在者によって措定されるひとつの事象性であり、ところが最も完全なものの事象性はすべて最高の事象性であるのだから、最高の存在者にはその定義上必然的現実性が含意されている、と。

この「証明」は十八世紀後半の講壇哲学の信用を失墜させることになった論議の形式の一例である。それはまず最も完全な存在者の概念から現実存在を導出する。次いでこの現実存在は、それがこの存在者から洞察されうるのだから、必然的な現実存在であるのだということを、この証明は確証する。その上でこの証明は必然的な現実存在の概念を特殊な事象性として孤立化し、そして「必然的な現実存在」という規定が先にその概念から導出されてきたところのほかならぬまさしく最も完全な存在者に、再びその事象性を帰属させるのである。バウムガルテンの証明法は、エーベルハルトのそれよりもまったく優れている。バウムガルテンの証明法がエーベルハルトのそれと共通するのはただ、現実存在の必然性を最も完全なものという思想の内での、本質から現実存在への移行の必然性から、解釈している点だけである。エーベルハルトも世界における宇宙論的必然性の概念を存在論的神概念の助けを借りて規定している。しかしバウムガルテンのやり方とヴォルフのそれを同時に使用しようとしたことによって、エーベルハルトはバウムガルテンの思想を、信ずるに値しない冗語に貶めてしまったのである。(45)

やがて存在論的証明はエーベルハルトの『哲学雑誌』(46)による以外ただカトリックの神学者たちの教科書のなかでしか持ち出されなくなってしまった。ところが、この証明は第一回ヴァチカン総会議決議書〔一八六九—七〇年〕と〈反近代主義の宣誓〉の布告〔一九一〇年九月一日〕以後にようやく、そうした教科書から完全に姿を消したのである。(47)してみるとデカルトは、彼が神の存在の存在論的証明を〔彼なりのやり方で〕

承認したことによって自ら袂を分かった、ほかならぬそのカトリック神学者たちに対して最も持続的に説得力を持ち続けたことになる。その他のすべての教科書はこの証明の批判に賛成しているか、この批判にとにかく可能性を残しているかしている。フェーダー〔1740—1811〕の『論理学と形而上学』[48]は、〈無限な実体は実在するものとしてしか考えられえないということから、それが現実的に実在するということが帰結するかどうか〉という問題を、未決定のまま放置している。エルンスト・プラトナーの『哲学的箴言集』[49]は現実存在を単純な根本概念と呼んだランベルトに賛同している。[50] してみると現実存在は「現実的なものの個別的な述語ではなくて、現実的なものの述語の全体を含む単純な概念である」ことになる。それゆえ存在論的証明に固執することもできない（§980）。また「形而上学的なもの」[51]（すなわち普遍概念）を現実的な物と同一視することも許されない。これらの疑念をティッテルとウルリッヒ[52]は分かちもっている。したがって、講壇哲学では存在神学に対する批判が勝利を収めたのである。残された問題は、その批判が事柄からみてもそのあらゆる形式にわたってライプニッツとデカルトの思想に比肩しうるかどうかということである。

第2章　存在論的論証に対する批判

序　論

あらゆる存在神学に共通しているのは、神についての或る特定の思想から、その思想のうちで思惟されているものの現存在の確実性が帰結する、という確信である〔第一の思想〕。哲学史上、存在論的論証がその出発点を得てきたふたつの神概念が存在するが、それは事象性の総体という概念〔第二の思想〕と必然的な存在者という概念〔第三の思想〕である。

存在神学の批判はこうした三つの思想の各々に向けられることができる。

A　この批判は、或る概念からこの概念のうちで概念的に捉えられているものの現存在の確実性へと直接的に移行する可能性を、まったく原則的に否認することができる。

B　この批判は、《事象性の総体》という概念のうちで現実存在の規定が思惟されなければならない〉ということに異論を唱えることができる。現実存在がいかなる事象性でもないとすれば、どんな事象性についての思想からもその事象性の客観的な現実存在は帰結しない。(53)

C　この批判は、必然的な存在者という概念を廃棄することができるし、必然性が常に或る制約の下でしか概念的に捉えられず、それゆえに常に仮定的な必然性でしかないということを示すことができる。もしも必然的な存在者という表象がおのずから理解されるのではないとすれば、この概念からも現存在の確実性は決して帰結しえない。

右の三点にわたる批判は七通りの組み合わせが可能なのであるから、存在論的論証を論駁する際に取りうる立場はまことに様々である。そうした立場のほぼ全部がデカルト以後の批判の歴史の歩みのなかにも取り入れられた。理解を容易にするために、論証そのものを叙述するに先立って、概観を示しておくことにしよう。

(1) ふたつの神概念には現実存在の概念も結合されているという主張には同意するが、しかし、それらの概念と共に客観的な現存在の確実性も与えられているのだという存在神学の説には異を唱える（トマス・アクィナス、ユエ、ウェーレンフェルス）(A)。

(2) 右の批判に賛成すると共に、加えて、現実存在の規定を事象性の概念のなかに入れ込んで考えてしまうのは不当だとみなす（ガッサンディ、デ・メゾー、モスハイム、ベーリング）(AB)。

(3) 以上のふたつの論証に、絶対的な必然性の概念は明瞭に思惟されえないのだという第三の論証をつけ加えることができる（この立場はヒュームの認識理論から帰結する）(ABC)。

(4) 概念から現存在そのものの確実性への移行は許されるとみなす者も、現実存在が事象性という性格をもつとする点に対する批判は承認することができる。その際、彼は必然的な存在者という概念に基づく第二の存在論的論証に固執することができる（メンデルスゾーン）(B)。

(5) 或る概念からこの概念のうちで概念的に捉えられているものの現実存在へと推論することはすべて不可能だとして一般的に批判するわけではないけれども、存在神学の両方の形式を退けることは可能である（カント）(BC)。

(6) 第一の存在論的論証の正しさを確信しながらも、必然的存在者という概念から必然的存在者の現存在を推論することは却下する、ということも考えられるはずである（C）。しかしながら、この観点は存在論的論証の歴史のなかでは決して採られることがなかった。とはいえ、デカルトが存在神学を再び生き返らせ、一般的に通用するようにすることができたのは、《必然的存在者》の概念によってだったのである。だから批判がこの概念にまで及ぶとき、神の合理的認識の存在論的な根本思想の最も強力な箇所に打撃が加えられているわけである。デカルトの後継者たちが守った論証の体系的な秩序は、その批判者たちにおいても反復され、したがって神の宇宙論的概念が近世の存在論的神学に対してもっている根本的な意義を改めて明らかにするのである。

けれども、三つの批判的反撃によって存在論的論証の批判の課題はまだ解決されたわけではない。この批判は、たとえ論駁するという意図をもつにしろ、合理的神学それ自身と同じ根拠づけの形式のなかで動いてはならない。しかしそれだけではなく、批判は同時に、なぜ存在論的論証がふたつの形態に分離するのか、そして存在論的論証に反駁しがたく内在しているように見える明証性の外観が、一体何に基づくのかを示さなければならない。この批判は存在神学の可能性についての理論にまで拡張されなければならないのである。このような理論を仕上げるのに成功したのは、カントが最初である。

三つの批判的な思想（A、B、C）は、それぞれの起源によっても互いに区別される。それらの各々は互いに異なる哲学的原理の範囲に属している。しかも、それらはまたすべてがこれらの原理の信奉者たちによって初めて生み出されたのである。したがって、われわれは第一の異論を論理的異論、第二の異論を経験主義的異論、第三の異論を批判主義的異論と名づけることができる。

第一の異論は、アリストテレスの形而上学の立場に基づく哲学的体系においてすでに可能である。この体系は、形而上学的な概念の客観的な意義を少しも疑うことなしに、概念と対象との関係について説明を与えたと自認している。こうした体系の場合でも、形而上学的な認識においては常に所与の現実から出発しなければならないという確信に到達することができる。というのも、諸々の形而上学的対象の現実存在について確信が得られるのは、〈争う余地なく現実的に存在するものはそうした形而上学的対象を前提したうえでしか理解されえないのだ〉ということが洞察される場合だからである。この確信がトマス・アクィナスの神の存在証明における《五つの道》[七]を規定する。こう確信するからこそトマスは、第一の批判的論証を用いて存在神学を棄却してしまうまでになるのである。[八]

第二の異論は懐疑主義者ガッサンディによって初めて持ち出された。もっと後になると、この異論を根拠づけるために、ロックがしばしば引き合いに出された。ロックは表象の起源の分析をすでに前提しているが、この分析によれば、現実存在という概念を事物の完全性のひとつに数え入れるためには、この概念が定言的判断において述語として使用可能なのだということを確かめるだけでは十分ではない。この分析は、現実存在という概念が認識の連関のなかでいかなる位置を占め、「心」のいかなる働きに基づいているかを探究するのである。ロック自身の例が教えているように、その際必ずしも形而上学に対する全面的な批判がそこから生ずるわけではない。

これに反して、第三の異論はすべての形而上学を棄却する哲学的原理に基づいている。それはこれまで誤解されてきた概念の起源を明らかにするだけではなく、形而上学の根本概念のひとつである必然的存在者という概念がおよそ理解しうる意味をもたないと断言する。しかし、必然性はすべての可能的な真理の基準であるだけでなく、事物相互の結合の基準でもあるのだから、第三の異論は人間の理性的な主観性の働きだけをすべての必然的なものの究極の根拠として承認する認識理論にまで突き進まなければならない。第三の異論はその意図からして批判主義的である。

ところで、存在神学の三つの論駁の相異なる体系的背景は、それら論駁の〔歴史的な〕展開の順序をも説明してくれる。この展開の順序は、存在論的論証の体系的な詳論においても、それに対する批判においても等しく認められるものである。批判主義的な観点にまだ到達していなかった人は、《必然的存在者》という概念に基づく第二の存在論的論証に対して、トマス・アクィナスの区別づけを持ち出すことしかできない。この批判が十分でないということは、しかし、デカルト以後の存在神学の思想の叙述がすでに明らかにしていた。そのことについてはカントも承知していたのである。カントの批判はまったく第三の異論の観点から構想されている。彼が第二の異論を利用する場合も、第三の異論との連関でそうするのである。批判期の間、カントは存在論的論証に対して決して論理的異論を持ち出したりはしなかった。[54]そのことは一見すると不思議に思えるかもしれない。というのも、カントは概念と現実性との徹底的な区別づけの創始者と目されているからである。けれども、彼はこの区別づけを明証的で、どんな場合にも妥当する前提として用いてはいない。この区別づけが例外なく妥当することが根拠づけられるとすれば、それはただ『純粋理性批判』の連関全体によってなのであり、この連関全体のなかで存在神学の批判はひとつの重要な位置を占めるのである。加えて、カントはもともと存在神学に反対する新たな根拠を与えたのではなく、存在神学についてのまとまりのある批判的理論を与えただけであるということも、以下の存在神学の批判の歴史の叙述から明らかになるであろう。

A　十七世紀における批判

1　ガッサンディ

デカルトの神の存在の存在論的証明を批判した人々のなかでは、最初の人が最も重要な人々の一人でもあった。それがピエール・ガッサンディである。彼はデカルト以降、十七世紀で存在論的論証を排斥した唯一の独立した思想家である。ヒュームとカント以前には誰一人として彼に並ぶ者はなかった。《哲学者たちの合意》という事実に基づいて論証の正しさが容認されるとするならば、存在神学に有利なように決定を下すことは容易であろう。デカルトとスピノザ、モアとカドワース、ライプニッツとヴォルフといった人たちに存在神学の批判の陣営でまともに対抗できるのは、ただガッサンディと、そしてずっと後の時代にはリューディガーとクルージウスくらいのものである。他の批判者たちは論争の体系的な基礎を自分たちの手で仕上げることはしなかったし、したがってその基礎はしばしば完璧なものでもない。彼らはガッサンディとロックに依拠するか、それとも何らの確固たる理論的根拠ももたないかのいずれかなのである。それゆえに、彼らはまたガッサンディやロックよりやすやすと論理的異論の幻影に圧倒されたのであり、どちらかといえば〈そのものとしてはもっともであるが、しかし根拠づけを行なう洞察を欠いたままにとどまっている或る疑念〉に基づいて存在神学を攻撃したのであった。

したがって、ガッサンディは彼の後に続く存在論的論証批判に、すでにはるかに先んじているのである。ガッサンディの観点に再び到達したのは、内容の点ではフランス雑誌派の議論とモスハイムが、証明遂行のレベルではベーリングが初めてであった。多くの、さほど重要でない批判者たちは、うさんくさいエピクロス主義者〔ガッサンディ〕の名を引くことなく、彼の観点を剽窃したのである。とはいえ、ガッサンディ以後の批判の展開のなかにガッサンディの反復だけを見るのも間違いであろう。たしかに以後の批判の立場の基本線はヒュームとカントに至るまでもはや変更されることはなかった。けれども、この立場は、存在神学がデカルトによって根拠づけられる際に保持していた形式からはるかに遠去かっていけばいくほど、新たな敵対者を見出すことになったのである。だからこそ、ガッサンディによって最初に用いられた諸々の異論も洗練され変様を加えられたのである。見かけの上では非常に単純だが、しかし本当はきわめて深く且つ重層的な存在論的証明の問題を簡便に明らかにしようとすることなど不可能であった。ガッサンディが批判にきわめて本質的な寄与をなしたにもかかわらず、この寄与に関連している諸々の問いを完全に、そして的確に定式化しうるまでに、哲学は一世紀以上を要したのである。

ガッサンディは自らの批判を、すでに引用したデカルトの『省察』への「反論」と一六四七年の『形而上学研究』のなかで述べていた。後者の著作の方がガッサンディの思想の歩みをより完全に表わしているので、われわれはそれに従って叙述を進めなければならない。デカルトの神の存在証明を論じている節は、他の節同様、三つの部分に分けられている。(1) 証明に反対する最も重要な論拠を含んでいる「疑問」、(2) デカルトの観点をもう一度有効なものにしようとする「答弁」、そして、(3) 反対の諸論拠を詳細に展開し、この節の問いに決定を下す「審理」の章がそれである。ガッサンディは存在論的証明に対する異論を三つに、つまりふたつの論理的異論とひとつの経験主義的異論とに区別する。やがて明らかになるはずだが、ガッサンディにおいては彼の後継者たちとは違って、ふたつの論理的異論は経験主義的異論の補助手段にすぎず、それだけでは説得力をもたない。

(1) 「疑問」のなかでガッサンディはまず、デカルトが神の存在証明と三角形の内角の和の証明とを同等視していることの正当性を否定する。つまり、両方の推論の間には重要な違いがあるというのである。

一方の場合には本質（三角形）が本質（内角の和）に結びつけられ、他方の場合には本質（神）が現実存在に結びつけられる。また、現実存在は神の諸々の完全性のうちに算入されているが、しかし三角形の完全性のうちには算入されてはいない。したがって、われわれは一方の証明に際して両方の証明の間の類比を頼りにしてはならないのである。

ガッサンディは、さしあたっては単にデカルトの叙述に打撃を与えようとするだけのこの批判に続けて、存在神学の問題そのものに反対する自分の最も重要な論証を述べている。「しかしながら、神においても、他の何らかの事物においても、現実存在は完全性ではなく、むしろそれなくしてはいかなる完全性も成立しないところのものなのである」。なぜなら、存在しないものは完全性も不完全性ももたないからである。「それゆえ、われわれは完全性についてはく〈それが物のうちに実在する〉とは言うが、現実存在については〈それが物のうちに実在する〉とは言わない。また物については、それに現実存在が欠けている場合には、〈それは何ものでもない〉と言うのであって、〈それは不完全なものである〉とは言わないのである」（WW. 379b）。してみると、現実存在は一つの完全性であるという理論が求めているのは、自然的言語の条理に反するような言い回しである。誰も「実在する現実存在」という言い方はしないが、しかし誰しもが「現実的な完全性」という言い方はするのである。ガッサンディの批判を非常にたくみに支えているこの考察は、存在神学に対して論理的異論だけしか持ち出さない人々によっても顧慮されることがなかった。なぜなら、彼らもまた、単に思惟されるだけで、実在しないような神の現実存在を話題にしなければならないが、その際彼らはそのような神の現実存在を、彼らの意見によれば宇宙論的証明によってのみ認識されうるような、神の〈実在する現実存在〉から区別しなければならないからである。

ガッサンディも論理的異論を確固たるものとみなしている。けれども、彼はこの異論を経験主義的異論より劣った第二の位置においており、しかも事の本性に即した根拠からそうしているのである。彼は言う。もしも現実存在が神の完全性のうちに算入されることになれば、それは《論点先取の虚偽》であろう、と。なぜなら、われわれは神を、実在するものとして思惟することがなくても、すべての完全性を所有するものと考えることができるからである。ところが、神が実在するというまさしくこのことが証明されるべきだったのである。したがって、デカルトは要求されている結論をすでに認められている前提とみなしているのである（380a）。

ガッサンディ自身は、自分がデカルトをこの純粋に論理的な考察によってはまだ打破することはできないということを明確に自覚していた。ガッサンディにとっては、なるほど存在論的論証が《論点先取の虚偽》を含んでいることは明白である。しかし、そのことを洞察するのは、現実存在がいかなる完全性でもないということを知っている人、したがってあらかじめまず経験主義的な異論に賛同している人だけである。このような人は、ガッサンディと同じように、神の概念のうちに現実存在が帰属させられるのは単に恣意的な合計によるにすぎないということを知っているのである。しかし、デカルト自身がこれに答えるとすれば、次のように言うであろう。われわれは三角形を内角の和とは無関係に、つまりまっすぐな三辺によって規定されている図形として考えることもできる。三角形の内角の和が一八〇度に等しいということを教えるのは、その概念の分析である。同様に、神が存在するという認識にも、われわれは神の概念の分析によって到達することができるであろう。この分析が行なわれたなら、もはやいかなる《論点先取の虚偽》も問題にすることはできないであろう。――このようにデカルトならば言ったであろう。ガッサンディの論証の構造から明らかになるのは、彼が論理的異論をただそれだけで有効なものとするつもりはないということである。この異論は存在論的論証の欠陥を指摘するにとどまっているが、その欠陥は実は

〈現実存在は完全性のひとつである〉という誤った仮定のうちにもっと深い根をもっているにちがいないのである。

それゆえに、ガッサンディは第二の「疑問」の終わりで、敢えて論理的異論に換えて、〈できるなら現実存在が神の概念に矛盾しないということをデカルトは示してもらいたいものだ〉と要求している。彼がこの要求で目論んでいるのは、デカルト主義者たちに現実存在を恣意的に完全性として数え上げることをやめさせることである。このようにやめさせようとすることがなぜガッサンディに許されるのか、その理由を考えようとする人は、おのずから経験主義的異論に立ち至らざるをえない。

(2) 「答弁」のなかでガッサンディは自分自身の疑念に対してデカルトの存在神学の核心をもう一度提示した。その際ガッサンディはデカルトを非常に強固なものにしたので、彼が「審理」の章で展開する諸々の根拠が、事柄からすれば、デカルトを論駁するに十分ではないと思わせるほどである。ガッサンディはデカルトに〈神は「《おのれ自身の存在》」(55)であるが、三角形はそうではない。必然的な現実存在は神の本質の一部をなす「真実の事柄」である〉と言わせている。してみると、ガッサンディは自分の論敵の証明の真髄を良く理解していたのである。彼はデカルト的な論証を宇宙論的な神概念で自己防御させている(二〇)。

(3) しかし、彼は「疑問」の諸々の論証をもってすれば、次の「審理」においてもデカルト的論証に対処しうると考えている。この章はまず経験主義的異論にとっての、単純であると同時に説得的な根拠づけを持ち出している。ガッサンディはそのなかで自分の経験主義的立場とは「《反対の立場を仮に想定してそこから》」次のように論証を行なっている。もしも現実存在が「完全性」であるとすれば、現実存在が少なくとも認められる多くのものについて〈それが実在している〉と言うのは、論理的な原理に矛盾せずにはすまなくなるだろう、と。ガッサンディはまず、「《もの》」あるいは「《存在者》」が存在しうるもののうちの最高の《類》であるということを承認されたものと仮定する。次に「《実体》」と「《特性》」という「《もの》」のふたつの形式が区別される。さて現実存在がひとつの完全性であるとすれば、現実存在は諸特性の部類に属するであろう。その場合には、しかし、形式論理学の判断規則から必然的に、実体も、「《もの》」も、何らかの他の〈「現実存在」以外の〉「完全性」も実在しないということが生ずるはずである。非存在から逃れうるのはただ、ひょっとしたらありうるかもしれない〈「現実存在」という完全性〉の下にある特殊な諸規定だけだということになるであろう[一二]。してみると、「特性が実在する」という命題は、つまるところ、「生物は人間である」という命題同様無意味なはずである（なぜなら、いかなる《種》もその《類》に関して述語づけられないからである）。「もの（res）が存在する」という命題は、「生ける物質は人間である」という命題同様、ばかげているであろう（なぜなら、より普遍的でないもの〈生物〉について言明されないこと〈人間たること〉は、より普遍的なもの〈物質〉についても述語として言明されえないからである）。「実体が存在する」という命題は、「植物は人間である」という命題と同じくばかげているであろう（なぜなら、いかなる《種》も、それと反対の《類》について述語として言明されないし、あるいは、この《種》の属している《類》が述語として言明されないような《類》について言明されることはないからである）。最後に、「現実存在ではない或る特性が実在する」という命題は、「馬は人間である」という命題と同じように無意味であろう（というのも、いかなる《種》も同じ《類》に属する他の《種》について述語として言明されないからである）。現実存在を完全性として説明する理論は、したがって、自らの意図に反して、世界を、〈質的差異を欠いたのっぺらぼうの「それは存在する」〉〈という完全性〉だけが実在するような荒野にしてしまうのである。ガッサンディは自分の論敵デカルトに「現実存在がひとつの完全性であるということを望もうとすれば、どれほど多くのものを実在させないようにすることなるか、あなたには分からないのだろうか」と問いかけている。それゆえ、われわれは現実存在をひとつの特性（《特種な類》）としてはならない。われわれは現実存在を、もののすべての類および種に属する「《超越的な類》」として、しかもこの《超越的類》がこれら類や種について述語として言明されえない場合には、これら類や種が何ものでもなくなってしまうような《超越的類》として、捉えなければならない。ものから現実存在を剝奪する人はものの規定を前よりも貧しくしているのではなく、そのものはまったく何ものでもないと説いているのである。現実存在が特性のひとつであるとするなら、現実存在を有するものから現実存在を取り去っても、ものにはなお何かが残存していなければならないはずである。しかるに、現実存在を欠けば、あらゆるものは無なのである（318a/b）。

この鋭敏な探究に続いてガッサンディは再び論理的異論を展開する。デカルトの真理基準は現実的現存在を確信するには十分ではない。存在神学の証明が起点にしている神の「真実で不変の本性」は、知性のうちに与えられている諸々の表象のうちのひとつにすぎない。デカルトは《観念状態》から《実在状態》への、つまり「精神の獄舎から自然の劇場への」移行を見出そうと試みた。しかしながら、知性は、自分の諸々の観念のひとつが知性の外部にある現実の事物と一致するか否かを、決して自分だけからは認識することはできない。知性は観念から現実存在へのあの移行に際して、様々な観念を本質規定において結びつける「必然的な結合」に頼ってもならない。ひとつの本質規定に属している多くの観念は互いに切り離されうるからである。例えば、理性的動物であるという人間の定義がそうである。理性性（理性的であること）と動物とは、しかし、決して一緒くたに考えられてはならない。黄金の山ですら、それが黄金で出来ているという「真実で不変な本性」をもっている。純粋な思想のうちでは両者は何ら区別されないのである。一方の思想が真実の思想であり、他方の思想は虚構でしかないということを決定するのは、経験である。神についての思想と現実存在についての思想が思想のうちで結合されうるような場合でも、だからといって、神が現実に存在するのだと判断して差し支えないということにはならないはずである〔382a〕。

とはいえ、ガッサンディにしても、互いに決して切り離されえない幾つかの観念、例えば三辺をもつ図形と三つの角をもつ図形といった観念が存在するということを認めるであろう。してみると、すべては、神の観念と現実存在の観念とが三辺をもつ図形と三つの角をもつ図形との結合の必然性と同じ必然性で結合されているということを証明することにかかっていることになろう。ガッサンディによれば、このような証明をデカルトは一度も試みたことがなかった。デカルトは、現実存在を諸完全性のうちのひとつとして、したがってまた神の完全性のひとつとして単に数えあげることで、現実存在を措定しているだけである。こうして彼は「《同じものを同じものによって》」証明する。存在論的論証が《論点先取の虚偽》であるというガッサンディの非難は、したがって、ここでもまた、自分の経験主義的異論を論駁してみろという挑戦としてのみ現われているのである。

論理的な異論と経験主義的異論とのこうした連関を、ガッサンディは自分のテキストのなかで十分明瞭にすることがなかった。彼はまたこの連関を表立って指摘することもなかったので、われわれとしてはそれを論証の構成から推理しなければならない。それゆえ、彼の後継者たちは存在神学を批判する際、彼の諸々の異論を互いに切り離し、『形而上学研究』のテキストに邪魔されることもなく、彼の異論の一部だけを持ち出すことができたのである。しかし、ガッサンディの論拠の核心を考え抜く人であれば、経験主義的異論から一見独立しているようにみえる、この異論より形式的な自分の論理的異論を、ガッサンディが矛盾なく根拠づけることができるのは、実は経験主義的な異論を前提することによってのみだということを洞察するのである。

「第二項」の結論でガッサンディは存在論的論証が以下の三つの理由からして誤謬推理であると説明している。その理由とは、第一にそこでは現実存在が完全性とみなされていること、第二にそこでは観念のうちでの現実存在が現実的な現実存在と混同されていること、そして第三にそこでは証明されるべき現実存在がすでに証明された現実存在と解されていること、この三つである。より的確に定式化するなら、こう言わなければなるまい。つまり、ガッサンディの意見によれば、存在論的論証が後のふたつの誤りを犯すのは、それがまず第一の誤りを犯したからである、と。

したがって、ガッサンディによる批判は、たとえ叙述の形式においてはそうでないとしても、その内容からしてすでに、諸々の異論をただ順々に並べるといった後の批判者たちにおいてしばしば見出されるやり方を凌駕しているのである。彼は真に説得力のある異論を先行させ、他の異論をこの異論と本質的に連関させる。こうして存在論的証明に関する理論〔カント〕への萌芽を含むような論証の統一が明らかにされるのである。すでにデカルトが立ち入っていた論理的異論をガッサンディはより綿密な形で提出している。今やガッサンディにあっては、論理的異論の内容は、〈概念から現存在への移行は許されていない。だから存在論的論証は論証力を欠く〉といった単純なものではない。ガッサンディの論理的異論をもっと厳密に定式化しうるとすれば、次のようになろう。つまり、現実存在を完全性としたがゆえに、デカルトは概念と現存在との関係についての根本的な規則を軽視せざるをえなかったのである、と。この異論の形式においてこそ、存在神学に対するガッサンディの批判は、批判の陣営に寄与する強力な根拠をもっている。彼の批判はしかし、彼の陣営のなかで影響力をもつまでには至らなかった。あまり重要でない後継者たちは入念に彼の批判を実行したが、その際彼らはガッサンディが結合しておいたものを分離したのである。

ガッサンディの批判は、ただ一箇所でだけ、明らかにデカルト的論証に敗北している。つまり、ガッサンディは、デカルトが存在論的証明を必然的な存在者という概念によって根拠づけた事情を十分真剣に受け取っていないのである。ガッサンディは「審理」の章全体のなかで、彼自身が「答弁」においてデカルトに語らせていた理論を一足飛びに論じただけである。彼は言う。神に現実存在が帰属するということを一般に否定する人は、神に必然的な現実存在が帰属するということもまた否定する、と。してみれば彼は、自分が第一の存在論的論証に反対して持ち出した理由はすべてデカルトの論証にも及ぶのだと考えているのである。けれども、存在神学のもっと先の歴史の教えるところでは、デカルトの思想はこうしたやり方では無効にすることができなかったのである。たしかに神を否定する人は、神の現実存在を否定すると共に、神の必然的な現実存在をも否定する。しかし、その人は神の現実存在を否定するのと同じ根拠をもって神の必然的な現実存在を否定することができるのであろうか。たしかに必然的な現実存在は現実存在のひとつの在り方である。しかし、それはいかなる規定についても現実存在の意味を拡張することのないような在り方なのだろうか。必然的という規定は、概念と現存在との関係に対しても、もうひとつ別な意味を与えることができるのではないだろうか。《自己原因》という概念における本質と現存在との結合は、三角形における三辺をもつことと三角をもつこととの結合同様、廃棄されえないのだということは、本当ではないのだろうか。必然的な現実存在という概念を顧慮しないで、現実存在そのものを分析することで明らかになった諸命題のもとに必然的な現実存在という概念を包摂する前に、まずこれらの問いに答えが与えられなければならないであろう。ガッサンディは形而上学全体を攻撃に晒す批判主義的な異論をまだよく考えていなかったか、あるいはそれを言表することを回避したか、そのいずれかである。批判主義的な異論がまだ提示されていなかった間は、デカルト的な思想はその中心において依然として揺らぐことのないものであり続けたのである。

2　ユエ、レルミニエ、パーカー

十七世紀にガッサンディに続いた存在神学の批判者たちは、ガッサンディの論証の域に、もはや達することはなかった。彼らの大多数はジェスイット派の講壇哲学の一員であった。彼らは、教会にとって危険に思われたデカルト主義を論駁し、それと闘うことが自分たちの任務であると心得ていた。彼らのほとんどがトマス・アクィナスの論理的異論を繰り返すだけであった。この種の著作のなかで最も影響力をもつに至ったのは、神学者ユエ〔1630―1721〕とレルミニエ〔生没年不明〕の著作[56]、ならびに懐疑主義者パーカー〔1640―1688〕の著作である。これらをここでまとめて論評することにする。

三人の著作のなかには、ふたつの形式での論理的異論が見出されるが、どちらもガッサンディから受け継がれたものである[57]。

⑴　彼らは神の存在の存在論的証明が《論点先取の虚偽》に終わると言って非難する。すなわち、〈神の現存在を証明しようとする人は、神が存在することを否定できるということを前提しているのでなければならない（Hu. 125/126, L'He. 43b, 54b, 55b）。ところが、神の概念のうちにはすでに現実存在が含まれており、したがって神を思惟するときにはいつでも、われわれは神の現存在を確信していなければならないと主張する人は、神の現存在に対する懐疑に決してかかわることがない。けれども、そもそもこの懐疑〔を前提しそれにかかわること〕によって初めて神の存在証明は意味のある課題となるのだ〉、と言うのである。こうした思想をユエが最もうまく次のように定式化した。すなわち、デカルトは最高に完全なものであるところのものが必然的に実在すると主張する。その際、デカルトはその命題の第一の部分で第二の部分の真理を主張しているのである。つまり、存在論的証明は「最高に完全であるところのもの」(quod summe perfectum est) の「である」(est) のうちに、したがって証明の前提のうちに、神は実在するとい

うことをあらかじめ措定している。この証明は述定的な「である」に実在的な意味をこっそり滑り込ませているのである。したがって、存在論的証明の諸前提をより精密に翻案すれば、次のようになるはずである。すなわち、最高に完全である何らかのものが実在し、したがってそれは必然的に実在するのであって、「そのことによって、問われている当のものが認められたものとみなされるのである」、と。

同じ異論がガッサンディにおいても用いられていたが、それは、存在神学は現存在が完全性であるという自らのテーゼを証明しなければならないという指摘にとどまっていた。ユエとレルミニエはガッサンディの経験主義的な異論を共有していないがゆえに、彼らにとって《論点先取の虚偽》という非難はそれだけで説得力のある異論とみなされるのである。彼らにとってこの非難は、〈真理は「《それ自身によって知られる》」〉という、真理についてのトマスの教説から明らかになる。ところで、神という思想を表面的にしか捉えない人にとって神の現存在がそもそも確実でないということは、たしかに正しい。神の存在の存在論的証明は神の概念の分析によって根拠づけられるにしても、この分析それ自体は《それ自身によって知られるもの》ではない。それゆえ、この証明において最高に完全な存在者について語り始める場合、この存在者の現実存在をまだ前提することはできないというわけである。それにもかかわらず、〈われわれが神の現実存在を確信するようになるためには、〔神概念の分析以前に〕まず神概念そのものを前提しなければならない〉という意味で、神の現実存在が《それ自身によって知られるもの》であるということは可能である。そこにはいかなる矛盾も、またいかなる《論点先取の虚偽》も存在しない。(58) もしも神の概念のうちで神の諸事象性のひとつとして現実存在の規定が思惟されなければならないとすれば、神という思想を明晰判明に捉えるだけで、われわれは神の現実存在をも共に思惟せざるをえないのである。

ところが、レルミニエはさらに進んで、このことを否定するまでになる。たしかに彼は現実存在が神的な完全性のうちのひとつであるという意見をもっているが、しかし《論点先取の虚偽》を犯さないようにするために、この現実存在というひとつの完全性を捨象することを要求している。「《最も完全な存在者という観念のもとでの神、……この存在者はすべての完全性をもつことによって存在するが、しかし現実存在だけは除く》」。ここでは、論理的な形式主義のために思想の整合性が恣意的に損なわれている。というのも、神の概念に現実存在の規定が属するということがいったん認容されてしまえば、概念そのものを廃棄するのでなければ、概念から現実存在の規定を抜き取ることはできないからである。それが、存在論的証明の根底に存している単純な、そして拒み難く正当な熟慮なのである。レルミニエは意に反してこの熟慮を確証することになる。なぜなら、彼が「現存在」という完全性を捨象することを要求するのは、この捨象が行なわれないままであれば、神の現実存在を想定することは避けがたいと彼が危惧しているという、ただそれだけの理由によるということは明らかだからである。

レルミニエのこの論証は、その脆弱さが明白であったし、またそれは《それ自身によって知られるもの》についてのトマスの教説に依存していたので、その後決して利用されることはなかった。

(2) これに対して論理的異論のもう一方の形式は、後のすべての批判の構成要素にもなっている。この異論は存在論的論証の推論が《四個名辞の虚偽》を含んでいると言う。なぜなら、この論証においては現実存在の概念が二重の意味をもっているからである。すなわち、大前提においてはこの概念は「《私の精神の内の》」現実存在を意味し、小前提においては「《物それ自身による》」現実存在を意味している。われわれは「《知性の側での》」事態と「《物の側での》」事態とを区別しなければならない。ところがデカルト主義者たちは、この区別を何ら顧慮しないがために、二重の意味を曖昧にするのである (Hu. 128ff)。現実存在の思想から現実的な現実存在への洞察に直接に至ることなど決してない。存在論的論証のこのような道をたどることは、原則的に不可能である。「存在論的論証においては、われわれが物の観念を思惟することができる場合には、必ずこの物の思想において現実存在の観念をも同時に認識する、ということ以上のことは帰結しない。しかるに、表象された事柄（《想念》）が単に概念として実在するのか、それともそれが現実の物としても実在するのかは結論づけられないのである」（Parker, disp. 550ff.）。

この異論も概念と物との抽象的に予断された区別を〔神という〕特殊な状況において提示するのであるが、そうした状況では神の概念を首尾一貫した形で固持することだけが本来関心の対象でありうるのである。神の概念が現実存在の規定なしには思惟しえないのだとすれば、デカルトによる三角形の思想との対比がここにも妥当する。三角形の概念からその現実存在は帰結しないし、谷と山との必然的な連関の概念から山脈の現実存在は帰結しないのだと語る場合、ユエはたしかに正当である。けれども、三角形のうちに内角の和が含まれているのと同じように、神の概念のうちに現実存在の規定が含まれているように思われるというのが、まさしく神の概念の特殊な（三角形や山脈とは異なる）点なのである。山の概念を思惟する人は、「思惟された」谷の徴表をそのうちで思惟したりはしない。そして、それと同じように、神の明確に規定された思想に属しているのは、「思惟された現実存在」の思想にすぎないのではなく、掛け値なしの現実存在についての一定の思想である。パーカーとユエにおいては、〔「思惟された現実存在」という〕最初の仮定が恣意的なものであるということが次の定式化においても明瞭になる。すなわち、その仮定は思惟された現実存在から「実在する現実存在」（《その現実存在は、思惟されたものとは別に実在するということ》）を区別しているのである（Hu. 129, Tent. 178, Disp. 568）。ガッサンディはすでにこうした語り方の無意味さを存在神学者デカルトにつきつけたのであった。ガッサンディの論駁は論理的異論だけを持ち出す批判者たちにも、同じようにあてはまる。このような形態の論理的異論はうわべだけの明敏さの域を出ることはない。《存在者》と《現実存在》の概念はそのつどの個別的な存在者から抽象されてきた「《抽象的類概念》」にすぎない（Hu. 130）というスアレス主義者ユエと意見を同じくする場合でも、そうである。というのも、なるほど現実存在という概念を《抽象的に》思惟することは可能であるが、だからといってその際何かが実在するということがすでにそこに含意されているわけではないからである。なるほど、「現実存在」という規定は、それが他の諸概念について述語づけされうるはずだとすれば、それだけで何ものかを意味するのでなければならない。ところが、「現実存在」という規定はそのものとしては実在しえないのである。「現実存在が存在する」という命題は無意味である。実在しうるのは常に何ものかだけである。したがって、現実存在という思想をすべての実在するものから区別することはたしかに可能であるけれども、現実存在を実在する現実存在から区別することは不可能なのである。こうした区別〔前者の〕を概念的に把握することは、たしかに哲学の最も困難な、いまだに解決されていない課題のひとつである。しかし、この区別が存立するという点についてはどのような疑問もありえない[59]。一定の存在者の概念のうちにひとたび現実存在の徴表が措定されたならば、この存在者はもう現実的に実在するものとしてしか思惟されえないのである。それでもやはりわれわれは見かけ上の現実を夢でみることがありうるではないかという異論もまた、このような連関においては重要ではない[60]。夢のなかで現実を取り違えて思惟することがあるとはいっても、そのことは夢でみた像が現実だという考えが根拠のない考えであったということを意味するにすぎない。しかし、現実的な物についての思想ならば、その思想はその限りで直接的にその物の現実存在についての確証をも含んでいる。現実存在そのものに現実存在の概念を適用し、実在する現実存在について最初に語ったサミュエル・パーカーは、したがって、ヘンリー・モアによって〈彼の命題は役に立たない戯言（《ばかばかしくも無意味な命題》）〉（Ant. 41）である〉といって非難されざるをえなかったが、その非難は正しかったのである。存在神学者モアは、この点では存在神学の批判者ガッサンディと意見の一致をみている。現実存在の概念は、物の質についての概念ではないか、それとも同時に〈概念のうちで思惟されているものの現実性の確証の根拠〉でもあるような質を意味するか、そのいずれかなのである。

その他の点では、ユエ、レルミニエ及びパーカーの批判的な解明はガッサンディの範例に完全に支配されてはいるが、この範例の域にまで達してはいない。彼らはデカルトの形而上学に関するガッサンディの研究から経験主義的異論を削除してしまい、そしてそのあとでその他のあらゆる点においてガッサンディの研究に追従したのである。こうしてユエやレルミニエと同じようにパーカーもふたつの異論を区別しているが、それらはけっきょく同じものに帰着する。このふたつの異論を三人の著作家がことごとくこのように経験主義的異論から厳密に切り離して保持していたということは、ひとえにガッサンディの思想の歩みに彼らが依拠しているということからしか理解できないのである。パーカーもデカルトを《論点先取の虚偽》及び観念的現実存在と現実的現実存在との混同という点で非難する。第一の非難の根拠づけはこうである。神の概念から神の現実的な現存在を導出しようとする場合、デカルトは〈或る判断の合成された主語概念は常に仮言的な命題しか示さない〉という論理学者たちの規則に違反している。「黒い人間」とは、「或る人間が黒い場合には……」ということと同じことを意味しているにすぎない (Tent. 179)。第二の非難をパーカーは次のように根拠づける。神の名辞的定義から神の現実存在を推論しようとする場合、デカルトは名辞の意義に関する論理的規則に違反している。名辞は常に記号的な機能しかもたず、決して真理を媒介しない (Tent. 179)。これらは、ガッサンディが彼の「審理」の章の末尾で挙げていた三つの理由のうちのふたつである。ガッサンディにおいては、しかし、それらは「実在する現実存在」を想定するまでには至らない。こうした想定は無意味であるか、同語反復であるかのどちらかだからである。デカルトに反対するガッサンディの一連の根拠のなかでは、第一の根拠は経験主義的な異論である。他の根拠は第一の根拠が決定的なものであるということを前提している。そしてそれゆえに、それらの根拠の順序は転倒されえないし、本質的な部分に関して短縮されることもできない。経験主義的異論（そして後には批判主義的異論）だけが概念と現実存在との間の根底的な差異を根拠づけるのである。論理的異論それだけではこの差異を要請しうるにすぎない。神の概念における諸々の徴表の連関の明証性から生じるような存在神学の推論の威力を奪い取ることは、論理的異論にはできない。論理的異論を利用できるとすれば、それは第一の存在神学的な神の概念における完全性と現実存在との結合に疑問を投げかけんがためである。そのとき、この異論は次のような問いと同意義のものとなる。すなわち、現実存在はひとつの完全性だというこうした仮定は、神の概念の場合には、概念と現実性との関係についての一般的に承認された規則〔存在と本質（完全性）は別だという〕を無効にするまでに至るのだが、その場合いったい現実存在は本当に「《完全性》」なのだろうか、という問いである。けれども、現実存在が完全性であるということを認める人はまた、この結論〔神の概念の場合は、一般的に承認されたあの規則を無効にするという〕を得ることをも決意しなければならないのである。したがって、ユエやレルミニエやパーカーに反対して、彼らの現実存在の概念〔実在する現実存在〕か、それとも彼らのデカルトに対する批判か、そのどちらかはもちこたえることはできないのだ、と言わなければならない。

十七世紀はデカルト的な存在神学の確実な勝利によって幕を閉じた。デカルト的な存在神学は的確に思惟し、「実在する現実存在」という不条理な言い方を回避した。同じようにこうした言い方を回避したガッサンディは、存在神学の唯一の批判者であったが、彼が論駁したのはただ第一の存在論的証明だけであった。デカルト自身がこの証明を用いたのは見かけ上のことにすぎない。カテルスに対する答弁のなかでデカルトはこの証明をはっきりと棄却したのである。したがって、偉大な形而上学者たちが神の概念から神の現実性を敢えて推論したのは、彼らの体系的な才能の力に「独断哲学」の先入見の力が呼応したからというのでは断じてない。彼らは、彼らが理性的な思惟の基礎とみなしていたものに関しては、彼らの批判者たちと一致していた。彼らはむしろ彼らの批判者以上に首尾一貫してこの前提の基盤の上に立っていたのである。十七世紀には、彼らが受け入れた原理以外のものによって哲学を根拠づけるいかなる可能性もまだ目に見えてはいなかった。十七世紀の形而上学者たちの原理以外のものに依拠する哲学が説得的な形態で初めて登場しえたのは、形而上学がそれ自身において問題的だとみなされるようになったときである。モアが十七世紀に、無神論者たち（モアにとってこれは存在神学の敵対者を意味する）を理性の敵だといって非難するとき、彼はそれによって哲学のありのままの現状を述べていたのである。

付説一　或る箇所でパーカーは経験主義的異論の基礎になっている思想にも言及していた。しかし、彼はその思想に同意したのではなかった。

パーカーは彼自らの批判を聖トマスの批判から区別しようとする。彼は『神学大全』（I,I,2,1）に言及し、トマスは存在論的論証の問題を解決しなかったと述べている。その際パーカーはその論証をこう定式化している。「現実存在が完全性であるならば（強調・ヘンリッヒ）、最高に完全であるものは必然的に実在しなければならない。すなわち、最高に完全なものの本質からそれが実在するということが帰結するとすれば、このような本質が実在しない場合には、理性的存在者である人間が理性的でない場合と同じように、自己撞着をきたす。それと同じ仕方で、最高に完全なものの本質は、現実存在が完全性である限りにおいて、現実存在によって構成されるわけである」（Tent.176/7）。この定式化に対してはほとんど異論を唱えることはできない。パーカーはこの定式化がどの点でトマスの定式化から区別されるのか、語らなかった。トマスは神の名辞といい、パーカーは神の本質という。この差異にデカルトとモアは非常に重きを置いたのである。けれども、パーカーはこの差異を仕上げることもなければ、決して顧慮することもなかった。彼自身の第二の論理的異論（「デカルトは単に記号的にすぎない名辞の機能を誤解している」という）のなかで、パーカーは全面的にトマスに従ってすらいたのである。してみれば、パーカーはトマスが存在論的証明を正しく論駁していないと述べているけれども、彼がそう述べる根拠が名辞と本質の区別にあったとはとうてい思えない。しかも、パーカーは、経験主義的異論を顧慮しなかったといってトマスを非難するいかなる権利ももっていないのである。なぜなら、先に強調して引用した副文章における以外には、パーカーもトマス同様、経験主義的異論を使っていないからである。彼もまた論理的異論だけしか知らず、現実存在が完全性であるということを自明なものとみなしているのである。それゆえ、パーカーは後の著作（Disp.）ではトマスに対する留保を放棄し、彼自身の批判を即座にトマスからの引用文に接続していたが、これはただ彼が首尾一貫した態度をとったまでのことである。ここではパーカーの批判はいまやトマスの批判とまったく同一のものとして現われる。トマスから区別される本質的な根拠は初期の著作においてさえ見出されないのである。(61)

ヘンリー・モアは或る註釈（Ant. W. W. 40）のなかで、〈パーカーはこの箇所で存在論的論証を偽って叙述しているし、それゆえ彼は「一人相撲」で勝利を収めているのだ〉といって咎めていた。〈パーカーは、神の本質はその現実存在であると主張してはいるが、しかしその場合、現実存在は神の本質からただ導き出されているだけなのだ〉とモアは言うのである。――ところで、パーカーが実際に言っていたのは、現実存在が最高に完全なものの本質を規定するのは、理性的であるということが人間の本質を規定するというのと同じ意味においてなのだということである。ところが、パーカーはその際「現実存在がひとつの完全性である限りで」と付け加えていた。してみると、現実存在が他の諸々の完全性のうちのひとつとして神の本質に属しているということが彼自身の意見でもあったということは明らかである。このため、理性は人間の唯一の本質的な完全性であるという彼の挙げる例の正当性には限界があるのである。――後の著作のなかでは、パーカーは存在論的証明についてのかつての論評を二度と持ち出さなかった。そんなことをすればどちらかといえば、彼の論理的異論の根拠づけを分かりやすくするどころか、むしろ分かりにくくしてしまうことになるからである。

付説二　一七〇五年にサミュエル・クラークは『神の存在と諸属性の証明』を公刊したが、それは右に述べた思想状況に関連している。クラークは存在論的証明を説得力のあるものとみなしてはいない。彼はこの証明に異論を唱えているが、それは論理的異論と同一のものではない。彼の見解によれば、この証明は「もっぱら自立的な存在者の名辞、概念、単なる記述、名目的な定義にだけかかわっているように思われ」、曖昧さと欠陥を具えているのである。このような定義から現実的な存在者を推論するのは十分ではない。存在論的証明のための条件としてクラークは次の命題を定式化している。「或る物が現実的に現存するということをほかならぬこの物の概念から判断しうる前に、私はまずこの概念を放棄すること、したがってまた物の現存在を否定することが、まったく不可能であることの理由を、理解しなければならない」(Übs. S. 26ff)。クラークはこのような明晰な概念に達するための道として神の存在の宇宙論的証明以外の道は考えていない。ところが、この証明は存在論的証明を不必要なものにするのである。――ともあれ、クラークは可能性から神の現存在を推論しようとするケンブリッジの新プラトン主義者たちの試みが

「たやすくは見通すことのできない一種のもやの原因になっている」ということを認めている。彼は存在論的証明が誤りであると直接説こうとするのではなく、「一層明晰で説得力のある」宇宙論的証明に取り組むことによって、存在論的証明の諸問題をむしろ回避しようとするのである。

B　十八世紀における批判

1　ウェーレンフェルス

体系的哲学の発展に自ら寄与したすべての人々は存在論的証明の正当性を確信していたのだが、この確信をデカルトの論敵たちの批判は揺がすことはできなかった。最初はフランスで、そしてやがてドイツでも、存在論的証明の妥当性に対する疑問があまねく流布するようになるが、この運動を促した発端の日付けをバーゼルの神学者サミュエル・ウェーレンフェルス[62]の著作の出版によって定めることができる。その著作の中でA〔論理的異論〕の立場が注目すべき諸々の根拠と共に述べられているからである。

単なる観念からは現実存在の証明は決して導出されえない。われわれはもの（res）のふたつの意味の区別を固持しなければならない。すなわち、一方ではものは実在的な物でありうるが、他方では表象された事態でもありうるのである。「《実在的なもの》」は「《諸々の実在的な完全性》」をもつのに対し、「《想念的な（《表象的な》、《観念的な》）もの》」には諸々の完全性が、単に表象という形においてであるが、帰属する。現実存在は、言うまでもなく、前者のような完全性である。しかし、現実存在が或る概念の内で思惟されていて、しかもその内で概念的に捉えられるものが現実的であるかどうか確定していない場合には、この現実存在もまた「《想念的な《オプイエクティーフ》完全性[63]》」にすぎない。「もしも本質が〔それを〕表象する人の心の内で表象されたものとして存在するにすぎないとすれば、この本質がもつ現実存在は単に表象する人の心の内で表象された現実存在にすぎないであろう。けれども、もしも本質が心の外に現実的に存在する場合には、現実存在もまた知性の外に現実的に実在する」(202)。本質と現実存在が不可分であるのは、両者が「《同じ類》」に属しており、まったく同じ種類のものであるときだけである。

ウェーレンフェルスは、自分の批判を書いているとき、デカルトの『省察』のテキストを眼前に置いていた。彼はまたカテルスへのデカルトの答弁も扱っている。デカルトはその答弁のなかで存在論的証明において神の「広大無辺の力能」に注目するようわれわれを誘っていた。しかし、この力能はウェーレンフェルスによれば、神の概念の内に含まれている力能にすぎず、したがって表象された力能でしかない(208)。デカルトは自分自身の力で実在するという力能が神の概念の内に置かれていると述べるが、その場合、デカルト自身が存在論的論証において問題なのは単なる概念の分析にすぎないのだということを間接的に自ら容認しているのである。〈自分は神の現存在を確かなものにするのだ〉とそれでもなお主張する人は、われわれがわれわれの思想の内にもっている力に基づいて神は実在するのだという馬鹿げた結論に至る。そうなると、神の実在的な現実存在はわれわれの表象に依存することになるだろうし、神の現存在の《形相因》は有限な存在者の表象だということになろう。またそうなれば、神はその現存在をわれわれの思惟に負っているということになろう。

以上の議論に引き続いてウェーレンフェルスはまたガウニロの論証も利用している。存在論的論証の推論様式をもってすれば、最も完全な物体やダイヤで出来た宮殿の現存在を想定することも許されることになるであろう。なるほど、これらふたつの推論と存在論的証明との間には違いがある。しかし、それらが有する推論形式は同じものなのだ。というのは、ウェーレンフェルスの考えによれば、どんな表象の内にも現実存在（《想念的現実存在》）は含まれているからである。この点では「生得的で不変の」観念と「勝手気ままに虚構された」観念との間にはいかなる区別も存在しない。したがって、存在論的証明が妥当するとすれば、一切の表象から、表象されたものの現実存在が導出されうるのでなければならない。こうした結論を避けようとして可能的な現実存在を必然的な現実存在から区別すべきではない、とウェーレンフェルスは要求している。必然的な現実存在は神の概念においてだけ思惟されるのであって、最も完全な物体という概念の内では思惟されないのだというのは、いかにもその通りである。しかし、必然的な現存在と対立するのは、可能的な現存在ではなくて、偶然的な現存在なのであって、この偶然的な現存在は必然的な現存在と同じように現実的な現存在なのである（203/4）。それゆえに、存在神学的な推論を正当なものとみなす人は賢者の石やダイヤで出来た宮殿の現存在についても確信せざるをえない、とウェーレンフェルスは考えるのである。

更にウェーレンフェルスの考えによれば、虚構された表象が「真実の本性」の表象ではありえないということの理由も洞察することができない。「もしも、馬の概念の内には翼をもつということは存しないということから、ペガサスはいかなる真実で不変の本性ももたないということが帰結するとすれば、図形の概念の内に三つの辺をもつということは存しないということから、三角形はいかなる真実で不変な本性ももたないということもまた帰結することになる」（208）。ペガサスの概念と三角形の概念とは、馬と図形という概念の下位に包摂されており、したがって上位概念の内にもともと措定されていないような徴表をももっていなければならない。図形の表象に三辺をもつという表象を付け加える人は、馬の表象に翼の表象を結びつける人とまったく同じことを行なっているのである。どちらも規定された概念であり、この意味で「真実の本性」をもつけれども、三角形が存在するのに対して、ペガサスは想像上の動物であるという点で違っている。「三角形」という概念も、「天馬」という概念も、三角形やペガサスが現実的な或るものであるといった指摘は含んでいない。したがって、あくまでも次の二者択一に固執するしかない。つまり、存在論的論証を固持するか――この場合には、あらゆる種類の最も完全なものの現実存在を、否、矛盾なく表象されうるものすべての現実存在をすら確信しなければならない――、それともこうした結論を採らないように決意するか――この場合には、「《必然的な現実存在》」も「《想念的な完全性》」にすぎず、つまり表象の内での現実存在でしかないのだということを認めなければならない――、そのどちらを選ぶかなのである。

　ウェーレンフェルスの著書の意義は疑いようがない。そのなかには、Aの立場から提示されうるすべての論証が明晰かつ精密に叙述されている[64]。存在神学が純粋に論理的な観点からこれほど強力な理由で攻撃されたことはなかった。十七世紀の批判者たちがどれほどガッサンディに依存しているかを考えるならば、ウェーレンフェルスを論理的異論の立場に立つ最初のデカルトの批判者であると言って差し支えない。彼の議論は明らかにトマスの議論よりもすぐれているし、内容的な的確さを欠くとはいえ、ガッサンディの議論に近いランクを占めている。内容の点では彼の議論には弱点がある。これと同じ弱点を見抜いたからこそ、すでにデカルトは論理的異論に対抗して存在論的証明を再建しようという気になったのである。

　というのは、ウェーレンフェルスは必然的な現実存在という概念に意味を与えることができないのである。彼はこの概念を或る概念の任意の徴表と同じように取り扱い、〈この概念の対象は存在せざるをえない〉という、この概念のもっている特別な意味を、固持しようとはしない。もしも思想と現存在の確実性との差異がまったく一般的且つ形式的に主張され、このように抽象的なままで存在論的論証の反証として提示されるならば、必然的な存在者の概念の規定性は破壊されてしまう。すべての概念に関してなされるべき区別は必然的な存在者の概念に対しても妥当すべきであるという議論のなかには、一見真理であるかのようにみえるものが、たしかに存在してはいる。けれども、一方で必然的な存在者の概念を明確に限定された形で考えると共に、他方でこの概念の現実性を無視しようとすれば、〔そこに明らかな矛盾が生ずるだろうから〕こうした議論の見かけ上の正しさは消失する。第二の存在論的論証の正当性はこうした試みが不可能だという洞察の上に根拠づけられているのである。

ウェーレンフェルスの三つの補助的議論もこうした弱点を覆い隠すことはできない。

(1) 偶然的で可変的な存在者の表象と必然的な存在者の表象との間の区別は、現実存在の様相にかかわる単なる表象上の区別ではない。したがって、たとえ存在論的論証が妥当する場合であっても、この論証と同じやり方で、どんな表象においてであれ、表象されたものの現実的な現実存在が確信されるに至るなどということは、ありえないことである。むしろ、必然的な存在者は実在しないものと考えることすらできないという、まさにこの不可能性によってわれわれは、〈どんな思想の内にも含まれているかもしれない現実存在〉の思想から抜け出て、必然的に実在するものと考えられなければならないすべての対象の現実的な現実存在の確信にまで導かれるのである。こうした移行は偶然的な現実存在についての思想の場合には許されていない。なぜなら、思惟されたものの非存在の可能性を含むということが偶然の意味だからである。したがって、思惟されたものが偶然的なものとして現実的に実在しているという確信を得るためには、偶然的なものの思想の内ではまだ共に思惟されていなかった他の諸根拠に立ち帰らなければならない。一方で必然的な現実存在の概念がただちに現存在の確信にまで導くのだとすれば、他方で偶然的な現実存在の概念は、われわれが現実的な現実存在への問いの答えをその概念自身からただちに引き出すことを、留保させる。しかも、両者がそうなるのは同じ根拠からである。つまり《必然性》と《偶然性》の概念そのものの意義からしてそうなるのである。偶然的な存在者という概念によってその現存在の確実性を根拠づけようと望むならば、偶然的なものという概念そのものを廃棄することになり、したがって矛盾が生じることになるだろう。逆に、その同じ矛盾が、必然的な存在者という明瞭に規定された思想を、現実的ではないという規定によって思惟する場合にも現われる。したがって、必然的な存在者をその現実存在を欠いたままで思惟することは不可能である。そしてまさしくそのことを第二の存在論的証明は述べているのである。してみれば、必然的な現実存在の反対は偶然的な現実存在であるというウェーレンフェルスの主張を認めても、存在神学にとって何の危険もない。必然と偶然というカテゴリー的なこの対当関係もまた、思惟されたものの現実性が問われている場合には、可能的な現実存在と必然的な現実存在との差異に還元されるし、したがってライプニッツが彼の存在論的論証の新たな根拠づけに際してすでに注意していた区別に還元されるのである。

(2) 第一の補助的議論とは違い、ウェーレンフェルスの第二の補助的議論に賛同しうるとすれば、存在神学の思想にばかばかしいまでの重荷を負わせる結果になる。もしもダイヤで出来た（偶然的な）宮殿という思想において現実存在が（たとえ偶然性の様相においてであれ）徴表として宮殿に添えられるとすれば、その宮殿が現実的に存在することを認めなければならないだろう。しかし、モアやカドワースやライプニッツはこれに反対するであろうし、またこうしたやり方では偶然性の概念は破壊されて、宮殿は必然的な存在者にされてしまうことになるであろう。偶然性の概念はむしろこう定義されなければならない。「或る存在者が偶然的に存在している」ということは「この存在者には現実存在が徴表としては帰属していない」ということと同じことを意味しているのだ、と。

〈思惟されたものは或る事態の「表象」に基づいてのみ規定されるのだから、その限りであらゆる思想はその内で思惟されているものの現実存在を前提している〉、ということを裏書きする材料は多い。しかし、この現実存在はいずれにせよ問題的なものであるし、必然的なものと偶然的なものとの様相的な差異を原則的に無視している。[65] ただ《事象性の総体》や《必然的存在者》という概念の内でのみ現実的な現実存在はいいいい徴表として措定されるのである。先述した最初の問題的な現実存在が、或る事態を表象して或る概念を形成する可能性の制約にほかならないのに対して、この現実存在は、事態そのものの規定に属する。《事象性の総体》及び《必然的存在者》以外の他の諸々の対象の概念には現実存在の概念は決してはじめから徴表として属しているのではない。現実存在の規定はこれらの対象の思想の内には措定されていないという洞察に基づいてはじめて、〈思惟されたものの現実存在は、証明されている限りでは、偶然的なものでしかありえないのだ〉という考えが生じうるのである。こうして、例えば「始原を有するすべてのものの概念の内では偶然的な現実存在の徴表が思惟されている」という文章が有意味であるのは、「始原を有するすべてのものの概念の内では現実存在の徴表はもともと思惟されていたわけではない」という文章と同じ意味であるからにすぎない。二番目の文章だけが一番目の文章に正当性と限定された意味を与えるのである。

(3) デカルトがトマスによる論駁を引いた際に用いていたペガサスの例の意味をも、ウェーレンフェルスは誤認している。われわれが三つの辺をもつという特性を導出できるのは、ただ三角形の概念からだけであって、図形の概念からではない、というのはいかにもその通りである。けれども、デカルトはだからといって《類》と《種》を混同するという誤りを犯したりはしないであろう。ウェーレンフェルスは真なる本質が恣意的に産出されることもありうると主張するが、この主張も恐らく正しいだろう。そのような本質の一例として三角形の幾何学的な構成を挙げることもできよう。しかし、それらの本質が「本質」であるのは、われわれがそれらの本質の内で思惟する連関が〈単なる恣意的な〉組み合わせの結果以上のものである場合だけである。本質について云々できるとすれば、そうした連関が事柄の内に見出されるのでなければならない。われわれが明晰かつ判明に表象することができるのはそのような連関だけなのである。単に組み合わせでしかない表象は原則的に曖昧なままである。この表象がわれわれに常に示唆しているのは、この表象を生み出した主観性の恣意であって、その徴表の本質的統一ではないのである。三角形の表象の内には三つの角をもつものという表象が必然的に含まれている。それは、恣意的に実現されたものであろうとなかろうと、明晰な事象的連関である。翼をもった馬という表象の内には同じ明晰性はほとんど現われることができない。デカルトの考えからすれば、この明晰性は、あらゆる点で最も完全なものである最高の存在者という表象の内にも欠けている。――ところで、デカルトのペガサスの例が示そうとしているのは、或る本質及びその内的な連関についての思想が成立すべきだとすれば、馬の概念に翼の概念が付け加えられるのと同じ仕方で概念に現実存在の徴表が付け加えられてはならない、ということにほかならない。さもなければ、或る概念が現実存在の規定と共に思惟されるべきか否かはもっぱらわれわれに依存することになろう。その場合にはしかし、この〔概念が示す〕事態についてのいかなる判明な表象も存在しないことになろう。そしてそれに加えて、この事態の現実存在が必然的な現実存在であると語ることもいかなる意味ももたなくなるはずである。実際もしも現実存在がこの事態の本質によってこの事態に結合されていなかったとすれば、そうなるはずである。

　したがって、存在論的論証はAの立場の議論によって無効にされることはできない。それにもかかわらず、ウェーレンフェルスの著作は、存在論的論証の内にはひょっとしたらいかがわしいところがあるのではないかと思っていたすべての人々に、明晰かつ鋭敏な〔批判的〕議論の方法を用立ててやったのである。実際、存在神学の代弁者たちの方はこれに挑発されて、緻密な態度を採ったり、新しい論証の彫琢に携わったりするようになった。それゆえ、以後存在神学の根本特徴はデカルトがなしえたよりも一層良く仕上げられていったのである。しかし、批判の方もまたウェーレンフェルスの立場を越えて進まなければならなかった。ウェーレンフェルスは《最も完全な存在者》と《必然的存在者》の概念を疑うことがなかったし、だからそれらを決して分析しなかったからである。

今日でもなお、存在神学の問題に初めて出会う多くの人々は、この問題が単純な思想によって、したがって存在論的論証の単純性に見合う仕方で、解決されうるのでなければならない、と考える。けれども、存在神学の歴史が教えているように、神の概念から神の現存在を直ちに推論するという点には、当初予想されるよりももっと大きな諸々の難点が隠されているのである。これらの難点は合理的神学の問題をその拡がり全体において立てる人によってしか解消されえない。人々がこの問題を概念と物、《想念的現実存在》と《現実的現実存在》とのきわめて明白な区別づけによって克服しようと試みてきたことは確かによく理解することができる。この試みは繰り返し繰り返し企てられるであろう。しかし、それはやはりいつも、神の思想における概念から存在へのあの移行のもつ明証性の謎を解こうとするのには役立たないであろう。自由の問題の歴史についてのカントの言葉を一部変更してわれわれはこう言うことができる。幾世紀が無益に手がけてきたこの問題の解決もまた、「このような皮相なやり方ではほとんどまったく見出されることができないであろう」(KdprV. 172)、と。「われわれが特に哲学において相当長い間にわたって争ってきた諸々の事物において、根底に置かれてきたのは言葉の争いでは決してなく、常に事柄についての真実の論争であった」[66]。存在論的論証に対する批判も、それが偉大な形而上学者たちの思弁的な思想の推論に匹敵するのだということを示すに先立って、まずこの推論の本質的な内実を理解し承認するまでにならなければならなかった。存在神学の内に軽率な詭弁以上のものを見てとる人、したがって存在神学にウェーレンフェルスの形式論理学的な区別だて以上のものを対置する人、——そういう人だけが存在神学を論駁することができるのである。

2 ジャクロとフランスの諸雑誌

ウェーレンフェルスの著作は存在神学の代弁者と敵対者との間に或る論争をもたらした。この論争は何よりもまず一七〇〇年から一七〇三年の間にフランスの三つの雑誌のなかにもちこまれた。一七〇〇年の『学芸著作史』[67]の第二部のなかでジャクロはウェーレンフェルスの著作を批評し論駁しようとした。彼に対してソルボンヌのブリヨン博士[68]なる人物が一七〇一年版の第一部のなかで編集者への書簡という形で応答したが、そのなかには同時にジャクロの返事もすでに印刷されていた。同じ頃『トレヴー新聞』誌上にブリヨン博士[69]に反対するラミ神父[70]の論文が現われた。その論文をライプニッツは同じ新聞に掲載された彼の重要な寄稿論文のなかで引き合いに出している。[71]

この論争は『文芸共和国便り』(一七〇一年九月—十二月)のなかで引き続き行なわれた。その中に編集者はデ・メゾー[72]の手紙を載せた。デ・メゾーはウェーレンフェルスと旧知の間柄であったし、ジャクロの書評を扱ったウェーレンフェルスの手紙を仲介することができたのである。ジャクロはそれに対し、『学芸著作史』(一七〇一年九月—十二月)においてウェーレンフェルスとデ・メゾーに答える第三の論文を公けにした。それに対しデ・メゾーは再び『文芸共和国便り』の中で応答した。ところが同じ雑誌がジャクロを弁護する論文をも掲載した。そこでデ・メゾーがこの論文をもう一度最終的に論駁したのである。一連の論文を締めくくったのは、『便り』の一七〇三年八月号のロックの信奉者の手になる「イギリス人の手紙」である。それに加えて一七〇二年の一月にはもう、ウェーレンフェルスの側に立つ(G・C・S〔頭文字だけで誰かは不明。本書第三部原註27参照。」による）別の寄稿も現われた。

十八世紀初頭の知識人たちのこの論争は、全部で十二の論文を成しており、たしかにかつて存在論的論証に関係したもののうちで最も広範囲にわたっている。この論争は何よりも次の三つの理由から重要である。第一に、この論争において論理的異論と存在論的論証とが互角の力で拮抗している。第二に、ガッサンディの経験主義的異論がデ・メゾーの寄稿論文のなかで再び躍動し始めている。第三に、ジャクロは第二の存在論的論証の卓越した意義を認識しており、ライプニッツ以前にもう、《必然的存在者》の概念におけるふたつの証明に関するモアとカドワースの所見を確認している。すなわち、これらの雑誌の一連の論文のなかには、存在論的証明を論駁しようとする試みの、以後の諸々の局面を特徴づけるすべての思想が含まれているのである。後のドイツの批判者たち、モスハイムやクルージウスやベーリングが西方の国国の哲学者たちを凌駕したのは、わずかに叙述の個々の点と詳細さの点においてである。デヴィッド・ヒュームが初めてCの立場からの批判に、原則的な意義をもつ新たな契機を付け加えたのである。諸雑誌における議論はすでに一七〇二年に繰り返しの気配をみせはじめていた。議論が尽きてしまったのである。デ・メゾーとジャクロの間に感情的論争の調子が現われた。あらゆる議論が持ち出されたが、意見の一致は達成されうべくもなかった。この論争が含まれている存在神学と批判の展開の局面においては、それ以上いかなる成果も期待することができなかったであろう。

以下の叙述をもっと見通しの利くものにするために、まず初めに、ウェーレンフェルスを確証し支持する諸々の論証を総括しておこう(1)。それに関連して、ウェーレンフェルスを相手取っている限りでのジャクロの四つの寄稿論文に言及しなければならない(2)。最後に、デ・メゾーと「イギリス人の手紙」とジャクロの三人が、それについて自分の意見を述べていた経験主義的異論の論述が扱われることになる(3)。

(1)　ブリヨンはウェーレンフェルスと意見を同じくしている。それによれば、すべての完全性が帰属している存在者が必然的に実在するということはたしかに正しいが、しかしこのことは「自然の内にこのような存在者が存在する」ということを決して証明していない。だから例えばものを言う彫像について、それは実在すると必然的にいうことができよう。なぜなら実在していないものはものを言うこともできないからである。しかしそれは例えば騎士団団長の記念像といった、ものを言う彫像が現実的に存在するということを意味してはいない。——ウェーレンフェルスはデ・メゾーにこう書いている。自分はジャクロの書評の後も、自分がデカルトに反対する著書の中で根拠づけた確信を依然として保持している。人がその著書を参照しなければならないとすれば、それはただ存在論的論証が根拠薄弱であるということを確信せんがためにだけである。その上、自分は特別むずかしい事態を発見したと自慢しているわけではない。むしろ自分は、世間の人たちの誰も自分と同じことを見出さなかったということ、そして自分の見るところによれば単なる詭弁でしかない論証の正当性を確信している人々がいまだにいるということを不思議に思っている（Nouv. 1701, 513）、と。この説明は、自分の作品が追随者を得た者につきもののえらぶった調子で提示されている。デ・メゾーはこの説明にさしあたりは経験主義的異論を付け加える。しかし、もっと後の寄稿論文においては、彼は、存在論的証明は《論点先取の虚偽》であるというユエやレルミニエやパーカーの古い論証を持ち出したのである。「ジャクロは最高に完全な存在者は現実存在をもたなければならないと主張するが、それを私は否定しているのだ！　ジャクロ〔と存在論的論証〕は証明によって私を納得させる試みをまったく行なっていない」（Nouv. 1702, II, 36/7）。とはいえ、論争においては、われわれは問題とされている概念について一致しなければならない。デカルトの神の概念の内には現実存在が含まれているが、このことに彼の敵対者から異論が唱えられているのである。してみると、決して同じ概念が話題にされているわけではない。しかも、ただ神の概念の内に現存在が含まれると勝手に考えただけで神が存在すると主張する人は、《論点先取の虚偽》を犯しているのである。例えばソロモンが天文学をマスターしていたかどうかは疑わしい。ソロモンはすべての学問に精通した人間であったと言ったからといって、この疑いに決着がついたことにはならない。なぜなら、天文学が学問であるとするならば、ソロモンは天文学者でなかったという意見をもつ人は、ソロモンがすべてを知っている人間であったということにも異論を唱えるからである。

(2) ジャクロが真剣に取り上げるべき諸々の反対理由を述べたのは、論理的異論に対してだけにすぎなかった。彼は明らかに経験主義的異論に対抗できない。けれども、ジャクロはウェーレンフェルスに対抗して存在神学を弁明することによって、存在論的論証の歴史のなかに或る位置を手に入れたのである。彼はこう述べる。現実的な現実存在に関して、「必然的に実在する」という用語の意味と「実際に実在する」という用語の意味との間にいかなる区別も設けることはできない。或る彫像の概念について語りうるのはただ、その概念の対象が、ものを言うことができるかもしれないというようなことだけである。ブリヨンは存在論的論証を詭弁だと非難するが、彼自身の方こそ詭弁を用いている。すなわち、騎士団団長の彫像についてのブリヨンの推論は次のような推論と同工異曲なのである。

「必然的に実在するあらゆる人間は不死である。
ものを言うあらゆる人間は必然的に実在している。
ゆえに、ものを言うあらゆる人間は不死である。」

ものを言う人間という概念の内で、現実存在の規定が必然的に共に思惟されているわけではない。ものを言う人間という思想を思惟し、しかもそれでいて同時に、その人間の言葉が――例えば死者のことを想い起こしてみればよいが――現実的に存在しないということを知ることは可能である。けれども、神の思想における現実存在の規定を廃棄することは可能ではない。「必然的に実在する」ということは、ものを言う人間の場合には、彼の発語の蓋然的な現実性を制約する必然性〔ものを言うか言わないかは蓋然的だが、現実にものを言う場合には、その人が「必然的に実在する」のでなければならないということが、発語の現実性にとっての必然的制約となるということ〕を意味するが、しかし神の概念の場合には、それはこの現実存在そのものの現実性の様相を意味している。或る人が現実的にものを言う場合、彼は存在していなければならない。ところが私は、神のことを考えるだけで、神が存在するということを知る。しかるに、ものを言う人が実在するのは、その人が現実的にものを言い、且つその人の言葉を私が考えているときである。神の本質とは違って、彼の本質には現実存在は属していない。それゆえブリヨンもまた、ものを言う人間という思想をあたかも現実的にものを言う人間という思想と同じものを意味するかのごとくに受け取っているのである。彼は詭弁的にふるまった。なぜなら、彼は現実的な現実存在の確実性をすでに「ものを言う人間」という概念の内に前提していたからである。デカルトはしかし、神の定義の内にまだいかなる「働き」も、つまりいかなる現実的な現実存在も仮定していなかった。それはむしろこの概念の分析から初めて導出されるのである。以上のようにジャクロは述べている。(73)

存在論的論証をできるだけ透徹したものにするために、ジャクロはそれを形式的な推論規則に従って構成しようと試みている。それゆえ、彼は存在論的論証に、三角形の内角の和の証明が幾何学において有しているような仮言的形態を与えている。こうした仕方で彼はデカルトの数学的な事例と存在論的論証との間の類比をできるだけ完全なものにする。誰しも次の推論を誤りだとはみなさないであろう。

「すべての完全性を所有する存在者が存在するとすれば、

それは必然的に現実存在を所有しなければならない。
しかるに、神が存在するとすれば、
すべての完全性を所有する存在者が存在する。
ゆえに、もし神が存在するとすれば、神は必然的に現実存在を所有していなければならない」。

この仮言的な連関から現実存在の確実性に達するためには、「神は 必然的に現実存在を 所有していなければならない」という結論の文章の意味だけが吟味されなければならない。「哲学における「必然的に」という言葉は、存在しないことがありえないものを、したがって現実的に存在しているものを言い表わすのだということは、きわめて明証的なことではないだろうか。実際、〈もし神が 存在するとすれば、神は必然的に現実存在を所有していなければならない〉という結論の文章が真であるなら、少なくとも自己矛盾に陥りたくないのであれば、われわれは神は実在しないことのできないような存在者であるということにも不退転の確信をもたなければならない」。このような仕方で神についての仮言的な命題から神の現実存在についての確実性が明らかになるのである。

ジャクロは存在論的論証の明証性を高めるために、更にもうひとつの例を立案した。彼は算術的な諸対象についての三段論法を展開するが、そこには神についての先ほどの三段論法が影絵のように写し取られている。

「もしも或る数を自乗して16になるとすれば、16の根が存在する。
しかるに、4という数が存在するならば、自乗して16になる数が存在する。
ゆえに、4という数が存在するならば、16の根が存在する」。

「もし神が存在するとすれば、神は必然的に現実存在をもっていなければならない」という命題は形式からみて右の《結論》と同一のものである。ところで、存在神学の敵対者たちは、現実存在という述語は神に、たとえ神が存在しようがしまいが、認められうるのだと主張する。この主張が正しいとすれば、神が存在しようとしまいと、神には必然的に実在するということが帰属するという命題が結果的に生ずるはずである。表現を換えて言えば、たとえ神が存在しないとしても〔4という数が存在しなくとも〕、神は必然的に現実存在をもっていなければならず〔16の根が存在しなければならない〕、つまりは、神が存在しない場合にも神は現実的且つ必然的に実在することになるだろう。論理的異論は愚かな矛盾に陥る。この矛盾を回避しうるのは、存在論的論証を受諾することによってだけである。こうしてジャクロは次のように述べる。「人間の精神がいかに思惟するのかを探究するとき、人間の精神は論議の的になっている存在論的論証を受け入れざるをえないか、あるいは自らの一切の推論を断念しなければならないかのいずれかだということを、私は信じて疑わない」(a.a.O.422)。

　こうしてジャクロは自らの弁護をすべて必然的な現実存在という概念の上に立てたのである。その際注意をひくのは、彼がライプニッツによって導入されたふたつの存在論的論証の区別をまだ顧慮しておらず、《必然的存在者》の概念をまさにデカルト同様に《事象性の総体》に基づく推論の中へ直接持ち込んでいるということである。けれども、彼がそうしているのは、デカルトがしたように、自己自身の原因であるという神の「《広大無辺の力能》」を指摘することによってではない。彼にとって神の現実存在が必然的なのは、それが神の概念の内に措定されているがゆえにである。したがって、彼は神の現実存在における必然性の意味を完全性の総体という表象のうちでの、概念から現存在への移行に基づいて規定しているのである。彼はモアとカドワースに次いでこの連関を洞察した第三番目の人である。バウムガルテンにおいて初めて、この連関が存在神学の体系的叙述の基礎になった。

しかし、すでにジャクロは理性神学全体と存在論的論証との連関に深く眼を留めることができた。神の現実存在の証明はすべて存在論的証明に起源をもつ、と彼は述べている。

「諸々の結果から第一原因に遡ろうとするのは、この第一原因の観念の内に独立性ないし〈自己による現実存在〉を見出さんがためである。世界の保存や摂理に基づいて推論するのは、世界を創造した後にそれを保存している第一原因を見出さんがためであり、この第一原因の観念の内に必然的な現実存在を見出さんがためである」(Hist. XVI, S. 221)。「神が存在するということを推論するために、もしも第一原因、つまり必然的な存在者を求めようとすれば、〈すべての完全性を所有しているがゆえに必然的に実在する神が存在する〉という推論においてすべてが終わる」(Hist. XVII, S. 422)。ジャクロはこの第二の推論がなぜ不可欠であるのか解明しなかった。必然的な存在者が神であるということを確信しうるのは、最も完全な存在者だけが必然的に存在しうるのだということが証明されるときだけなのだ、と彼が考えていたということはありそうなことである。また、必然的な存在者の概念は、その必然性がその観念から認識されえない限り、恣意的なものであるし、原因の連鎖における終局も未規定なままなのだ、と彼が考えていたということもありそうなことである。第二の解釈は一七〇〇年の論文から、第一の解釈は一七〇一年の論文から容易に推測される。どちらも、必然性の概念は存在論的論証によって規定されるということを前提している。すなわち、「神には必然的に現実存在が帰属する」という命題は、「神には必然的な現実存在が帰属する」という命題と同一であるということが前提されている。ジャクロは実際にどちらの言い回しも同じ意味で交互に用いている。或る観念の分析によって明らかになる論理的必然性が、実在的な変化の系列における第一原因の概念を定義しているのである。

したがって、ウェーレンフェルスに対するジャクロの応答は、宇宙神学は存在神学なくしては完成されえないのだというテーゼを、ライプニッツの小論文と共有している。ライプニッツが『トレヴー新聞』に送付したものは、ブリヨンに対する返事でもあるし、したがってジャクロの弁護でもあったのである。宇宙論的論証が不動のものとして妥当していたあの時代の、合理的神学という学問の境遇を考慮に入れるならば、どちらも自分たちのテーゼの内に正当にも存在論的論証に対する強力な支持を見てとることができた。つまり、神の現存在に対するあらゆる証明が存在論的論証に至るのだとすれば、そしてこの論証に対する諸々の論理的異論が何も果たしえないのだとすれば、理性的な神の認識の建設は存在神学という基礎の上にしっかりと立てられるのである。そして、「我は在るところのものである」(74)というモーゼに対する神の啓示は、理性にとっても、もはや比喩的ではない究極の意味をもっている。しかし、存在論的論証がもろいものであることが明らかになるとすれば、合理的神学という建築物全体も崩壊するのである。——ジャクロが形而上学の鋭敏な分析家であることは彼のこの考察によって証明されたし、ライプニッツの所見によって確認されもした。彼の諸論稿は、ウェーレンフェルスの著書ともども、まだかろうじて入手しうるだけだが、再び誰にでも接しうるものにされるべきであろう。

付説　『トレヴー新聞』におけるフランソワ・ラミの応答は、その煩雑な形式と、そのほとんど独創性に乏しい内実という点で、ブリヨンに対するジャクロの応答とは雲泥の差がある。慇懃な諸形式でブリヨンをやっつけている序論の後で、ラミの応答は、デカルト自身が存在論的論証を擁護するために持ち出していたすべての理由を寄せ集め、その上で、恣意的な組み合わせによって作り出された観念と「〔われわれの〕精神に依存しない、自然的で必然的な」観念との区別——ケンタウロスと神との区別を明瞭にすることに特別な価値を置いている。ただ神の概念についてのみ、われわれは、その概念の内に現実存在が思惟されなければならない、と言うことができる。ところが、その他の存在者については、これらの存在者を概念から展開するに先立って、われわれは自分たちがこれらの存在者に現実存在の概念を結合していたのだということを確かに知っているのである（Memoires pour l'Histoire des sciences… I, 1701, S. 104-122）[二二]。ラデカルト的な証明に寄与するはずのほかならぬこの寄稿論文がいかに説得力の乏しいものであるかを、ライプニッツは確実に認識していた。だから、彼がその新聞に手紙を書き送ったのは、恐らく、存在論的論証の彼に固有の変更を今一度知らしめるためばかりではなく、諸雑誌の論争の中で証明の力と意義をラミよりもさらに有効なものにするためでもあったのである。

(3) デ・メゾーはジャクロをガッサンディの異論によっても攻撃し、したがってウェーレンフェルスを、ウェーレンフェルス自身は決して自分のものとはしなかった議論によって、支持した。第二番目の寄稿論文（Nouv. 1702, II 38）のなかでデ・メゾーは、ガッサンディにもデュアメルの哲学にも依拠している。[75]デ・メゾーは次のように述べている。現実存在はいかなる完全性でもない。「実際、〈現実存在が何か或るもの（それが何であるにせよ）をものの本性に付け加える〉ということを確認することなど私にはできないであろう」（Nouv. 1701, 514）。或る存在者が実在しようとしまいと、いずれの場合にも、その存在者は同じく完全であり続ける。現実存在はまた、或る存在者を形成しているすべての特性のような普遍的な概念でもない。現実存在は常に特殊的なものである（Nouv. 1702, II 40）。こうして例えば人間の本質には一群の特性が属している。或る人がそれらの特性をことごとく所有している場合には、その人は完全であり、多少ともそれらを欠いている場合には、不完全である。しかし現実存在はこの本質の一部分ではない。現実存在とは、この本質を構成する完全性がわれわれの知性の外部に現実的に存在するために、この本質に付け加わらなければならないものなのである（a.a.O. 42）。

ジャクロはたしかにすぐれた分析家であった。だから彼は、ウェーレンフェルスとブリヨンに対する返答のなかで、論理的異論に対処できる能力を見せたのであった。けれども経験主義的異論は彼にとってどうしてよいか分からない代物であった。彼は次のような断言と非難によってしか自衛策を講ずるすべを知らない。すなわち、彼の説明によれば、いまさら現実存在が完全性であることを証明しようと望むのであれば、われわれは理性に対して不正をなしているのだし、現実存在が完全性であるということを否定することはおよそ哲学者たるものが思いつくことのできるもののうちで「最もあつかましい攻撃」(le coup le plus hardi) なのである (Hist. 1701, 427)。

哲学的思惟における小利口さだというジャクロの非難に、デ・メゾーはまったく腹立たしげに応酬して、ガッサンディの名を挙げながら、もしも私が小利口だというのなら、私と同様に〔かのすぐれた〕ガッサンディも軽薄だったことにならざるをえないではないか、と反論している。しかし、ジャクロはその応答をひきとって、更に第一の存在論的論証の前提のためのもうひとつの証明を試みた。すなわち、或るものが無に対置されるのは事象性によるのだが、その事象性をわれわれに告知するものはいかなるものであれ、完全性である。それがわれわれを無から遠ざければ遠ざけるほど、その事象性はますます大きくなる。ところで、まさしく現実存在こそは、われわれを無から解き放ち、われわれと無との間に広い空間を配置する当のものなのである。したがって、現実存在はすべての完全性のうちの第一の完全性である。それゆえに、自己によって実在する神も、スコラ学者たちによって、純粋存在として考えられてきたのである、と。

この説明に対してはデ・メゾーは簡単にしか答えていない。彼は正当にも、ジャクロの完全性の定義はむしろ現実存在の概念に当てはまるものだと述べている。デ・メゾーはジャクロの定義を反論とは認めず、その定義によってむしろ自分自身が確証されると考えているのである。

後に公刊されたジャクロに対する応答の内では、「イギリス人の手紙」が最も重要である。それはデ・メゾーの論文の立場に近い。なぜなら、それもまた、単にブリヨンのしたようにウェーレンフェルスの論理的異論を反復するだけではなく、第一に存在論的論証の詭弁的な特質を顕わにし、第二に存在論的論証の秘密と誤謬がどこに存在しているのかを明らかにするという二重の課題を自らに課しているからである。その意見によれば、どちらの課題も、現実存在は完全性と解されてはならないというガッサンディの経験主義的異論によって一挙に解決される。或る事物をそれとは別な事物から主張する人は、それによってふた通りのまったく異なるものを考えているのかもしれない。彼は観念とその属性との間の連関を確定するか、それとも観念と、自然の内に実在している物との一致を主張するか、そのいずれかである（Nouv. 1703, 166)。この差異を指摘することによって論理的異論も自らの批判を根拠づけたのであった。ところが今や、「イギリス人の手紙」は、現実存在について語る権利を第二の意味に限定し、その点でデ・メゾーに従っている。「現実存在は、かの観念に属するようないかなる完全性でもない。現実存在を述定しようとするとき、ひとは観念と、自然の内に現実的な現実存在を有している物との一致を考えているのである」(168)。肖像画において本人との一致が描写されうることがほとんどないのと同じように、或る観念において現実的な事態とのその一致が思惟されうることもほとんどない。このことを見誤ったのが、デカルト的な論証の敵対者と擁護者とに共通の誤謬である。現実存在はすべての完全性が実在するための根拠にほかならないが、しかしそれ自身はひとつの完全性ではないのである。

こうした批判が実際に的中するのは第一の存在論的論証である。そして、「イギリス人の手紙」は第二の論証を第一の論証と連関する限りでのみ取り扱ったのだから、この批判はジャクロによる弁護にも当てはまる。しかしこの批判ではまだデカルトとスピノザを継承した議論は認容されている。なぜなら、この批判は、現実存在の規定がそこにおいて共に考えられているところの《必然的存在者》の概念を探究しても批判してもいないからである。

ジャクロ自身はデカルト主義者ではあったが、しかし彼がデカルトと同じように存在神学に対する一切の異論に対処できる能力をもっていたということはできない。とはいえ、ジャクロの諸研究は、デ・メゾーによる経験主義的異論の革新にもかかわらず、諸雑誌の諸々の寄稿論文のなかで最も大きな体系的意義をもっている。ジャクロの研究は、〈合理的神学全体がその神の存在証明も含めて存在論的論証において統一されるのだ〉という理論の萌芽を含んでいるのである。だからジャクロはそれらの研究のなかで、彼以前のケンブリッジの新プラトン主義者たちや彼以後のライプニッツ及びバウムガルテンのように、《必然的存在者》の概念を第一の存在論的論証に基づいて定義したのであった。

十八世紀のフランスにおいてデカルト的な論証に対する批判はあまねく説得力をもってきた。懐疑主義的哲学が影響力を得たのである。この哲学ははじめから経験主義的異論に好意をもたざるをえなかった。デ・メゾーが世話をしたベイルの『辞典』の新版のなかには、「ザバレラ」の項目に、この世紀の初めのいくつかの論争文についての（不完全な）概要が見出される。注目されるのは、この論争を再び活性化させようとする数人の頑固な人々がいつの世にも存在すると述べられている点である。この論争にはもはや哲学の問題としての意義は認められていないのである。

3　モスハイム

存在神学は啓蒙の世紀にドイツに定着した。ライプニッツ、ヴォルフ、バウムガルテン、そしてメンデルスゾーンがそれをさらに展開したのである。彼らの学派が惹き起こした矛盾や批判からみて、存在論的論証の論駁の方もまた、当時ドイツでも絶えず現在的な課題であらざるをえなかった。けれども、ドイツの批判者たちは、さしあたりフランス人たちの思想を復唱し敷衍したにすぎなかった。フランスの著作のうちどれが彼らに知られていたのか、はっきりと言うことはできない。ユエもレルミニエも新聞雑誌の諸論文も彼らに引用されてはいない。彼らの最も重要な公刊物はモスハイム（一七三三年）、リューディガー（一七一六年）、クルージウス（一七四四年）及びベーリング（一七八〇年）のそれである。必然的な存在者の概念の破壊というCの立場を、彼らは誰も獲得していなかった。それゆえ、ライプニッツ学派は存在神学の擁護という点において、デヴィッド・ヒュームとイマニエル・カントによる批判に出会うまでの長い間、相変わらず正当であり続けたのである。因みに、ヒュームとカントの批判こそは、存在神学的な証明遂行の全範囲を攻撃した唯一のものだったのである。

それにもかかわらず、モスハイム等の著作は高いランクに位置している。カントが『唯一可能な証明根拠』のなかで、デカルト的な証明の事細かな論駁がすでに他の人々において見出される、と述べる（emBg. 191）とき、カントの念頭にあったのは、モスハイムとクルージウスの研究であったに違いない。彼らの研究は、ヴォルフの文体に似た慎重な詳細さをもっている。そのなかで、存在論的論証はそのすべての形態に分解され、単純な三段論法に解消され、その上で事細かに反駁されるが、こうした詳細さは長い論争の後で決定的に確証しようとする意志から生じてくるのである。

モスハイム[76]の論文は、カドワースの『知的体系』の、モスハイムによるラテン語訳のなかの、ふたつの長い訳註のなかに、したがって、今日ではかろうじて入手できる箇所に紛れ込んでいる。カドワースの『知的体系』においては第一〇〇節から第一〇二節までは存在論的論証のふたつの形式を含んでいるが、モスハイムはそのどちらも欠陥推理だとみなしている。彼は自分の論駁に先立って一般的な考察を予め述べている。すなわち、デカルト的な思想を根拠づけるに際して様々な違いが存在するように、その思想への反論にも様々なものが現われてきている。これらの様々な反論のかなりの部分が〔この思想と〕同じく誤謬をまぬがれてはいない。こうして、われわれはしばしば精神に生得的な神の観念――この観念の原因は精神そのものではありえないのだが――に基づく証明を、存在論的論証と混同してきたのである、と。モスハイムはこのような不注意を回避し、方法的に正しい「《反論》」を提出しようとする(889b 890a)。彼は反論を二章に分ける。まず初めに、神の観念が現実存在の徴表を含んでいるというときに、デカルトがそもそも何を考えているのか、また何を考えることが正当かつ賢明に許されるのかということが吟味されることになる。その後に、現実存在に付け加えられている「必然的に」という語――この語にデカルト的な論証の最大の力点が置かれているのだが――が探究されることになる(890b)。

(1) 最初の一歩でモスハイムはBの立場、すなわち経験主義的異論の立場に立つ。実在している事物という概念から切り離されれば、現実存在は何ら固有の意味をもたない。現実存在は物の本質におけるいかなる規定でもなく、したがってまた実在している事物から区別されえない。「或る事物、あるいは概念は二重の仕方で考察されうる。第一に、それが特定の特性や質を備えている限りで。次に、それが存在し、実在している限りで。私の見るところ形而上学者たちは、第一の種類の概念を本質と呼び、第二の種類のそれを現実存在と呼ぶ習わしにしている」。両者は明白に区別されている。しかも、一方から他方へと直接に移行することはできない。現実存在〔する権利〕に関しては、すべての観念は対等である。すなわちわれわれが、それらの観念を観念として(すなわち概念として)明確に規定したとしても、それらの観念に現実的な現実存在が対応するか否かという問いは依然として未解決のままである。この現実存在は決してもともと概念の内に措定されているわけではない。というのも、徴表を規定することと現実存在を確認することとは、認識作用のまったく異なる在り方だからである。そこを通れば諸概念の考察から現実存在の確実性へと至りうると考えられそうな三つの道が存在する。しかし、これらの道は間違った道であって、目標に達することはない。(a)或る概念を思惟しているということによって、われわれは決してその対象を実在するものとみなすよう強制されることはできない。というのも、この主張が意味をもつとすれば、そのことは〔神という概念だけでなく〕すべての概念にとって妥当しなければならないことになるからである。われわれはスフィンクスや理想郷やタルタロスやペガサスやケンタウロスについても、それらに現実存在の表象を結びつける場合にのみ、表象を形造ることができるのである。さもなければ、それらはわれわれにとって何ものでもないであろうし、それらに関して何ごとかを言明することすら可能ではないであろう。[77]とはいえ、そのことは、われわれがそれらのものの現実存在をすでに確実に知っているということを意味するわけではない。それを確実に知るためには、ただ特殊な探究によるしかない。この探究は経験の観点の下で、つまり、概念分析によっては決して代用されえない認識形式の下で、生じなければならないのである。(b)或る事物が実在するということを確信するためには、その概念が無矛盾なものとして認識されるだけでは十分ではない。概念が矛盾を含まない場合には、確かに概念の側に、その事物が多分実在しうるということを妨げるようなものは何もない。けれども、矛盾なく考えられうるものすべてが現実的にも存在するのだとしたら、概念の助けによって黄金の山や銀の鹿を手に入れるのは、何の造作もないことになるだろう。(c)或る思想に伴う「《精神のある種の感覚》」に基づいて事物の現実存在についての確証を導き出そうと試みる人は、概念そのものの分析に自分を限定していないことになる。したがって、その人が、自分は概念から現実存在を導出しようと欲する人々のうちに数え入れられてもさしつかえないという意見をもっていたとすれば、彼は思い違いをしているのである。

⑵　こうしてモスハイムは、第一の存在論的論証をもってしては神の現実存在の認識に到達することはできないということを、証明済みとみなす。モスハイムは、デカルト的な論証が〔第二の存在論的論証ではなく〕第一の存在論的論証だと考える。〔彼の意見によれば〕こうした論証は詳しい補足的説明を一切加えずに、現実存在について語っている。ところで、思想から現存在への移行を、必然的な現実存在という概念の助けを借りて実現するというもうひとつの可能性が残っており、それがさらに探究されなければならない。この問いにおいてわれわれが明晰さを得るのは、「必然的な現実存在」という語の内にあるすべての曖昧さを取り除いたときである（819b）。この語は二重の意味で使われうる。まず第一に抽象的な概念として。その場合、この概念は、スコラ学者たちが自存性あるいは独立〔非依存性〕と通常名づけているあの「完全性」を言い表わす。けれども第二に、この概念は必然的な実在者の現実性（Actus）も表現することができる。モスハイムはデカルトがこの両方の意義を混同したのではないかと危ぶむ。なぜなら、デカルトは、神の概念の内に措定されている必然的な現実存在について語る場合、〈それなくしては神の概念を思惟することすらできないといわれる〔その不可欠な〕当のものは、〔現実存在そのものではなく〕その現実存在の概念なのだ〉ということを述べるのを、怠っているからである。というのも、鳥に翼を認めないことができないのと同様、神に自存性を認めないこともできないというのは、たしかに正当ではあるにしても、〔その〕自存性という概念から現実的（aktuell）な自存性を推論することはできないからである。或る概念に現実存在が添えられているということから、その事物が実在すると推論することは、決して許されない。むしろ、〈或る物の本質が存在する仕方と同じ仕方でこの物の現存在も存在する〉という規則の方が妥当する。したがって、私が或る概念、つまり或る事物の観念的な本質だけを思惟するとき、私はまたその事物の観念的な現実存在だけを思惟しているのである。「観念的」とは、モスハイムにとって、「精神

的」だとか、デカルトのいう「想念的」だとかと同じものを意味している（893b）。こうした制限をしなければ、神の現存在と同じように永遠な物質の現存在をも結論として主張せざるをえなくなるだろう。なぜなら、神の概念の内にも、永遠な物質という概念の内にも「必然的な現実存在」という徴表が含まれているからである。しかるに形而上学者たちは、永遠な物質の現実存在と神の現実存在とは両立しないと確信している点では意見の一致をみている。してみると、どちらも現実的であるという仮定は、結果において矛盾に陥ることになる。デカルトは確かに、必然的な現実存在と単なる事実的な現実存在との間に区別を設けている。彼は、神だけが必然的に現存している、と主張している。けれども、この区別がどれほど重要であるとしても、この区別は神の〔現実存在にではなく〕賓辞に関わるにすぎない。しかるに現実存在〔する権利〕に関してはすべての概念が対等のものとみなされるべきである。現実存在という概念からは精神の外部での現実的な現実存在が帰結しないのだとすれば、必然的な現実存在という概念からも、現実的に実在することとの必然性は帰結しない。こうしてモスハイムは第二の存在論的論証に対して論理的異論を適用しているのである。

もうひとつ別の註のなかで、モスハイムはカドワースの第二の証明に対して同じ論理的異論を提示している。カドワースのこの証明は結局はデカルト的な証明に帰着する。それはこうである——われわれがそれについて矛盾のない概念を形づくる物〔があるとすれば、それ〕は、存在するか、それとも存在しうるか、そのいずれかでなければならない。しかるに神はただ単に可能的な仕方でだけ存在するのではなく、自らの自存性によって永遠に存在している。それゆえ、われわれは、神の概念を矛盾なく思惟する場合には、神が存在するということを確信せざるをえないのである。なぜなら、神はただ存在可能でありさえすれば、すでに実在しているのでなければならないからである。神はその自存性〔の力〕のために存在しないことはまったくできず、したがってそのために現存在しうるのである。

ところでモスハイムは、先に観念的現実存在と現実的現実存在を区別したのと同様、観念的可能性と現実的可能性との間にも区別を設ける。観念的な可能性は、われわれが或るものを可能なものとして思惟する場合に現われ、現実的な可能性は、或るものが現実的に起こりうる場合、すなわち、起こりうるための諸々の原因がある場合に見出される。〈われわれがそれについて判明な概念をもちうるすべてのものが存在可能である〉ということに納得するとすれば、われわれは思い違いをしているのである。「神は存在しうる」という文章が意味しているのは、「神がわれわれの精神の内に存在しうる」ということか、それとも「神は実在的に存在しうる」ということか、そのどちらかである。一方から他方を推論する人は、前提の内に含まれているより以上のものを《結論》の内に措定するという過ちを犯している。したがって、神の自存性から私が帰結しうるのは単に、神は存在するか、それとも存在しないかのどちらかである――これに対して有限な物は、存在するか、生成するか、存在しないか、のいずれかである――ということだけである(897ab)。してみると、「必然的な現実存在という特性がいかなる事物の概念に結合されていたとしても、この事物が実在する場合には、この事物が存在することも存在しないことも、どちらもできるなどということはありえない」という命題はたしかに有効である。しかし、〈この事物が実在する場合には〉という制限を欠いた命題は誤りである。現実存在という概念の場合に概念と現実性との関係を支配している規則は、まったく一般的にも妥当する。「われわれは過ちを犯すことなく、或る事物の概念から事物そのものへと移行することはできない」(897b)。「がしかし、人間の生活においては、特に形而上学者たちの間では、このような過ちはきわめて頻繁に起こっているのである」(898b)。

モスハイムの論述は、何であれとにかく利用しうる論証をすべて、しかも非常に明敏な形で利用しはするが、しかし体系的な思想の首尾一貫性を採ろうとはしない類いの批判の好例である。現実存在のカテゴリーに関する彼の様々なテーゼのうちには、連関づけて徹底的に考え抜かれたいかなる理論も見出されえない。モスハイムはガッサンディと同じように、現実存在がひとつの〔性〕質であるということを否定する〔①〕。彼はさらに、或る事態の現実存在が予めすでに表象されているような場合にだけその事態に何かを述語づけることができるのだ、と主張する〔②〕が、それは後のパウル・ナトルプの主張ときわめて類似している。そして彼は概念と現実的な事物との間の原則的な区別に固執する〔③〕。これら三つのテーゼはすべて、ひとつの理論へ導くのに役立つのであって、この理論においては現実存在のカテゴリーはあらゆる本質規定に先立つひとつの意義をもっていると主張されるのである。もしもモスハイムが彼自身の異論――それの論争的な課題は除いて――の整合性を明瞭に理解していたとすれば、彼は様相のカテゴリーの一層包括的な問題設定にまで立ち至ったことであろう。しかし、現実存在について、現実存在はいかなる述語でもないと明言的に語っているにもかかわらず、彼は現実存在の様相たる必然性を、まったく当然のように述語と同じように使用しているのである。

可能性において彼がみているのは、その論理的意味とその事象的《レアール》〔＝実在的〕な意味との間の区別である。そしてわれわれは、イギリス人の手になるこの発見の意義をすでに一七三三年に認識し受け継いでいたということを、彼の功績と認めざるをえない。けれども、必然的現実存在についての彼の口ぶりからすると、まるで必然的な現実存在は或る概念の任意の述語なのだから、この場合それを軽々に現実的な物の述語とすることとさえ警戒すればよいかのようである。論理的な必然性と事象的〔実在的〕な必然性との間の区別も存在しうるのではないか、そしてその場合事象的〔実在的〕な必然性の概念を理解させうるような諸条件が必要となるのではないか、こうした問題はモスハイムにはまだまったく思いもよらないことである。ところが、こうした問題と共に「必然的に実在する」という述語そのものも問題的になるのである。つまりこの述語がそもそも或る存在者の述語として有意味に用いられうるかどうかということが疑わしくなるのである。けれども、デカルトの場合と同じように、モスハイムにとっても、神の概念の内に自存性が考えられなければならないということは自明であった。こうして彼は、一方で概念と物との間の区別を現実存在のカテゴリーによって規定することだけに精を出し、他方で、必然的な現実存在の概念を、まず概念の内に、次いで事物の内にも措定されうる「完全性」として利用することだけに腐心するのである。こうして、「必然的な現実存在という述語をもった存在者が実在する」といった奇怪な表現が出現せざるをえなくなるのである。存在神学の敵対者のガッサンディにしろ、存在神学の教師モアにしろ、どちらもこのような表現は拒否したことであろう。また、現実存在と本質は《認識の様相》に関してのみ区別されるのだ、とモスハイムは繰り返し述べているにもかかわらず、彼にとっては、概念と必然的な現実存在との間の区別は概念と述語の間の区別なのである。たしかに「《必然的に実在する》」という概念は、論理的な意味で、述語として用いられうる。しかし、そのことは現実存在というカテゴリーにとっても同じくあてはまることである。重要なのは、現実存在と必然的な現実存在とが〔論理的な意味でではなく〕それら自身において同じように或る事物の述語であるのか、そうでないのか、すなわち、或る事物の完全性（デカルト）、あるいは事象性（ヴォルフ）、あるいは特性（ガッサンディ）であるか否か、という問題に決着をつけることである。

モスハイムの存在神学批判が挫折するのは、着手するに際して十分に根本的ではなかったからである。彼の批判は論理的異論と経験主義的異論を巧みに持ち出した。けれども、それは諸異論をただ持ち出しただけにすぎない。それらの異論は、存在神学に《必然的存在者》の概念への退路を開けたままにしておくがゆえに、何ら筋の通った論駁をまだ生み出してはいない。これらの異論を知っていたメンデルスゾーンは、これらに対抗して存在神学を第二の存在論的論証によって納得しうる形で正当化したのであった。たしかにモスハイムはこの最後の稜堡〔としての第二の存在論的論証〕をも、てこずらせることができる。例えば、《必然的存在者》の単なる概念から、永遠な物質だとか、マニ教徒のいう悪だとかの現実存在もまた証明されうるのだということを指摘することによって。というのも、この場合どちらの現実存在も必然的な存在者として考えられうるからである。けれども、これらの難題には、存在神学はこれらの概念の分析〔という方法〕を通して対抗することができる。必然的な現実存在は恣意的に想定されてはならず、与えられた本質概念から明晰且つ判明に導出されなければならないというデカルトの方法的な要求を、存在神学はこれらの難題よりも上に置くのである。モスハイムと彼の後継者が概念と現存在の抽象的な区別をデカルト的な論証に対して提示する限り、存在神学は正当に彼らを非難することができる。すなわち、彼らは、彼ら自身が理解しうる何ものかを「必然的な現実存在」という語でもって思惟することを拒否したのだ、と非難することができるのである。〔概念から現存在への〕この移行の逆説を遂行しようとする形而上学者たちの決心は、批判精神の欠如から生ずるのではない。逆に、抽象的な批判者たちこそ、思想の首尾一貫性が欠落していると非難されてしかるべきなのである。存在神学に対する彼らの不信は、なるほど理解できるし、根拠づけられもするし、その限りで賞揚すべきものですらある。けれども、彼らは、整合的に展開すればすべての形而上学の基礎を廃棄してしまったであろうような議論によって存在論的証明に断固として対抗したのであるが、やはりこのような一歩を進める準備ができていなかったのである。それゆえ、彼らの論拠は一見もっともではあるが、しかし、より詳しくみればやはり依然としてまったく不十分なものである。ライプニッツは極めて正当に彼らを非難して、《存在論》に対する彼らの攻撃は、無意識に、あるいはひそかに行なわれる自然神学全体に対する攻撃である、と言った。そして論理的異論、つまり概念と現存在の差異に関しては、後のヘーゲルと同じように、ライプニッツもまたすでに次のように言うことができたであろう。「けれども、哲学的観念を目の敵にして、思惟と存在は異なるものであるとひっきりなしに繰り返している人々が何よりもまずわきまえておくべきなのは、結局のところ、哲学者たちも〔彼らと〕同じようにこうしたことを知らなかったわけではないということである」(Enz. §51)、と。天賦の才能からして自ら形而上学者であったカント、かつて〔前批判期に〕合理的神学に重要な寄与をなしていたカントにして初めて、存在神学の批判を筋の通ったものにすると同時に、これを完成することができたのである。

4 リューディガーとクルージウス

すでにモスハイムに先立ってアンドレアス・リューディガー(78)は存在論的論証の論駁を試みていた。彼は存在論的論証の批判に独自な形で貢献した最初のドイツ人である。クルージウスがより詳細に遂行し、影響力のあるものとしたほとんどすべての理論がリューディガーに起源をもつのであるから、リューディガーはクルージウスとの連関において言及されるべきである。

神の現存在を自然の秩序から推理するような神の存在証明だけが成功する、というのがリューディガーの確信である。彼の『神の自然学』は、この証明を実行する課題に捧げられている。第一巻、第一部の第一六五節―第一六八節のなかで彼は、なぜ自分が存在論的論証をしりぞけるのかという理由を挙げている。まず初めに、彼は、デカルトは名目的定義と事象的〔=実在的〕定義とを混同しているという古い論理的異論を持ち出している。「名目的に定義されるものは、定義されるものの現実存在がそれに先立って証明されていないならば、まったく存在することができない」。実在的定義が可能なのは、現実的に存在しているということがすでに確定している物についてだけである(§166)。けれども、リューディガーはデカルトに対してもうひとつ別の異論を用いる。それはジョン・ロックの哲学的原理に基づく主張である。それは以下のようなものである。精神はいかなる単純な表象さえも生み出すことはなく、ただ、自分に与えられている諸々の表象を結合するだけである。もしも事情がそうだとすれば、現実存在に対するわれわれの表象の関係についてはふたつの命題が立てられる。第一に、合成された表象〔複合観念〕から、それの内に表象されているものの現存在は決して推論されえないということ（複合表象は実際、精神によって生み出されたものだからである）。第二に、単純な表象からは、それに対応する対象は存在するということが帰結するということ（というのも、単純表象は精神によっては生み出されえないからである）。したがって、もしも神の概念が単純な表象であるとすれば、この表象から神の現存在を推論することが許されることになろう。しかしながら、神の概念はそのようなものではない。それゆえデカルトが神の概念から神の現存在を導出するとき、彼は複合されたものを単純なものと混同しているのである。

この興味深い議論はクルージウスにあっては繰り返されることはない。もしもこの議論を首尾一貫して遂行していたとすれば、ひとは必然的存在者の概念に対する批判にまで、したがって批判主義的異論にまでも到達せざるをえなかったであろう。けれども、この首尾一貫性を初めて貫いたのはヒュームだったのである。

クルージウスは存在神学に対する批判を本質的に先に進めたわけではない。彼は、ガッサンディとモスハイムにおいてすでに獲得されていた領域の中で、この批判を用いたのではまったくなく、むしろAの立場から論証を行なっているのである。とはいえ、彼によってこの批判がドイツの広く普及した形而上学の教科書のなかに初めて持ち出されたのであった。彼の時代にはヴォルフ学派がますますはやりだしていたが、その反対派にとっては、クルージウスは重要だった。存在論的論証に反対する諸々の論拠も彼によって一般に知られるようになったのである。

クルージウスは自分の形而上学の諸原理を存在神学の問題に適用する。彼は言う。数学的な諸々の認識は矛盾律に基づいてのみ展開されうる。〔矛盾律と〕同じように明証的ではあるが、しかし矛盾律には還元されえない――ヴォルフもすでにそう考えていたのだが――ような別の認識原則もまた、神の存在証明のためには必要である。[79] それらのうちに属するのは、なかでも充足理由律である。ところで、何人かの人々は、神の現存在はこの充足理由律がなくても神の本質の概念だけから洞察することができるし、したがってアプリオリに、そして幾何学的証明を模範として認識することができるのだ、と主張している。しかし、われわれは彼らの証明の誤りを示すことができるし、それゆえ〈神の現存在は神によって創造された世界からしか証明することはできない〉という命題を確証することもできるのである。〔何人かの人々の主張ということで〕クルージウスが言っているのは、可能的なすべての完全性という概念から最も完全なものの現実存在を推論する主張のことである。この推論は彼の意見によれば形式上の誤りを含んでもいる。そしてすでにウェーレンフェルスとモスハイムが推論のこの誤りを見咎めていたのである。すなわち彼らは、この推論は四つの項から成り立つ三段論法〔四個名辞の虚偽〕だ、と非難していたのである(§234/5)。「現実存在をもつ」ということの意味が結論と前提とでは別になっている。前提は「知性の内にある」現実存在についてしか語ることはできないのに対して、結論は「思想の外部にある実在的な現実存在」を主張している。知性の内ですべての可能性を結合することが可能だということは十分ありうるであろう。しかし、それらの完全性が知性の外部では決して一緒に見つけ出されず、単に別々にしか見つけ出されないのだ、ということもまったくありうることであろう。観念的な命題から実在的な命題を直接的に推論することは、いつだって許されないことなのである。

それにもかかわらず、存在論的証明の根底に存する思想はいくつかの効用を持っている。すべてのうちで最も完全な存在者という概念の内には必然的な現実存在という概念が含まれている。したがって、われわれは、神は、もしも実在するのだとすれば、必然的に実在するのだ、と言うことができる。理性は神の概念の内に、たとえ仮言的な概念であるにせよ必然的な現実存在というひとつの概念を所有している。「ところで或る物の非存在をもなお思惟することができる限りで、理性は、なぜその物が存在するのかとどこまでも問い続けるのであるから、理性はこれに対してすべてのうちで最も完全な存在者という概念の内に自らの〔問いの答えの〕目標を見出すのである」(S. 426)。すなわち、この存在者の現実存在が、宇宙論的論拠からであるにせよ、あるいは目的論的論拠からであるにせよ、とにかく証明されるときには、原因を問う理性の欲求は満たされる。なんとなれば、神は自己自身の原因だからである。というのも、神の概念の内には神の現実存在が含まれているからである――もちろん、観念的な現実存在にすぎないけれども。しかし、私が私の概念の内で思惟する神が〔観念的にではなく〕現実的に存在するのだとすれば、その現存在はその本質から帰結するのである。神が存在するとすれば、それゆえ、神がかつて存在しなかったとか、あるいは将来いつか存在しなくなるだろうなどと考えることはできない[80]。この場合、神は必然的な存在者である。したがって、この神において問いは、世界における原因や、さらには世界〔そのもの〕の原因へ向かう宇宙論的な遡行を解除する休止点に達する。理性が存在論的な神概念の内に、〈いかなる原因もおのれに先立つことのない或る存在者〉の思想をすでに思惟する場合だけ、理性は、原因についての認識においていつかは結末に至るのだということを、表象することができるのである。なぜなら、同時に自分自身の原因でもないような原因は、自分とは異なるもうひとつ別な原因によってのみ存在することができるからである。この原因はさらに或る原因を要求するし、その原因の原因もさらに等々という具合にして無限に進むか、あるいは、《自己自身による存在者》の概念に至るかしない限り追究をやめないのである。

存在論的な神概念と宇宙論的な神概念の関係についてのこの発言は、クルージウスにとってはいまだ明瞭になっていなかった仕方で、将来実り豊かなものにされるはずである。例えば宇宙論的証明がすでに、必然的な現実存在という概念を考えているのだという仕方で。しかし、クルージウスが《事象性の総体》という存在論的な神概念の内でのみ宇宙論的な問いはその答えを見出すことができるのだと主張する場合、彼が整合的であろうとすれば、《必然的存在者》の概念はそれだけでは充分に規定された思想ではないと考えなければならない。この《必然的存在者》の概念が、理性がそれについて明確な表象を形づくることができるような一項〔自己原因としての第一原因者〕によって宇宙論的な系列を締めくくることができるのは、この概念が、或る特定の存在者の現存在様式として、すなわち、その本質から現存在が帰結する存在神学の神の現存在様式として思惟される場合だけである。さて、存在神学的な根本概念にクルージウスもまだこうした判明性を要求しているのだが、こうした判明性を獲得できるということが否定されでもしたら、それによって、宇宙神学全体の完全性が疑問になるであろう。ライプニッツが最初に明晰に認識し、そしてその諸帰結を知ったうえで、存在論的論証の根拠づけに際して引き合いに出したのと同じ結合が、クルージウスによって立てられる。すなわち、存在論的証明がなければいかなる合理的神学も存在しない、と彼は言うのである。クルージウスはたしかに、存在論的証明を無力にしても必然的存在者の概念を攻撃しないですむとまだ思っていた。しかし、すでにライプニッツが、クルージウスの思惟の内にも伏在している帰結をあからさまに次のように述べていたのである。すなわち存在論的証明の可能性を否認する人は《自己自身による存在者》の可能性をも否定することになる、と。

5　ベーリング

『純粋理性批判』の一年前に、『最高に完全で必然的な存在者という概念に基づく神の現存在証明の検討』というヨハン・ベーリング(81)の著作が現われた。この著作は、存在論的論証をBの立場から論駁しようとする試みの展開の終局に位置している。思想遂行の明晰さという点でこの著作に匹敵できるのは、それに先立つ諸々の著作のなかでウェーレンフェルスの著作だけである。ベーリングはデカルトの『省察』以来の存在神学をめぐる長い論争を回顧する。彼が考えるに、この論争を終結させることができるのは、すべての論拠と反対論拠との根底的で且つ忍耐強い研究だけである(82)。このように、神の存在の存在論的証明についての彼の著作は、単に事柄からいってだけではなく、広がりからみて、最も重要なもののうちのひとつである。この著作はたしかに、ベーリングがしばしば引き合いに出しているモスハイムの諸々の思想に、まったく新たなものを付け加えているわけでは決してない。けれども、敷衍という点では〔モスハイムよりも〕一層説得力をもっている。そして、彼の著作は、存在神学の謎を宇宙論的な神概念の問題と連関させて扱っていたならば、その謎を解くことができたであろう、と言うこともできるのである。

ベーリングは自分の著作を四つの歩みに分けている。初めのふたつで、彼は第二の存在論的論証を探究し（S. 10-56）、他のふたつで最も完全な存在者の概念に基づく論証を研究している（S. 56から88まで）。この両方の証明の歩みは区別されるのだと、彼は執拗に述べている。この言い分が効を奏するのは、これらの証明の歩みを結合する諸々の体系的な根拠がたとい存在する場合にも、たいていの既存の公刊物がこれらを無反省に混同しているからである。各々の歩みのために、ベーリングは、存在論的な証明を遂行し続けることができないということを示すと共に、この証明の遂行が依拠している欠陥を明らかにするというふたつの課題を立てている。それゆえ彼は存在論的論証の論駁と分析とを区別する。欠陥推理の原因を発見することもしないで、単に反対論拠を言い立てるだけの人は、ひとを永続的に納得させるようないかなる見通しももっていない。「或る物の本質がどんなものであれ、それの現存在に関しては、事情はすべて同じでなければならないという、ル・クレールとモスハイムによってなされた異論をよくよく考えてみたとき、私には当然のことながら、必然的で最高に完全な存在者の概念からはどのような実在的なものも推論されえないのだということは、まったく明瞭であるように思われた。しかしながら、これに反して、〈私が別の仕方で表象しえないようなものは、やはり実際に、私が考えている通りのものであらざるをえないだろうが、しかるに私は必然的存在者を現実的なものとして以外の仕方では考えられない、したがって云々〔必然的存在者は現実的に存在する〕〉と、言われたとき、私は再び完全に説得されてしまった。したがって、〔こういうどちらとも決めかねる〕私と同じ状況にある人々にとっては、欠陥が本来どこにあるのかをそのつど示すことが単に有用であるばかりか、必要でもあるのだ」(30)。ここでベーリングは存在神学的問題を前にしたときの理性の状況をきわめて適切に述べたのである。ただし、彼自身は理性をその〔肯定か否定かの〕ためらい〔の状況〕からまだ解き放つことはできなかっただけである。第一の存在論的論証に対しては、ベーリングは経験主義的異論を持ち出す。第二の論証には、彼は論理的異論をもって対処しようとしている。

(1) ベーリングは第二の存在論的論証のデカルト的形態とライプニッツ的形態とを区別する。ライプニッツは必然的な存在者が可能であるかどうかという問いを許容する。したがって、デカルトは〈必然的存在者の現存在についても確証していなければ、われわれはその概念を思惟することはできない〉と考えるが、ライプニッツにはそう考えることはできない。ライプニッツはこう述べていた。「すなわち、私が可能であるはずのものについて語ったり、この可能性を証明している間は、私はまだそのものの現存在に関して確信していないし、確信するまでは非実在の可能性を認めなければならない」。してみると、ライプニッツの推論の第一の命題は次のように定式化することができよう。神がもしも現実に存在するならば、神は必然的な存在者でなければならない、と。この命題が仮言的であるがために、現実存在の証明は彼の第二の命題においてしか根拠づけられえない。曰く、神が存在可能なのは、その概念がいかなる矛盾も含まないからである。しかし、或る存在者の可能性からこの存在者の現実性が僅かでも帰結するとでもいうのだろうか。「〔神以外の〕他の物の本質が成立するのは実際……〔神と〕同じくその内的な可能性においてであるが、しかしそこからは、そのものの現実的現存在は決して帰結してこない」(25)。してみれば、ライプニッツの推論は人を納得させるに足るものではありえない。

けれども、その誤りはどこにあるのだろうか。この問いにベーリングは、モスハイムとまったく同じように、形而上学的な本質と物理的な本質とを区別することによって答えている(26 ff.)。形而上学的本質ということで「理解されうるのは或る事物に本質的な全特性であるが、しかし、事物の実体や、その力や働きは顧慮されない」。したがって、形而上学的本質は、事物の現実存在の実在的原理とは反対の概念である。それは観念的根拠が実在的根拠から区別されるように、物理的本質から区別される。「形而上学によって知性を変にさせられなかった人ならば誰しも」、必然的存在者の現存在の根拠がその定義の内に在るなどということを認めないであろう。とはいえ、「神には現実的に現存しているということが共属しているのだから」という単純な理由から神の現存在を証明しようとするのであってみれば、物理的な本質から出発することもできないのである(29)。

神の可能性を問うに際して、われわれは神の現実性についてすでに確証を得ているというわけにはゆかないとベーリングが考えているとすれば、彼は正当である。ところが彼は、必然的な存在者の可能性への問いと、〈われわれが《必然的存在者》という言葉を使うとき不分明なままに考えているものについて、明晰且つ判明な表象をそもそもわれわれは形づくることができるかどうか〉という問いとは、ライプニッツにとっては同一のものであるということを、見落としているのである。すでに明確に思惟されている事物の可能性を問うことは、この事物についての明確に規定された思想の可能性を問うことから区別されなければならない。〈第二の〔問いの〕場合には必然的存在者の現存在を疑うこともできるが、しかし、それ〔必然的存在者〕について明確な思想をもつことが可能であるとすれば、それは現実的に存在するということ〔第一の問いの求めること〕を確信することもできる〉ということをベーリングは理解していない。必然的存在者ということで私がただ〈存在しないことがありえない存在者〉だけを表象する限り、私は単に言葉を説明したにすぎないのである。そのとき私は、この語が意味する思想は、すべての可能的な思想の原理や、存在するものすべての第一の原理に矛盾しないのだと確信をもって言うことはできない。けれども、必然的な存在者の概念が可能的な思想であるということ、そしてこの概念が或る特定の存在者の定義においては必然的な契機であるということ、このことについて私が確信を抱いたとすれば、〈われわれがその概念において或る存在者の思想だけを考え、その存在者自身を現に存在するものとしては〔まだ〕考えてはいないのだ〉という留保をしたとしても、何の意味もない。概念から現存在へのこの移行は、無論知性にとっては慣れていないし、他のどのような場合にも許されない。しかし真理を洞察するためには、「形而上学によって知性が惑乱させられること」、つまり認識のための習慣から逸脱させられることが容認されてもいいはずである。

もちろん、神は実在するものとして思惟されざるをえないという命題の明証性は、あらゆる三角形が三つの角をもつといった他の命題と同じ直接性をもっているわけではない。この命題の明証性はそうした他の命題のように直観に依拠することはできないし、また思惟と存在を根底的に区別する習慣に反してもいる。けれども、ライプニッツの意見によれば、この明証性は、論理的操作によって一切の疑念をまぬがれることができるが、それはちょうどピタゴラスの定理が或る意味では三角形の数学的概念〔がもっていた意味〕の展開にほかならないという事情に似ている。次のように述べるとき、ベーリングもそれを指摘しているのである。「長いとはいえ正しい推論の連鎖によってもたらされるものは、われわれによって一見して直ちに端的に必然的なものとして認識されるものと同じように、必然的である」(37)、と。したがって、無神論者も神を必然的存在者と呼び、それでいてなおその現存在を否定することができたからといって、無神論者が神の必然性についての明晰に規定された概念をもっていたとか、彼が仮に明確な概念を所有していたとしても、矛盾なく自分の否定的態度に固執することができただろうといった帰結が、そこから生ずるわけではない。問題なのはひとえに、「必然性」という語に特定の意味を与えることなのである。このことに成功し必然的なものという概念を主観化しないですむならば、第二の存在論的論証は依然として有効である。成功しなければ、この論証と共に宇宙論的神学の根本概念も否定される。〈もしもわれわれがすべての必然的なものを実在するものとして思惟しなければならないのだとすれば、その帰結としてわれわれはすべての偶然的なものを存在しないものとして思惟しなければならなくなるはずだ〉(42/43)ということもまた、正しくない。〈われわれは自己矛盾に陥ることなく、偶然的なものの現実存在を思惟することができると共に、他方でわれわれは必然的なものの現実存在を思惟しなければならない〉と言うとき、ライプニッツは正当である。ただし、偶然的な存在者の現存在の確証へとわれわれを導くのは、この存在者の概念の分析を越えるような考察だけである。

しかし、《必然的存在者》の概念には固執するが、しかも第二の存在論的論証は批判するという常に繰り返されるこの誤りの責任を、あまりベーリングに帰しすぎてもならない。——彼の先行者たちのせいにしすぎてもならないのと同じように。彼らの心が批判へと動かされたとき、彼らはしごくもっともな疑念に屈服したのである。これらの疑念は、それが整合的に考えぬかれたならば、存在神学の形而上学的な形式の有効な批判に到達したはずである。彼らの誤りはただ、その批判の道程を最後まで歩まないで立ちどまっているという点にある。とはいえ、彼らがこの道を〔多少とも〕歩まなかったならば、その道は決して終局にまで至らなかったはずである。彼らの誤りは、ジョン・ロックも犯したのと同じ誤りである。ロックは形而上学の原理をその全範囲にわたって放棄することなく、形而上学の諸々の説〔だけ〕を攻撃したのである。それでもやはり、ロックは偉大な思想家であった。そして、論理的批判と経験主義がなければ批判主義が可能でなかったように、論理的異論と経験主義的異論がなければ、存在神学に対する批判主義的異論も可能ではなかったであろう。

(2) 第一の存在論的論証の経験主義的批判においては、ベーリングは第二の存在論的論証の論理的批判におけるよりも一層成功していた。彼の著作の第三番目の歩み（S.56-77）は、伝統的な手法でアンセルムスの証明に対して、論理的異論を提示している。すなわち、「《能力による》」現実存在を、現実的な現実存在、すなわち「《状態による》」現実存在から区別するのである。第四の歩みにおいて初めて、現実存在がすべての事象性の総体のうちに〔そのうちの〕ひとつの事象性として共に措定されるということが否定される（78ff.）。ベーリングの著作のこの章は哲学史のなかで名誉ある場所を得ている。なぜなら、この中にはアンセルムスの推論に対する『純粋理性批判』の立証が完全にそしてまったく明瞭に予示されているからである。〔両者の〕一致するところはきわめて大きいので、カントは決して引用しなかったけれど、この著作を知っていたし評価していたのだと確信しうるほどである。(83)

有名な百ターレルの例を用いた最初の人がベーリングだったのである。この例は、現実存在がひとつの完全性であるとか、事象性であるということを仮定することは馬鹿げているのだということを示すために持ち出されているのである。「もしも現実存在が事象性であるならば、実在している事物は、まだ可能なものである限りでのその同じ事物の内に見出される以上の事象性すらももつことになる。したがって、こうしたやり方では、現実的な百ターレルの内には可能的な百ターレルにおけるより以上の事象性が存在することになろうし、したがって、そこからさらに、次のようなことが結果することになろう。つまり、可能的な百ターレルは現実の九十九ターレルとまさしく同じものであることになろう。なぜなら、われわれは、〔九十九〕より〔ひとつ〕大きなものであるあのターレルの方を現実として受け取らざるをえないからである。しかし、両者の間で選択をする人は一体どちらに手をのばすだろうか」(79)。現実存在が他の事象性の中のひとつの事象性であるとすれば、現実存在は或る事象性の集合〔a〕に対してその元のひとつとして関係することであろう。そのとき、現実存在を元として含んではいない別の事象性の集合〔b〕は、もうひとつの事象性が——上の場合にはもう一ターレルが——元として付け加えられることによって、その広がり(それら事象性の総和)に関して、最初の事象性の集合〔a〕に等しいものにされることができよう。してみれば、この事象性の集合〔b〕は現実存在という事象性を所有していないという点にその欠陥があったのに、可能的な一ターレルが加わることによって、その欠陥が埋め合わされることができることになってしまうだろう。けれども、それは明らかに不合理である。「この例は、望むらくは、私がすでに先に述べておいたことを疑念の余地のないものにするはずである。私はこう述べておいた。現実存在そのものはいかなる事象性でもなく、したがって可能的なものと現実的に存在しているものとの間には、無と或るものとの間の関係以外のどんな関係も見出されないのだ、と。なぜなら、私が現に所有している百ターレルにおいて、私は百ターレル以上のどのような事象性ももっていないし、私がもっていないが、やはり所有することの可能な百ターレルにおいても、私は百ターレルより少ない事象性をもつことは決してなく、ただこの可能的な百ターレルで私は何も買うわけにはゆかないという明白な区別があるだけだからである。してみると、現実存在と可能性との間の全区別は、私が表象しているものそのものの内に在るのであって、新たな事象性が現前しているか欠けているかには決して依存しないのである[84]」(79/80)。

このテーゼはすでにガッサンディやデ・メゾー、イギリス人の手紙やモスハイムにおいても見出される。もっとも、決してこれほど洗練され説得力のある形で根拠づけられてはいなかったが。しかしベーリングはこの点でも、ガッサンディを除く経験主義的異論の他の理論家たちよりも、問題においてさらに進んでいる。[85] 彼は、必然的存在者の概念に対して経験主義的批判からどんな帰結が生ずるかを捉えていた。もしも現実存在が事物の本質に属さないとすれば、必然的な現実存在の概念も物の本質的徴表ではありえない。現実存在は決して完全性ではない。「現実存在の仕方は〔どんな現実存在の仕方であれ〕この点においては何も変化させることはできない。それが必然的と呼ばれようと偶然的と呼ばれようと、そのことはこの普遍的な原則においてはいかなる違いも成さない」(80)。モスハイムはたしかに現実存在が事象性という性格をもつことを否定したが、しかし、必然的な現実存在が事象性の性格をもつことには固執したのであって、つまり首尾一貫していないのである。しかし、ベーリングは必然的な現実存在をも単なる「措定」とみなしている。「かくして私は、神の必然的な現実存在と言う代わりに、むしろ必然的に実在する神性や、あるいは必然的に実在する神的な完全性や特性と言いたいくらいである」(81)。

こうしてベーリングはその著作の終わりで或る理論のごく近くにまで達する。この理論は、ベーリングがそれを自らに十分明らかにしていたならば、彼の著作の第一部を修正せざるをえなくさせるはずのものなのである。必然的な現実存在の概念が、端的な現実存在の概念と同じように、ただ或る物とその一切の事象性との現実的な現存在を意味するだけだとすれば、われわれはこの概念になおどのような意味を結びつけられるというのか。——けれども、ベーリングはなお形而上学的神学の最小のものに固執している。その存在神学的な形態にはあれほど敢然と闘いを挑みながら。彼の考えによれば、なるほどそれ自身は事象性ではないが、しかしやはり、物の概念の内に措定されている諸々の完全性のあり方に依存している様様な種類の現実存在が存在するのである。こうして、もしも神が存在するとすれば、必然的な現実存在の様相においてのみ神は存在しうるのに対して、すべての有限なものは偶然的に実在する。必然性のこの新しい概念について明確に言われることは、この概念においてはもの〔存在者〕の特性が考えられているのではないということである。それでいて、《必然的存在者》の概念、すなわち合理的神学の根本概念を保持する可能性は、やはり必然性のこの新しい概念に依存しているのである。もしもこの必然性とその実在性格も何ら明確な意味をもたないということが示されたとすれば、ベーリングは、彼が一七八〇年の著作の中でとっていた立場を越えるべく余儀なくされたことであろう。その著作の中で彼は、神の存在の宇宙論的証明が筋の通ったものであるということにまだ疑いを抱いていなかったのだが、もしもこの立場を越えざるをえないとすれば、彼は形而上学の合理的神学全体を論駁するまでにならざるをえなかったであろう。

ベーリングは必然性の概念そのものをもはや探究しなかった。必然性を事象性として説明する代わりに単なる措定として説明することによって存在論的証明を論駁しさえすれば、彼には十分だったのである。彼が措定のこのような諸々の様相について語っていることは、暗示の域を出ていない(80/1)。「必然的な措定」という概念の定義は彼にあっては見出されない。彼は、〔様相の規定を欠いた〕現実存在を「物がそのような形で働きを起こしたり働きを受けたりすることのできる、その状態」として捉えるだけで済ましている(85)。けれども、この説明に基づいては、必然的なものと可能的なものとの様相的な区別、ましてや必然的な「作用したり作用をうけたりする可能性」と可能的な「それ」との様相的な区別は、もはや考えることができない。現実存在のこの概念は一方で、潜勢的な契機を含んでいる。つまり、実在しているものは絶えず作用しているわけではなく、作用することのできる状態にあるだけなのである。他方で同時にこの概念は、また現勢的な契機を含んでもいる。すなわち、作用するこの能力は実在する物につねに帰属しているのである。したがって、必然的な現実存在は、それがいつでも作用しているということによっても、それが作用しなければならないということによっても、説明することはできない。現実存在が措定であるならば、単に現存在があるだけであって、決して〈存在せざるをえない〉ということがあるわけではないのである。この帰結をベーリングはもはや熟考しなかったのである。

けれども彼がなおモスハイムを越えて進んだ歩みが、彼をやはりBの立場での批判の限界にまで導いたのである。彼はいまではもう、必然的な現存在の概念に対する彼の経験主義的な異論から生じる帰結に注意を向けるほかなかったのである。それに目を留めさえすれば、彼は直ちに形而上学の内部に属する自分の立場から批判主義に到達したに違いない。まもなくカントの弟子になった自分の人生を通して、彼はこの思想的帰結が真実であることを証明したのである。

それゆえ、ベーリングと共に、Bの立場を基礎にした、存在論的論証に対するドイツの批判の展開は、終局に達したのである。存在神学の擁護者たちと敵対者たちの両陣営が、今や諸々の存在論的論証の間の体系的な連関を、その全範囲にわたって確立したのである。存在神学者バウムガルテンは必然的な存在者の思想の意味を、第一の、つまりアンセルムス的論証に基づいて規定した。存在論的証明の批判者であるベーリングは必然的存在者の概念をも問題にするというやり方で、経験主義的異論を理解した。バウムガルテンの『形而上学』には、〈もしも第一の存在論的証明が妥当しなければ、《必然的存在者》について語っても何にもならない〉というテーゼが含まれていた。ベーリングの批判は、〈現存在は措定にすぎず、したがって第一の存在論的証明は妥当しないのだから、必然的存在者には明確な概念など存在しない〉という〔否定的な〕形で、そのテーゼを確認しているのである。

6　ヒューム

ベーリングが自分の著作の終わりで接近しているCの立場は、すでに彼のずっと以前にデヴィッド・ヒュームが採用していたものであった。

ヒュームが神の存在の存在論的証明を批判するやり方は、これまで論評されてきた人々の方法からは区別される。ヒュームは存在論的論証を二度、それも付随的にしか取り扱っていない。彼は、形而上学者たちの諸々の証明を分析して、彼らといわば対話することによって、証明の誤りを発見するという作業は行なわなかった。ヒュームが相手にしている読者にとっては、形而上学的理論が支えきれないものであることはすでに自明である。ヒュームは読者に対してただ単に、われわれの認識の原理を体系的に解明しようとしているだけであり、この解明から形而上学に対する批判の権利根拠が完全に自明になるのである。それゆえ、彼が存在神学に反対して挙げている諸々の根拠は、それらをそうした関連から切り離すならば、単なる主張にすぎないようにみえる。ところが、ヒュームの認識の分析を根拠づけていけば、それが同時にこの文脈を跡づけていくことになるのである。

したがって、ヒュームの批判は本研究のこれまでの叙述に簡単に接合するものではない。彼には存在論的論証を直接に、すなわち存在論的論証独自の次元において論駁する気はまったくなかったのであるから、われわれとしては、彼の存在神学批判が彼自身の理論の構造からどのようにして必然的に帰結するかを示すよう試みなければならない。とはいえそのことから、この批判が、先行する形而上学に本質的に立ち勝っているという結論を引き出すことは許されない。カントが初めて、ヒュームとは違って、形而上学をそれに固有な諸々の根拠によって論駁しようと試みるのである。カントは形而上学自らが己れを廃棄するのだということを示そうとし、そのことによって間接的に『純粋理性批判』の最初の部分を確証しようとするのである。したがって、カントの存在論的論証批判についてのわれわれの叙述も、再度バウムガルテンとベーリングによる研究に直接接続することができる。カントの批判も、やはり絶えず彼らの研究に関係しているからである。

ヒュームは現実存在の概念を三つの異なる意味で用いている。第一に、現実存在は表象されたもののすべてに認められる。第二に、われわれは特に、（思想や単なる想像とは違って）われわれがそのつど所有するすべての印象と印象の想起とを「現実性」（Reality）と名づける。第三に、第三の意味での現実性には、印象と印象の想起と並んで、特定の位階に属する単なる表象、すなわち、因果関係を介して現在あるいは過去の印象に関係づけられているところの諸々の表象の体系も属している。——俗流哲学者たちの言葉遣いではこれら三つの現実存在の形式は次の三つに区別されている。第一に、われわれの表象の体系、第二に、感覚的表象の体系、そして第三に、経験世界の表象の体系である。神の現実存在の概念についていかなる結論がこの理論から生ずるかを見ることにしよう。

(1)　われわれの表象するものが何であれ、われわれはそれを実在するものとして表象する（Tr. I 2, Abschn. 6）。何らかの表象から、われわれがその表象において何か存在するものを表象しているという契機を取り去ることはできない。「われわれが形づくることのできる表象はどのようなものであれ、或る存在者（being）の表象である」。——しかしながら、或るものが存在しているという表象は、存在している特定の対象の表象に、内容の点で何も付け加えない。もしも付け加えるのだとすれば、現実存在の代わりに、この表象に対応しており、その基礎になっている単純な印象（impression）を提示することが可能でなければならないはずである。この要請は、あらゆる単純な表象（idea）は単純な印象に起源をもつ（Tr. I 1）という、われわれの知覚の秩序についてのヒュームの一般原則から生ずる。表象を判明に規定しようとしたり、或る表現に何らかの判明な表象が対応しうるかどうかを吟味しようとする者は、基礎になっている印象を提示せざるをえないのである。ところが、現実存在の表象の代わりになるような印象は決して見出されえない。したがって、われわれは、現実存在のあの表象は、実在しているものの表象から決して区別されないのだと想定せざるをえないのである。表象の内容が実在するものとして表象されるのは、まさしくその内容がそもそも表象されているという事実によってであり、またその事実ゆえなのである。

ヒュームのこの説は——ここではただ暗示するにとどめるけれども——諸々の困難に逢着する。すなわち、ヒュームはその思想の歩みのなかで、すべての人にとって同じ仕方で疑いなく成立するわれわれの諸表象の現実存在そのものから、表象の内で表象されているものの現実存在の表象にまで進む。彼が、第二の現実存在は第一の現実存在から理解できるようになる、と考えていることは明白である。もしもヒュームがあらゆる表象そのものには（その契機として）存在への志向が帰属していると言うことができたならば、それは可能であったかもしれない[86]。ところがヒュームはそのように語る可能性を認めていない。なぜなら、単純な表象における諸契機がそのもとでだけ区別されうるような条件、つまり〈このような契機の各々は比較可能な諸表象のそれぞれの部分に帰属しなければならず、別の部分に帰属してはならない〉という条件に、現実存在の表象は、矛盾するからである。この条件を欠くならば、或る特殊な契機を表象そのものから（この表象の内の部分表象として）切り離すいかなる根拠も成り立たない。決して他のものから切り離されて現われないもの、そしてわれわれも他のものから切り離されたものとして表象することのできないもの、それは他のものとまったく同一のものである。ところで、現実存在の表象は、表象されたものの契機と例外なく遍く結合されている。それゆえ、或る表象の意識は実在するものとして表象されたものの意識なのである。(87)

このテーゼから必然的に生ずるのが、存在論的論証に対する経験主義的異論である。「例えば、神が実在すると主張するとき、われわれが形づくる観念は、単に神と言うとき心に現われるような存在者の観念にすぎない。われわれが神に帰属させる現実存在は或る特殊観念によって、すなわち存在以外の諸性質の表象に付け加えたり、その後で再び分離し区別したりすることのできるような特殊観念によって、表象されるのではない」（Tr. I 3, Abschn. 7）。現実存在を事象性とか、あるいは完全性と名づける人は、現実存在を、或る表象の内に措定されることはできるが、しかし必ずしも措定されなくともよい単純な部分表象として捉えているのである。そのような者は現実存在の意識の特殊な点についていかなる適切な概念ももってはいない。

(2) 言葉の第一の意味での現実存在ならば、この一枚の紙も、アメリカ合衆国も、ハーデスも、ペガサスやケンタウロスも、天使や神も同じ意味で、すなわちそれらが単に表象されているだけだという限りで、このような現実存在をもっている。したがってヒュームは、現実存在が何を意味しているかを第一の現実存在の概念によってすでに十分に規定したと考えることができないのである。そこにはなお、或るものが現実的に存在しているという確信から単なる想像や仮説的な思想を区別できる基準が欠けている。というのも、認識というものがこのような基準を常に利用しているということは、やはり否定されえないからである。ヒュームの考えによれば、この基準の基礎になっているのは知覚のふたつの主要なクラス（印象と観念）の区別である。印象と表象は、「それらが意識に働きかける勢いと生気の程度によって」互いに区別される（Tr. I 1' Abschn. 1）。「最も生き生きとした思想といえども最も鈍感な知覚になお及ばない」（Enq. 2, 1. Abs）。これらの印象からわれわれのすべての表象と思想が生ずる。すなわち、まったく異なる様々な印象から恣意的に虚構された表象や思想も、与えられた印象にかなった表象や思想も、それらの印象から生じてくるのである。したがって、すべての印象の総和が現実性（reality）だということには意味がある。この現実性のなかには、ヒュームの意見によれば、過去の印象の想起もすべて属している。というのは、私自身がかつて見たり感じたりしたものは、あらゆる空想や単に考案されただけのすべてのものから、私がそれを表象する勢いと生気によって区別されるからである（Tr. I 3. Abschn. 9, s. a. 4）。したがって、私が他のものや私自身について直接に（知覚や反省の印象を通して）知るすべてのものは、私にとっては現実的に存在する。現実存在の第二の意味は第一の意味を前提する。第一の、最も原則的な意味での現実存在が特殊な印象からは説明されえないのであるから、現実存在の特殊な諸形式（諸様相）もすべて、表象がわれわれに現前する仕方に関する区別に還元されざるをえない。このような区別は諸々の表象の迫力の程度の区別なのである。現実性が単に思惟されただけの現実存在から区別されるのは、もっぱら印象における知覚の生気によってなのである。

この説は必然的に、トマスとウェーレンフェルスが存在論的論証に対して行なった批判へと至る。もちろんこの場合に、この批判を論理的批判と呼ぶことはできない。なぜなら、概念と事物との区別づけには認識論的な諸研究が先行しているからである。ヒュームはこの批判を決して自身では提示しなかったが、しかしこの批判は容易に構成されることができる。すなわち、或る表象から、この表象の内で表象されているものの現実性についての確信を得ることは決してできない。現実性の意識とは、現在の、あるいは過去の印象についての意識である。われわれのもつ概念はこれらの印象に還元される。そしてわれわれの概念は、その現実性の意味に関してはそれらの印象に依存している。すでに先行している現実性の経験を典拠とすることのできない概念は、われわれがその内で概念的に捉えているものの現実性について確信を抱くために自分から寄与することはまったくないのである。[88] ヒュームの批判は以上のように構成することができるのである。

(3) 現実性の意識が生き生きとした知覚にすぎないのであれば、われわれ自身が知覚したことのない事物を意識的に現実的と呼ぶことは不可能であろう。けれども人間は、自分が知覚したこともなければ、将来知覚することになるわけでもない非常に多くのものの現実性について、例えば、チリのサンチアゴや氷河期や、他の人々のもつ表象について確信を抱いている。「この原理が世界を活気づける」。もしも人間がいまだ見ていないものを現実的なものとみなす可能性も権利ももっていないのだとすれば、人間は自分自身の想起という限られた視野を決して離れることができないであろうし、自分の活動においてこれまで見たことのないものに対して心構えをしたり、自分の行為の諸々の結果の見積りを立てたりすることはできないであろう。

それゆえ、現実性の第三の体系が、つまり経験の世界が、第二の体系から区別されなければならない。そして、ヒュームが自らに立てた最も重要な課題が経験の世界の基礎を探究するという課題なのである。上述のふたつの様態と並んで、現実存在についての意識の第三の様態がなお存在している。上述したことからすでに明らかなように、この第三の様態にはふたつの条件がある。すなわち第一に、それは現実存在の意識であるのだから何ものも表象の内容に付け加えてはならない。第二に、それは現実性の意識であるのだから諸々の印象に起源をもつのでなければならない。ヒュームはこの第三の意識を、それが表象の内に含まれている現実存在への信念（belief, assent）であるのだから、他のふたつの意識から区別するのである（Tr. I 3. Abschn. 7）。単純な現実存在は現実性ではないし、また単なる現実性とは印象である。しかし信念は、ただの表象（idea）の内に含まれている現実存在に関係するのである。信念は、われわれが特定の表象を現前的にもつ作用の特殊な形式である（Tr. I 3. Abschn. 7）。「信念は、われわれが同意する（assent）表象と同意しない（dissent）表象との間に区別を設けなければならない」。「これら様々な表象状況のひとつを〔正しいと〕確定する（fixes）或る原理が働き始めないかぎり」、われわれはわれわれの表象をありとあらゆる仕方で勝手に結合したり切り離したりすることができる。その原理が働き始めるのは、本来ただの表象（idea）でしかないものが、大きな「活力、生気、抵抗力、確固さ、そして持続性」をもって現われて（Abschn. 7）、その結果その働きにおいてそれが印象とほとんど同じになる（Abschn. 10）場合である。

信念という様態での現実存在の意識のこの定義の後には、その意識の説明が続かなければならない。たしかに信念は、すでに与えられている諸々の印象について単に反省するだけで成立するものではない。印象相互の間には、なるほど、例えば数関係や類似関係といった諸々の関係も立てられることができる。しかし、これらの関係を規定することのできる諸原理は決して印象そのものには関わらない。これらの諸原理はただの観念〔相互の関係〕に対しても同様に妥当する。そして、そうであってみれば、諸原理は、いかなる印象ももたない事物の現実性について、われわれに確信を抱かせるようにすることも決してない。したがって、印象と表象との間には、この表象に現実性の意識を結びつけるもうひとつ別の種類の関係が存在しなければならない。われわれはそれが原因と結果の関係であることを知っている。原因の知識によってわれわれは、原因そのものとはまったく別の或るものが単なる表象以上のものであるということ、すなわち、それは原因と同様に現実的なものであるということを確信する。(89)「客体の現実存在についてのわれわれの推論はすべて、常に原因性の思想に基づいている」(Tr. I 3. Abschn. 14)。

けれどもこの原因性のカテゴリーは或る表象に、表象されたものの現存在への信念を付け加える主観的な出来事の名称にすぎない。われわれは、われわれの印象を反復したり、別の印象が新たに現われるときに過去の印象を思い出す能力をもっている(Tr. I 1., 3. Abschn.)。この能力が、われわれが一般にわれわれの諸々の知覚を互いに関係づけることのできるための基礎である。習慣はこうした諸々の関係を樹立する諸々の原理のうちのひとつである。何度かにわたって同じ印象が続いて起こるとき、それが将来においても同じ結合を期待させるようわれわれを誘うのである。こうした不断の結合をわれわれはまったく一般的に前提としている。結果の「原因」について、あるいは原因の結果について印象をもつ可能性がまったくなかった場合でも、与えられた印象には習慣になった事態が先行していたということ、あるいはこの事態がこの印象に続いておこった、ないしは続いておこるであろうということをわれわれは確信している。だからこそ、われわれは遠く隔たった諸世界や遠く過ぎ去った時代について、現実性の意識と結びついた表象をもつことができるのである。というのも、与えられている印象に習慣に適った仕方で連合されているあらゆる表象に、信念は結合されるからである。

したがって、原因の概念が有意味に適用されるはずであるとすれば、以下の諸条件が満たされなければならない。第一に、原因あるいは結果とみなされうる印象が存在しなければならない。〔単なる〕表象同士はたしかに習慣に適合した形ででも結合されるが、しかし現実性を措定する信念の作用を生み出すわけではない。第二に、この印象と共にあらかじめすでにもうひとつ別の印象が、規則に適った仕方で意識に現われていたのでなければならない。この不断の連合にのみ連合作用の習慣は根拠づけられうるのである。第三に、原因は結果とは異なる対象でなければならない。なぜなら、原因と結果とは習慣によって結びつけられているふたつの知覚の客観的な相関物にすぎない。この結合は、分析的な諸関係しか生み出すことのできない理性からは理解されえない。つまり「理性は或る対象の現実存在が他の対象の現実存在を内に含んでいるということをわれわれに決して確信させることはできない」からである(Tr. I 3. Abschn. 7)。

この理論が合理的神学の領野に適用されるとき、いくつかの重要な結論が明らかになる。というのも必然的存在者という宇宙論的な神の概念は、原因の認識のための上述の三つの条件すべてに矛盾するからである。第一に、必然的存在者については、いつであっても、直接に経験することは不可能である。したがって、第二に、この神の概念は他の印象とたえず連合されていることもできない。第三に、原因と結果はこの概念においては同一のもの〔自己原因〕として思惟される。したがって、「必然的存在者」について語られる場合には単なる名辞が用いられる。必然的存在者という表象は決して判明な表象ではありえない。この表象は必然性についてのわれわれの判明な表象と結合されえない。〔必然的存在者の〕この必然性概念は、一切の明証性の最高の根拠であるわれわれの自己観察(反省の印象)を行なうことによって、認識の理論にとって排除されるのである。

必然的存在者の名辞から出発する神の存在の存在論的証明は、したがって、まったく何も証明することができない。それは無意味な言葉をもてあそんでいるにすぎない。

存在論的論証が不可能なものだとみなされうるということは、ヒュームにとっては次のような仕方でも明らかになる。すなわち、現実存在は三様の意味で或る事物に帰属しうる。神の概念の内ではたしかに常にすでに現実存在が共に表象されている。しかし、それはどんな空想でも現存在をもつという意味においてでしかない。しかるに、第二及び第三の意味での現実性は、それがわれわれによって表象される仕方とは別個に事物に帰属することは決してない。或る知覚が現実的であるのは、それが印象として現前するものであるからであって、その内容のためではない。そして、われわれがある原因の表象にその現実性への信念を結びつけるのは、その内容に基づいてではなくて、この表象が通常他の内容の印象と共に現われる結合のゆえにであり、われわれが習慣上固持している結合のゆえなのである。したがって、或る表象から、その対象が現実的に存在するという意識を取り除いたとしても決して矛盾は生じない。現実性の意識は表象の内容の論理的分析によっては産出されることも、除去されることもできない。したがって、表象の内容について、それが第二、あるいは第三の意味での現実性の表象を必然的に含んでいると言っても、まったく何の意味もないのである。ヒュームは『自然宗教についての対話』(9. Teil) のなかでこの論証を自ら提示している。「神は必然的に実在する存在者であると言われるし、われわれは神の現実存在のこうした必然性を、次のように主張することによって根拠づけようとしている。すなわち、もしもわれわれが神の本質、あるいは本性全体を知っていたならば、われわれは神が現実に存在しないということが不可能であるということを、2×2が4ではないという命題が不可能だというのと同じように、洞察したであろう、と。しかし、われわれの能力が今と同じものである限り、こうしたことは決して起こりえないということは明白である。われわれが以前は実在するものと表象していた或るものを、現実に存在しないと表象することは、われわれにとっていつでも可能である。精神は、自分が2×2は4であると常に必ず表象しなければならないのと同じ意味で、物は常に現存在に関して変わらないのだと仮定する必然性をもつことはできない。それゆえ、「必然的現実存在」という言葉はいかなる意味ももっていない。あるいは同じことであるが、意味的に自己矛盾している」(強調・ヘンリッヒ)。前提においてすでに無意味な表象を利用する神の存在証明は、何ら確信的な成果をもつことはできない。したがって、こうしたやり方でも存在論的論証は排斥されうるのである。

したがって、すでに一七三九―四〇年と一七四八年に公刊されていた、存在論的論証への批判のなかで、ヒュームは彼以前の、そしてまた彼以降の批判者たちの誰にも先んじて、カントにまで歩を進めている。彼こそは三つの異論すべてを提起した最初の人である。しかも彼はこれらの異論をひとつの統一的な原理に基づいて根拠づけたのであった。とはいえ、彼の批判はほとんど影響力をもつことはなかった。彼の批判は存在神学の問題に対してあまりにも大きな距離をとりすぎている。ヒュームはひとつの理論を単に付随的に、そして暗黙のうちに片付けているだけで、それを決して真剣にとりあげていない。『対話』のなかで、彼はもっぱら宇宙論的証明と目的論的証明にかかわり、それらに或る見かけ上の明証性を認めているだけである。これらの証明を論駁することは骨折りがいのある課題である。したがって、彼がこの『対話』のなかで形而上学の証明の〔論理的な〕歩みを扱ったのは、これらの証明の歩みに今なお執着している人々にもこれらを疑わせるためである。ところが存在論的論証を破綻させる大抵の論拠は、ヒュームの認識論的分析から直接に汲み取られなければならない。したがって、それらの論拠は、第一哲学の諸々の基礎を見直す下準備をしていなかった人々のすべてを、ほとんど納得させることにはならないだろうし、あるいはまた彼らを単に慎重にさせてしまうだけであろう。ヒュームは、現実性の意識の起源に関する自分の諸研究に対してそれらの人々が異論を唱えるすきを、あまりにも多く与えすぎた。カントが初めて存在神学の批判に、存在神学の信奉者によっても危険な攻撃として認識されたひとつの形式を与えたのである。ヒュームとは違ってカントにおいて見出されるのは、カント自身の論証から出発している存在論的証明の試みに対する論駁と、そのような証明の試みにまで至った諸々の論拠に関する理論である。したがってカントにして初めて、この証明をその形而上学的形式において、最終的に破壊することができたのである。思弁的観念論の存在神学がこの証明を再び復興させることができたのは、この証明に新たな意味を与え、古典期の形而上学者たちを、彼らの自己了解とは一致しえない仕方で解釈することによってでしかない。

第3章　体系的概観

この箇所で近世の存在神学の形而上学的な時期について概観しておく方が有益であるように思われる。というのも、その展開の歩みがこれまでは証明と批判とに切り離されて論評されてきたからである。事柄の進展が、そのつど論じられる哲学者に負うものである以上、この進展への問いをその哲学者の著作や論証の特殊な構造の研究と結びつけるようにせざるをえなかったのである。さてこの概観において、近世の存在神学の歴史の構造が今一度思い起こされることになる（I）。加えて、存在神学の様々な論証が集約されることになるが、その際われわれは、それらの論証が形而上学的思惟の立場からして正当であるか否かを評価することのできるよう努める（II）。こうして形而上学の神の存在の存在論的証明の分析において、われわれはある本質的な成果に達することができる。デカルトからバウムガルテンに、そしてガッサンディからベーリングに至る展開がそれ自身すでにこのような成果を提示していた。この展開においては、人人が好んで哲学に責任をなすりつける諸々の臆見や論証のあの渾沌――この渾沌の中では真理と誤謬はただ付随的に、しかも思惟の歴史的な歩みとは無関係に、区別されうることになるのだが――状態はみられない。その展開は同時代の数学や物理学の展開に負けず劣らず首尾一貫した経過をたどった。しかもその展開は或る洞察によっていわばおのずから解体修理されることになるのだが、その洞察は、その展開そのものの内で準備されていたし、成熟させられたのである。したがって、その展開の終わりは、その挫折でもあればその完成でもある。それこそが、神についての哲学的な認識の、これまでほとんど顧慮されることのなかったこの時期が、卓越した意義をもつ理由なのである。

I

1 近世の存在神学は中世の時期から次のような要素を受け継いでいた。

(a) アンセルムスの証明(第一の存在論的論証)。

(b) ガウニロ、トマス、そして後期スコラ哲学のほとんどの哲学者たちの論理的異論。

(c) アンセルムスの証明がもっていると、すでにトマスがみなしていた第二の存在論的論証の根本形式(90)。

2 近世の存在神学はデカルトによって根拠づけられた(一六四一年)。彼は第二の証明を第一の証明から明確に区別し、第一の証明を的確なものとはみなさなかったが、第二の証明を神の存在証明として承認した。

3 ガッサンディは第一の証明に対して経験主義的異論を展開した(一六四四年)。けれども彼は、この異論によって第二の(デカルト的)証明に打撃を加えることはなかった。

4 デカルト主義者たち、とりわけマールブランシュ(一六七四―七五年)とスピノザ(一六七七年)は、第二の証明を基礎とした体系を展開し、トマス主義的な批判、なかでもユエ(一六八九年)とレルミニエ(一七〇四年)による批判からこの証明を擁護した。

5 近世の存在神学の第二の局面は、第一の存在論的論証と第二のそれとの内的な結合に到達する。デカルトは第二の証明をなるほど最も完全な存在者という概念にも結びつけてはいた。しかし、彼は推論の原理としては《必然的存在者》の概念しか認めなかった。モア(一六七四年)

とカドワース（一六七八年）は第一の存在論的論証における推論を（特にパーカー（一六六五年）による論理的異論に対して）正しいと認める。彼らは、神を必然的な存在者として思惟しようとするのならばこの第一の証明が受け入れられなければならないのだということを示す。

6　フランスの雑誌での論争のなかで、ジャクロ（一七〇〇年）は、存在論的証明が妥当しないならばすべての合理的神学は不可能である、と述べる。しかし、デ・メゾー（一七〇一年）の経験主義的異論に彼は対抗することができない。

7　ライプニッツはカドワースとジャクロのテーゼをすばらしく簡潔に結合する（一七〇一年）。彼は、ふたつの証明をどちらも正当だとみなした上で区別し、〈存在論的証明の可能性を論理的異論でもって否定する人は神（《必然的存在者》）の可能性をも否認するのだ〉と説いている。

8　モスハイム（一七三三年）とベーリング（一七八〇年）は経験主義的異論を用いて第一の証明に反対する。メンデルスゾーンは、この批判では第二の証明を論駁することができないといって異議を唱える。

9　他方でしかし、バウムガルテン（一七三九年）は、ライプニッツにならって、第二の証明の前提、すなわち《必然的存在者》の定義を第一の証明の妥当性に依存させている。ところで経験主義的異論は第二の証明をも廃棄するが、しかしそれと共に合理的神学の根本概念を廃棄するのである。

10　ヒューム（一七三九年）とカント（一七八一年）の批判主義的異論が意味するのは、〈《必然的存在者》の概念は単なる名辞にすぎず、神の現存在の証明がそこから導出されうるようないかなる明確な思想でもない〉ということである。

II

A 第一の存在論的論証の前提においては神は最高の存在者として考えられる。

1 この神の概念は、証明の推論形式が変更されるということもなく、様々な仕方で一層厳密に規定されることができる。すなわち、

(a) 《それより大きなものが思惟されえない存在者》(アンセルムス)、あるいは限界をもたない存在者(マールブランシュ)として、したがってその存在の力能からみてそのようである存在者として。

(b) 《最も完全な存在者》(デカルト)として(したがって、その完全性の程度からみてそのようである存在者として)。

(c) そして《事象性の総体》として、したがってものの一切の事象的な質の総体(バウムガルテン)として。

2 以上三つの概念すべてから、——現存在が或る存在者の本質規定に属しうるのだということが前提されたうえで——神は現存在なしには思惟されえないということが帰結されうる。

3 この推論に対する論理的異論は根拠薄弱である。私が現に存在するものとして思惟せざるをえない或る存在者について、私は同時に、それが存在しないこともありうるのだ、と考えることはできない。

4 この推論に対する経験主義的異論は正当である。現存在を質の内に数え入れる人は、一方でのふたつの性質と、他方での本質―現存在という存在論的差異との間にある原則的な区別を捉えそこなっているのである。

5　この推論に対する批判主義的異論は、最高の存在、最も完全な存在、あるいは一切を包括する存在を思惟する可能性を否定せざるをえなくなるはずである。このような存在を考えるということは、しかし、至高の者が一切の事象性の完全な根拠として考えられる限り、明晰で且つ矛盾がない。(91)

6　この推論は、〈われわれは、最も完全なものの現実存在をどんな類においても（最も完全な宮殿の現実存在等々のように）同じように証明することができる〉というガウニロの論証によっても《不条理なもの》とされることはできない。なぜなら、〔この推論の場合だけは〕類の概念は、「現存在」の概念がその定義のなかに入ることもできるようなたぐいのものでなければならないからである。しかし島や馬や宮殿の場合にはそうしたことはありえないのである。(92)

B　第二の存在論的論証は《必然的存在者》の概念に基づいている。

1　この概念も様々の仕方で、すなわち、《広大無辺の力能》（デカルト）、《自己原因》（スピノザ）、そして真実の存在者（マールブランシュ）として把握されてきた。しかしそのことによって証明の推論形式が変更されることはなかった。

2　存在しないことのできない存在者の本質をわれわれが考えることができるのは、われわれがその存在者と同時にその存在者の現存在をも思惟しているときをおいてほかにない。

3　論理的異論はこの存在論的論証に対しても正しくない。

4　経験主義的異論はこの場合無意味である。なぜなら、必然的な存在者という思想が思惟されうる場合、この思想の内には現存在という思想が――現存在がひとつの事象性であろうとなかろうと――すでに含まれているからである。

5　批判主義的異論は形而上学に、必然的な存在者の実在的定義を与えるように求める。近世の存在神学はこの定義を、宇宙論的証明かあるいは第一の存在論的論証か、そのどちらかの助けをかりて与えようとしてきたのである。しかし、宇宙神学〔宇宙論的証明〕は《必然的存在者》の概念そのものをすでに前提しているし、アンセルムスの証明は経験主義的異論によって破綻している。したがって、存在神学の形而上学的な時期は批判主義的異論に耐えられない(93)。

6　形而上学は《必然的存在者》の概念を一義的に規定しなかった以上、〈必然的な現存在がいかなる根拠からいかなる存在者に固有なものであるのか〉ということを語ることもできない。それゆえ、第二の存在論的論証は、物質ないしは世界の現存在をアプリオリに証明するためにも用いられることができるのである。これがスピノザ主義の神の存在証明である。

7　もしも存在神学が《必然的存在者》という思想だけから絶対的に必然的なものの現存在を証明するのであれば、存在神学は、この必然的なものがいかなる存在者であるのかという問いに対してどんな答えももっていない。それについて〈それは必然的に存在する〉としか言明されえないような存在者は不可解なものであるし、空虚なものである。何か或るもの（ひとつの存在者）だけが必然的に現に存在しうるのである。しかし、必然的に現に存在している存在者の本質には、〈それが現存在をもつかもたないかはどうでもよいことではない〉ということも含まれている。したがって、必然的なものという思想においては〔本質と現存在との〕存在論的差異は止揚されている。すなわち、その差異の各々の契機は、有限なものにおいてのように互いに対して自立的なものとしては、もはや規定されないのである。ところが形而上学的存在神学はこの無差別についていかなる「明晰判明な」概念も展開しなかったのである。

8　神における本質と現存在との無差別を第一の存在論的論証に基づいて規定しようとする形而上学的存在神学の試みは、経験主義的異論にあって破産した。つまりこの試みは、次のような不十分な手段によっても、なされていたわけである。すなわち、形而上学は、現存在を本質の一部分とすることによって、必然的なものという思想の内で無差別を把握しようとするのである。したがって、形而上学は両者の差異を止揚するのではなく、それをただ無視しているにすぎない。

C　したがって批判主義的な論駁は、形而上学的な存在神学そのものの内に、自分の成果にとってのすべての前提を見出す。とはいえこの論駁も、形而上学を神の存在の存在論的証明という形態で悩ませてきた問題に、これを最後として決着をつけたわけではなかった。〔カント以降の〕思弁的観念論が独自の手段でこの問題を解決すべく新たに試みたのである。存在神学の展開の内にだけではなく、存在論そのものの展開の内にも存している諸々の根拠からして、この試みがこれまでのところ最後の試みであった。

第二部　カントの存在神学批判

序論

存在神学に対するカントの批判は存在神学の近世史の転換点である。形而上学的形式での存在論的論証は、カントの批判以後は一度も革新されることはなかった。今日においても、この論証が非難されるときにはほとんど例外なくカントが引き合いに出される。とはいえ彼以降の時代意識の中で保持されてきたカントの思想が、彼の批判の立場を適切な仕方で守っているかどうかは十分疑われてよい。

カントの批判には存在神学のふたつの局面（デカルト的局面とライプニッツ的局面）が先行している。またこの批判に先立って、論理的異論から経験主義的異論に至る批判の展開がすでに存在している。たしかにカントは、本研究の歩みの中で論じられてきた著作のうち、ほんのわずかのものしか読んでいなかったのかもしれない。しかし確実に言えることだが、カントは少なくともバウムガルテンの『形而上学』とベーリングの著書を知っていた。そしてこれらは、デカルトから始まった存在神学の展開の成果なのである。カントが存在論的証明の歴史的形態についての知識を、これらの著書からだけ得ていたわけではないのは確かである。しかしよしんばカントの情報源がそれだけだったとしても、これらの著作は、存在神学の体系家であると同時に批判者でもあったカントが存在神学の近世的構造に通暁するにはただそれだけで十分であったはずである。

カントはそれゆえまた、論理的異論が存在論的証明に対してかなり以前からすでに用いられていたことも知っていたのである。カントは、経験主義的異論が《必然的存在者》の概念に基づく証明に対しては効果がないことも知っていたに違いない。してみれば、カント自身の批判が、存在神学に対して明らかに不適切な異論を繰り返したり、存在神学の諸形式のひとつにしかあてはまらないようなもうひとつ別の異論をそれに付け加えたりすることで満足するものではないことは、十分察しのつくところである。それにもかかわらず、カントの批判に同調する人々でさえ、カントが存在論的証明に反対して概念と現存在の徹底的な区別を貫徹したと今なお考えているか、それともカントだけが経験主義的異論と百ターレルの例を使用したのだと信じているかのいずれかなのである。しかしそのどちらの場合にしろ、カントはすでに一世紀以上も前からの批判を、その創始者に言及することなく、ただ杜撰な形で繰り返していただけだということになろう。そうだとすれば、カントに功績を認めることができるとしても、それはただ正確な引用をしたということだけであって、存在神学を適切に論駁したとはとても言えないはずである。実際、存在論的証明に対するカントの批判は、論理的異論に還元されうるものではない。彼自身が明白にそれを斥けていたからである。だからといってカントの批判が経験主義的異論と同じものだというわけでもない。なるほど経験主義的異論がカントの批判のうちに位置を占めていることは疑いがない。しかし、それは、合理的神学全体の根本問題を含む必然的存在者という概念に対する一層包括的な批判の、ひとつの契機にすぎないのである。

カントの功績は、ふたつの存在論的論証の統一性を認識し、この統一から生ずる様々な結論を引き出した点にある。すでにモア、カドワース、ジャクロ、そしてライプニッツがこの統一について語っていたし、この統一に関連して存在論的証明を弁護し、〈この証明を否定する人は《必然的存在者》の概念を廃棄することになる〉と言っていた。この命題を、カントは自分が合理的神学を攻撃する際のきまり文句にした。カントは、彼以前にはヒュームだけが展開していたような批判主義的異論に到達した。しかしヒュームは近世の存在神学の歴史に自分の異論を関連づけてはいなかった。それゆえこの批判主義的異論はカントの批判に独自なものなのである。この異論によってのみカントの批判はガッサンディ、デ・メゾー、モスハイム、そしてベーリングから区別されるのである。カントは自分が見出した存在論的論証の諸要素に何ひとつとして新たに付け加えてはいない。カントの用いた経験主義的異論は彼以前にも昔から展開されていた。ところがカントはそれを、ヴォルフ学派の教科書の中で出会った存在神学に結びつけたのである。カントはバウムガルテンの『形而上学』をいわばうしろから読んだだけでもう、この書の冒頭に位置している必然的存在者の概念が第一の存在論的論証にいよいよ依存する度合を強めていった次第を見てとったということができる。〈経験主義的異論に正当性を認める者は合理的神学全体を廃棄してしまう〉とバウムガルテンも言わざるをえないはずだとカントは考えたのである。カントはこの結論を採用しようと決意した。この結論はデカルト以来の存在神学の展開からその成果として生じてくるものなのである。

こうした連関は、カントが急いで書き上げたテキスト『純粋理性批判』(二三)から、われわれの望むようなはっきりとした形で出て来るわけではない。したがってわれわれの以下の解釈は、カントのテキストの研究から出発しなければならない。そうした後にはじめてわれわれは存在論的論証についてのカントの理論を彼の合理的神学批判との連関で叙述することになるだろう。そして最後に、《必然的存在者》の概念がすでに神学に関するカントの前批判期の関心の中心を占めていたということが指摘されるであろう。この解釈の課題を果たすに際して、カントの遺稿の『反省録』および伝えられた『講義録』が他の場合に比べてより一層大きな手助けになる。というのもこれらはその大部分がバウムガルテンの『形而上学』に、つまりは《必然的存在者》と《事象性の総体》の概念の統一がはじめて体系的に追究された教科書に関係しているからである。

A　カントの主要著作における存在神学批判

存在神学の批判は存在神学の推論の欠点を指摘することで満足してはならない。この批判は存在神学の可能性の根拠を探り、存在神学の中で結び合わされている諸概念の起源を求めなければならない。したがってそれは、可能なあらゆる神認識についての理論を前提にしている。カントはそのような理論を展開したのである。(1)

大抵の人は神の存在の存在論的証明に対するカントの批判を叙述する際に、〈「存在」とはいかなる事象的〔実在的〕な述語でもない〉ということを示そうとしている『純粋理性批判』のうちのただ二箇所だけを引用する。こうして「現実の百ターレルは可能的百ターレル以上のものをいささかも含んではいない」(B 627) というのがカントの見解として一般に流布したのである。この思想はそれだけではしかし、存在論的論証に対する十分行き届いた批判とはいえない。行き届いた批判だと考える人はカントの批判からすべての説得力をうばうことになる。そのような人は、メンデルスゾーンの『朝の時間』を読んだだけで、存在論的証明を再び承認せざるをえなくなってしまうはずだからである。

超越論的弁証論第三章（神の合理的認識についてのカントの理論）に関して言えば、経験主義的異論はごくわずかの位置しか占めていない。これを見ただけでも、この異論が存在論的証明を論駁するために全体としてはじめて役立つような思想の歩みの中に組み込まれたときにだけ、カントはこの異論に役割を振り当てていたということが推測されよう。現実存在がいかなる事象性でもないことが示されるならば、たしかに第一の存在論的論証を無力化することができる。それこそまさにガッサンディの行なったことである。しかしこのことによって、論証の第二の形式、つまりデカルト的形式が打撃を受けるわけではない。

少なくともこの第二の証明を論駁するための第二の思想というものが更に提示されなければならないだろう。ところがカントのテキストには、推論形式だけしか共通していないふたつの証明に対して、証明の各各に反対する論証を行なった箇所はどこにも見出されない。経験主義的異論はカントにとっては同時に《必然的存在者》をその根本概念とする統一的な存在神学に対する論駁の一部なのである。

カントは、この根本概念の内に存在神学全体の難点とそれを論駁するための鍵が隠されているのを知っていた。カントは近世の存在神学の様々な転回とモティーフとを、ひとつの原理から明らかにすることのできた最初の人であった。デカルトからバウムガルテンに至る形而上学的伝統は、たしかに存在論的論証を、ますます幅広く分化させそしてますます整合的に展開させてきた。しかしこの伝統はその際ある意味で直接的に振舞った。すなわちこの伝統は諸概念を分解し、結合しはしたが、そうするに際して諸概念の連関の明証性を信頼しきっていた。つまりこの伝統は、この連関の根拠と諸概念の可能性の根拠とを体系的研究によって解明しようとはしなかったのである。カントはこの伝統の展開をより高次の反省段階で繰り返し、そしてこの展開についてのひとつの理論を構想した。この理論は彼の批判——ただ単に存在論的証明に対する批判であるばかりではなく、すべての合理的神認識に対する批判——の前提であると同時にその最も本質的な内容でもある。それゆえに、もしも彼の批判とデカルトからバウムガルテンに至る伝統との連関を明らかにしようと思えば、まずはじめにカントの合理的神学の体系を概観しておかなければならない。

カントは『純粋理性批判』の「純粋理性の理想」という表題をもつ第二部第二篇第三章の第二版五九五頁から六九六頁で、この体系を詳述している。それはテキストの上では七節に分かれている。しかしそれらは再度三つの部分にまとめることができる。第一節と第二節が第一の部分を、第三節から第六節までが

第二の部分を成し、そして第三の部分は第七節である。第一の部分は最も完全な存在者としての神の概念を展開しており、第二の部分は三つの伝統的な神の存在証明の批判にあてられ、第三の部分は諸々の結論と応用を含んでいる。

この区分を理解する上での問題点は第一の部分から第二の部分への移行にある。第一の部分でカントは、『神の現存在を証明するための唯一可能な証明根拠』という一七六三年の自分の論文を批判主義的に解釈している。カントは、事象性の総体という表象からその現実的な現存在への推論が、何ゆえに欠陥推理であるのかを明らかにする。この推論は、カントがすでに一七六三年に排斥していた存在論的証明と同じものではない。それはまた、カントが第二の部分で総括的に扱っている三つの古典的な神の存在証明にも含まれない。これら三つの証明は、カントの見解によれば、本質的に統一をなしている。しかもこれらの証明のうちには、純粋理性の理想〔第一の部分のテーマ〕だけに由来する証明におけるのとは別の諸前提がはたらいている。『純粋理性批判』のこの章の第一の部分から第二の部分への移行を理解しようとするなら、この区別を明らかにしなければならない。つまり《事象性の総体》という理性の理想に由来する証明は、神の現実存在の証明にすぎないが、古典的諸証明、なかでも存在論的証明は同時に、《必然的存在者》という宇宙論的問題によっても規定されている、ということが明らかにされなければならないのである。この事態が以下で明らかにされるはずである。

〔一七六三年の著作に対するカント自身による〕批判主義的解釈は神の存在証明に関する前批判期の梗概と混同されてはならない。『純粋理性批判』〔の「第一の部分」〕における事象性の総体の現実存在の証明（A）と一七六三年の証明（B）とは同じものではないのである。

A、『純粋理性批判』で述べられている思想は以下のようなものである。理性とは全体性を認識する能力である。魂の概念において理性は究極の主体を思惟し〔「誤謬推理」の章〕、そして世界の概念において諸制約の系列における全体的なものを思惟する〔「二律背反」の章〕。全体性の原理は個別的な物にも適用される。個別的な物とは或る規定された物であって、その規定性によって他の諸々の物から区別される。理性はこの規定性が全体的なものであることを要求する。或る物に帰属することのできる述語はどれもまたその反対をもつ。全体的な（あまねき）規定という原則が意味するのは、「諸物のあらゆる可能的述語がその反対と比較されるかぎり、それぞれの物に帰属しなければならないのは、それらのあらゆる可能的述語のうちのひとつである」（B 600）ということである。これを要求するに際して、理性はあらゆる述語の総体という表象を、すなわち超越論的理想を前提している。

ところで総体というこの概念をより詳細に把握しなければならない。そうすると、ふたつのクラスの述語が区別されなければならないということが明らかになる。すなわち、或る一定の内実を何らの制限なしに表現する述語（例えば、「隙間のない」、「伸縮性のある」、「善い」）と、この内実の或る一定の程度だけを示す述語（例えば、「分かりやすい」、「こわれやすい」、「ほどよい」）である。後者の述語がもっている程度は、ある純粋な事象性を一定程度制限することによってはじめて特定の程度として規定されるのである。してみると第二のクラスは第一のクラスを前提にしてしか考えられない。制限という概念は制限されるべき全体という概念を前提しているのである。「否定することは制限することにほかならない」。それゆえにあらゆる可能性〔可能的述語〕の全体という概念は更に規定されて、「事象性の全体」という理念に、omnitudo realitatis になるのである。この概念は、第一の存在論的証明もまた出発点にしている神概念の起源である。あらゆる事象性の総体とは、実在するものの可能性の「最高にして完璧な実質的条件」であり、「諸対象についての思惟はすべてその内容からみて総じてこの条件に還元されなければならない」

（B 604）。この概念はあらゆる現実的なものの「原像」であり、すべての存在者のうちの第一の最高の存在者である。それゆえそれは神である。

この概念があらゆる有限な物を規定する根拠なのであるから、理性はその概念の実在性を証明しようとする過ちを犯すこともありえよう。そのとき、この証明は次のようなものになるはずである。どんな有限な物も神の理念を前提しなければ規定されえない。それゆえに、有限な物が常に規定された物であるからには、神は存在する、と。カントはこの証明をほとんど真面目には受け取らなかった。「自明なことであるが、理性は、こうしたおのれの意図のためには、つまり諸物の必然的なあまねき規定をもっぱら表象するという意図のためには、この理想にかなった存在者の現実存在を前提するのではなく、ただそうした存在者の理念だけを前提するのである」（B 606 強調ヘンリッヒ）。「〔理性の理想の対象としての根源的存在者とか最高の存在者とかすべての存在者中の存在者などの〕これらすべての名称は……或る現実的対象と他の諸物との客観的関係を意味するのではなく、理念と諸概念との関係を意味しており、かくも特別に卓越した存在者の現実存在に関しては私たちは完全に無知である」（B 607）。先の証明が、与えられた諸物を概念的に規定するときに前提される神についてのわれわれの概念を、現実的な神に高めようとしているにすぎないのだということを見てとるのはさして困難ではない。カントは、このような欠陥ならば誰にでも簡単にすぐ気づくことができるし回避できるものだと考えていた。

過ちは概念と現実的な物とを混同する点にある。この混同を指摘して非難する人は、カント自身が存在論的証明の場合に不十分なものとみなしていた論理的異論（3706）を使用しない。というのは存在論的証明には、現存在という概念は神の概念の内で思惟されなければならないという前提が本質的に含まれているが、しかし、理性の理想の現存在についての疑似証明は決してこの前提から出発しはしないからである。

すなわちこの疑似証明は神の現存在を神の本質概念からではなくて認識全体における神概念の機能から導出しようとするからである。われわれが論理的と名付けた異論は、概念と現存在との差異を、現存在が概念そのものに含まれているような場合にも固持しようとする。それゆえこの異論は、存在論的証明を論駁することができない。だからといって疑似証明は、理念が現実的なものを規定する際のひとつの機能にすぎない場合にも、つまり理念において現存在の思想が決して共に思惟されてはならないときにも、理念と現実性との区別を放棄してよいというわけではない。このような場合には、理性は、あらゆる「事象性の総体が客観的に与えられていて、それ自身がひとつのものを形成するなどということを要求してはいないからである」(B 608)。

あまねき規定という理念から神の現存在を恣意的に想定するまでに至る道へと理性を誘い込むのは、無論「自然的な錯覚」である。カントは、いかにして理性はもののあらゆる可能性を最高の事象性から派生したものとみなすに至るのか、という問いに答えているある箇所で、この錯覚について語っている(B 609—610)。われわれの悟性は自分のあらゆる思想において、思惟するためにあらかじめ悟性に与えられている何ものかを頼りにする、という特性をもっている。われわれがそのあらかじめ与えられたものを結合して、認識の統一を形成する場面が経験である。この統一は理性によって、あまねき規定という条件下におかれる。理性の要請はそれゆえに、自分自身からはいかなる内容も生み出すことはできないという悟性の特性を前提としているのである。もしも悟性が創造的であるとすれば、与えられたものの統一においてあまねき規定を要求するものでしかない理性の要請も、また根拠のないものになるはずである。超越論的感性論は、経験に与えられている物はすべて単なる現象にすぎないということを明らかにしたのである。——ところが理性は、有限な悟性への関係からして自分に定められている限界を、「自然的錯覚のゆえに」

とび越えてしまう。理性は、「このことを、すべての物一般について妥当しなければならないひとつの原則とみなすのであるが、この原則は本来、われわれの感官の諸対象として与えられるものにしか妥当しないのである」（B 610）。理性がこの錯覚に陥るということが、理性が、最高の存在者という自分の理念を神の現存在の証明のための出発点として採用することができるための前提なのである。自分がこの理念をもつことによって悟性認識の限界にしばられており、そしてそれゆえに単なる現象に制限されているのだということを理性がもしもすでに知っていたのであったならば、理性はそのような証明を試みることは決してなかったはずである。しかし理性が、あまねき規定という原則をわれわれに与えられた対象に限るという制限をひとたび取り払い、そしてその原則をあらゆる物一般にまで拡張してしまうと、次に理性は、理性使用の主観的原則を諸物の可能性の原理にしてしまうという超越論的仮象に陥る結果になるのである。これが先述した「自然的錯覚」の第二の契機である。これを第二の錯覚とよぶこともできよう。すなわち、理性はまず最初に、現象に関する理性使用の規則にすぎない原則を〔現象ばかりでなく〕すべての物を規定するための原則にする。そして次いで理性は、物の理性的規定の規則にすぎないものを、物そのものの内の現実的な原理として前提するのである。

しかし理性は、たとえこの錯覚を免れないのだとしても、あまねき規定という理念に基づいて神の存在を証明するという誘惑に抵抗できないというわけではない。つまりこの疑似証明は「自然的錯覚」のせいだというわけにはいかないのである。なぜならば、理性はやはり「そうした前提が観念的で単に仮構されたものにすぎないということにきわめて容易に」（B 611）気づくからである。別の箇所での語り口と著しく対照的に、カントはこの錯覚が単に自然的な錯覚だとはいうが、しかし避けられない錯覚だとは言っていない。超越論的仮象の本質は、それが繰り返し立ち現われるという点にある。そしてこのような意味でならば、あらゆる事象性の総体がひとつの客観的な原理であるという「自然的錯覚」もまた避けられえない。しかし〈すべての事象性をひとつの総体へと総括するのは理性自身なのだ〉という理性の認識が、こうした仮象を阻むのである。理性はそれゆえに、「己れの思惟が自ら作りだしたにすぎないものを直ちにひとつの現実的な存在者と想定したりする」(B 612) ようにはならないし、また神の現存在の疑似証明をおのずから禁ずるようになる。したがって、あの自然的錯覚の独断的な諸帰結は決して避けられないものではないのである。

以上が、カントが一七六三年に自分で行なった推論に対する批判主義的解釈の核心である。カントはこの解釈に第三節でなお、彼が批判した証明を一七六三年の証明の歴史的形態に一層近づけているようないくつかの本質的な註釈を付け加えている。しかしわれわれはまず、一七六三年の証明の試みとこの証明の批判主義的解釈との間の差異を明らかにしなければならない。

B、『唯一可能な証明根拠』の根本特徴は以下のようなものである。われわれは、それ自身において矛盾しているものは不可能なものだと理解している。「四つの角をもつような三角形は端的に不可能である」。同一律と矛盾律という論理的原則は可能性〔ものが可能であること〕の最高の形式的条件である。しかしこれらの原則だけでは、われわれは、可能なものであれ不可能なものであれ、決してものを思惟することはできない。これらの原則は、与えられた諸々の事象性の間に一致ないしは矛盾の関係を確定するための規則にすぎない。もしも三角形と四角なものという表象があらかじめ与えられていないとすれば、矛盾律だけをもってしては、四つの角をもつ三角形は不可能なものであるという認識に導かれることはない。してみると可能性と不可能性を確定しうるためには、ただ単に論理的原則が妥当するばかりではなくて、実質的諸条件もまた満たされていなければならないことになる。すなわち、何か或るものが思惟の与件として前もって与えられていなければならないのである。思想の内容たりうる何ものも決して現実的に存在していないのならば、可能性について語ることはこれまた無意味である。あらゆる現存在が排除されているのならば、あらゆる可能性が消滅し、もはや思惟されるべき何ものも残らないのである。

ところで、その非存在が思惟されうるものはすべて可能的なものである。可能的なものの反対はすべての思惟を廃棄するわけではない。このことはふたつの観点で言える。ⓐある三角形が直角をもたないことは可能である。三角形の概念の内には、それが直角三角形でなければならないということは含まれていないからである。直角を含まない三角形という概念はそれゆえに思惟の形式的諸原理に反しない。つまりこの概念は一定の思想の可能性を廃棄するものではないのである。ⓑ同様に、世界には三つの角をもついかなるものも決して現実に存在しないということも可能である。なぜならば、三つの角をもつものの非存在が思惟のあらゆる可能性を廃棄するわけではないからである。理性は三つの角をもつものが存在していなくともまだ等辺六角形が可能であり、丸い正方形が不可能だと思惟することができるはずである。そのときにも思惟の実在的諸条件（諸々の与件、素材）が相変わらず存在しているはずだからである。——論理的意味でも実在的意味でも可能なものは、その反対もやはり同じように可能なのである。したがって、不可能なものは可能な何ものかの反対なのではなくて、むしろそれによって可能なすべてのものが廃棄されるものなのだということができる。もしも不可能なものが現実に存在するのだとすれば、どんな可能性も存在しないであろう。たとえば、あらゆる思想の最高の形式的根拠を廃棄することなどはとりわけ不可能である。なぜなら、もしも同一律と矛盾律とが妥当しなければ、いかなる論理的可能性も存在しないし、「何ものももはや思惟されえない」からである。これと同じことがさらに一切の可能性の究極の実質的根拠にも妥当する。すなわち、もしも何ものも現実に存在しないのであれば、それの可能性が思惟されうるような何ものも存在しないはずだし、一切の可能性は廃棄されてしまうはずである。つまり論理的無と現存在の無の両者とも不可能である。なぜならそれらはあらゆる思惟を廃棄してしまうからである。しかるに思惟とはものの可能性についての思惟なのである。

不可能なものの反対は必然的なものである。それの反対が決して思惟されえないものとは、それがまさに思惟されるがままに思惟されざるをえないものである。とすれば、それの反対がそれ自身に矛盾するものは、すべて論理的意味で必然的である。三角形は必然的に三つの角をもっている。このことから、三角形それ自身が必然的な何ものかであるということが帰結するわけではない。三角形はむしろ、それの現存在が単に可能であるもの、それゆえその非存在も同じく思惟されうるものに属している。しかしたとえ三角形のような類いのものが必ずしも実在していないからといって、いかなるものも現実に存在しないということはできない。したがって何かあるものが必然的な仕方で実在しているのである。

以上の証明のあとで、一七六三年のカントの著作は、こうした必然的な現存在がもつ諸特性を調べて、この現存在がそのすべての契機においてわれわれの神の概念に対応していることを示そうとしている。『純粋理性批判』にとっては、この「唯一可能な」神の存在証明は、独断的に哲学する理性の欠陥推理である。『純粋理性批判』はこの推理から距離をとらなければならない。なぜなら、この推理においては物についての思想の可能性の根拠がこの物それ自体の可能性の根拠とされるからである。けれども、〈物が存在するのは、物の思惟可能性が対象的なものに移し入れられて物が自体的に存在するようになるときだけである〉、と推測するいわれは何らない。物の可能性の実質〈存在の可能性〉を、ある形式的可能性〈思惟の可能性〉が確定されうるための条件として定義することはできないからである。われわれは、すべての物がその可能性において思惟可能性と関係づけられているなどと前提してはならないのである。しかし

〔一七六三年の〕カントの推論は次のようになっている。すなわち、もしも何ものも現実的に存在しないとすれば、そのときにはもはやどんな可能性も思惟されえないのであるから、まったく何ものも存在しないということはありえない。

それゆえ〔若き〕カントは、絶対的必然性の概念を規定する場合にも説得力を欠いている。それが存在しなければあらゆる思惟のための実質とそのための一切の与件とが廃棄されてしまうものは、端的に必然的に存在すると言われる(3 Betr., Ziffer 1, Org. 28)。カントは、その反対があらゆる思惟の形式を廃棄する論理的必然性と、それだけが現存在の必然性である実在的必然性とをたしかに区別している。しかし、実在的必然性はやはり論理的必然性の制約下におかれている。しかも、カントによれば、或るものが実在的に必然的であるのは、そのものの反対がすべての思惟を不可能にするような場合である。したがって、実在的な必然性が論理的必然性の規則を使用しうるための前提になっているのである。しかし、そうだとすれば実在的必然性は本当のところ決して絶対的必然性ではなくて、単に仮言的な必然性にすぎないことになる。もしも思惟が可能であるべきだとするならば、何かある思惟可能なものが前もって思惟に与えられていなければならない、というわけである。しかしカントは、思惟が必然的であるということが帰結するいかなる根拠も知ってはいなかった。

『唯一可能な証明根拠』のこの欠陥から、もうひとつ別の過ちが不可避的に生じてくる。その過ちは、カントが、何か或るものが現実的に存在するという必然性から、この現実的なものは最高の事象性でなければならないということを導き出そうとするときに生ずる。もしもその導出が成功するとすれば、それはわれわれが思惟の制約をあらゆる可能性の制約とすることができたときだけだろう。そのときには思想の可能性という第一の根拠に、ありとあらゆる可能性が含まれていることになるだろう。そのときには、一切の可能性がこの第一の根拠それ自身に帰属するかそれともこの根拠に由来するかのどちらかであるだろう。ところがしかし、存在はアプリオリに思惟の制約下にあるわけではない。思惟可能なものが何も与えられていないのであれば、たしかにいかなる思惟も存在しない。だがしかし、思惟に前もって与えられていなければならないものがどの程度の事象性をもつのかということは、この思想から規定することはできないのである。

『純粋理性批判』と一七六三年の著作との間の最も顕著な違いは、この第二の欠陥と連結している。つまり『純粋理性批判』が言及するのは、最高の存在者が現実的に現存するということを《事象性の総体》の概念から推論する証明である。それに対して一七六三年の著作は、まずはじめに〈第一の存在者〉の現存在を証明し、次いでこの存在者があらゆる事象性の根拠であることを示している。この証明の諸前提の中には、超越論的理想という思想はまったく見出せない。この違いが解明される必要がある。(2)

一七六三年の証明の過ちは『純粋理性批判』が暴露した証明〔A〕の過ちと類比的である。すなわち思惟の可能性にとって単に主観的な妥当性しかもたないものが、あらゆる物の原理として実体化されるのである。一七六三年には思惟の可能性の制約は物そのものの可能性の制約であるとされる。他方『純粋理性批判』においては、あまねき規定という理性の要請を物そのものの原理とすることは許されないということが示される。しかし〔思惟の実体化という〕この同じ過ちを含んでいるふたつの推論が共に同じ証明目的をもっているわけではない。そしてこれらはこの過ちをそれぞれ違った仕方で犯している。一七六三年の著作はあらゆる存在を思惟の制約下においている。その非存在〔それが存在しないということ〕がわれわれの思惟を不可能にするものが、必然的だというわけである。一七八一年〔『純粋理性批判』〕には、われわれが存在を〔あまねく〕規定する際に前提する原理（原則）が、物そのものの原理だと言われる。したがって

『純粋理性批判』における証明は、可能性に関する独断的な考え方、すなわち〈思惟されうるものはすべて可能的に存在し、またそれなくしてはどんな思惟もありえないようなものはすべて必然的に実在する〉という考えに基づいてはいない。『純粋理性批判』の証明は物の実在的な可能性を論理的可能性の制約下においたりはしない。[3] しかしこの証明はわれわれの理性の使用規則から或る客観的な原則を作り上げている。その限りでこの証明もまた思惟のひとつの仮説を現実性の原理としているのである。

『純粋理性批判』の中でカントは『唯一可能な証明根拠』を、それが〔『純粋理性批判』では「理想」として言及されている〕第二の過ちを同じく含んでいるかぎりでのみ、弁護していたのである。完全性の総体という思想をわれわれに実体化させるものは、実際自然的錯覚なのである。この思想が一七六三年の著作の根底にあったことを、別の箇所でカントははっきりと述べてさえいる。「もう何年も前に私の出版した著作でもっと詳しく論述しておいた、私の〔神の〕存在証明の唯一可能な証明根拠はまさにこの思想に基づいている。ここで示しておきたいのは、すべての可能な証明の内でこの証明こそがやはり最高の満足を与えるということである。というのも、もしわれわれがそのような根源的存在者を廃棄するならば、そのとき同時に一切の物の可能性の基体が廃棄されてしまうからである。——とはいえこの証明もまた必証的に確実だというわけではない。というのはこの証明は根源的存在者の客観的必然性ではなくして、ただこの存在者を想定する主観的必然性しか明らかにすることはできないからである」(Pölitz Rel. 67)。しかしよしんば超越論的理想という思想が〈唯一可能な証明根拠〉を誘発したのだとしても、証明そのものは一七六三年にはこの思想の助けをかりずに行なわれたのである。

ところで『純粋理性批判』が立てたのは、形而上学の〔神の存在についての〕諸々の証明を論駁するという課題だけではない。『純粋理性批判』はまずなによりもそれらの証明を最も単純で自然な形態につれ戻そうとしている。カントは、『唯一可能な証明根拠』の基礎になっているのは超越論的理想であるというが、それでもなお一七六三年の著作の具体的な歩みが『純粋理性批判』で論駁された証明からは区別されるとすれば、そのときこの『証明根拠』の歩みのなかには超越論的理想というタイトルには含まれていない、それとは別の様々な考察と考慮とがはたらいているはずである。

実際その通りなのだ。『唯一可能な証明根拠』はもともと必然的存在者の現存在の証明である。この著作の構想全体とその体系的位置からみれば、それは宇宙論的根本概念の問題への解答の試みである。前批判期のこの著作のこうした位置づけ——それはあとで詳しく基礎づけられるはずである(4)——は、この著作の内の、神の現存在の本来的な証明を含んでいる推論によって、すでに示唆されている。この推論の結論は、何か或るものが必然的な仕方で現実に存在していなければならない、と主張する。そして必然的なものの現実存在が証明されたあとではじめて、カントは、必然的な存在者が最高の存在者でもあり、すべての事象性を自分自身から生み出すのだということの証明に移るのである。ところが『純粋理性批判』が批判する証明は、最高の存在者の現存在を直接に証明するものなのである。この証明においてはこの存在者の現実存在の必然性については何ら言及されていない。これがふたつの証明形式の間に横たわる差異である。

『純粋理性批判』の合理的神学に関する章の第三節でカントが解明しようとしているのは、それに先立つ節が探究してきた、最高の存在者についての疑似証明がどうして生じえたのかということである。疑似証明の過ちは「きわめて容易に」見抜くことができるものなのに、それにもかかわらず理性がその証明を行なうのだとすれば、かの「自然的錯覚」を解明しそのことによって疑似証明を阻止することを、理性は、何らかの事情で妨害されているのだと言わざるをえない。理性は「何か別のものによって」(B 612)この錯覚に身をゆだねるようにと駆り立てられているにちがいない。この「何か別のもの」が必然的存在者の宇宙論的問題なのである。

この節でカントは超越論的弁証論の第二章へ、とりわけ純粋理性の二律背反の第四の対立へ立ち帰っている。そこでは定立の側として、〈偶然的なものが諸制約の系列において理性に対して経験的に与えられているとすれば、理性は必然的存在者の現存在を仮定せざるをえない〉ということが述べられている。「これはどんな人間理性も、最も普通の人間理性すらもがとる自然な歩みである。……人間理性は概念から始めるのではなく、普通の経験から始めるのであって、それゆえ実在する何ものかを根底においている。しかしこの地盤は、それが絶対的に必然的なものという不動の岩にもとづくのでなければ、沈んでしまう。……それが何であるにせよ、或るものが実在しているからには、何か或るものが必然的な仕方で実在しているということもまた許容されなければならない。なぜなら、偶然的なものは自分の原因としての別の或るものの制約下でしか実在しないし、さらにこの原因についても同じ推論が妥当するのだから、ついには偶然的に存在するのではなく、まさにそれゆえに無条件に必然的な仕方で現に存在する或る原因に行きつくからである。これこそ理性が根源的存在者へ至る自分の進行を根拠づける論証にほかならない」（B 612）。《必然的存在者》へ至るこの推論の超越論的仮象は、《事象性の総体》そのものの概念の内にすでに存在している仮象とは別のものである。(5) すなわち、思惟の単なる産物をわれわれに現実的な存在者と思い込ませるような先の仮象とは違って、この仮象は避けることのできないものである。宇宙論的理念はただ単に諸物についてのわれわれの概念にかかわるだけではなく、現実的な経験にかかわるのである。経験において現実に与えられる被制約者は無制約な現存在を基礎としてもたなければならないと考えることは、経験において与えられているものの現実性を確信することと同じくきわめて自然なことであると思われる。「或るものが実在すると前提されるなら、何らかの或るものも必然的な仕方で実在すると結論せざるをえないということは、何かきわめて奇妙なことである。こうしたまったく自然的な（だからといってまだ確実とまではいかない）推論に宇宙論的論証は基づいていた」（B 643）。経験に根拠をもつこうした「自然的な」推論形式は、《事象性の総体》の現実存在を前提するという「観念的なもの、単なる仮構的なこと」と対照をなしている。何か偶然的なものが与えられているときには、《必然的存在者》が現実的に実在していなければならないという論証は、卓越した影響力を有する超越論的仮象をもっている。

　ところで必然的な存在者という思想は、しかし、必然的に実在しているものの諸特性についていまだ何らの規定された概念も含んではいない。それゆえ、理性が必然的なものの現存在を仮定したのならば、理性は「無制約的必然性というこのようにすぐれた現実存在にふさわしい存在者の概念を」（B 613）探し求めなければならない。ところで超越論的理想は理性の諸概念の中でも必然的な存在者の思想をよりよく規定するのに適した唯一の概念である。というのも、この理想の中で一切の可能的な物に対するすべての制約が統一づけられているからである。つまりこの最高の存在者には、およそそれに帰属しうるであろう何ものも欠けてはいないからである。そしてこの最高の存在者はこの点で非依存的なのであって、それは必然的な存在者がその現存在に関しては非依存的でなければならないのと同様である。カントは、最高の存在者が何ゆえに必然的に実在するかは決して洞察することはできないということを認めている。だからわれわれはまた、それ以外の有限な諸物が同じように必然的な存在者であるかもしれない可能性を排除することはできない。しかし「最高の事象性をもつ存在者という概念は、可能的な諸物のすべての概念のうちで、無制約的に必然的な存在者という概念に最も良く適合するであろう」（B 614）。したがって、もしも理性が宇宙論的理念における超越論的仮象に強いられて、どうしても必然的存在者の明確な概念を求めざるをえなくなれば、理性は最高の存在者という概念につきあたらざるをえない。ところで、必然的なものの現存在を理性はすでに〔第四のアンチノミーで〕仮定していた。だから理性は最高の存在者の現存在をも前提するであろう。かくして理性は宇宙論的必然性の思想につき動かされて、超越論的理想が「観念的なもの、単なる仮構的なこと」をもつことを見のがすはめになる。超越論的理想に関する節で批判された神の現存在の疑似証明は、それゆえに、もともとは宇宙論的必然性の理念によって導かれているのである。この疑似証明は、もしも理性が宇宙論的理念のために最高の存在者の現存在をすでに確信しているのでなかったならば、決して成立しないはずのものなのである。

だからこそカントはある箇所で最高の存在者の現存在の疑似証明から――そこに超越論的仮象が内在しているにもかかわらず――主観的な必然性を完全に剝奪するまでに進むことができたのである。『反省録』六二八三番においてカントはさしあたり、理性が絶対的に必然的な存在者を前提するに至るふたつの道を挙げている。すなわち、「第一には依存的なものから非依存的なものへと至る系列において、第二には諸部分から完全な者（《最も事象的な存在者》）へと至る系列において」。ところが この区別づけとの関連でカントは自身を訂正して、後者は単に「より容易な道だというだけで、主観的な必然性だというわけでは決してない」と言っている。カントはもっと後になって補遺の中でそれについて次のように註記している。「《最も事象的な存在者》を想定する権能、いやそれどころか主観的な理性的必然性すらもが、実在するものの〔それ自身は〕非依存的な根拠としての《必然的存在者》という、無神論者でさえ避けがたい前提に基づいている」（6283 ℊ）と。

『純粋理性批判』の中には、したがって、一七六三年の 著作がもっている、事柄から見て 正当化できるモティーフに関するふたつの言明が見てとれる。第一に、『唯一可能な証明根拠』の 基礎になっているのは超越論的理想の思想であること、第二に、絶対的な必然性の理念が、理性にこの理想の現存在を想定させるということである。初期のこの著作の分析を『純粋理性批判』の観点から吟味しようとするなら、われわれはこのふたつの命題に立脚しなければならないだろう。『唯一可能な証明根拠』は、その具体的な形式に関して言えば、可能性の概念からする独断的な疑似証明である。ところが、そこでもやはり純粋理性認識のひとつの根本問題の解決が試みられていたのである。そこでは、理性の宇宙論的理念（必然的存在者の概念）が、同時に超越論的理想の思想を含むものとして把握されている。何か或るものが必然的な仕方で現に存在しているという証明は、同時に最高の存在者の概念へと至る。《事象性の総体》の概念が《必然的存在者》の概念を規定するというのである。それゆえに、『唯一可能な証明根拠』は、超越論的理想の助けをかりて必然的なものの思想を具体化しようとする、理性そのものに課せられた試みなのである。

まさにこの連関で神の存在の存在論的証明〔第三節〕が登場してくる。[6] カントが古典的な神の存在証明を超越論的理想に関する節〔第二節〕で扱うだろうことは十分考えられうることであった。そこでは《最も事象的な存在者》という神の概念が展開され、そしてそれと共にこの概念の現存在への推論も論駁される。それではカントは何ゆえに別の形態の神の存在証明への批判を〔この第二節で〕この論駁の後に続けようとはしなかったのか。ところが神の存在の存在論的証明、宇宙論的証明そして物理・目的論的証明に対するカントの有名な論駁は次の節〔第三節〕ではじめて出てくるのだが、その節で論じられるのは、われわれに最高の存在者の現存在を想定するように迫ってくるあの「他のもの」、すなわち必然的存在者の理念なのである。カント自身がまったく明瞭に言明していたように、神の現存在を思弁的な理性から証明しようとする三つの道は、最高の原因性を最高の存在者へと移し入れるという「こうした意図によって採られた」（B 618 強調・ヘンリッヒ）わけである。だとすれば存在論的証明ですら、必然的存在者の概念に或る特定の概念を結びつけようとするひとつの試みであると言える。すなわち存在論的証明はあらゆる経験を捨象し、「単なる諸概念からまったくアプリオリに最高の原因の現存在を」推論するものなのである（B 618/9 強調・ヘンリッヒ）。

カントは、存在論的証明は、もしもそれが必然的存在者の理論に必ず寄与するはずのものでなかったならば、決して考案されなかったにちがいないと確信している。どの講義においても、『純粋理性批判』においてと同様に、存在論的証明の論駁にあてられている節は絶対的必然性の概念の研究で始められている。このことを見れば、存在論的証明が超越論的理想に関する章での《事象性の総体》の概念による疑似証明からすでに外見上区別されているのが分かる。存在論的証明はなるほど《最も事象的な存在者》の概念から出発する。だがしかし、この証明は決して超越論的理想の理論と結びつけられて論じられはしない。なぜなら、かの疑似証明とは反対に、存在論的証明は現存在における絶対的必然性の概念に通じていくからである。存在論的証明は、《最も事象的な存在者》の思想がどうして必然的なものの概念を規定するのに適しているかを明らかにしようとする推論なのである。だからこそカントは、存在論的証明を超越論的理想の理論との一見自然だと思われる連関から切り離し、この証明を必然的な現存在という宇宙論的概念から出発する節〔第三節〕の中に編入したのである。してみれば、この宇宙論的思想は「自然神学のあらゆる証明のための最初の基本線を明白に引くものであり、そうした基本線を人々は常に守ってきたし、またこれからも守るであろうし、たとえこの基本線がどのようにどれほど多くの葉形装飾や唐草模様によって飾りたてられ隠蔽されようともそれを守るであろう」（B 632）。

こういうわけで、存在論的証明の批判はカントにあっては、絶対的に必然的なものの概念の批判の一部分としてしか現われない。カントはよしんばそれが批判の目論見からであったにせよ、かつてデカルトが「第五省察」で行なったように、ふたつの思想を再び結合したのである。ところが、デカルトにとって自明なものであったこの結合が、カントの形而上学批判にとっては、デカルトとはまったく反対に、傑出した意義をもつ問題になる。従来の研究は超越論的演繹論の分析にかまけて、『純粋理性批判』の目的が、カントの目からすれば、形而上学的認識の理論にあったということをしばしば忘却してきた。カントの主要著作のほとんど大部分はこの理論にあてられているのだが、カントによる形而上学論駁の偉大な成果こそがまさしく、この成果の構造を一層詳細に研究することなど取るに足らないことだと思わせてきたのである。多分この構造における最も重要な構成要素は必然的存在者の概念である。この概念がまた宇宙論的二律背反の教説と思弁的神学を結合してもいる。カントは一方で（A）第三の二律背反と第四の二律背反(7)とを区別し、他方で（B）第四の二律背反と神の存在の宇宙論的証明とを区別したが、それは彼のカテゴリー論から生ずる単なる抽象的な帰結なのではない。それどころかこの区別は、形而上学的伝統をもつ諸概念や証明に対するカントの分析の成果なのである。

A、第四の二律背反の定立における証明は実際のところ、第三の二律背反の定立の空虚な繰り返しではない。諸変化の系列の第一原因（第三の二律背反）は、もっぱらそれが開始する系列との関係においてのみ第一原因であるにすぎない。しかし必然的なもの（第四の二律背反）とは無条件にそれ自身によって実在する存在者のことである。「ここでは実体自身の無制約的な現実存在……が問題なのである」（B 587）。それゆえに、端的に第一である存在者の現存在の証明でなければならない神の存在証明も、ただ第四の二律背反の定立に基づいてしか可能ではない。カントが洞察していたように、他に依存する諸物の系列における遡行が宇宙神学の問題になるのは、それ自身内的にそれゆえ絶対的に存在している必然性が、この系列の内的な偶然性を根拠にして探究される場合だけなのである。内的必然性は現象からも現象との関係においても認識することはできない。というのも、現象は常に他の現象との相関関係によってしか規定されないからである。だからこそ「すべての宇宙論的理念のうちで、第四の二律背反をひきおこした理念」こそが純粋概念のもとで探究を開始せよとわれわれに迫り、そして「この偶然性がそこで途絶するような或る叡知的対象を捜し出せとわれわれに迫るのである」（B 594）。してみれば、第四の二律背反の定立が存在神学の起源である[8]。

B、しかしながら、第四の二律背反の定立がそれだけですでに神の存在の宇宙論的証明と同じものだというわけではない。カントの意図は、神の概念がこの定立の中に入り込まざるをえないのはたしかだが、しかし神の概念はその起源をまったく別の思惟領域にもつのだということを示すことにあった。最高の存在者は無条件に必然的存在者として考えられるわけではない。しかし、宇宙論的次元で絶対的に必然的なものの問題が生じてくるときには、われわれは最高の存在者の概念から出発して、それが必然的存在者であることを示すことができるし、こうして必然的なものという概念に一定の意味を与えることができる。宇宙論は、必然的存在者が世界の中に実在するかそれとも世界の外に実在するのか、あるいはそれが世界そのものであるのかどうかを決して決定することはできない。まして宇宙論は、必然的現存在がそもそも何を意味しているのかという問いに答えることなどできはしないのである。宇宙論は経験から出発する思惟に必然的なものという問題を押しつけてくるにすぎない。理性はこの問題の解決を存在神学の中に探し求めるのである。

超越論的弁証論の後半部の概略を描くこうした思考の歩みによって、神の存在の存在論的証明に対するカントの批判は、『純粋理性批判』の中にその体系的な場所を占めることになる。今やこの批判そのものが研究されなければならない。

B　合理的神学の体系と批判

カントがいかなる神の存在証明をも批判するとき、彼が依拠する統一的根拠は彼の様相概念の理論にある。形而上学は神を名付けて、その現存在が偶然的でも被制約的でもありえないような存在者であるという。してみると、もしも神の本質と現存在を認識することが可能かどうかという問いを根本的に尋ねようとするなら、われわれは絶対的な必然性の概念から出発しなければならない。そして絶対的に必然的なものを認識するためには多くの形式的制約が満たされなければならない。

A　絶対的に必然的なものを認識するためには、論理的な必然性と実在的な必然性との間の区別に注意しなければならない。「絶対的な必然性は論理的な必然性、つまり矛盾律による必然性か、実在的な必然性、つまり矛盾律によらない必然性かのいずれかである」(3725)。与えられた諸概念から論理的原則に基づいて導出されうるものは論理的に必然的である。例えば、ふたつの前提に基づく推論や分析判断における述語は論理的に必然的である。三角形は必然的に三つの角ないし三つの辺をもつというデカルトの挙げた例も、論理的意味で絶対的な必然性の一例である。ところがこの必然性は、決して完全に絶対的な必然性というのではなく、分析される概念〔三角形という概念〕(思想としての概念あるいは概念の中で考えられた現実性)が与えられているという条件の下で成り立つ必然性なのである。私が三角形を思惟するとき、私はそれを三辺のものとして表象せざるをえない。もしも或る三角形が現実に存在するなら、この三角形は三つの辺をもつのでなければならない。「今提出された命題の言わんとするところは、三つの角がまさに必然的に存在しているということではなく、或る三角形が現に存在している（与えられている）という条件の下でなら、三つの角もこの三角形と共に必然的な仕方で現に存在しているということである」(Pölitz

Rel. 63）。この述語は主語に必然的な仕方で帰属する。「しかし、私が述語といっしょに主語を廃棄しても、いかなる矛盾も生じない。なぜなら、矛盾しうるような当の主語がもはや存在しないからである」（ebd.）。ところが実在的な必然性は、その現存在が廃棄されえないような存在者に帰属する。したがってこの必然性を認識するためには、何らかの任意の概念の無矛盾性を確定するだけでは十分ではない。実在的な必然性がそもそも認識されうるはずだとすれば、存在するものの概念の中にすでに、それが実在するという徴表が必然的に置かれていなければならない。このことを主張する命題もなるほど分析判断である。だがしかしこの分析判断は、その述語概念が客観的現実存在の概念であるという卓越した意義をもっている。

B　実在的な必然性をその結果から理解することはできない。われわれはたしかに、経験において被制約者から無制約者の概念へと進む。しかしこの遡行は無制約者を、それ自身においてあるがままに認識させるものではない。〔自分以外の〕他の諸物の現存在が偶然的なものであるということが、絶対的に必然的な存在者の徴表であることはできない。なぜなら、もしもそうならば、この必然性は単に《前件的仮説》としての必然性にすぎないからである。それゆえに絶対的に必然的な存在者の徴表は、この存在者が現に存在しているものすべての究極的根拠とみなされるという点にではなくして、それが、現に存在しているものばかりでなく可能的に存在しているものをも含めて、およそ存在するすべてのものの根拠であるという点にあるのである」（3712）。「ヴォルフの証明においてはたしかに〔この存在者の他のものからの〕独立性を認識することはできるが、しかし〔その〕内的必然性は認識できない。なぜならヴォルフの言う現存在は世界にかかわる限りで必然的なだけだからである」（3812）。世界の原因がそれ自体では偶然的だということもありえよう。もしもそうだとすると、理性はたしかに、この偶然の根拠は何なのかと問い続けて、それ以上の原因を求めるであろう。しかし理性は、この方途では決して何か無制約的に必然的なものを認識するには至らないであろう。理性がその認識に到達しうるとすれば、理性が或る存在者をそれ自体において必然的なものとみなすことができたときだけなのである。

C　ヴォルフ学派においては、現実存在は《本質の補完物あるいは内的可能性の補完物》として規定されていた（Baumgarten §55）。カントはこの定義を不適切なものとみなしている。ところがカントもまた、あまねき規定を現実存在の基準と呼んでいるのであって、その点ではカントはこの定義に従っている。概念とは《共通概念》のことである。ある概念において思惟される事柄は多くの可能的な事物に妥当するが、それらは別の連関から見たり別の徴表からすれば区別されるものである。もしもあまねき規定が実在するすべてのものに含まれているならば、概念の普遍性から帰結するのは概念の非実在性である。概念はあまねく規定されているわけではなくて、その概念に属する物がそのほかのどんな徴表をもつかは未決定のままなのである。木の概念は、何が樫の木に固有なのかということを規定しはしない。存在者自身は、しかし、あらゆる可能的な概念によって、積極的にであれ消極的にであれ、思惟されうるのでなければならない。例えばこの紙が白いか白くないかは措くとしても、私が〈この紙〉という言い方をするときに私の念頭にあるものは、もはやいかなる個物でもなくて、むしろ普遍的な概念なのであって、この概念は多くの個物（複数の紙）に妥当しうることになるだろう。以上の思想が、現実存在を《本質の補完物》とするヴォルフの定義に含まれる正しい契機である。もしも、絶対的で実在的に必然的な存在者が思惟されるべきであるのなら、それはあまねく規定されたものとして思惟されなければならない。なぜならこの存在者には、まさに必然的に現実存在が帰属するからである。したがって、この存在者はまた《あまねく規定された単一の存在者》でもあるのでなければならない。「可能的な物は共通な述語のすべてをもつことができる。必然的存在者はそれがもつ概念によって完全に規定されなければならない。必然的存在者とはその概念がすでにあまねき規定を含んでいるもののことである。例えば人間という概念は生きて思惟する存在者という規定を自己のうちに含んでいるが、この概念はあまねく規定されているのではない。ところが、あらゆる事象性を具えている存在者はあまねく規定されている。この存在者にとってふさわしいのはいつも、あれか－これか（aut-aut）のどちらか一方の規定である」（Heinze 705）。

絶対的に必然的な存在者の概念における以上の三つの契機に注目するならば、宇宙論的論証はそのような存在者を認識するには十分ではないということが容易に理解できる。第四の二律背反の定立における推論は、ただ絶対的に必然的なものの概念に至るにすぎない。この推論はしかし、絶対的に必然的な存在者がいかなるものであり、いかなる種類のものであるかを了解させてくれるような手段をわれわれに調達してくれるわけではない。この定立は諸制約の系列を或る無制約者でもって締めくくっているが、この無制約者を、定立はいかなる規定された概念によっても明らかにすることができないのである。それに対していわゆる『唯一可能な証明根拠』(9)は〔上述のＡＢＣの〕三つの条件をよりよく満たしているように思える。『唯一可能な証明根拠』はただ単に或る与えられた概念の無矛盾性をめざしているのではなくて、すべての概念の可能性の根拠を考えている。それはまた《事象性の総体》という内的規定性の概念をもっている。しかもこの《事象性の総体》はあまねく規定された何ものかなのである。こうしてみると、『唯一可能な証明根拠』は第四の二律背反の定立のもつ欠点を補いうるかのように見えるかもしれない。すなわち、無制約者の認識において理性に休息を与えるためには、諸制約を宇宙論的に遡行していくことでは十分ではないのである。それゆえ宇宙論的遡行は、理性の決して放棄することのできない絶対的必然性の概念を、宇宙論的遡行によって展開されたのとは別の手段によって思惟せざるをえなくなる。これに役立つのが超越論的理想、すなわち、《最も事象的な存在者》の概念である。つまり、われわれが特定の諸概念を形成することができるのは可能的なものの総体を前提することによってだけである。してみれば、この総体は必然的に現に存在している存在者として思惟されなければならないのである。しかしこの推論はやはり或る「自然的錯覚」に基づいているものでしかない。理性は《事象性の総体》という概念の中にある「観念的なもの、単なる仮構的なもの」に容易に気づくのである。つまり理性は、自分が宇宙論的思想によって絶対的必然性の意味の解明へと強制されているのでなかったならば、自然的錯覚をそれとして見抜いてしまったことだろう。

超越論的理想の疑似証明は神の存在の存在論的証明ではない。前者が後者から区別されるのは、前者においては概念から現存在への移行が詐取として、つまりその概念それ自身にはまだ必然的現存在の徴表は含まれていないような理想の、対象化として、行なわれたからである。存在論的論証の方も《事象性の総体》という同じ表象から出発する。しかしこの論証は疑似証明のこの欠陥を補っている。この論証は事象性の総体の思想の中に「存在」という規定を発見する。すなわち、神はあらゆる事象性をもつ。現実存在とはそのほかのあらゆる事象性と共存しうるようなひとつの事象性のことである。だからして神には必然的に現存在が帰属するというわけである。

カントはこの推論をいつもただ付随的な形で論駁していたにすぎない。彼の考えによれば、現存在がいかなる述語でもないということは簡単に洞察されうることである。言語はなるほど多くの判断において現存在を論理的述語として使用する。「論理的には現存在はたしかにひとつの述語である。しかし論理的には私はあらゆるものを述語にできるし、かつこれを他のもの〔主語〕の徴表として申し立てることができる。それゆえ、現存在が主語のもっている他の述語につけ加わることのできるような述語であるかどうか、ということが問題になる。現存在はひとつの措定であって、いかなる述語でもない。なぜなら現に存在するものが諸々の述語をもっているからである」(Pölitz 281/2)(3706, S. 242も参照せよ)。

ブレンターノは〈存在はいかなる事象的〔実在的〕な述語でもない〉(B 626)というカントの定式に同意しなかった。[10] しかしカントが、「物質は現に存在しているものの一部をなす」というような判断の論理的可能性を否定するつもりのなかったのは確かである。[11] 事象性は対象における規定であって、単に論理的項ないしは主観に対する対象の関係ではない。カントが否定しているのはただ、われわれが現実性を事象性のこのような〔対象における規定という〕特定の意味で事象的〔実在的〕な述語とよんでもよいとする点だけである。もしもそう呼んでもよいとするなら、われわれは諸概念を現実的なものに適用する可能性を原則的に放棄することになってしまうであろう。それというのも、単なる概念においては、考えられるものはまだ現存在の規定なしに考えられているのに、ところが現に存在するものは、その定義からして〔現存在という〕この規定を思う存分使えるのであるから、〔もしも現実存在を事象的な述語だとよべば〕われわれはいかなる概念によっても現に存在するものを適切に思惟することはできないことになるであろう。そしてそのときには、あらゆる概念には、この概念が現実的な現存在から区別されるところの「徴表」が、つまり現存在という「徴表」そのものが欠けていることになるだろう。カントによって考案されたのではないが、有名な百ターレル〔という概念〕の例でカントが考えているのは、あらゆる規定をそなえた本当の百ターレルのことであって、事象性をひとつ減らされた総体、それゆえ例えば九十九ターレルのことではない。同じことはあらゆる概念について言える。「それゆえもしも私が或るものの現存在を廃棄するとすれば、そのとき唯ひとつの現実性が除去されるのではなくて、私はそのもの全体を廃棄するのであり、そのときそのものは無になる」(Heinze 704)。「現実存在とはもののいかなる特殊な規定でもない。それは事象性のすべてを具えたものの措定なのであって、ものにあとから付加されるひとつの事象性ではないのである」

(Heinze 705)。

したがって、絶対的必然性の概念を存在論的論証によって明らかにしようとする試みは座礁した。なぜなら、このような存在者についてわれわれに洞察できることと言えば、〈その概念の内で現存在の必然性が思惟されるものは絶対的に必然的に存在する〉ということだけだからである。現存在の必然性とは非存在の思惟不可能性のこと〔存在しないことが考えられないということ〕である。ところが、或るものの非存在が思惟不可能なのは、その概念が現実存在を徴表として含んでいるときだけである。必然的な現存在はアプリオリにしか認識されえないという考察も同じ結論に至る。というのは、経験は決して反対の不可能性を確信させることがないからである。「私がアプリオリに認識するものは必然的である」(Pölitz 275)。しかし、何か或るものの反対がアプリオリに不可能であるということを、私は諸概念の分析によってしか認識できないのである。

存在論的証明は本来、絶対的に必然的なものの概念をその内容から規定するものにほかならない。というのも、この証明の言っていることは、或る概念について、この概念が絶対的に必然的なものを認識するために必要な諸条件を満たしているということを示すことができる、ということだからである。この証明は《事象性の総体》の概念から出発する。してみれば、この概念はあまねく規定されており、それゆえ或る個体的存在者の概念、つまり《単一概念》なのである。すべての可能な事象性の、ありうべき最高の度がこの存在者に帰属する。どんな否定もこの存在者からは排除されている。したがって、この存在者の概念は第三の条件(C)を満たしている。《事象性の総体》はあらゆる可能的なものの実在的根拠として思惟されるといわれる。それを前提にしなかったならば、われわれは直観において思惟に与えられているものを何も規定的に思惟することはできない。それゆえにこの概念は見たところ第二の条件(B)〔一四〕を満たしている。そして最後に、この概念の内には現存在の徴表が必然的に含まれていると言われる。この場合には、この概念は第一の条件（A）をも満たすことになるだろう。しかし、最後に挙げた長所をこの概念がもつのは、ただ外見上のことでしかない。経験主義的異論による存在論的論証の論駁はこの長所を抹殺してしまう。

《事象性の総体》の概念はたしかにあまねく規定されている。しかしあらゆる現実的なものがたとえあまねく規定されているとしても、それだからといってあまねく規定されうるもののすべてについて、それが現実的にも存在していると想定していいわけではない。[12] こうした考察が、超越論的理想の行なう現存在についての疑似証明を〔まず第一に〕論駁するのである。〔次に〕存在は決して事象的述語として思惟されることはできない。それでも存在を事象的述語として思惟する人は、現実的なものを概念において規定的に思惟する可能性を廃棄することになる。この異論によって神の存在の存在論的証明〔第一証明〕もまた破産してしまう。しかし〔いずれにしろ〕《事象性の総体》の概念からはその現実的な現存在が導出されえないのであれば、この概念によって実在的必然性の概念を規定することもまたできない。以前には、なるほど一切の可能的なものの総体はそれ自体において必然的な何ものかであるかに見えていた。だがしかし、そのための証明が単に自然的錯覚〔疑似証明〕とこの錯覚を支える詭弁〔第一証明〕にしか基づいていない以上、実在的必然性の思想は《事象性の総体》の概念から解放されなければならない。

《事象性の総体》の概念の内で論理的必然性から区別される《必然性》〔実在的必然性〕と見えていたものは幻想であることが明らかにされる。すなわち、可能的な論理的真理の諸条件に矛盾して概念から存在へ移行するという幻想である。以前は、《事象性の 総体》だけが《必然的存在者》でありうると思われていたが、ことによると必然的存在者が現実的に多数存在するかもしれないということが、今や再び未決定のものとして残されることになるのである。実在的必然性の本質を明らかにしようとする試みはやはり失敗したのである。「《必然的なもの》はひとつ以上存在することができないということは、概念からは決して洞察することはできない」(5784)。それればかりか、現実的なもののすべてが必然的に存在するということもありうるだろう。というのも、われわれはあらゆる現実存在がその諸制約から生ずるのだということをいずれにしろやはり承認するからである。たしかに、そのことによって現存在の偶然性が証明されているように見える。すべての制約はさらに制約されたものであるし、したがってまた一見して偶然的なものであるかのように思えるのである。けれども、諸制約の全系列そのものが《必然的存在者》だということもおそらくありうるだろう。われわれはこの全系列をそのようなものとして認識していないだけなのかもしれない。われわれがこの全系列を必然的なものとみなさないのは、この系列が存在しないとしても何らの矛盾も生じないからである。矛盾があるということが不可能性の唯一の基準である。しかし、何らかの現存在を――その反対が矛盾を含むということを根拠にして――必然的なものとして認識するという希望が放棄されざるをえなかったのであってみれば、それとは逆に、反対が矛盾を含まないからといって、それが物の偶然性の基準だということもできない。

この成果は重要な帰結をもたらす。つまり必然的存在者の概念は不可解なものとなるということである。この概念に一定の内容を与える唯一の道は今や閉ざされた。《事象性の総体》の理想は最高の存在者の現存在を確信するまでには至らない。それゆえ、《事象性の総体》の概念と《必然的存在者》の概念とは等価ではない。したがって、《必然的存在者》という語でもっては何ら規定的なものを思惟することはできないのである。「それゆえわれわれは絶対的に必然的なものそのものについて、絶対にどんな概念ももつことはできない[13]」。なぜなら、「私が或る存在者を事象性の全体とみなすと仮定しておきながら、それを思想において廃棄するとすれば矛盾が生じるような性質をもつ存在者があるとして、このような存在者に関して或る概念をきちんと提出することは絶対に不可能」だからである。[14]

このことからさらに帰結として絶対的必然性の概念の主観化が生ずる。[15・16] 第四の二律背反の定立における宇宙論的思想は避けられないものである。「ところで今、私が、このような存在者が絶対的に必然的であるためには、それはどんな性質をもたなければならないのかと問うときに、この上もない困難が生ずるのである。或るものが端的に必然的であるためにはそのものに何が属するのか、ということを洞察するまでは、私は、どうしてもこれらの性質を認識しかつ立証することができないのである。……ところが、絶対的に必然的な存在者の概念は理性によっては決して洞察されえない。それにもかかわらず私はその存在者を必然的な仮説として立証することができるのである」(Pölitz 279, 275, 282をも参照)。依存的なものの系列を遡行的にたどるとしても、われわれは決して自体的に規定された必然的なものの概念にまで到達することはない。だからといって、この概念を直接的に洞察することもできない。なぜなら、この概念は概念的思惟の可能性を廃棄してしまうからである。「《必然的存在者》とはその反対が絶対に不可能なもののことである。人間悟性はしかし、非存在が自分の概念に矛盾するということによってでなければ、この不可能性を洞察することができない。ところで、或るものの非存在はものそれ自体の概念に決して矛盾しない。したがって、《必然的存在者》の概念は人間理性にとっては到達不可能なものであっても、やはり必然的に想定されなければならない。なぜなら、もしもそれが想定されていなければ、制約された必然的なものの系列は決して終わることがないからである」(5783)。「別の存在者を説明するために必然的存在者を想定することと、或る存在者をその概念によって必然的なものとして認識することとは別のことである」(ebd)。「絶対的必然性は、われわれがどんな場合にも何はさておき必然的にそこへ到達せざるをえなくなる、ひとつの限界概念である。そしてそれは諸々の結果を説明するためにのみ想定されうるものであって、それ自体として洞察されたり概念的にとらえられたりすることはない」(6278)。

以上が超越論的神学に対するカントの批判的分析の否定的成果である。しかし、実在的必然性の概念の理解不可能性は、やはりそれ自体が明らかにされなければならないものなのである。

それに役立つのが論証《ディスクルツィーフ》的認識の諸原理についてのカントの理論である。認識者が自分自身についてもつ〈我思う〉の意識の内には対象的なものは何も与えられていない。この意識は与えられた諸表象を結合して統一を与える遂行意識にすぎない。したがって、関係の諸カテゴリーが対象についての思惟の根本形式となる。(17) つまり関係の諸カテゴリーにおいて、或る表象が別の表象と結合されて思惟され、しかも一方の表象が他方の表象を措定するための条件となるように思惟される。これらのカテゴリーが与えられた多様性に統一を与える機能を果たすのである。認識作用の唯一の働きは結合によって諸対象を規定することである。だからこそ理性もまた何ものも直接には可能的なものないしは必然的なものとして措定できないのである。理性は、すでに現実的であるものを、それがもつ諸制約から認識することによって、それに明確な連関を与えることしかできない。「理性はいつも或る現実存在を別の現実存在に結びつけているのであって、何ものもそれ自体として措定することはできない。理性は、それゆえに、アプリオリな結合の能力にすぎず、絶対的必然性を現存在の内に認識する能力ではない」(6299)。「内的に必然的なものは端的に必然的に(《あまねく》)存在する。しかし、われわれはその内的必然性を、明確な条件が欠落しているために、洞察することができない」。してみれば、実在的必然性の表象もまた、《事象性の総体》の表象におとらず、単なる理性の仮定にすぎないのである。理性は、制約されたものからその制約者へと遡行するに際して、認識に或る限界を据える。理性は有限で制約された諸対象の領域を完成して全体性をつくりあげるが、しかし、理性自身がそのとき同時に可能的認識の諸制約を踏み越えてしまうのである。「最高の充足性をもつ存在者の現存在を、あらゆる可能的な結果に対する原因として想定するのは、理性が求める諸々の説明根拠を統一する作業を、理性のために軽減してやるためであるが、そうした想定はたしかに許されるかもしれない。しかしながら、それを越えて、そうした存在者は必然的に実在するという主張までも引き出すにいたっては、もはや許された仮説の控え目な言表とはいいがたい……。なぜなら、絶対的に必然的なものとして認識されるといわれるものに関しては、そうしたものについての認識もまた絶対的必然性をおびていなければならないからである」（B 640）。〔もちろん〕このような認識は不可能である。

理性は決して現実存在を自分自身から措定することはできない。そこからさらに、理性は可能性、現実性そして必然性の区別を諸対象それ自身における区別として理解することもできない、ということが帰結する。理性が諸物それ自体を様相のカテゴリーに従って区別しようとするなら、理性は単なる可能的なものと絶対的に必然的なものとの真の基準を展開してみせなければならないだろう。しかしすでに証示されたように、理性にはそれができない。それゆえ、様相の諸カテゴリーは論証的《ディスクルツィーフ》で有限な悟性の、与えられた諸物に対する関係にとってのみ意義をもつにすぎない。われわれが絶対的必然性と呼ぶものは、あたかもそれが自体的に（物それ自体において）可能性と区別されているかのように考えられてはならない。「もしもわれわれがあらゆる物の可能性を直観的に認識するのだとしたら、その反対が矛盾するということによらなくとも、可能性の領分で物に〔直観的に〕出会うことは決してないはずだという理由から、或る物の不可能性を認識することになるだろう。その場合には、絶対的必然性は或る物のアプリオリな直観以外の何ものでもないことになるであろう」（6393）。現存在を諸概念から、すなわち矛盾律を根拠にして、必然的なものとして認識しようとする無益な試みは、必然性が諸物自体の原理として考えられる場合には、もはやまったく意味をなさない。「物の可能性と現実性とを区別することは人間悟性にとってはどうしても必要なことである。その理由は、主観と主観の認識諸能力の本性の内にある。というのは、これらの認識能力を行使するために、概念に関わる悟性と、その概念に対応する客観（所与存在〔ヘンリッヒの加筆〕）にかかわる感性的直観というふたつのまったく異質な要素が必要でないとすれば、可能的なものと現実的なものとの間のそのような区別は存在しないであろうからである。すなわち、われわれの悟性が直観的であるのならば、悟性は現実的なもの以外にはいかなる対象ももつことはないであろう」（K.d.U. §76, Orig. Ausg. 340）[18]。物それ自体においては諸カテゴリーの体系の様相的差異は廃棄されている。

容易に思い浮かべられるような反論をしりぞけようと思うなら、以上のような思考の歩みが前提されなければならない。われわれは以下のように問うことができる。理性が《必然的存在者》ということで何ら規定的なものを考えることができないのに、それでもなお《必然的存在者》を理性的仮説として認めるというのは無意味なことではなかろうか、と。絶対的に必然的な存在者という思想は、無意味で、したがって仮説としてすら使用することができないものであるか、もしくは、この思想において、たとえ不完全ではあっても、ある対象が思惟されているか、そのどちらかである。後者の場合、この思想は少なくともおそらくは単なる主観的表象以上のものである。――この選言は或る対象についてのすべての概念に関しては、たしかに完全なものであるにしても、しかし対象に関係づけられているすべての概念に関して言えばそうではない。つまり、《必然的存在者》の表象は認識にとっては有意味であるが、それにもかかわらず単に主観的なものにすぎない。というのも、様相の諸カテゴリーは総じて諸対象と認識能力との関係を規定するにすぎないからである。様相の諸カテゴリーによってのみ考えられている存在者（ens）〔例えば、必然的存在者〕においては、本来まだ何も対象的には規定されていない。われわれは「絶対的に必然的なものそのものをまったく理解することはできない（その理由は、絶対的に必然的なものとは単なる様相概念なのであって、この概念は、ものの性質としての概念ではなくて、ものの表象と認識能力との結合だけを、すなわち主観への関係だけを含むものだからである）」。簡単かつ適切にカントは同じ事態を定式化している（6320, S. 636）。「端的な存在としては、必然的現存在は判断の主語に関するいかなる概念も含んではいない」。必然的なものという思想は単なる様相規定にすぎない。それゆえに、この思想の内ではこの存在規定が帰属している存在者についてはまだ何も思惟されてはいない。様相規定は思惟する主観に対する特定の関係についての思想にすぎないのであって、この関係の中で存立するような存在者についての思想ではない。必然的存在者という表象のための別の諸徴表が単なる様相規定からさらに展開されうる場合にも、事情は同じである。「なぜなら、諸々の分析的な述語、すなわち必然性の概念と同じ種類の述語、例えば実体の不変性や永遠性、それどころか単純性でさえもがいかなる規定でもないのであって、したがってまた、そのような存在者の統一性も決して証明することはできないからである[19]」。この思想は、敷衍して言えば、次のような意味をもっている。永遠性（どんなときにも存在するということ）といった量の規定や実体といった関係規定はたしかにそれ自体で対象そのものを思惟するのに適しているし、その点で様相の規定から区別される。しかしこの場合、それらの量規定や関係規定は、問題になっている実在的必然性という概念から、この概念と根本的に相容れないような諸規定を排除するのに役立つにすぎない。それらの諸規定が《必然的存在者》という概念からの帰結にすぎない以上、それらは或るものの概念にもそのものの本質にも到達しない。〈実在的に必然的な存在者はただ実体としてしか考えることはできない〉という正当な命題も、この存在者の概念をそれ以上明らかなものにするわけではない。というのも、或る実体の絶対的必然性は、絶対的必然性そのものと言う場合と同じく、思惟不可能なものだからである。「われわれは絶対的に必然的な存在者について或る概念をもっているが、それはいかなる規定可能な概念でもない。われわれは廃棄されえない性質として何をこの存在者に与えるべきなのかを知らない」(Heinze 706)。「われわれはたしかに絶対的に必然的な存在者という概念をもってはいるが、この概念は名目的概念であり仮定的なものである」(705)。

以上のすべての考察を前提にしたうえで、カントは、絶対的に必然的な存在者の現存在は人間理性にとっての深淵であるというのである(Heinze 705)。『純粋理性批判』の有名な箇所(B 641)でカントは、この思想が想像力に及ぼす影響とハラーの永遠についての詩から得られる印象とを比較している。[20] 端的に必然的なものという思想は無限に続く時間に関する思想と比べても、ずっと耐え難いものである。なぜなら端的に必然的なものという思想は、理性に対して根源的かつ必然的に提示されている問い、つまり諸物の根拠への問いを究極的に解決する希望を理性から奪いとってしまうからである。理性は実在的必然性の明確な概念を決して把握できない。それゆえ、理性は自分が獲得する各々の内容を前にして、この内容の実在的根拠への問いを再び新たに立てざるをえないのである。「ここですべてのものがわれわれの足下で崩れ去り、だから最大の完全性も、最小の完全性も支えを失って、ただ思弁的理性の前で漂うだけで、この理性には、いずれの完全性もただ手を拱いて消滅するにまかせるよりほか、なすすべはないのである」(B 641)。しかし、思弁的理性はこの眩暈を起こすような概念から自由になることはできない。なぜなら、宇宙論的な根拠づけの歩みによって理性は、根源的に偶然的なものの世界、つまり原因によって制約された存在者の世界の内にはやはり、何か或るものが端的に必然的に存在するのだと想定せざるをえないからである。「いたるところで私たちが目にするのは結果と原因との連鎖であり……、しかも何ひとつとして、それが現にある状態のうちへと自分自身で入りこんだわけではないのだから、すべてのものは、さらに遡って他のひとつのものを指示する……。かくてこのようにして、この無限に偶然的なものの外部に、それ自身だけで根源的に独立して存在しつつ、この偶然的なものを支える或るものが想定されないならば、ありとある一切のものが無の深淵のうちに沈み込まざるをえないであろう」(B 650)。だからこそ、無制約的に必然的な存在者が想定されなければならないことになる。しかし、理性がそのように想定するときに、自分の考えているものが何であるのかを明らかにしようとすれば、理性は再び同じ無の前に立たされる。「人はこの思想を想わずにはいられないが、かといってこの想いに耐え抜くこともできない」(B 641)。理性はこの自己矛盾に駆り立てられる。なぜなら理性は、対象を思惟するための必然的前提に、対象的に規定された概念という形式を与えようとするからである。そのとき理性は、自分の超越論的仮象に屈服してしまう。「根底にある概念というものは必然的前提である。そしてそれゆえに、この概念が必然的存在者の概念であるかのように思われる」(4729)。ところが理性は、超越論的理想の疑似証明における仮象を存在論的分析という一層単純な手段で回避できるのに、与えられた物を物自体とみなしているために、《必然的存在者》の概念の内にある仮象に陥らざるをえないのである。物それ自体を認識しようとするなら、理性は与えられた被制約者から無制約的な第一者へ至る歩みを確かな可能性として前提せざるをえないことになるだろう。諸制約の認識に際して《無限遡行》という思想が意味をもちうるとすれば、それはただ認識される物それ自身も、すでに主観的諸制約下にあるときだけなのである。主観から独立した諸結果の系列という概念がその第一の根拠を(この系列の内、あるいは外の)必然的存在者の内にもたないとすれば、それは矛盾である。それゆえに、第四の二律背反の定立における超越論的仮象は超越論的観念論なしには廃棄されえないのである。

必然的存在者の概念は判明に思惟することができないということが証明されたのだから、いまやそれにもとづいて、宇宙論的証明が存在論的証明を前提しているというカントのテーゼも、理解することができるのである。何らかの必然的なものの現存在を主張するにとどまっているかぎりでは、宇宙論的証明は存在論的証明を前提していることにはならない。「宇宙論的証明は、ただ一歩のみを、すなわち、必然的存在者一般の現存在に向かって一歩を踏み出すためにだけ経験を利用するにすぎない」(B 634)。とはいえ、この踏み出した一歩は、まだ神の存在証明ではない。なぜならこの一歩によっては、宇宙論的証明は、例えば世界そのもの、あるいは世界の中のいくつかのもの、つまり空間、物質ないしは《形成力》としての生命力といった一定の諸力が必然的存在者であるという可能性を、まだ排除していないからである。宇宙論的意味で必然的なものが《事象性の総体》を含むことを示すことができたとき、はじめて宇宙論的証明は神の存在証明になる。それゆえに宇宙論的証明はその最初の一歩にもう一歩を加えて、そこで《必然的存在者》と《事象性の総体》の概念の必然的な統一を証示しなければならない。宇宙論的証明はそのときもはや経験を頼りにできないのは明白である。宇宙論的証明はすでに「経験的証明根拠に」「完全に別れを告げ」、そして「純然たる概念の背後に尋ねて」、「絶対的に必然的な存在者というものは総じていかなる性質をもっていなければならないのか、言いかえれば、あらゆる可能的なもののうち、いかなるものが絶対的必然性に対する必要条件をそれ自身のうちに含んでいるのかを捜し出さなければならない」(B 635)。しかし、理性は、「必然的存在者」という単なる様相規定から、どのようにしてそのような存在者の実際の性質を展開するというのであろうか。そのためには理性は、現存在の必然性を含み且つ内容的にも規定されているような概念をあらかじめすでに我がものとしているのでなければならないだろう。もしも《事象性の総体》の思想からその現存在の確実性へと移行することができると前提されるとすれば——すなわち神の存在の存在論的証明が的確なものであるということが前提されるとするならば、《事象性の総体》

ということの思想がそのような概念にあたるであろう。その思想は、しかし、詭弁である。なぜなら現実存在はいかなる事象性でもないからである。たしかに、この存在論的証明は、或る存在者の現実存在の確実性をその概念から告知するという意図、すなわち必然的現存在の認識を説くという意図で構想されていたものにすぎなかった。だがしかし、この証明は、証明としては棄却されざるをえなかったのだから、《必然的存在者》の概念から最高の存在者の概念へ、したがって神の概念への移行を基礎づけることもできない。したがって、神の存在証明としての宇宙論的論証は、存在神学が説得力をもつかどうかに掛かっていることになる。してみれば、神の現存在をアプリオリに（それゆえ存在論的に）証明することが可能であるか、それともそもそもいかなる合理的神学も存在しえないかのどちらかである。宇宙論的思想はただそれだけでは神の現存在を証明するものではないのである。

ところが、宇宙論的思想は、何か或る必然的存在者の現存在を証明するものですらない。《必然的存在者》の概念は決して明晰判明に思惟されえないのである。というのも、この概念を規定する唯一の可能性、つまり存在論的論証は、容易に見破ることのできる誤謬に基づいているからである。しかし哲学は、自分が必然的存在者という宇宙論的問題にまだ支配されている間は、自らのこの誤謬を認めることは許されない。哲学はあらゆる手段を用いて、宇宙論的問題に妥当性のありとあらゆる仮象をあたえるべく試みなければならない。なぜならまさにこの脆弱な基礎のうえに合理的神学の全建造物が建てられているからである。「神の現存在とその概念の規定の証明はすべて、結局次の超越論的命題に基づいている。すなわち、最も完全な存在者は《根源的存在者》であるか、あるいは逆に《根源的存在者》は……あらゆるもののうちで最も完全な存在者であり、したがって、そのような存在者はそれ以外には唯のひとつも存在することはありえないのであって、その他の一切のものもその根源的存在者から導出されるという命題である」

(6247)。〔《根源的存在者》はあらゆるもののうちで最も完全な存在者であるという〕第二の推論の可能性は〔最も完全な存在者は《根源的存在者》であるという〕第一の推論の妥当性に依存している。なぜなら、事象性の全体の概念から必然的現存在が導出されえないのであれば、理性は必然的存在者という無規定な思想を決して乗り越えることがないからである。「したがって、すべての神学は本来《最も事象的な存在者》という超越論的概念の上に建てられている」(6247)。

カントはこの考究を、論理的形式主義に還元することによって、可能な限り明白に叙述しようとした。《最も事象的な存在者》の概念は《単一概念》である。なぜなら、この概念はアプリオリにあまねく規定されたものに関する唯一の思想だからである。論理学の教えるところによれば、その述語が《単一概念》であるところの肯定判断は量損失をともなわずに換位されうる。全称肯定判断とは違って、単一概念を述語としてもつ肯定判断にとっては(定義にとってと同様に)、もしもA＝BならばB＝Aでなければならないということが妥当する。してみればこのことはまた、必然的存在者の概念と最も完全な存在者の概念との間の関係にも妥当するといってよいはずである。「換位された命題もまた真でなければならないであろう。しかしそれは、唯ひとつのものしか《最も事象的な存在者》であることができないという理由によるのである。しかも《最も事象的な存在者》の概念が《共通概念》ではなくて、《単一概念》であるというまさにこうした理由から、この命題は真でなければならないのである。まさにそれゆえに、換位可能性の結合は《このような単純換位》を、それも単なる概念から——《最も事象的な存在者》の概念から必然性への推論や、その逆の推論と同じように——形成せざるをえないのだが、しかしこれはまちがいなのである」(5776)[21]。「すなわち、もしも私が、絶対的に必然的な存在者はそもそもいかなる特性をもたなければならないのかと問うとすれば、答えは、そこから絶対的必然性が流出してくるような特性ということになる。ところで、理性はすべてのもののうちで、ただ最も事象的な存在者の概念においてのみ絶対的必然性への必須の必要条件を見つけ出せると思っており、だからこそ、絶対的に必然的な存在者があらゆるもののうちで最も事象的な存在者であると推論する。しかし、最高の事象性をもった存在者の概念が現存在における絶対的必然性という概念を完全に満足させるということを前提していないのだとすれば、理性はどうしてそのように推論することができるというのだろうか。このことが意味しているのはしかし、最高の事象性から絶対的な実在必然性が推論されうるという命題、つまり、人々が避けようとしたけれども、宇宙論的諸概念においても仮定され根拠とされているところの存在論的論証が主張している命題以外の何ものでもないということである。——最高の事象性の概念から絶対的に必然的な現存在を……証明することがわれわれにはできなかったのであるから、いま反対に、或るものの絶対的必然性からそのものの最高の事象性を論証することも、われわれには不可能となろう。なぜなら、絶対的必然性は単なる諸概念から作られた現存在にすぎないからである。さて私が、《最も事象的な存在者》の概念は必然的現存在に適合する概念……しかも唯一の概念であると言うとすれば、そのとき私はまた、その概念から、すなわちあらゆるもののうちで最も事象的な存在者の概念から推論がなされうることも認めなければならない。それゆえ、いわゆる宇宙論的証明の証明力の中に含まれているのは、本来純然たる諸概念に基づく存在論的証明だけである。そしていわゆる経験はまったく無駄なものであって、それはおそらくは、われわれを単に絶対的必然性の概念へと導くためだけのものであり、決して何か或る規定された諸物に即してこの必然性を明らかにするためのものではないのである」(Pölitz Rel. 65/7)。《事象性の総体》の概念と《必然的存在者》の概念は相互に含意し合っているわけではないし、それゆえにまた互いに他を規定し合うこともできない。《事象性の総体》が必然的現存在をもたないのと同じく、必然的現存在の概念から「事象性の全体」という規定性を導出することもできない。「もしも私が《必然的なもの》を《最も事象的なもの》の概念の下で思惟しないとしたら、そのときには《必然的なもの》の概念との矛盾が生ずるであろうなどと、私は言うことができない。というのも私が《最も事象的なもの》を前提したとしても、このものが実在しないということは何ら矛盾を含まないからである」(6389)。

こうした思想の中でカントは神の存在証明の伝統的な三つの形式をひとつの統一的原理に包括し、そして唯ひとつの根拠づけの歩みのなかでそれらを論駁した。それというのも目的論的証明もまた、それが宇宙論的証明と同じく、あらゆる完全性を所有する或る存在者の現実存在の証明ではないというかぎりで、この連関に含まれるからである。そのための試みを目的論的証明はふたつの仕方で企てることができたはずである。第一に、目的論的証明は偶然的世界の完全性の度から世界の根拠である最高の完全性へと推論することができる。しかしすでにヴォルフが、そしてのちにヒュームが示していたように、そうすることには何ら正当性がないのである。[22] われわれは世界の中で現実に見出されるのと同じ数だけの完全性を世界秩序者——それは決して創造者である必要はないのだが——に認めてもよい。ところが、われわれの世界が可能なすべての世界のうちで最も完全な世界であるということは、経験からは決して証明されえないのである。第二の道というのは、世界の秩序から世界の偶然性へと推論し、そしてこの偶然性から端的に必然的な存在者の現存在へと推論する道であるだろう。しかしその際、第二の歩みにおいては宇宙論的思想が用いられているが、この宇宙論的思想それ自身は存在論的論証に帰着する。したがって、そうだとすれば、物理・目的論的証明もまた、《事象性の総体》の現存在をたしかにその概念から証明することができるときにしか、《事象性の総体》に到達しないのである。仮に存在論的証明が成功したとすれば、この証明によって、他のあらゆる証明の試みは余計なものとなるだろう。それゆえ、最高の存在者の現存在の存在論的証明は「いかなる人間理性も無視することのできない唯一可能な証明根拠を……（いやしくも思弁的証明というものが成立するかぎり）依然として」含んでいる（B 653）。存在論的論証はそれゆえに神の存在証明における唯一の推論形式である。存在論的証明だけが少なくとも、神と呼ぶにふさわしい存在者の現存在を証明できるという希望を与える。しかしそれは詭弁なのだ。したがって合理的神学は不可能である。

合理的神学を建設しようという試みが一般になされてきたことの様々な理由は宇宙論的証明の内に求められなければならないと、同時にカントが主張する場合にも、彼のこの結論が矛盾しているわけではない。なぜなら、存在論的論証も、それと共に理論的学問としての神学も、必然的存在者という宇宙論的限界概念をそれ自身において規定された概念にするという理性の要求から生じているからである。もしも(1)存在論的証明が他のあらゆる証明の基礎になっているとすれば、それでいて、(2)この存在論的証明自身は、世界の必然的根拠という規定された思想において理性に休息を与えるという課題に従事しているとしたら、合理的神学の命運は必然的存在者の概念の妥当性と起源とに関する判断によって決定される。してみれば、思弁的神学へのカントの批判は存在論的論証への批判であると同時に《必然的存在者》の概念に対する批判でもある。「超越論的神学の困難のすべては、或るものの絶対的必然性の概念を規定することができないということ、すなわちこうした概念の思惟可能性が何に基づくかを規定することができないということに由来する」（6277 強調・ヘンリッヒ）。このことを認識していたからこそ、カントの批判は彼に先立つ諸の批判者たちの諸成果から区別されるのである。

近世の存在神学に対するカントの関係を正しく把握し、彼の批判を正当な仕方で評価しようとするならば、この連関に注目しなければならない。デカルトは、存在神学を「《必然的存在者》」の概念に基づく証明の上に建設することによって、存在神学を新たに基礎づけた。存在神学は、中世後期にほぼ完全に無力にされてしまっていたが、その後デカルトのこの推論によって重要なすべての思想家のもとで再び有効性をもつようになったのである。マールブランシュとスピノザにおいては、この推論こそが神の存在の唯一の存在論的証明であった。ライプニッツはデカルトの推論をアンセルムスの証明と同等の資格をもつものとみなしたが、しかし同時にこれらふたつの論証のもっている内的連関を認識していた。この内的連関がクリスチャン・ヴォルフの『自然神学』のふたつの部門をも相互に結合しているのである。バウムガルテンの『形而上学』の構造はこの連関によって制約されている。ヴォルフ学派全体の中では第二の存在論的論証が用いられていた。最後に、メンデルスゾーンもなお、この証明を最も説得力があり、ガッサンディの異論によっては論駁されえない証明として擁護していた。だからこそカントは、彼が繙くどんな教科書の中にも《必然的存在者》の概念に基づく証明を見つけ出すことができたのである。

ところが、『純粋理性批判』は決して明白な形ではこの概念を扱っていない。合理的神学批判の中の存在論的証明にあてられた節は、ただアンセルムスの論証だけを論駁している。してみるとカントはずっと昔の形態の存在神学、しかも制限された意義しかもたない形態での存在神学にかかわったにすぎないと思われるかもしれない。そうであったのなら、彼の批判はほとんど意味ある業績ではなかったことになるであろう。事実、同じような観点がすでにガッサンディによって、そして後にはデ・メゾーやモスハイム、そしてベーリングによって用いられていたのである。カントがデカルトによって導入された論証と、したがって近世における存在論的証明の真の《立証の腱》とにまったく注意を払っていなかったということを、もしも示すことができるなら、それは、カントの批判的企てが厳格さを欠いたものだと非難するための重要な根拠となるはずである。なるほどこれまでのところ、こうした非難がなされることはなかった。——

しかし、そうした非難がなされなかったのはひとえに、カント以前の形而上学についてのわれわれの知識が久しい以前から、カントが形而上学について与えた叙述によって媒介されてきており、しかも教科書とか良くできた解説書が『純粋理性批判』のカントのその叙述を引用してきていたからにすぎない。もしもカントの批判が実際にアンセルムスの証明に反対するわずかな根拠しかもたないものであったなら、存在神学をそれ固有の動機と前提から評価しようと控え目に試みるだけで、もうカントは否定されて、存在神学は再び旧来の権利を認められることになったはずである。

しかし本当のところは、思弁的神学に対するカントの批判全体の本質的中心は、第二の存在論的論証が出発点にしている〔必然的存在者の〕概念を批判することにある。思弁的神学が正当か不当かを決定するカントの批判の唯一のテーゼは、《必然的存在者》の概念は規定不可能であるということである。存在神学に対する他のすべての異論は、カントの批判においてはせいぜい補助的論証にすぎない。かつてデカルトは、必然的存在者の表象において概念から存在への移行の明晰性と判明性とを証示し、自分と比べてアンセルムスの「《それ以上大きなものが考えられない存在者》」という表象は単なる名辞にすぎないと主張することによって、自分の証明を聖アンセルムスの証明から区別した。ところが、今やカントがデカルトの根本概念に反対して同じ言葉で同じことを言いたてる。「これ〔必然的存在者〕はしかし、私が知らない概念についての単なる名辞にすぎない」(Heinze 706) と。主観的な限界概念として（理性の限界として）[23]は、必然的存在者はたしかに明晰かつ判明に表象されることができる。しかし、内容からすればこの存在者は決して明確に規定されて思惟されることはできない。明確に規定されて思惟されえないのであれば、デカルトはこの存在者を、ペガサスとか最も完全な馬とか、僧侶ガウニロの言う最も完全な島などと同じように、空想的なものと呼ばなければならなかっただろう。メンデルスゾーンはその二者択一を明瞭に次のように定式化していた。われわれは「必然的存在者の概念にその現存在の確実性を結合するか、それともこの概念そのものを断念するか、そのいずれかでなければならない」、と。カントは、彼に先立つヒュームと同じく、この二者択一の第二の道を選択した。そのことによってカントはすべての存在神学からその基礎をうばいとってしまったのである。

デカルトは、最高に完全な存在者の概念の内に存在すると考えられる、驚くべき力の徴表について語っていた。しかし、われわれがこの力をどれほど大きなものとして表象しようとも、この力は、自分自身の内に自己の現実存在の根拠をもつような存在者の力についての明晰かつ判明な表象には決してなりえない。スピノザは『エチカ』の冒頭で《自己原因》の概念を定義していた。けれども、定義される対象が明晰かつ判明に表象されえないのに、その定義に基づいてひとつの体系を築くことは許されないことである。カドワースとライプニッツには、神の現存在の存在論的証明の可能性を否定することは或る規定された神概念の可能性を否定するのと同じことを意味する、ということを最初に洞察したという偉大な功績が帰せられる。そのような二者択一は、ライプニッツの立場にとっては、やはりばかげたことだったのである。その二者択一からすべての形而上学に対する懐疑が導き出されてくるからである。ところが、カントにとってはこの二者択一は、存在するものの全体についての合理的認識の様々な困難と矛盾から理性を解放する理論の唯一の可能性なのである。クリスチャン・ヴォルフは宇宙論的神学の中で必然的現存在という事象性を証明したと確信していた。それゆえ彼は、『自然神学』の第二巻で存在論的神概念をあらゆる事象性の総体として展開するとき、この概念の中に必然的現存在という事象性をもとり入れて当然だとみなしていたのである。しかし、われわれは決して必然的現存在を表象することができない、というカントの主張が正しいとするならば、必然的現存在もまた《事象性の総体》の明瞭に規定された概念の徴表ではありえない。逆にバウムガルテンは何の断りもなく、必然的現実存在という宇宙論的概念を、アンセルムスの存在論的論証における概念から現存在への移行の必然性によって定義した。カントの批判はさしあたりはバウムガルテンの思想の歩みに向けられていた。カントは、こうしたやり方では宇宙論的な根本概念はその規定性からみて存在論的論証に依存させられることになるということを洞察していたのである。カントが示そうとしたように、こうした態度は理性の現実的な諸法則を考慮に入れており、したがってバウムガルテンの『形而上学』の体系構制は純粋理性認識の体系そのものを展開しているわけだが、しかしそれにもかかわらずバウムガルテンは説得力のある神の存在証明を与えるという所期の成果をあげることができなかったのである。バウムガルテンの『形而上学』の中で述べられている「自然的で独断的な理性認識」を批判する際、カントは同時に、この「卓越した分析家」さえもがそこに出自をもつ、デカルト以来の存在神学の中心に、矛先を向けていたのである。

残る問題は、デカルトの存在論的論証が『純粋理性批判』の中でなにゆえに直接論駁されないのかということである。カントは形而上学的神学を分析するに際して、生涯にわたってたしかに何をおいてもヴォルフとバウムガルテンの教科書を念頭においていた。これらの教科書ではデカルトの論証はただ付随的に報告されているだけである。しかし、こうした伝記上の根拠は、『純粋理性批判』の目論見がカントの独断的な先駆者たちの具体的な証明の歩みをことごとく破壊するなどという点にあったのではないということを考慮に入れるなら、とるに足りないものになる。『純粋理性批判』に課せられた課題は、形而上学的認識における自然的で超越論的な仮象を完全に展開し解明することであった。『純粋理性批判』が提供しようとするのは「諸々の本や体系の批判」ではなくて、「純粋理性能力そのものの批判」(B 27)なのである。したがって、『純粋理性批判』には、理性の第一の単純な諸根拠と諸推理を演繹し、これらを批判に委ねることしかできない。その際、純粋理性認識の体系を構築するのに成功するのであれば、この体系がすべての歴史上の形而上学の基礎にもならなければならないということを『純粋理性批判』はアプリオリに結論づけることができるかもしれない。とはいえ、このことから、歴史的な諸著作や体系もまたこの計画に従って建設されているというのがカントの見解であるなどということは帰結しない。カントの分析を見れば、むしろそれとは反対のことを推測したくなる。理性にとって自然な形而上学は、超越論的仮象に、つまり詐取に基づいているのであり、そして存在論的論証の場合には詭弁的な推論にすら基づいているのである。こうした欠陥のすべてが「偉大なる独断的な哲学者たちに」完全に隠され続けていたなどということはありえないことである。しかし彼らが原則的な部分では超越論的仮象に陥っていたからこそ、彼らは彼ら自身が伝統的な合理的神学の中に発見していた様々な欠点を間接的に埋めあわせようとしなければならなかったのである。カント的な基礎に立てば演繹することすらできることであるが、歴史上の形而上学は単に理性それ自身のもつ諸矛盾の中で行きつ戻りつせざるをえなかったばかりではなくて、超越論的仮象と、この仮象に起因する欠陥推理を避けようとして用いる不十分な手段との間でも、安らうことなく右顧左眄せざるをえなかった。『純粋理性批判』にしてはじめて、独断的形而上学の首尾一貫した体系を建設することもできたのである。『純粋理性批判』は形而上学の梗概を手中におさめているのであるから、それはまたこの学の歴史の中にある多くの抜け穴や逸脱をもそれとして認識できるのであり、したがって原則的にそれらを避けることもできる。そうした抜け穴や逸脱はたしかに、自然な形而上学的認識それ自体の様々な推論よりも、もっと明敏で複雑なものであるのかもしれない。しかし、それらの抜け穴や逸脱を避けるためには、一層大いなる明敏さが求められているのである。

形而上学の限界内でのそのような逸脱の試みの例として、カントはライプニッツの思想を研究した。ライプニッツはデカルトと共に世界における諸変化の無限の系列の可能性を認め、それゆえ宇宙論的論証をそれまでとは違ったふうに建設した。[24]第一原因は或る有限な系列の第一項である必要はない。第一原因は、諸変化の無限の系列がそこにおいて「すぐれた形で」実在しているような、この系列の根拠だとも考えることができるからである。ところが、カントはライプニッツのこうしたやり方が「まったく不当なもの」であることを明らかにしている。なぜなら、このやり方は世界時間における諸変化の偶然性を確定することから始めるからである。このような偶然性を認識することができるのは、「諸変化が経験的に規定的な諸原因に依存していること」(B 486) による。他者によって規定されるものはそれ自身において必然的に存在するとはいわれない。しかしこのことから、異なった出来事が空間時間内の同じ位置で可能であったはずだなどという結論は出てこない。系列全体はそれとしては必然的でありうるかもしれないし、——そして系列全体を媒介にすればそのすべての項もまた必然的でありうるかもしれないのである。偶然性の存在論的概念は矛盾対当の可能性によって定義される。したがって、もしも系列を存在論的な意味で偶然的と呼ぼうと欲するならば、その系列の各々の項の代わりに、各々の項の矛盾対当が現実のものになっているということが可能でなければならないはずであろう。しかし実際にはそうはならない。なぜなら、各々の項のすべてがその諸制約によって必然的なものとして措定されているからである。したがって、ライプニッツには、世界の諸々の変化の系列の外部にこの系列の原因として必然的存在者を想定する権利はなかったのである。ライプニッツによる神の存在の宇宙論的証明の革新とは、〔世界の〕始原という概念における純粋理性の二律背反からの、巧みに隠れ簑をまとった逃亡でしかない。[25]

カント自身によって与えられたこの例は、純粋理性の批判という手段によって歴史上の形而上学を解釈し、これをその基礎にまでつれ戻すことがどのようにして可能になるかを示している。そしてこの例は、

〈デカルトの方法に従った存在論的論証にはカントの合理的神認識の理論との連関でいかなる位置が与えられるのか〉という問いに答える際の模範となるにちがいない。なるほどカントは、デカルト的な存在論的論証を独断的形而上学の基礎的な推論形式とみなすとは一度も明言していなかった。だがしかし、それがカントの見解であったことは容易に推察できる。存在論的論証は、形而上学が自分の宇宙論的神学の失敗を隠そうとする際に用いる「葉形装飾や唐草模様」(B 632)の一部分であるというわけである。この解釈を基礎づけるなら、それは同時に合理的神認識についてのカントの理論を概観するのに役立つだろう。

すなわちこの理論によれば、可能な合理的神学はすべて互いに独立した次のふたつの推論方法に基づいているのである。

(1) 存在神学。すべての理性的な神認識と同じく存在神学もひとつの事実、すなわちわれわれは一般に存在する或るものについて規定された思想を思惟することができるという事実に基づいている。存在するものが規定されたものであるのは、このものに帰属する「事象性」によってである。もしも、存在するものがただ制限された度合においてしか或る事象性を所有していないのだとすれば、したがってそれが有限な存在者であるならば、この存在するものについての規定された思想は、ただこの事象性の最高の度合や〔その他の〕すべての事象性一般の概念との関係においてしか可能にならない。有限なものをこの概念に関係づけるときにだけ、われわれはそれを、制限されてはいるが、しかしあまねく規定されたものとして思惟することができるのである。この推論はそれだけでも神の存在証明として、しかも二重の形態で提出されることができるのである。ある場合には、この推論は有限な諸物の現実性を前提しており、そのときそれは、アウグスティヌスからトマスに至るまでスコラ神学を支配してきたいわゆる「観念理論《イデオロギー》的な」神の存在証明である。この推論はプラトンにまで遡り、そしてアンセルムスの『モノロギオン』においても展開されている。この推論は、しかし他方、それが制限された物の可能性の思想だけを前提している場合には、批判主義的に解釈されて採用された、カントの一七六三年の『唯一可能な証明根拠』になる。この推論に内在する超越論的仮象はしかし容易に見抜くことができる。神はここでは、単に有限な諸物を思惟するという目的のために形成された可能的な概念にすぎない。しかし、《事象性の総体》という表象がひとたび展開されるや、この表象からもうひとつ別の神の存在証明が獲得されることになる。すなわち、聖アンセルムスの存在論的証明である。アンセルムスの証明はこの概念そのものの内に現存在の必然性を発見する。そしてもしも現実存在とはひとつの事象性であるという彼の第二の前提が妥当しさえすれば、この証明はまた完全な明証性をもっているはずなのである。

(2) 宇宙神学は偶然的で制約された現存在から《必然的存在者》へと推論することから始める。独断的理性は二律背反に惑わされることなくこの推論に固執しようとする。なぜなら、この推論は確実な経験認識に基づいて一見不可避的と思える結論を引き出すからである。けれども独断的理性は、宇宙論的歩みの内部で必然的現実存在の概念を規定することに成功しない。だからこそ独断的理性は、概念から現存在への移行を、したがって必然的現実存在の概念を、実現しているかに見える存在論的神学の先の推論を拠り所とするのである。

必然的存在者の概念からその現実的現存在へと推論する第二の存在論的論証においては、右のふたつの神学の思想が互いに結合されている――しかも、ひとつのまったく単純な、一枚岩的論証でもあるかの如き外見を呈して。とはいえこの推論はやはり次のふたつのことを前提している。つまり第一に、宇宙論的歩みの中で必然的存在者の概念は獲得されたのだということ、そして第二に、この概念は規定的に、あるいはデカルトの表現を借りて言えば、明晰かつ判明に思惟されうるものだ、ということである。或る存在者が必然的であるのは、その存在者に矛盾対当するものの現実存在の可能性が考えられえない場合である。しかしながら、或る存在者について私はそれが必然的存在者であるはずだということ以外何も知らないのに、その存在者の現実存在が必然的であるということを一体どんな条件によって明らかにしようというのだろうか。必然的なものという概念以上のものは与えられていないのであってみれば、この概念を規定的に表象する可能性への問いに答えることができないのは明白である。それゆえに、《必然的存在者》の表象の内の必然的なものという概念はすでに別の方途で規定されてしまっているということが暗黙のうちに前提されているにちがいない。ヴォルフはなるほど、この概念の可能性と実在性が宇宙論的推論に基づいて確定されると考えていた。理性は世界の根拠を必然的存在者として思惟せざるをえないというわけである。けれどもこれに対しては、〔宇宙論的推論という〕この方途では或る根拠がただ第一番目のものとして性格づけられうるだけで、必然的存在者の現存在という様相をこの存在者自身において規定することができなくなってしまうはずだと反論される。したがって、残された希望は、必然的存在者の概念における必然性の意味を存在神学において定義することでしかない。そのためには、第一の形態での存在論的論証にまで遡らなければならないことになるだろう。明確にそうするならば、まず最初に第二の存在論的論証の自立性が失われることになろう。しかしそのときには、すでにデカルト自身が認識していたように、第一の論証が欠陥推論に基づいているということが明らかになるであろう。デカルトは存在神学を、自分が基礎づけた第二の論証によってアンセルムスの議論の弱点から解放しようとした。しかし第二の論証が第一の論証に依存しているのであってみれば、第二の論証はデカルトが避けようとしたのと同じ欠点をもつことになる。それゆえ第二の論証もまた、それが果たすと約束することをなしとげることはできないのである。

けれども、これらすべての弱点を第二の存在論的論証は、〈必然的存在者の概念は明晰かつ判明に表象されうる〉という単純な前提の内に隠蔽している。これをデカルトとスピノザは、あたかも自明のことであるかのように前提している。カントによるこの前提の証明の破壊は、しかしながら、《必然的存在者》の概念は可能な概念であるか否かというライプニッツによってすでに立てられていた問いに対する、単に否定的な解答にすぎない。ライプニッツ、ヴォルフ、バウムガルテンそしてメンデルスゾーンはこの問いを肯定的意味で答えうるものとみなした。というのも、宇宙論はたしかに必然的存在者の概念へと行きつき、そしてそのことによって外見上はこの概念の可能性をも証明しているように見えるからである。カントの批判的課題はしたがって、このテーゼに明らかに内在している明証性を破壊することにあった。というのは宇宙論的論証は「少なくとも自然な推論様式」だからである（B 632）。カントはこの課題を解決すべく、第一原因のもついわゆる実在的必然性とは、諸根拠の系列の内に或る限界を想定するという単なる主観的な必然性にすぎず、したがってあらゆる被制約者の第一の根拠は様相的には無規定なものだということを示したのである。そしてこのことだけが、純粋理性の彫琢された批判に基づくカント独自の批判的業績とよべるものなのである。第一の存在論的論証と、〈現存在はひとつの事象性である〉というこの論証の主張とに対する批判はすでに彼の先人たちによって十八世紀のうちに完了してしまっていた。百ターレルの論証が思弁的神学に対するカントの論駁の次元をよく特徴づけるものだと考える人は、存在神学とその批判の両者を、両者の説得力がそこにおいてのみ発揮されうる連関の中で見ていないし、両者を比較的あたりさわりのない仕方で区別してしまうのである。

〈われわれが必然的存在者について一定の概念を形成することができる場合には、この概念から直接にこの存在者の現存在が推論されなければならない〉ということを、カントは決して否定してはいなかった。したがって、存在神学に対するカントの批判を、概念から現存在への移行そのものを一般的かつ形式的に批判しようとするもの〔「論理的異論」〕だとみなすなら、われわれはカントの批判の意味をまったく根底から誤解することになる。こうした誤解を生むきっかけとなったのは、カントがあらゆるところで論理的可能性と実在的可能性、論理的根拠と実在的根拠、そして概念と事物とを区別し、そして主観的必然性を客観的必然性とみなさないよう注意を促しているという事実である。思弁的神学への論駁も結局はこれらの区別づけに帰着する。しかしこうした論駁で問題なのは、《事象性の総体》の概念や《必然的存在者》の概念を発生的に説明するに際して顧みられざるをえない〔存在と概念の〕相違なのである。われわれは、必然的存在者の概念がすでに規定された概念として前提されている場合には、その概念に対して〔概念からは概念が発生し存在からは存在が生じてくるのであって、決して概念から存在が発生してくることはないという〕この発生的説明をさしむけることはできないし、必然的なものという概念からは現存在の必然性の概念だけしか導出されないなどと言うこともできないのである。思うに、そのような〔概念からは概念だけという〕留保をすることで陥ってしまう様々な不合理にカント自身が気づいていなかったとしても、それを知るためには彼はただデカルトとマールブランシュを参照するだけでよかったに違いない。『反省録』三七〇六番の中で、カントは〈こうした留保が不合理であるということ〉を第一の存在論的論証と関係させてまったく明瞭な形で展開していた[26]。すでに以前、トマス、ウェーレンフェルスおよび彼らの弟子たちの批判的試みがそれらの不合理に逢着して挫折していたが、カントは彼らに従うつもりなど毛頭なく、むしろ彼らとははっきりと一線を画している。概念と現存在との間の徹底的で例外を許さない区別が初めて確定するのは、カントにとっては、存在神学への批判が完成した後のことである。

　カントの著作の中には、〈《必然的存在者》の表象は可能的概念である〉というひとつの条件を付けたうえで、第二の存在論的論証を明白に承認している多くの箇所が見出される[27]。例えば、「或る存在者の絶対的必然性に関して一定の概念が可能ならば、そのことによってその存在者の現存在もまた証明される」と言われている。それと同じ意味でカントは、それ自体で必然的な現存在は「自分自身にとって明晰であら（4588）ねばならない、と言っている。必然的存在者の概念が明晰に思惟されうるときには、宇宙論的証明さえも余計なものになる。なぜならそのとき、宇宙論的証明よりもはるかに容易に証明されうる、神の存在の第二の存在論的証明が行なわれるからである。「端的に必然的な存在者の現存在を、必然的なもの以外の何ものかから証明しようするのは奇妙なことである。なぜなら、もしも端的に必然的ということが何を意味しているのかが理解されていて、その概念が何ものかであるということが認識されているなら、そのときにはすでに証明は完了しているからである」（3812 強調・ヘンリッヒ）。証明が「すでに完了している」ということはまた、重要なのは文字通りの証明なのではなく、概念そのものの中にある直接的明証性なのだ、というふうに表現することもできる。すなわち、「必然的存在者の可能性が明示されるだけでよい。そうすればこの存在者の現存在もまた証明されている。なぜなら、必然的存在者が必然的に現に存在しているということがすなわち、必然的存在者の定義だからである。そのために実在するもの（すなわち、制約された現実的な何ものかにおける手がかり――ヘンリッヒの加筆）は必要でない」（4661）。宇宙論的論証はもしかしたら、《必然的存在者》の概念の可能性を確証するという課題だけならもつことができたかもしれない。しかし宇宙論的論証はこの課題を果たすことができない。その理由もすでに述べられていた。「実在するものはただ、必然性を可能なものとして表象するためにだけ役立つべきものである。しかし、実在するあらゆるものは、存在することも可能だし、逆に、存在しないこともまた可能である」（4661）。「《認識不可能な絶対的必然性は原因づけられたものによって外的に存在し、観念そのものによって内的に存在する》」（3875）。第一の存在論的論証が企てる唯一意味のある試みは、「《必然的存在者》を規定された概念にしようという要求を満たすということである。しかしその試みが座礁してしまうのであってみれば、《絶対的必然性》の中で単なる主観的必然性以上のものとされていたものが、「私が知らない概念についての単なる名辞」(Heinze 706)になってしまうのである。[28]

それゆえに、ふたつの存在論的証明への批判は、超越論的理想の疑似証明に対する批判から原則的に区別されなければならない。後者をカントが実際に非難しているのは、概念と対象との混同のゆえなのである。「欠点は本来次の点にある。すなわち、人々が《最も事象的な存在者》のもつ諸々の論理的必然性から、つまりこの概念だけが一貫して必然的に規定されているという理由で、実在的必然性を推論しようとする点にある」(6214)。しかし、この推論は《事象性の総体》の概念の内に現存在の必然性が措定されているということを証明しようなどとは決してしてはいない。〔《事象性の総体》の概念の中に現存在の必然性が措定されているという〕こうした主張がふたつの存在論的証明を結びつけているのである。してみれば、この主張が支持されえないものであることが示されるときにしか、ふたつの証明は論駁されえないことになる。第一の存在論的論証に関して言えば、それが論駁されるのは、現存在が事象性とみなされてはならないということが明らかにされるときである。第二の存在論的論証は《必然的存在者》の概念を分析することによって無力化される。したがって、われわれは次のふたつのことを行なうことができるし、また行なわなければならない。第一に、デカルトの論証は、それだけを取り出してみれば、単純で、直接的で、矛盾を含まないものであることを承認すること、第二に、それにもかかわらずこの論証がその根本概念においては、合理的神学全体を、その欠点をすべて含んだままで前提しているということを確認することとである。このふたつのいずれも、トマスもウェーレンフェルスも彼らの後継者たちも実行していなかった。それゆえ、彼らの批判は結局のところカントの批判と何ら共通点をもっていない。だから彼らの批判は、『純粋理性批判』によっても不十分なものとしてあからさまに説かれ非難されることになるのである。

C　カントの前批判期の諸著作における批判

存在神学的証明に関するカントの理論は、彼の理論の発展史を知れば、もっとよく理解することができる。その発展史をみれば、必然的存在者の問題と概念とが中心的な位置を占めるに至ったのは、形而上学批判がまず別の方途で仕上げられて明白になったあとで、初めて生じた成果だなどというわけにはいかない。カントはすでにずっと早い時期に、哲学の最も重要な課題のひとつが必然的存在者の概念の解明にあることを見てとっていたのである。この解明が可能なものとなるのは、根拠の問題がその全範囲にわたって解決されたときだけなのであるから、充足理由律の分析——これが最終的には因果性の批判的理論に帰着してしまったのだが——と形而上学の諸々の神の存在証明——これはすべて絶対的必然性の概念に基づいているのだが——の検討との間には解消できない連関のあることが明らかになる。充足理由律の意味と形而上学的な諸々の神の存在証明の意義とについてのカントの見解は、それゆえ常に一緒に展開され、変転してきたのである。しかもそれらは、ただ単に問題を通して間接的に依存し合っていたのではなく、相互に直接的に関係し合ってきたのである。カントの早い時期の形而上学的諸著作のスタイルは、その大部分が諸問題のこうした結合の仕方によって説明することができる。遺稿の『反省録』の中では、この結合は一層明瞭に把握することができる。というのも、おまけにそこではこの結合がバウムガルテンの教科書の構成によって示唆されているからである。もっとも、この教科書においては必然性の様々な意義を使って巧みに隠れん坊や取り違えごっこが行なわれてはいるのだが。

したがってカントは、批判主義へと発展していく最初の局面で、彼に近い考えをもっていた哲学者たちと自分を初めから区別しているが、それというのもカントにとってはただ単に必然的存在者についての正しい概念を展開することだけではなくて、何よりも必然的存在者一般の概念が有意味な概念であるかどうかを探究することが問題であったからである。『神の現存在の証明のための唯一可能な証明根拠について』という著作（一七六三年）は独立した出版物として刊行された。それゆえこの著作は神の存在証明の問題だけに腐心しているかのように見える。しかし、この著作は〔必然的存在者一般の概念が有意味な概念であるかどうかという〕より大きな連関に属しており、同時に根拠についてのカントの批判的理論に至る過程の一歩を表わしてもいる。[29] あらかじめ言っておけば、この歩みは次のようにして解明されうる。

カントはすでに以前絶対的必然性の概念についてふたつの洞察に到達していた。そのひとつは、世界における偶然的で相互に依存し合っている存在者の系列からこの概念へ上昇するのは可能だ、ということである。世界における諸変化の系列にとって第一項を想定することは、なるほど必要なことかもしれない。しかし、「この必然性は単なる《前件的仮説》にすぎない」(3712)。こうした仕方で認識されうるのは、せいぜい「非依存性でしかなく、内的必然性ではない。それというのもこの第一項の現存在は、ただ世界のためにのみ必要であるにすぎないからである」(3812)。それゆえに、もしも絶対的必然性がそもそも表象され規定的に思惟されるというのであれば、それが可能になるのはただ、或る規定された存在者が必然的仕方で現に存在しているという洞察を根拠にしたときだけであるが、しかしこの洞察は、だからといって、相互に依存した諸物の現存在を前提してはいないのである。この場合にだけ、かの存在者はそれ自体においいて必然的なものと呼ばれることができる。そのほかの場合には、たとえこの存在者がなければ依存し合う諸物のいかなる系列も実在しないのだとしても、この存在者は相変わらずそれ自体では偶然的なものであるかもしれないのである。

第二のカントの洞察は次のようなものである。「デカルト的な神の存在証明」〔一五〕は、ある現存在の必然性についてのそのような直接的認識を教えているのかもしれない。しかし、この証明は的確なものとはいえない。というのも、現存在はいかなる事象性でもないという経験主義的異論が妥当するからである。この異論が妥当する以上、われわれが神の現存在を廃棄されたものと考えるとしても、そのように考えることのうちにはいかなる矛盾も生じえないのである。

右のふたつの洞察を前提要件として仮定したうえで、それでもなお必然的存在者の概念に固執しようとするのなら、この存在者の意味（ということはすなわちこの場合はその現存在）を直接に、つまりこの存在者が存在しないと表象した場合に生ずる矛盾を介さないで、認識しようとしなければならない。〔カント自身の主張する〕唯一可能な証明根拠は次のふたつの条件を満たすのでなければならない。唯一可能な証明根拠は、(1)いかなる現存在からも出発する必要はなく、(2)そして神概念の分析によるのとは違った方途をとって、すなわち或るものの可能性の概念についての考察によって必然的現存在の概念へ至る、という条件である。――この試みもまた挫折することが証明されるのだとしたら、われわれは絶対的必然性の概念を放棄する決断を下さざるをえない。――「そうなれば必然的現実存在の概念はまったく欺瞞的で誤った概念である」(emBg. Orig. S. 28)。この場合われわれに残されているのはただ、欺瞞の根拠を解明し、そして充足理由律に関しては、それは絶対的必然性の概念へ至ることはないのだと明言するほかない、ということである。根拠についてのカントの批判的理論はそのような思索の成果とみなすことができる。たしかにカントはただ単に神概念と神の存在証明に関する研究によってのみ自分の哲学的立場に到達したのではない。むしろカントにとっては、自然神学への批判、さらには自分自身の上述の〔証明の〕試みに対する批判も、彼が認識論において確固たる地盤に到達してしまったあとではじめて可能になったのである。しかし、カントは〔根拠律と神という〕ふたつの問題を彼以前の誰よりも緊密に結合したのである。こうして、〔絶対的必然性の概念を放棄し、根拠についての批判的な〕この理論に荷担しようとする彼の決心は、この理論が自然神学の諸々の難点を解明するのに有効であることが明らかにされることによって、促進されたのである。この理論が、絶対的に必然的な或るものを認識するに際して形而上学が窮地に立つ理由は何なのかという問いに、解答を与えたのである。

カントの発展期の諸著作のなかで存在神学に対する彼の立場を示す最初の文書が、形而上学的認識の第一原理の『新解明』である。この本『新解明』は、必然的なものの問題を取り扱う際に後の諸著作とすでに多くのものを共有している。すなわち、『新解明』は認識諸原理のヴォルフ的な一元論に反対しているし、形式根拠と実在根拠との区別を知っている。それはまた、後のものとほんの僅かしか違わない形で、カントが後に唯一可能な証明と呼んだ神の存在証明をすでに提出している。しかし、『新解明』は存在論的論証の批判という点では、この証明に関する後の著作『唯一可能な証明根拠』と区別される。カントは『新解明』では論理的異論を使用しているのである。批判的立場からははるかに遠く隔たっている、教授資格獲得論文に見られるこの初期の立場は、カントの全著作の中でこの論理的異論が見出されうる唯一のものである。(30) カントは存在論的論証についてそこでは以下のように書いている。「しかし、こういったことは観念的にはおこるかもしれないが現実にはおこりえないことは明白である。あらゆる事象性を含む存在者の概念を形成してみるがよい。そうすれば、この概念によってその存在者に現存在をも与えなければならないことになる。論証はさらに次のように続けられる。もしも或る存在者の中にあらゆる事象性が完全な形で結合されているならば、この存在者は実在する。しかし、この結合が表象されるだけのものにすぎないのなら、この存在者の現存在もまた表象のうちにあるものでしかない。したがって、先の命題はむしろ次のように理解されなければならなかったのである。われわれが神とよぶ存在者の概念を形成するとき、われわれはこの概念を、その現存在をもその中に含むようにと規定したのである。したがって、あらかじめこのようにしてつくり上げられた概念が真の概念[31]であるとすれば、この概念が現存在をもつということもまた真である。デカルトの証明に同意する人々の意見を代弁してやれば以上のようなことになるであろう」(2. Abschn. 6. Satz 強調・ヘンリッヒ)。カントは、その弱点がすでに幾度となく指摘されてきたこの種の論駁を、ほどなく放棄した。

ところで、論理的異論がこの箇所でもたしかに、ただ存在論的論証を論駁するためだけに使われているのではないということを見るのは興味深いことである。つまりカントは、存在論的論証の中に同時に、絶対的必然性の概念を規定する試みを見ているのである。そしてこの試みにこそ、もともと彼の批判は向けられているのである。この批判は決定理由律に関する章に、しかも《自己原因》の概念が不合理であることを示そうとする、その章の或る一節〔第二章・第六命題の補遺〕に、含まれている。すなわち原因の概念は、その結果に先行する或る存在者を意味している。自分自身の原因であるものは、それ自身の前と後にも同時に実在するのでなければならないだろう。それゆえに、絶対的に必然的な存在者が存在するとすれば、「それはなんらかの根拠のために存在しているのではない」。その存在者は或る根拠によって存在するのでも自分自身によって存在するのでもなくて、その現存在の反対が不可能であるがゆえに端的に実在するのである。存在論的論証は無論、或る物の概念をこの物の現存在の根拠として想定しようとする。しかし、この論証はその目標に到達しない。この思想には、論理的異論を用いる先に引用した批判が結びつく。したがって、神の現存在のための「先行的証明」はこのような形においても可能ではない。というのも、必然的存在者に関しては、「先行的に決定された根拠」など存在しないからである。必然的な存在者とは本来何であるのかを明らかにしようとする人に、なお道が残されているとすれば、それはあらゆる可能性の原理に基づく証明だけである。

カントのこの説明が説得力をもたないとしたら、その責任はとりわけ、存在論的論証に対する批判の不十分さにある。カントのこの説明は、現存在の根拠と帰結を一にして同じ存在者のうちに同時に表象することを排除しようとする。ところが、論理的異論はただ、われわれが神の現存在をその概念から認識することはできない、と言うだけである。この異論は事象性の全体やその中に含まれている現実存在についてのわれわれの概念に現実性が対応しうるかもしれない、ということを容認しているのである。それゆえカントは、自分の意図に反して、自己の現実存在の根拠を自分の内にもつ存在者の概念を、たとえそれに単に仮説としての意味しかないのだとしても、やはり認めている。カントはこのような早い時期にはまだ、存在論的論証に対して論理的異論以外の批判を決して自分のものとしていない。そのほかの批判が単に論駁に不適切だというだけではない。そのほかの批判は、自らがそこに位置していて、そのために自分が持ち出されることになった当の連関からみても説得力をもたないのである。それゆえに、われわれは『新解明』から生じてくる困難な諸問題について判断を下さずとも、〈カントは、絶対的必然性の概念が提起している諸々の問いに一層立ち入ってかかわり合ったとたん、存在神学をより根本的に研究せざるをえなくなった〉、ということができる。

『唯一可能な証明根拠』は『新解明』の八年後に出版された。この著作も、〈絶対的必然性の概念は規定されうる〉という同じ原理に従って、自然神学を取り扱っている。そのために新しい証明が使われている。なぜなら存在論的論証が詭弁に類するものだということは、すでに決定ずみだからである。ところが、論理的異論の代わりに今度は経験主義的異論がこの決定を基礎づけることになっている。[32・33]「私は、すでにほかのところでなされているこの証明の詳細な論駁にはかかわり合わずに、この書物の初めに解明されたことだけを参照しよう。すなわち、現存在はいかなる述語でもなく、したがってまた、完全性のいかなる述語でもない……ということだけにかかわることにしよう」（Orig. 191）。しかしカントの解説は彼の先人たちのそれよりも一層明瞭で詳細である。カントが言うには、結局われわれのすべての認識がそこで果てざるをえなくなるような、解明不可能な諸概念というものがあって、現存在の概念もそのひとつである。現存在の概念は、物のもつ諸々の述語のうちのひとつでは決してない。というのも、現実的なもののすべては、たとえそれが現実に生じなかったとしても、単に可能なだけのものとまさに同じ様々の述語をもったものとして思惟されるだろうからである。海の一角獣はいるが、陸の一角獣は存在しない、ということは、両者の概念からは解明することはできない。可能性と現実性の区別は、ある事物についてのわれわれの認識の起源の内に、したがって、例えばその事物が経験の内で与えられるのか、それとも単に想像されただけにすぎないものなのかということの内に求められなければならない。神の概念においても、現存在は共に合わせて思惟されているわけではない。神の概念には必然的に現存在が帰属すると言明することが、或る意味をもつというのなら、「（現存在は）神概念が措定される仕方に直接含まれていなければならない。なぜなら、述語そのものの中には現存在は見出されないからである」（Orig. 10）。あらゆる可能性一般の諸条件について研究してみさえすれば、実際のところ事情はその通りなのだということが分かる。こうした研究が『唯一可能な証明根拠』の内容である。

神の存在証明は、たしかにその対象の尊厳と意義からみても形而上学の最も重要な課題である。しかし、カントがこの仕事にたずさわるのは、神の存在証明が信仰あるいは道徳に《先立つもの》を保証しようとするものであったからではない。(34) カントにとって大切なのは、ここでもまた《必然的存在者》の概念の規定であり、それゆえ理論哲学の根本問題である。一七六三年の著作そのものよりもそのことをもっと明らかに示しているのが、同じ年に書かれた『反省録』三七三一番である。「物の概念には三種類しかない。第一に、内的諸規定から生ずるのが絶対的概念であり、第二に、可能性に対する関係から生ずるのがそれぞれの概念であり、第三に、他の諸物の現実性に対する関係から生ずるのが相関的概念である。第一の概念からはいかなる絶対的必然性も証明することはできない。なぜなら物はどれも、その内的述語の全体と共に矛盾なく廃棄されうるからである。同じく第三の概念からも絶対的必然性は証明されえない。なぜならこの概念は《帰結からする仮定的必然性》にすぎないからである。それゆえに、残るものは第二の種類の概念であり、すなわち可能性そのものが現実性への相関関係の内に存在するということ、つまりは可能性が現実性を包含しているということである」。第二の種類の概念が残るのであって、つまり《必然的存在者》という形而上学的根本概念の正当性に関する問いが、そこにおいて決定されるのである（3736をも参照）。

カントは、合理的神学における自分の試みのすべては必然的存在者の概念にかかわっているということを常に意識していた。『純粋理性批判』はそのことをまったく明瞭に表明している。というのも、『純粋理性批判』は『唯一可能な証明根拠』をも、「可能的諸物のあらゆる概念のうちで必然的存在者の概念に最もよく適合する概念を探す」（B 164）試みであると解することによって、正当化しているからである。この試みを理性が放棄することがあるとすれば、それはただ、理性が同時に自己の思惟の形而上学的時期を脱する場合だけである。しかし、理性がその時期にいつまでも留まるかぎりでは、多くの理由からして挫折せざるをえなかったあの証明の試みの方が「ある種の徹底性をもっているということを否定するわけにはいかない」（B 615）。それに反して、超越論的理想の疑似証明は、宇宙論的問題を配慮せずになされたならば、〔その過ちは〕「容易に見抜かれる」（B 612）し、その根拠の薄弱なことは「自ずから明らかになる」(B 605)。

カントの〔唯一可能な〕証明根拠は先に述べたところ〔本書二一〇頁以下〕から周知のこととして前提されてよい。それは次のふたつの原則に基づいている。第一に、同一律と矛盾律はあらゆるものの可能性の必然的で形式的な条件である。それ自身において矛盾しているものは本来不可能である。第二に、同一律と矛盾律はしかし、可能性の十分条件ではない。なぜなら、矛盾を、したがって不可能性を確定しうるためには、そこから矛盾が生起することが可能になる諸々の与件がすでに与えられていなければならないからである。これらの与件が「可能性の実質」である。そしてもしも何も与えられていないとすれば、可能的なものもまた何も存在しないのである。これらの原則から、可能性と必然性という概念の単純な分析による神の存在証明が帰結する。あらゆる可能性を廃棄するものは不可能なものである。そしてその反対がそれ自身において不可能であるものが、端的に必然的であると言われる。それゆえあらゆる可能性に先立って存在している与件〔神〕こそが、端的に必然的である。――この証明の欠点もすでに指摘された。すなわち、可能性の実質は形式的可能性ないしは不可能性が思惟されうるための単なる条件としてしか考えられていないのである。この条件は可能性から区別されるが、しかし条件は可能性の条件なのだから可能性に依存させられるのである。してみると、諸物の可能性が諸物についてのわれわれの思想の可能性と理解されているわけである。『唯一可能な証明根拠』もそれゆえ「独断的」形而上学の立場に立つ。

懸賞論文と『負量』論文において自らの批判的立場に至る第一歩を踏み出したその同じ年に、カントが神の存在証明を含む著作を公刊したということは、もしもこの著作の中に一七六四年から一七六九年に至る時代のカント哲学の重要な要素が提出されていなかったとすれば、無論理解することはできないであろう。或るものの概念からそれの現実存在へと決して推論してはならないというこの著作の説は、実質的には、存在命題は綜合的であるという説と同じものである。カントにとって『唯一可能な証明根拠』が確証に足るものであると思われたのは、まさしくそれが神の現実存在を単なる概念からではなくて、「第三者」、つまり可能性の概念から導出しているからなのである。認識の形式的なものと実質的なものとの間の区別もまたなされている。すなわち、どんな認識のためにも、われわれは或る与件を必要とするというわけである。絶対的なものの認識は〔与件の〕この必然性の認識と同一ですらある。

可能性の〔成立のためのふたつの条件である〕実質的なものと形式的なものとの間には、実質的なものが形式的なものの可能性の条件であるという区別とは違ったもうひとつの区別が成り立つのであって、つまり現存在はただ、現存在〔するもの〕についての認識の可能性の条件にすぎないということが見てとられなければならないのに、そうした洞察がこの著作においては無論まだ欠けている。〈認識が無矛盾性を確立するためには、前もって与えられた諸々の事象性を引き合いに出さなければならず、そのうえではじめて認識はこれら事象性に関して、それらの表象は矛盾しないと言いうる〉というのは、いかにもその通りである。存在するものはそれゆえ、認識が存在するという条件のもとでは必然的に存在する。しかし、この条件の方は決して必然的条件ではない。つまり、思惟するということは決して必然的なことではないのである。したがって、『唯一可能な証明根拠』においては、絶対的なものの必然性は、宇宙論的証明においてと同様、単に《帰結からする仮定的必然性》でしかない。もしも物そのものの可能性と必然性について語ろうとするならば、可能性の形式的なものと実質的なものとの間の区別は、認識の論理的可能性におけるふたつの契機の間の区別より以上のものでなければならない。物の可能性は、たとえそれ自身が形式と実質〔という区別〕をもちうるとしても、論理的可能性のふたつの契機から区別されなければならないのである。

カントは『唯一可能な証明根拠』の中で、論理的なものと実在的なものとの間にある差異を可能性に関して用いていたが、それはカントが同じ年に（『負量』論文の最後から二番目の段落で）根拠のカテゴリーに関して〈クルージウスは原因と認識根拠とを混同している〉と非難する際に用いている差異と同じものである。カントは形式的可能性と対象的可能性との内的区別をまだ理解していなかったのである。認識根拠は同一性の規則に基づいているが、実在根拠はしかし、それ自身とは違った諸々の帰結をもっている。実在根拠律はそれゆえ綜合的である。カントは、彼以前にすでにヒュームが展開していた綜合的なものの問題を、根拠の問題においてはじめて明確に定式化した。実際、『唯一可能な証明根拠』においても、カントはすでにヒュームの足跡をたどっている。現実存在は、「単なる概念からは決して推論されえない」ものに属している。ただ可能性の概念に関してだけは、カントは論理的意義と、これとは内的構造のうえからも異なる実在的意義との間の区別をまだ立てていない。それゆえ彼は、可能性の概念の助けを借りれば現実存在における綜合的なものの問題に決着をつけることができるし、それによって合理的神学の証明目的を堅持することが許されると考えるのである。

ところで、『唯一可能な証明根拠』の理論的背景はこの著作自身の内ではほとんど話題にのぼっていない。しかし、この背景が、六〇年代の経験主義的認識論への移行におけるこの著作の位置を明らかにしている。この著作はただ単に、何らかの形而上学的問題を解決するばかりではなく、形而上学の〈存亡にかかわる〉問題を、つまり〈絶対的―必然的なもの〉の問題を解決しようとしている。この著作は様々な手段を用いてそれを試みているが、こうした手段のなかには、すぐあとで形而上学の解消を帰結することになる多くの契機がすでに含まれている。

現実的なものの認識が綜合的性格をもつという洞察に基づいて、可能性の概念に対しても〈否定的〉結論を引き出すなどということをカントは簡単に思いついたわけではまったくない。懸賞論文においてもまだ彼は『唯一可能な証明根拠』を証明された真理として参照するよう注意している。絶対的必然性の概念を主観化している最初の『反省録』、したがってカントが自分の証明根拠にもはや固執していないことを証している『反省録』は、早くとも一七六四年のものと目されねばならない (3717, 3888)。それらはしかし、『負量』論文の認識から結論を引き出しているだけである。もしも、現存在における原因と結果の間の関係が論理的な依存関係としては理解されえないものであるならば、現実的なものの規定としての可能性もまた論理的同一性から原則的に区別されなければならない、と。

六〇年代の終わりには、必然性についての新しい理論が十分な形での展開をみせており、《必然的存在者》の概念の批判という点で、もはや『純粋理性批判』のそれと区別できないほどである。すなわち「絶対的必然性はすべて判断の必然性であるか、それとも事物の必然性であるかのどちらかである。論理的必然性としての判断の必然性は常に、述語が帯びる制約された必然性である。われわれが認識できる事物の必然性は常に制約されている。というのも、われわれが〔あらかじめ〕何も肯定しないとき、われわれは否定によっても何ものかに矛盾するということはないがゆえに、われわれは常にすべての事物をそれ自体において廃棄することができるからである。必然的なものの概念は、それにもかかわらず第一に理性によって与えられた概念である。なぜならその概念によってのみ、或るものが決定されるからである。絶対的必然性はひとつの限界概念である。……この限界概念はしかし、それ自身が問題的なものであり、理性によってアプリオリに認識されることはできない……」(4033)。

一七六三年のカントにはまだ縁遠かった仕方で、ここでカントは存在論的論証の論駁を絶対的必然性の概念の主観化に結びつけている。われわれが或る存在者の現存在を廃棄されたものとして思惟したとしても、われわれは何ら矛盾していないのだから、必然的存在者の概念は対象についての概念ではまったくない。この概念が一定の意味をもつのは認識の限界概念としてだけであって、認識の内容の概念としてではない。いまはじめて存在神学の批判が、そしてそれと共に神の存在の宇宙論的証明の批判が完了した。そしてこのときカントはまた、デカルトによってその第二番目の存在論的証明の中で立てられ、一世紀にわたって存在神学を支配してきた問題の、最も先鋭な定式化にも成功したのである。「端的に必然的な存在者の現存在を、必然的なもの以外の何ものかから証明しようとするのは奇妙なことである。なぜなら、もしも端的に必然的ということが何を意味するのかが理解されていて、その概念が何ものかであるということが認識されているなら、そのときにはすでに証明は完了しているからである」(3812)。(35)

第三部　思弁的観念論における存在神学

A　ヘーゲルによる存在神学の革新

1　カント以後の存在神学の状況

カントの『純粋理性批判』が現われるとすぐに、存在論的論証は一種の詭弁だという確信が一般に流布してしまった。こうした確信は、たしかに十八世紀の半ば以来、つまり存在神学の評判がライプニッツとヴォルフの名声によってなお支持されていた時代にも、すでに恒常的に基盤を獲得していたのである。ところが今や、哲学の偉大な革新者カントが先行者たちの学派〔ライプニッツ＝ヴォルフ学派〕を取るに足りない昔日のものにしてしまい、ためにこの学派は師の理論を批判主義の攻撃から擁護することだけに汲々とせざるをえなくなったのである。哲学的思想の歩みにおいて、この学派はもはやいかなる影響力ももつことができなかった。してみると、カント主義に与すること、しかもかつてライプニッツやヴォルフに従ったのと同じやり方で、少なくともしばらくの間はカント主義に従うといったことが流行したのもうなずける。こうした追従は、カントの存在論的論証の批判のなかで、容易に行なわれることができたのである。思弁的神学に対する批判をものしたカントの文体、しかも同時にカントが自分の哲学的過去の誤った道から自らを解き放ったすぐれた啓発的な文体は、弟子たちによっても用いられたし、よくあるように過大に持ち上げられもした。存在論的論証の欠陥はあまりにも歴然としているので、それが卓越した人々にとってさえも長い間隠されたままであったということはほとんど信じられない、と誰もが口をそろえて断定していた。だから、やがて、その欠陥を個々の点で指摘するなどということは、何の努力にも値しないと思われるようになったのである。一七八六年にはまだ、ヤコブはメンデルスゾーンの『朝の時間』について詳細な論駁をものしていたが、この論駁には多くのすぐれた独自の思想が含まれていた。[1] カントは、この論駁を自ら序文を書くことによって注意を喚起し、それによって、この論駁がまったく自分の意図の下で仕上げられたものであるということを気付かせようとしたのである。この種の本は十八世紀の九十年代には、もはや出版されていない。七百年も前から哲学者たちを衝き動かし、この十八世紀においてもなお最も重要な体系家たちや最も鋭敏な批判者たちを輩出してきた存在神学的思想は、消え失せてしまったかのような観を呈したのである。

その結果、存在神学的思想を根拠づけてきた諸々の論証も、この思想が近代の歴史のなかで身にまとってきた数々の形態も、忘却されてしまったのである。アンセルムスとデカルトの証明との間の区別すら、もはや顧慮されなくなった。けれども、フランス人のウェーレンフェルスや、モスハイムやベーリングによる批判は、デカルトと彼の後継者たちが展開した、改良された論証の形式と、絶えずかかわりながら成立したのである。そして、カントの批判における重要な点は、彼が一般的に存在神学に対して反論を加えているということではなく、むしろ認識の批判的分析という包括的連関のなかで論争を挑んでいるということなのであって、この分析は存在論的論証のすべての形式を理解すると同時に破壊するものなのである。そのことによって初めて、「存在論的論証は明らかな欠陥推理だ」というあしざまな言い方がひとつの基礎を獲得するのである。しかもその基礎は、ライプニッツに対しても抗しうるものなのであって、決して単に「理性の限界」に関する安易な先入見にとどまるものではない。

カントの後継者たちが、批判主義に至る哲学の展開を、単に批判主義の眼でしか見ることができず、「独断的形而上学」を、たかだがそのなかの最も著名な体系的著作からしか知っていなかったがために、存在神学についての彼らの知識も、そしてまたその論駁もいびつなものにならざるをえなかった。もっと明敏な異論に抗して長い間正当な権利をもって主張されてきた理論も、簡単な言い回しでくつがえすことができるのだと信じられていた。ウェーレンフェルスの分析に匹敵しうるような、存在神学の欠陥の分析すら、もはやどこにも見出されない。しかもこの皮相な形式の批判には問題があると自覚されるためには、過去にすでに展開されていた反対根拠についての知が必要であるにもかかわらず、それすらもが欠けていたのである。したがって、カント以前の哲学は、ただ歴史的にのみ説明されるべき一連の詭弁として眼にうつらざるをえなかったし、そのごくわずかの部分でさえ、啓蒙された頭をもつことを自負している人々には耐えられないものと思われたのである。存在神学もまた、デカルトからバウムガルテンに至るまでの時代のなかで一貫して展開され、同時代の批判をすべて越えた真理を擁護してきたのだということなど、勝利を謳歌するカントの亜流たちは思いつきもしなかった。彼らにはそうなるために必要なあらゆる前提が欠けていた。なぜなら、彼らは、先行する形而上学との関係からしか理解できないはずの『純粋理性批判』を、この不可欠な媒介も経ずに受け取っていたからである。してみると、通俗的なカント主義はむしろ、形而上学的神学がそうである以上に、ひとつの時代、すなわち十八世紀後期という時代の、単にひとつの歴史的表現でしかないのである。(2) この時代は、ルソーや心理学や物理学によって、そして政治的解放と宗教的寛容という課題を通して、中世的なものと感じられる形而上学に倦んでしまっていたのである。

カントの批判主義が、存在神学を根底から、しかも永久に破壊してしまい、その結果それ以後存在神学を取り扱うことが真理の完結した前史を想い出すことを意味するにすぎなくなったのであれば、以上のことはたしかに事実上重要なことではなくなるであろう。けれども存在神学は、ヘーゲルの体系において、存在神学的論議の新たな時期をもたらす復活を体験したのである。なかでもシェリングとヴァイセはヘーゲルの存在神学的議論に反対した。彼ら自身の体系的な構想は、それらもヘーゲル同様存在神学の問題を解決しようとする試みにほかならないにもかかわらず、結局のところヘーゲルと同じ帰結に立ち至ることはなかったのである。なぜなら、彼らはこうした帰結こそ、ヘーゲルのもつ容認できない点だと考えたからである。

十九世紀における存在神学の歴史は、もちろん、形而上学的な神の存在証明の歴史とは根本的な仕方で区別される。存在論的論証は、もはやある明確な特殊真理――たとえそれがすべての思考対象のうちで最高のもの（すなわち神の現存在）であるにせよ――の洞察に導く様々な道のうちのひとつにすぎないのではない。それは哲学の全範囲にわたる根本問題となったのである。思弁的観念論にとって、神は単に最高の実体であり一切の有限な存在者の原因であるばかりではなく、同様に一切の知の原理でもあるのだが、それと同じく存在論的論証も、単に何らかの真理の根拠づけであるだけではなく、端的に哲学的な根拠づけなのである。従来《特殊存在論》の一部門である合理的神学において論じられるのが常であった存在論的論証が、特殊一領域の事柄というよりもはるかに深い意味において、実は以前からもうすでに哲学の諸問題を規定してきていたのだということが、この十九世紀になってようやく明らかになったのである。(一六)

こうした解釈を可能にするために、存在論的論証の具体的な形態も変化せざるをえなかった。神の概念の内に神の存在の確証が根拠づけられているという命題は、存在や概念や神といった概念それ自身がまったく新たに規定されたために、それだけでもう今までとは別な意味をもったのである。存在神学を蘇生させようとするとき、ヘーゲルはそれを変更された、いわば〈変容された〉形態で、すなわち悟性のいまだ「抽象的で」、「単に表象的なものでしかない」形而上学の残滓から純化して、登場させたのである。したがって、ヘーゲルの「神の存在の存在論的証明」も、アンセルムスあるいはデカルトの論証の焼き直しにすぎないのだと解されることはできない。存在論的証明のもつ真理性に対するヘーゲルの弁明は、同時に従来の形式の存在神学に対する批判なのである——いやそれ以上に、この批判は、その鋭さという点でカントのそれをすらなお凌駕しているとみなすこともできるほどのものなのである。

だから、ヘーゲルとシェリングの間で決着のつく諸々の問いを、存在論的論証の発展史を顧慮することなく熟考することも十分可能である。この歴史の知識がわれわれに与えてくれる手段だけを用いてこれらの問いに答えようとするなら、それは常に不自然で無益なものとなろう。こうした試みは、思弁的観念論を伝統的形而上学の後続形態のひとつとしてしか理解せず、この観念論によって根拠づけられた哲学的反省の新たな形式を無視してしまうであろう。観念論の諸体系が、カント以前に考えられていた諸々の思想を己れの証人として引き合いに出す場合には、同時にこれらの思想の語られているがままの意見を、それらのもつ〔観念論の立場から見て〕本来的な意味から必ず区別している。したがって、このような引用法は、観念論の諸体系が行なっている哲学史解釈の体系的な基礎をすでに受け容れていた人しか、納得させることができないのである。

とはいえ、これらの体系の存在神学的思想を、カント以前の存在論的論証とその批判の諸形態の研究から明らかになった観点のもとで考察することにも、十分な意味がある。なぜなら、そうしたときにだけ、例えばデカルトの証明やカントの批判に関してこれらの体系が行なっている言明の正当性を吟味することが可能になるからである。しかし理由はそればかりではない。

十七、十八世紀における存在神学の具体的な歩みは、ヘーゲルとシェリングにとっては、カント主義者たちにとってと同じように、カントの批判によって曇らされ見えなくなっている。このために彼らは、この時代〔十七、十八世紀〕になされた仕事を自分たち自身の存在論的論証の理論に役立てることができなかったのである。しかも、この欠点を自分の思考の力で取り除こうと、彼らがいつも心がけていたなどということはありそうもない。ヘーゲルやシェリングには、カント以前の展開についてもっと良く知ってさえいれば考えることすらできないような引用文や論証が見出される。何より容易にみてとれることだが、カントの行なった論駁は、それを引証するにせよ否定しようとするにせよ、もしも批判期以前の諸々の体系との関係から明らかになる彼の論駁に固有な特徴に注意するなら、実際とは別の形で評価されたであろう。そのことは、とりわけシェリングとヴァイセにおいて明瞭になる。ふたりとも、〔存在論的論証に対する〕論理的異論の導入をカントの功績とみなしているのである。ところがそのことによって、『純粋理性批判』はユエやウェーレンフェルスによる批判の段階に引き戻されてしまう。とすると、このことからシェリングの後期哲学についての判断に関しても様々な結論が生ずるということ、しかも形而上学の存在論的論証の問いが後期シェリング哲学においても依然として本質的問題であったという、まさにそのことに応じて様々な結論が生ずるということは、ありそうなことである。

ヘーゲルの体系全体を神の存在の存在論的証明と解することができるということは、よく知られているし、彼の弟子たちや敵対者たちによってすでにしばしば言われてきたことである。彼の体系の述べるところによると、存在はそれだけで、また概念に対立して、規定的に思惟されることはできないし、概念は存在を契機として内に含んでおり、それゆえ自らを客観性としても規定するのである。概念と存在のこの統一は、絶対的なものの定義に、したがってヘーゲル哲学の中心思想に通じている。ところが、ヘーゲルは、概念と存在との根本的な相関関係を存在論的証明の解釈を用いて規定している。してみるとこの証明が、論理学全体の歩みと、〈概念がそのすべての契機と外化の様態を帯びる様を展開する〉諸々の実在哲学の歩みとを代表することになる。とはいえ、例えば『神の現存在証明に関する講義』にみられるような、存在神学的思想の最も広汎な解明であっても、『論理学』(一七)の代わりにはなりえない。論理学の体系が筋道のたった根拠のあるものだということを納得させるためには、このような解明では十分ではない。むしろこの解明は、もっと詳しくみてみると、体系という思想それ自身に依存しているということが分かる。それゆえ、ヘーゲルの存在論的論証の理論を叙述しようとするなら、論理学について彼が行なった論究に幾度か立ち入らざるをえない。しかもこのような論究は、この著作〔『論理学』〕全体の研究を欠くなら依然として不可解で根拠づけられないままなのである。にもかかわらず、ヘーゲルの存在論的論証の理論を叙述する場合、われわれは、たとえ限定づきのものではあれ、〔論理学及び体系の理解とは独立に〕それだけで成り立つ明証性に達することができる。というのは言うまでもなく、このような叙述に際しては、明晰化と誤解の回避のためになら、形而上学の古典的な存在論的論証を傍証として用いることが許されるからである。それゆえ、このようなやり方でヘーゲルの体系の手ほどきをする態度は、格別好んで用いられるのである。この態度は、ヘーゲルがそれを神の存在証明に関する講義のなかで用いていたということによっても正当化される。――それでもなお、こうした態度は、理解の程度について思い違いをして、序論をさっそく体系そのものとみなしたりしかねない。してみると、神の存在の存在論的証明に関するヘーゲルの理論を叙述しようとする場合も、『論理学』の基本線を体系的に提示するという体裁をとることは断念した方がよい。われわれは解釈を、それのもつ序論的な性格にふさわしい蓋然的形式において保持することができる。いずれにしても、以下の叙述で問題なのは、体系全体の分析ではなく、存在論的論証の古典的な問題に対する体系の関係を探究することだけなのだから、序論的性格にふさわしいこの態度は、もうひとつ別の理由からも推奨される。すなわち、こうした態度によって、存在神学的思想についてのヘーゲルの解釈がもつ個々の特徴を、彼に先立つ諸形態と直接関係づけることが可能になるのである。もしもこれらの特徴を全体的に、そしてその体系的連関において展開しようとするなら、そうしたことは不可能になろう。というのも、まさにこの体系的連関は存在神学の伝統的な証明の歩みから、すでにはるかに隔たっているからである。[3]

2　カントの存在論的論証批判とヘーゲルとの関係

一般に知られているヘーゲル哲学の諸契機のなかには、〈ヘーゲルがカントを激しく非難したのはカントが存在論的論証を批判したためである〉ということも含まれる。ヘーゲルは以下のように述べている。概念と存在は異なるものであるという「些細な論評」〔Enz. §. 51〕によって、すなわちこの「このうえなく単純な機知」〔Jena 255〕によって、カントは、神の概念における概念と存在の統一という偉大な思想を無効にすることができると信じている。彼は、百ターレルの表象を神の概念から区別しないという「蛮行」を犯している〔Enz. §51〕。しかし、このような単純なやり方で哲学に自らの至高の原理を捨てさせることは不可能である。「神という思想から〈神は存在する〉という確信に至る」歩みは、人間の宗教的な確信がそうであるのとまったく同様に、哲学においても、「せいぜいのところ……かき乱されるだけで」、「奪い去られる」ことはできない〔Enz. §51〕、というのである。

カントは存在論的論証に対する自分の論駁に、しばしば嘲りの響きを与えていた。ヘーゲルはカントに対して、当時の哲学的批判というよりはドイツの文献上古典期のものである哲学的批判を彷彿とさせる粗雑な論争を、彼にしては珍しいほどにしかけている。彼をそのような気にさせたのは、カントの批判そのものであるよりもむしろ、それがもたらした帰結であった。思惟と存在を区別すべきだという論理的異論が、あのカント以後の諸理論の方法的な根本原理になっていたのであって、これらの理論が思弁的観念論を攻撃し、何よりもまず思弁的観念論が一般に流布していく妨げになっていたのである。これらの理論は、思弁的観念論が展開した時代全体にわたって、最も影響力をもった敵対者であった。ヘーゲルは『哲学批判雑誌』上のクルークとシュルツェに関するふたつの論文のなかで、こうした理論が取るに足りないものであることを完膚なきまでに明らかにしようとした。「ところで、シュルツェ氏が行なってきたことと言えば、無数のカント主義者たちと同じように、カントのこの最近のすばらしい発見を受容し、……それを右も左もかまわずに発見の父その人に反して至る所に持ち出し、〔他のカント主義者たちと〕まったく同じ腐蝕剤を使って、発見の父のすべての部分を腐らせ溶かしてしまうということ以外の何ものでもない」(Jena 255)。してみると、存在論的論証に対してカントの行なった批判が「それ自体不十分なものである」ために、カントは「同時に理性の完全な無力化のきっかけをつくってしまい、彼以来理性は単なる直接知であろうとすることで満足してしまったのである」(GB 154)。〈われわれは神の現存在を〔理性ではなく〕感情を通して直接知るのだ〉とするヤコービの説も、ヘーゲルにとっては、あのカントによる批判のひとつの帰結と思われている。してみると、カントによる批判を扱う場合、ヘーゲルが自分の攻撃的な激情をほとんど抑制しなかったということもうなずける。

存在神学の問いにおけるカントとヘーゲルの間の体系的な諸関係について本質的な判断を得ようとするなら、以上のような事情を考慮しなければならない。それと同じく重要なのは、偉大な諸体系のうち、ある体系の思考運動の動機を直接問題にして、これを追認したり、あるいはその不当を暴きたてたりするなどということは、ヘーゲルの哲学史の概念からして決してできはしないのだということを、看過しないことである。彼にとって哲学史は、絶対的なものが已れ自身の概念を捉えてゆく過程の一部である。しかも、絶対的なものが自らの概念に至る途上で通過しなければならなかった段階はすべて、絶対的なものが自分自身について抱く知の暫定的な形式でしかない。したがって、これらの段階においては、概念の必然性は間接的にしか明らかにならず、「主観的な反省」によって変様され〔すりかえられ〕(一九)て現われる。してみると、〔主観的な反省に基づく〕これらの体系の本来の立脚地について概念を獲得するということは、それらが自己理解していたやり方を乗り越えていくことを意味する。ヘーゲルは、〈われわれは或る哲学者を、彼が自分自身を理解しているよりも、よりよく理解することができる〉というカントの命題を、理論的に根拠づけ、解釈の普遍的な原理にした最初の人だったのである。彼にとってこのような方法は、廃棄されるなどということを思い浮かべることすらできないような必然性をもっている。ところが、この方法が、ヘーゲル哲学に近づくことをきわめて困難なものにしたのであって、そのためにわれわれは今なお、ヘーゲル哲学を、必ずしもこの哲学の内で動かなくてもすむような形で解明する適切な道を探究しているしまつなのである。(5)

絶対的なものが自らの概念に至るその途上で、カント主義の側から提示された疑念が話題にされていたはずなのであってみれば、ヘーゲル自身がこうした疑念をほとんど真面目に受け取ってはいなかったということが、折にふれて残念に思われよう。たしかにヘーゲルは、他のどのような哲学者についてよりもカントについて頻繁に自分の考えを述べていたし、自分の体系の大部分　例えば主観的論理学〔「概念論」〕全体において、カントに定位してもいた。けれども、カントに対する彼の批判は、カントを越えようとする批判であって、それが批判している当の相手に自分の考えを分からせようとするものでは決してない。もしもこの批判を、カントの立場からも理解でき納得できるものにしようとするなら、この批判をまったく新たに定式化し、さらに念入りに仕上げ、そうした後で初めてカント自身によって立てられた諸々の問いと関連づけるのでなければならない。してみると、ヘーゲル自身の定式の範囲内で彼と共に動いているカント批判は、いまだに確証を欠いたままなのである。そのような批判は、一見深遠な意味をまとったように見えるが、実は浅薄な形式以上のものではない。こうして、ヘーゲル学派の手になるカントに関する数々の叙述にみられる不十分な点や平板で浅薄な点も説明がつく。すなわち、こうした叙述にあっては、批判主義のある種の骨格だけは明らかにされるが、その内実が分明にされることもなく、しかもこの骨格といえども、カント哲学の固有の「真理」を開示するというすぐれた要求とめったに結びつきはしないのである。

皮相な場合の方が多い論争の背後に、カントの存在神学批判に対するヘーゲルの本質的な体系的連関を捜し出そうとするなら、以上のふたつの事情を考慮に入れなければならない。そうすれば、ヘーゲルがこの批判にほとんどすべての点で同意しているということも、もはや辻褄の合わないことだとは思われなくなろう。この同意を（付随的にすらも）はっきりと表明していないときには、ヘーゲルはカントの批判の意図を誤解していたのである。古い存在神学の根本概念や証明方法を、ヘーゲルもカントと同じく排斥している。だから、たしかに同じく存在神学と名付けられてしかるべきヘーゲルの体系は、存在神学の新たな根拠づけではあっても、その古い形式を正当化するものではないのである。というのも、古い形式の存在神学は、彼の考えからしても、すでにカントによって決定的に覆されてしまっていたからである。

ところで、カントの批判に対するヘーゲルの理論の体系的な関係は、以下の四つの歩みのなかで十分に叙述されるはずである。

(1)　ヘーゲルが陥った誤解のなかで最も大きな影響を及ぼしたのは、カントの批判を論理的異論と同一視したということである。はやくはイエナ時代に、そしてその後繰り返しヘーゲルは、『純粋理性批判』のある頁（B 631）を引用してきた。そこではカントはこう述べている。「まったく勝手気ままに思いつかれた理念から、この理念に対応する対象自身の現存在を案出しようとすることは、何かまったく不自然なことだし、単にスコラ的空論の復活にすぎなかった」（強調・ヘンリッヒ）。こうした引用例を、ここでいくつか挙げてみよう。「この証明に反対してカントは述べている。われわれは概念から存在を導き出すことはできない、というのも、存在は概念とは別なものだからである、と」（Rel. III 1, 41）。ガウニロは、「今日のカントと同じく、存在と思惟は別なものだということを示すことによって」、存在論的論証を批判した（GP III 168）。「したがって、カントによるこの証明の破壊は、この点に帰着する」（Rel. III 1, 49）。「これに反してカントの批判によって異議を唱えられるのは、何よりもまず、神の概念が前提されているとか、この概念が起点とされるとか、概念から実在性、すなわち存在が……引き出されるとかといった、抽象的に一般的なことである」（Rel. I 219）。

ところで、カントが思惟と存在の間の区別を絶対的な区別とみなしているということは、たしかに正しい。しかし、それは、カントの批判の成果であって、彼の批判が詳しく根拠づけることもなくただ受容しているだけの抽象的な前提では決してない。存在と思惟との間に区別が成り立つということは、誰にも否定できないほどに明白である。しかし、このような確認をしたからといって――ヘーゲルは正当にもこれを「些細な」と呼んでいる（Enz. §51）――、この区別が根底的なものであるとか、この区別がありうべきすべての概念に妥当するのだといったことは、決して帰結しない。神の概念という特定の場合には、この区別が止揚されたものと考えられざるをえなくなるということは、まったく可能であるのかもしれないのである。カントがこの可能性を否定するのは、彼が逆のこと（神の概念の場合にもこの区別が妥当するということ）を前提しているからではないということを、ヘーゲルは、自分が引いている箇所からも見て取ることができたはずである。そこでは、「まったく勝手気ままに思いつかれた理念から」、この理念の対象の現存在を推論しようとすることはまことに不自然だ、と言われているのである。存在論的論証の神の概念が恣意的に考え出されたものかどうかは、〔理念からの存在の〕「案出」だと非難しうるようになる以前に、まず証明されなければならないことである。対象と思想とを原則的に例外なく分かつということは、認識能力に関するカントの吟味の結果であって、前提ではない。カントがこの成果を獲得するのは、言うまでもなく認識過程の分析――そこではすべての認識の基礎に関する諸命題が明証化される――によってであって、三段論法的な演繹によるのではない。三段論法的演繹によってこうした成果を得たのではないという意味に限るなら、カントは「概念と存在の差異性を証明していない」(Rel. Ⅲ 1, 49) というヘーゲルの主張に、われわれはたしかに同意することができる。けれどもそれはまさに、認識の原則に関する言表を「概念の分析」〔三段論法的演繹〕という道を通って導き出したりは決してしていないカントの批判全体の、方法の帰結なのである。なぜならこの批判は、〔直観の媒介を必要とする〕綜合的判断の最高原則が打ち立てられるべきときには、こうした道程は通行不可能と考えるからである。してみると、「概念の分析」という道程を経ていないという理由をもってして、この批判はこのような最高原則をただ「通俗的な仕方で受容している」だけだ(同前)といって非難するのであれば、カントのこのような態度は正当に評価されていないことになる。

カントの批判を叙述した際〔本書第二部〕すでに、ヘーゲルがカントのものだと言い立てているあの異議を、カント自身が不十分で承服しえないものと断言しているということが、明らかになったのである。ヘーゲルはこう述べている。「〈思考においては現存在と最も完全な存在者は結合されているけれども、思考の外では結合されてはいないということより以上のものは、最も完全な存在者という概念からは帰結しない〉、というこの異議はすでに古いし、カントのものでもある」(GP Ⅲ 355)。〔ところがヘーゲル同様〕カントもまた、神という概念のうちでは存在の規定も思惟されなければならないということが正しいならば、存在論的論証に対する批判はすべて徒労に終わるだろう、と考えているのである。論理的異論を真剣味を欠いた観念論、「馬鹿げた観念論」と呼ぶとき、ヘーゲルは、カントの同意をあてにすることができたはずである。「けれどもその際、もしも存在が、それが思惟されるのだから、もはや存在そのものではないと考えられるのなら、これはもう馬鹿げた観念論と言うほかはない。この観念論は、或るものは思惟されることによって存在することをやめるとか、あるいはまた、存在するものは思惟されえず、したがってただ無だけが思惟可能だ、と考える」(GB 155)。してみると、神という概念のうちで思惟される存在の概念は、およそ「単なる概念」なのではなく、思想ではあるにしろ、「自己意識の否定態」、すなわち「思惟の外なるもの」についての規定された思想なのである(GPⅢ 355)。したがって、論理的異論の評価に関しては、ヘーゲルとカントはまったく区別がつけられない。論理的異論が妥当するのであれば、思想と存在との間の、考えうる最も単純な区別づけによって、現実的なものに関する認識の試みはどれも無意味だということが証明されることになろう。存在者に関する思想の実在性に、この存在者が〈思惟されていること〉が常に対立することになろう。

(2) カントが存在論的論証に反対して実際に述べていた経験主義的異論は、ヘーゲルによっても斥けられることはない。『論理学』のある箇所(I, 71)で、ヘーゲルは批判的な意図をもたずにカントを解釈している。「カントはそのことで、存在はいかなる内容規定でもないと言おうとしている」、と。『宗教哲学』のなかでは、ヘーゲルはもっとはっきりと述べている。「存在はいかなる内容規定でもないということは認めることができる。けれども、〈「存在」が付け加えられたからといって〉概念にはやはり何も付け加えられてはならないし、……むしろ概念から、〈それは主観的なものでしか……ない〉という欠陥が取り除かれるはずである」(GB 174)。「もちろん存在は単に形式規定でしかない」(Rel. Ⅲ 1, 41)。第一の存在論的論証の古典的な形式は、存在という規定を、諸々の事象性のうちのひとつとして、すべての事象性の総体の内に見つけ出せると信じていたために、この規定を概念の内容に数え入れてしまったのである。「こうして、存在は皮相な仕方で事象性という普遍的なもののもとに包摂されているということが、そして、そのような仕方で包摂されている限り存在は概念と対立することはないということが、明らかになる」(GPⅢ 166)。ところが、この第一の存在論的論証は、存在を「まったく肯定的な意味で」受け取っているために、「存在がまさしく自己意識の否定態だということが分からないのである」(GPⅢ 355)。それゆえこの論証においては、「理念《イデー》〔観念〕と実在性との同一性が、或る概念の、他の概念への付加として」現われ、現実存在がひとつの「特性」として現われる(Jena 314)。ヘーゲルは、「このような抽象的な同一性に、……以前からアンセルムスに反対して行なわれているように、直ちに〔理念(観念)と実在性という〕ふたつの規定の差異性を対比すること」を正当なことだと考えるのである(Enz. §193 Anm.)。

してみると、ヘーゲルは、存在論的論証を、それが《事象性の総体》に基づく証明に際してもっていた形式のままで革新しようなどとは、決して思っていないことになる。この論証が説得力をもつというのなら、概念と存在というふたつの規定の同一性と区別が、等しい仕方でそれぞれその正当性を認められなければならないとヘーゲルは考える。このふたつの規定の統一は、その一方を他方の「内容」にすることによっては作り出すことはできない。「こうした異議や反対は、有限なものは真なるものではないこと、これらの規定はそれだけでは一面的で空虚だということ、したがって両者の同一性は、両者がそれ自身そこへと移行し、そこにおいて宥和されているような同一性であるということが、示されることによってのみ除去される」(Enz. §193 Anm.)。神の存在の存在論的証明が正しく自己理解しているなら、存在を概念から「導出する」(案出する)ことなど望むことはできない。それと同じように、この証明は概念を存在

に移行させなければならないし、これらふたつの契機の同一性を、ひとつの原理における統一として認識

しなければならない。このような要求が何を意味しているかはともかく、それを掲げるときには、〈カン

トは存在神学の本来的な可能性を捉えてはいなかった〉といって非難できるだけであって、彼が存在神学

の不十分な形態を批判したということを咎めることはできない。だからこそ経験主義的批判も、ヘーゲル

によってその有効性を追認されるのである。

(3)　さらにもうひとつ別の理由からしても、存在を事象性の概念のもとに包摂することは、ヘーゲルにとって無意味である。すべての事象性が或る個別的な存在者の内で合一されていると考えることが可能であるという点に、すでにカントが疑念を抱いていた[6]。ヴォルフが、単なる現象でしかないような諸性質だけを排除することによって、神の概念を知ろうとしたのに対し、カントは、現実に存在してはいるけれども、或る存在者の内に「共存」しようとすれば、必ず互いに廃棄し合うことになるような、実質的な対立物があるということを指摘していた。こうした対立物は、それゆえ、同じひとつの存在者に最高度には帰属することはできない。このことからカントは、神は一切の事象性の根拠としてしか考えられてはならないということと、共存すると考えることのできるような事象性しか神には認められないということを導出したのである。神のものと認められるこのような事象性は、互いに矛盾し合ってはならないし、また至高の存在者という概念に矛盾するものであってもならない。ヘーゲルは、カントのこの思想をもっと徹底的に捉え、あらゆる事象性はそれぞれ規定された事象性である、と考えたのである。「事象性〔実在性〕は否定的なものという契機〔対立〕を含んでおり、そのことによってのみそれは、それが現に在るがままの規定されたものなのである」(Log. I 99)。このような規定性をもたない事象性を考える場合、それは〔直ちに〕事象性ではなくなってしまう。その場合、われわれが考えているのは事象性一般、すなわち純粋な存

在そのものである。してみれば、事象性の総体を考えるということは、それを、「〈自分と一なるもの〉という抽象」にもたらさずしては、まったく不可能である（GB 173）。「すべての実在的《レアール》〔事象的〕なものの内で純粋に実在的〔事象的〕なものとしての神、すなわち一切の実在性〔事象性〕の総体としての神は、そのなかでは一切が一であるような空虚な絶対的なものと同じく、没規定的なもの、内実をもたないものである」(7)（Log. I 100）。

人を困惑させるような例を挙げて説明されているヘーゲルのこうした主張に、われわれは同意することができない。たしかに、各々の規定された思想は、他の規定された思想に対して規定されているのであって、そのことによってしかそれ自身ではない。しかし、このことから、各々の事象性が他のあらゆる事象性に対して限定されているということが帰結するわけではない。ところが、帰結するのだとした場合にのみ、最高度の様々な事象性を包括的に思惟することが不可能になろう。例えば、神に最高の善と最高の正義を認めるなら、なるほど矛盾に陥ることになる。というのも、この両者は、直ちに相互に対立して規定されるからである。けれども、だからといって最高の洞察と最高の正義が——この両者はたしかに、前者は意志に、後者は善に対立してそれぞれ規定されはするけれども、相互に対立して規定されているのではないのだから——神のうちで結合されていると考えることが、予め排除されるわけではないのである。

ところが、ヘーゲルのこの誤りが、彼の存在論的論証解釈にとって、重要なものになったのである。この誤りが、或る特定の事象性を事象性の総体のもとに包摂することを不可能にし、ましてやこの事象性が存在という事象性であるなどということを排除してしまう。というのは、ヘーゲルはこの誤りによって首尾一貫して、《事象性の総体》という概念を、存在そのものという抽象的な思想と同一視するよう導かれているからである。したがって、ヘーゲルによれば、人は、神の概念を《事象性の総体》として思惟するとき、ただ神は存在であると考えているにすぎないことになる。ハイデルベルク『エンチクロペディー』——この版は、根本問題の叙述という点ではほとんどいつも後のふたつの版よりも優先されるべきなのだが——のなかで、「論理学」の最初の節に、ヘーゲルはすでにこう述べている。「したがって、絶対的なものの真に第一の定義は、絶対的なものは純粋な存在である、ということである。この定義は、神はすべての事象性の総体であるという、周知のものと同じものである」（§39）。

「存在」という思想は絶対的なものの第一の的確な規定である。けれども、神の概念は、この規定によってはもちろん汲み尽されはしない。われわれは、神の概念を、もっと豊かな内容によって思惟するまでにならなければならない。ところで、絶対的なものの〔もっと内容豊かな〕こうした諸規定のうちのひとつだけでもすでに行なわれているというところから出発するとすれば、神は事象性の総体であるとか、あるいは最も完全な存在者であるといった命題は、神には存在という規定が属するという別な命題〔必然的な存在者についての命題〕と等価なものになる。というのも、絶対的なもののもっと包括的な定義をもってしても、第一の〔「存在」という〕定義の真理は廃棄されないからである。「存在」という思想は依然として絶対的なものの第二の概念〔必然的存在者という概念〕と結びつけられたままなのである。してみると、《事象性の総体》という神の概念の内には、もうひとつ別の神の概念が潜んでいることになる。われわれはそれを、これまで宇宙論的概念と呼んできた。それによれば、神とは、その本質が現実存在を含むところのものである。つまり、神は《必然的存在者》、あるいは《自己原因》である。というのも、絶対的なものが存在を所有するのは、その第一の、つまり根本的な定義の力によって、すなわちその本質の力によってだからである。

ヘーゲルは第一の存在論的論証を第二のそれから決して切り離したりはしなかった。とはいえ、存在神学の歴史上、異なるふたつの証明の歩みが存在しているということが、ライプニッツやベーリングとは違って、ヘーゲルにとってはそういつまでも隠されていたわけではない。彼は、ふたつの論証は同じ証明のふたつの形式であって、これらの形式は、存在神学がふたつの存在論的論証のなかで自分自身について獲得してきた明晰さの程度によって区別されるにすぎない、と理解していた。このことが、ヘーゲルとカントとが意味深い仕方で一致をみる、第三の契機である。ふたりとも、存在神学の相異なる証明の歩みを初めて結合して体系的に統一する、存在論的論証のふたつの形式の内的統一を、明示している。けれども、この二人はこの内的統一を、まったく異なる仕方で、それどころか相対立する仕方で確立してさえいるのである。カントは、必然的存在者という宇宙論的な根本概念における本質と現存在との統一という概念を、第一の存在論的論証から解釈した。これに対しヘーゲルは、アンセルムスの推論を第二の存在論的論証――その完成された形式はデカルトに負っている――に還元する。つまり、《事象性の総体》と存在との同一性が、さらに本質と現存在との統一として規定され、したがって絶対的必然性という概念の内で説明される。ふたつの論証の依存関係を転倒することによって、ヘーゲルは、第一の存在論的論証が第二のそれの基礎ともなっていた形而上学的存在神学の伝統の連関から、外へ歩み出たのである。ヘーゲルは、必然性の概念を「明晰かつ判明に表象する」新たな道を求めているのである。

ヘーゲルの解釈のよさを物語る長所は、彼がこの解釈によって、デカルトの証明がアンセルムスの証明の後に初めて、近世の初頭にようやく展開された理由を説明できるということ、そしてヘーゲルは存在神学のルネサンスへの道を開いたという点である。神の存在の存在論的証明は、神の現存在に関するすべての証明のなかで最も新しいものである。それは、主観性が自分自身を捉え、それゆえ主観性と客観性の対立が展開されるようになった「キリスト教世界」において初めて登場することができたのであるが、この証明はこの対立を克服しようとする限りで、やはりこの対立を前提している。ところが、この対立を調停しようとする試みは、アンセルムスによって「むしろ〔近世よりも〕一層主観的な仕方で」遂行される。アンセルムスは、「われわれの意識の内では、神の表象に神の存在という規定が不可分に結びつけられているということ」を明らかにしようとする（Enz. §193）。それは「外面的議論」であって、この議論は「《思惟されうる》」ものについて〈主観的に〉語っているだけである（同前）。ところがデカルトが初めて、神と存在との統一を客観的に表明したのであった。つまり「神とは、その概念がその存在を内に含んでいるもののことであるというのが、デカルトの最もすぐれた思想である」（Log. II 353）。デカルトにおいては、アンセルムスにあって《事象性の総体》という定義から思いがけず生じたにすぎなかったものが、神の定義になる。「概念と存在のこの統一こそが神の概念を形づくっているものなのである」（Enz. §51）。デカルトこそは、「神はこのようなものにほかならず、さもなければ神についてのどのような概念も存在しない」ということを最初に認識した人だったというわけである（Rel. III 1, 39）。これに対しては、《自己原因》という神の定義はスコラ哲学においてもよく知られていたではないか、という異論が挙げられるかもしれない。けれども、ヘーゲルが正しくも指摘しているように、神の存在の存在論的証明の問題が、「哲学のあらゆる関心を形づくっている」哲学の端緒だということが初めて明らかになったのは、まさにデカルトによってなのである（GPIII 166）。近世における神の存在の存在論的証明の取り扱い方をみてみれば、近世がこの証明をその真の意義において理解しており、思弁的な思惟の問いが端的に何であるかを、アンセルムスに特徴的なあの主観的な付随物という形でだけ論じているわけではないということが明らかになる。[8] このように、デカルトに対するヘーゲルの讃辞は、カント以後の観念論が他の誰によりも恩恵を受けていると自覚していた哲学者、バルフ・スピノザに対する尊敬のしるしだといった方がむしろよい。[9]

(4) ヘーゲルの場合にも、必然的存在者という概念が存在神学的問題構制の中心に位置している。彼は、この問題が初めにもっていた中世的形態を、この概念にすっかり還元してしまったのである。カントにとってと同じくヘーゲルにとっても、存在論的証明の問題は、絶対的に必然的なものという概念の意味への問いに対する答えによって決定される。カント的な概念を用いてカントとヘーゲルの関係を規定しようとするなら、〈必然的存在者という概念は単なる名辞にすぎない〉というカントのテーゼはヘーゲルによって否定される、と言わざるをえない。神の存在の存在論的証明を復興しようとするヘーゲルの試みは、必然的存在者の概念に――理性がそれに疑いを差しはさむとすれば自分自身を廃棄せざるをえなくなるような――明確な意味を与えようとする試みにほかならない。この概念の認識価値が保証できるなら、存在神学の証明は「すでに完了し」〔本書二五七頁〕ているとみる点で、カントとヘーゲルは互いに一致する。

ところが、カントに対するヘーゲルの論難は、この一致を承認することを許さないほどあまりにも激しく、またあまりにも強圧的である。ヘーゲルは、カントが百ターレルという表象を無神経にも神の概念と比べるという蛮行を犯してしまったといって、カントを繰り返し咎めている。「もしも、われわれの意識の内で、現実存在が、神の表象と結合されているのと同じ仕方で、有限な事物の表象と結合されていると考えられるべきだとしたら、これ以上愚かなことはないだろう。その場合には、有限な事物が変化し消滅していくものであるということが、すなわち現実存在はただ一時的にだけ有限な事物と結合されているのであって、この結合も永遠ではなく、分離可能なものなのだということが失念されているにちがいない」(Enz. §193 Anm.)。「神が話題になるとき、これは百ターレルや、何かある特殊な概念とは……別種の対象なのである」(Enz. §51)。「概念と存在のこの不可分性が絶対的に妥当するのは神の場合だけである。事物が有限だということが成り立つのは、〔事物の場合には〕概念と概念の規定と、そしてこの規定に従った概念の存在とがそれぞれ異なっているからである」(Rel. I 223)。これではまるで、必然的存在者という概念が、そのほかのすべての概念においてその内容と対象との間に成り立っている差異を止揚するはずだということや、絶対的なものだけが必然的存在者と考えられることができるのだということ、そして絶対的なものはこの規定によって百ターレルから区別されるということを、カントが明確に認識していなかったとでも言いたいようである。ベーリングの百ターレルの例を使うとき、カントはただ、存在は内容規定だと考えられることはできないということを、明らかにしようとしているだけなのである。まさにこの点に関連してこそ、カントは、或る概念から現実的な現存在へと推論を進めるには、この概念において思惟されなければならない諸々の事象性のなかに存在という規定を見つけ出す以外、いかなる可能性も存在しないということを示しているのである。カントの示していることが正しいのであれば、百ターレルに言及することで立てられた明証性によって、〈必然的存在者という概念はどのような明確な意味ももっていない〉ということも、もちろん証明されている。してみると、カントが神の概念と百ターレルの概念との間の区別を看過していたという非難はあたらない。たしかに、存在は内容規定としてだけでは分析的に或る概念と結合されることはできない、と主張することには意味がある。そう主張することによって、ヘーゲルによって切り拓かれた道が概念と存在の統一を、分析的ではない別なやり方で確立することになるのかどうかが、公平な探究のなかで吟味されうるからである。しかし、カントに対するヘーゲルの論難の手厳しい調子は、当を得ていない。ヘーゲルはカントがおよそ考えもしなかった思想をカントに転嫁し、事柄における互いの共通性をまったく見失っている。

カントとヘーゲルは、方法的に異論の余地のない存在論的論証というものに課される課題を定式化する点では意見の一致をみている。ヘーゲルは、ほとんど取り上げられることのない箇所で、幾度かそのことを自ら言明していた。すなわち、重要なのは、概念と存在の統一を神の思想の内で理解できるものにすることである、と（GB 147）。カントは、これまでの存在神学が必然的存在者の概念にかかわりながら、この概念を理性に対して明晰判明に規定してこなかった、といって非難していた。この概念が確証的に定義されていたなら、証明もすでに果たされていたはずである、というのである。納得のゆくように定義するとは、ある用語の可能性と意味を確定すること、そしてこの用語が、考えることもできない事態を表わす名辞にすぎないということがないようにすること、を意味している。ヘーゲルも、それまでの存在神学の歴史にみられる第二の存在論的論証のこうした欠陥を認識している。「神とはさしあたりひとつの表象であり、ひとつの名辞である。〈神は存在する〉という命題が含んでいる神と存在というふたつの規定に関して、第一の関心事は、〔神という〕主語をそれ自身だけで規定することである」（GB 57, Log. II 354も見よ）。

神という主語をそれ自身だけで規定するというこの要求は、ヘーゲルの『論理学』の至る所で根底をなしており、そして判断形式に対する批判という形で『精神現象学』の序文において最も説得的に述べられている〔特に Phän. 51以下〕、ヘーゲルに普通にみられる要求の、ひとつの特殊な形態にすぎない。ある判断において主語について思惟されるのは、ただ述語においてすでに規定されていたものだけである。だからこそ、諸概念を「定義」する際に、われわれは命題形式を採らずにすますことができるし、ある思想規定がそれに続くより豊かな思想規定へとさらに進展していく過程〔主語（主体）の弁証法的運動〕を始動させることだけですますことができる。〔命題形式において主語と述語の〕ふたつの概念の統一が主張されるのであれば、この統一は〔主語の運動によってもたらされる〕このような内的で理性的な統一であることが洞察されるのでなければなるまい[二〇]。ところが、デカルトとスピノザは必然的存在者の概念を導入するのに、思想と現存在との統一がそれに基づいては決して理解できるものとならないような、形式的定義を介している。

「スピノザ主義の哲学はすべてこれらの定義の内に含まれている。しかし、こうした定義は一般的規定であり、したがって全体として形式的である。欠点は、スピノザがこのように定義をもって始めているというところにある。数学の場合には、定義が前提なのだから、そうしても差し支えない。……しかし哲学においては、内容が即且つ対自的に真なるものとして認識されているべきである。ともかくもわれわれは名目的定義の正しさを容認することができるし、その場合〝実体〟という言葉は、この定義が示している〈実体の〉この表象に合致するだろう。しかしこの内容が即且つ対自的に真であるかどうかは、また別な問題である。ところがこの問題こそが、哲学的考察の場合には中心問題である。このことこそスピノザが行なわなかったものである」(GPIII 384)。この非難は、スピノザに対するのと同じ仕方で、アンセルムスにもあてはまる。「したがって、神の表象には不可分に存在も結合されていると言われる。してみるとこれは、アンセルムスの前提と同じ内容である。前提するとは、あるものを第一のもの、証明されないものとして直ちに受容することを意味する。してみれば、われわれはアンセルムス以来少しも先に進んでいないことになる。ところが、〈表象と存在の〉この統一は、それが直接的なもの〈前提〉とみなされている限りは、その必然性において認識されることはない。この前提は、ところで、至る所に、例えばスピノザにおいても見られる。彼は絶対的原因、つまり実体を、現実存在なくしては思惟されえないものと定義する」(Rel. I 223)。「しかしアンセルムスの論議における欠陥は、――これをさらにはデカルトもスピノザも、また直接知の原理〈信仰の原理としての直観を主張する人々、特にヤコービ〉もアンセルムスの論議と共有しているのであるが――、最も完全なもの……と言い表わされるこの統一が前提されているということ、すなわちそれが単に「即自的」なものとして受け取られているという点にある」(Enz. §193)。

こうしてみると、ヘーゲルの批判も、トマスが最初にアンセルムスに反対して主張した、名辞と概念の間の区別についての思想の、変様なのである。デカルトは、第二の存在論的論証によって神の概念の内に神の現存在への移行〔の可能性〕を見出したと考えた。ところがカントはまたも、単なる名辞を操作しているだけだ、とデカルトを非難したのである。しかもこの非難は、ヘーゲルの考えからみても正当なものだったのである。もちろん、カントが、必然的存在者は単なる名辞という形でなければ決して論ずることができない、と考えたのに対し、ヘーゲルがこの名辞の意味を充実させる思弁的な概念を見つけようとしたという違いはある。

ハイデルベルク『エンチクロペディー』のなかには、後のふたつの版のこの節〔§193〕に対応する箇所が見出される。しかし、この箇所は文献上考慮されておらず、グロックナーの『ヘーゲル辞典』にも記載されていないほどなのである。そのなかでヘーゲルは、従来の存在神学とその批判とに対する自らの非難を、体系的連関のなかで次のように展開している。存在神学もその批判も、概念的に理解されていない諸前提に依拠し続けてきた。どちらも概念と存在の相関関係に関する明証性を必要とする。なぜなら、概念と存在はどちらの場合も相互に対立させられており、その各々が半面の真理しか含んでいないからである。一方は単に神の思想における概念と存在の統一を定義しているにすぎず、他方は論理的異論という形で概念と存在の全面的な区別を主張する。そもそも存在神学的問題を克服しようとする理論であるなら、これら双方の欠点を回避し、双方の一面性を克服しなければなるまい。このような理論は、ふたつの規定の同一性も区別もどちらも要請してはならず、両者をひとつの論理的思想過程のなかで同時に展開しなければならない。「概念と客観性の同一性は、これまでの哲学においてふたつの形式で表わされてきた。従来の哲学がもつことのできた形式とは、その同一性が反省連関として捉えられるか、すなわち概念は概念で客観性は客観性で、それぞれ絶対的に差異をもち自立しているということを前提することによって、両者の単なる相対的な関係として捉えられるか、それともその同一性が両者の絶対的な同一性として捉えられるか、そのいずれかである。さらに言えば、後者の形式がありとあらゆる哲学の根底に置かれているのである。例えば、内的な表明されていない思想（プラトンやアリストテレス）としてであるにしろ、前提された定義や公理（例えばデカルト、スピノザ）、直接的確信、信仰、知的直観としてであるにしろ、いずれの場合でもそうなのである」（Enz. HD § 139）。それゆえ、存在論的証明の議論に、これまでのところはまだ隠されている正しい思弁的な形式を与えるすべを理解する人が、ヘーゲルの考えによれば、これまでのすべての哲学の問題を解決し、これまで哲学が脱却しえなかった様々な観点の間の対立の問題を解決するのである。

けれども、論理的異論も必然的存在者の定義も同じく単なる要請でしかない、とカントならば言いえたはずなのである。『純粋理性批判』は両者のこの対立を乗り越えようとしているし、そうすることによってこれまでの形而上学の絶えることのない闘争に終止符を打とうとしているはずだからである。こうしてみると、自らの課題を定式化するうえでは、カントとヘーゲルは互いに一致しているのである。ヘーゲルはカントとのこの一致を遠回しにではあるけれども、かつて認めてもいたのである。『純粋理性批判』のなかで、カントは合理的神学全体のアポリアを次のように記述していた。合理的神学は宇宙論的な思想によって《必然的存在者》の概念に達しなければならないにもかかわらず、この概念を明確に思惟することができない。このことは、合理的神学がこの概念から出発できず、この概念の助けを借りて世界の存在を理解するまでになることができないという点に示されている。世界が現実に存在するという条件のもとで、理性は必然的存在者という概念を形づくる。この概念はもっぱら主観的なものたりうるにすぎない。というのも、主観的なものでないのだとしたら、この概念そのものから世界の現存在を導出することが可能でなければならないはずだからである。カントのこの思想と同じものを、われわれは、〈理性はなるほど遡行的に必然的なものの定義に到達しはするけれども、しかし前進的にこのような必然性の明確な意味を洞察するようになるわけではない〉、という命題で表現することができる。この点に関してヘーゲルは、「カントによる宇宙論的証明の批判について」という論文のなか（GB 147）で、次のような考えを明らかにしている。「〔カントの〕この論評は、問題となる本質的な契機を含んでいる以上、公正に取り扱われてしかるべきである。それ自身において必然的に存在するものは、その始原を自分自身の内に示しているのでなければならないし、その始原がそれ自身の内で証示されるというように捉えられるものでなければならない。この欲求は、われわれが想定しなければならない唯一の注目すべき契機でもあるし、宇宙論的証明が存在論的証明に支えられていることを示そうとする欲求が、先に考察された〔カントの〕苦心の根底にあったのである。問題はただ、或るものがそれ自身から始まるのだということを示すことが、いかにして始められるべきなのか、ということだけである」。ヘーゲルはまったくもって正しい。このことこそが、実際のところ、宇宙論的証明が存在論的証明を前提しているということについて語るときの、カントの考えなのである。存在論的証明がなければ、神を絶対的に必然的な存在者として認識するには至らない。世界における変化の系列の必然的な根拠は、〈それはそれ自身に基づいて存在（さしあたっては自らの存在）の必然的な根拠として理解されうる〉ということが証明されない限りは、単に仮説上必然的な想定にすぎないではないかという推測によって、遠からず瓦解することになる。したがって、神の存在の宇宙論的証明は、存在論的証明を欠けば、決して必然的存在者の概念に辿り着けないのである。[10] たしかに、神の必然性の概念よりも「もっと深遠な神の概念を何も」（GB 140）もたない諸民族が存在していた、と考えることはできる。その場合彼らは、自然の内や外で自分自身を支配する力をもつと思われたものすべてを、敬ったことであろう。しかし、存在論的論証の思想に達していなかった以上、彼らの哲学者たちは、自分たちの民族の神にどのような明確な概念も結びつけることができなかったはずである。

ベーリングの百ターレルの例に反対して、概念と存在とをひとつに規定することこそがまさしく神の思想に特有なことなのだと述べている場合にも、ヘーゲルはそれでカントによる批判をすでに片付けたと本気で思うことなどできない。彼はただ自分自身の体系的課題のひとつのプログラムを提示したにすぎない。ヘーゲル自身の考えからみても、カントは従来の存在神学の歴史のなかに欠けているものがあることに当然気付いていたのであって、ヘーゲルはまさにそれを、つまり絶対的に必然的なものの定義を成果としてもつ理論を、完成しなければならないのである。こうして彼は、『論理学』のなかでこう述べることになる。「これに反して神の抽象的な定義はまさしく、神の概念と神の存在とが分離されず、不可分のものであるということである。カテゴリーと理性との真実の批判はまさに、認識に神の概念と存在のこの区別を理解させたり、認識が有限なものの規定や関係を神に適用しようなどと考えたりしないようにさせることである」(Log. I 75)。したがって、認識は〔この批判によって〕この区別を理解できるようにされなければならない。このことを要求する人は、すでに前提されている神の概念をカントのそれのような批判に対峙させるだけで十分だと考えることはできない。というのも、こうした批判は、たしかに神という名辞なら知ってはいるけれども、しかし、この名辞が認識との関連で意義をもちうるかどうかについては疑ってかかるからである。そういう〔神の概念と神の存在の区別を明らかにしようとする〕人は同時に、理性は前提されている神の概念を〔改めて〕思惟せざるをえないのだということ、しかもそれを明白に規定して思惟するものだということを明らかにするであろう。理性は、その際形而上学的伝統の方法を利用することはできない。ほかでもなくこうした課題を解決したと確信するからこそ、ヘーゲルはカントに論争を挑む資格があると自認することができるのである。課題の定式化という点では、ヘーゲルはカントと自分を区別していない。彼は古い存在神学を破壊した功績さえもカントに帰している。「したがって、カントがいわゆる神の現存在に関する諸々の証明からその声望を奪い、これらの不十分な証明を、当然のことに偏見の域を出ないものにしてしまったということは、最も重要なことであった」（GB 154）。これによって、カントは神の弁証法的な認識への道を拓いたのである。ところが、カントによる批判は、「彼がそれらの証明のもっと深くにある基礎を誤認し、したがってその真の内実をも正当に取り扱うことができなかった」（同前）限りで、やはり偏見なのである。(11)

してみると、以上の考察の成果として言えることは、ヘーゲルとカントは存在神学の歴史と課題とに関するそれぞれの判断という点では、一点を除くすべての点で一致しているということである。つまり、彼らはどちらも論理的異論を斥ける。彼らはふたつの存在論的論証の内的統一を認識し、必然的存在者の概念がたしかに証明の中心でありながら、これまでの哲学においてはそれが単なる前提にとどまっていたということを指摘する。カントは、こうした判断から神の存在の存在論的証明が必然的に挫折するという理論に行き着き、ヘーゲルは、真の存在神学を構築するという、まったく新しい手段によって企てられた試みに到達する。カントに対する自らの関係をヘーゲルが叙述するとき、ほとんどいつも論争の調子を帯びたその叙述は、以上の〔本書の考察の〕成果と、たしかにいくつかの特徴において一致するけれども、しかしすべてが一致するというわけではない。彼の記述がわれわれの成果と一致していない箇所では、ヘーゲルはカントの批判の体系的な核心を捉えてはいなかったのである。

3 ヘーゲルの『論理学』における存在論的論証(12)

とはいえ、カントとヘーゲルの間には、両者が存在神学の問題を取り扱う方法に根本的な違いがあるということは自明である。この差異を明確に示しているもののうちのいくつかの点は、すでに予備的に挙げておいた。この差異の根底にあるのは、つまるところ必然的存在者という概念の解釈上の違いである。けれども、こうした連関のなかで、ヘーゲル哲学の全体を包括する彼の理論を、完全に明らかにすることが不可能である以上、以下ではこの理論が立脚しているいくつかの境位《エレメント》を挙げるだけにする。

A ヘーゲルは、カントが「現実存在を概念的に捉えるまでに、すなわち現実存在を概念として措定するまでに」至っていない、と非難する(GPIII 584)。「もしも現実存在が概念的に捉えられないのなら、それは没概念的な、感覚的に知覚されたものである。そして没概念的なものは、言うまでもなく、いかなる概念でもない」(585)。どのような形態のものであれ、存在論的論証がことごとく排斥されるのであれば、結果的に、現実存在を概念の絶対的で無媒介の反対物にせざるをえなくなる。カントの存在論的論証批判は様相のカテゴリーの批判主義的な理論に行き着くが、この理論においては、様相の諸カテゴリーは対象に対する思想の関係を規定しているだけである。可能性、現実性、そして必然性〔という様相の三つのカテゴリー〕の間の区別は、認識能力と、認識されるためにこの能力に感覚的に予め与えられているものとの関係の内でしか妥当しない。現実存在が諸概念の連関から取り出され、認識に対立している事実の表現だとされるけれども、その事実の方は原理として理解されることはない。したがって、現実存在という概念は、『純粋理性批判』の連関のなかでは、単に〈事実的に実在すること〉を示唆するものでしかなく、つまり、本当は概念的に捉えられなければならないはずの現象の、単に表象された反復にすぎず、この現象の概念ではないのである。けれども、この概念は、やはり見出されうるのでなければなるまい。なぜなら、統覚という自己意識の諸契機の理論をも含め、いかなる理論であれ様相概念を利用することを断念することはできないからである。

B　右の〔Aの〕異論は、認識の純粋概念の批判主義的な主観化に対する、ヘーゲルのもっと一般的な批判に呼応している。カテゴリーを、すでに前提されている主観の機能として理解しようとするどんな試みも、不可避的にアポリアに逢着する。というのも、カテゴリーは、そもそも存在しているものの、究極的に規定された思想だからである。或る原理がカテゴリーの下で初めてかくあるべき原理として考えられるのに、そのカテゴリーがそうした原理に依存することなどできはしない。自己意識の概念は純粋カテゴリーの適用事例であって、その制約ではない。してみると、カテゴリーの超主観的な妥当性を疑うカントの態度を、改めて疑うすべを学んだときに初めて、カントの批判的な留保が完結をみることになる。(13) そうすれば、カテゴリーの真実の意味での検討は、純粋な思想規定の、それ自身に基づく展開〔自己展開〕になる。この点を熟考することこそが、〈論理の学〉の理念に至る唯一納得のできる手引きなのである。このような熟考は、もっと幅広く行なわれてしかるべきだし、またそれを求めてもいる。そうなればこうした熟考は、すでに絶対知の弁証法という前提を背負っているために体系への手引きとしては不適当な『精神現象学』の代わりをすることができるかもしれない。たしかにヘーゲルはいつも、『精神現象学』が『論理学』の序論でなければならない、といってやまなかった。このような序論だと公言されていたこの作品の、内容の意義を考慮するなら、そのことは理解できる。しかしヘーゲルは、『精神現象学』とは別の形式の序論も、やはり意味があるし説得力があるとみなしていたのである。「懐疑主義は、あらゆる形式の有限な認識作用に貫流している否定的な学なのだから、これもまた同じくこのような序論として展開されるはずである」（Enz. HD §36）。

Ｃ　してみると、ヘーゲルにおける存在論的論証の問題は、ただ単に或る思想からこの思想の対象の現実存在についての確信への移行に関わることができるというだけではない。この移行の可能性を疑うような問い〔を抱く人〕は、まだ〈論理の学〉の入口の前に立ちどまっている。というのも、こうした問い〔を抱く人〕は、概念がさしあたっては「われわれの」概念であり、したがって概念は、それがそれに適用され、それに対して妥当するとされている存在者、つまり概念に対置されている存在者からは、原理的に区別されていると、想定せざるをえないからである。〔こうした人にとっては〕この対立を前提することによってのみ、或る概念において思惟されていたものの現実存在を問うことが可能なのである。〔ところが〕すべての思想の根本規定がヘーゲルの『論理学』の意味において理解される場合には、こうした思想の根本規定の客観性もすでに保証されている。したがってこの客観性は、単に対象に対する妥当性という意味での客観性ではない。そういう意味での客観性だとすれば、思想（の根本）規定はたしかに或る対象に必然的に関係づけられはするけれども、しかしそれと同様に、この対象は思想規定から区別されなければならないはずなのだから、思想規定それ自身には、まさに対象性が帰属しないことになろう。〔逆にヘーゲルのように〕カテゴリーの体系が主観の表象から独立して考えられるなら、この体系それ自身に存在の規定を認めることは必然的なことである。〔カントのように〕カテゴリーの体系を、存在者を規定するための機能の体系としてだけ考えることは、〔ヘーゲルには〕もはやできないのである。

妥当性の概念に合致する存在の概念は、それ自身いまだ〔思惟・概念と存在との〕対立の条件のもとにあるのであって、この対立こそ、〈カテゴリーは必然的に存在に関係づけられている〉と言うときに、われわれが否定しようとしているものなのである、こうした条件のもとでは、存在とは、単なる思想とは違い、〈思惟されていること〉から独立したものとして明確に思惟されなければならない規定、を意味する。この場合思想とは、或る認識する主観の働きの明確に規定された成果であり、存在者とは、思想が関係づけられる規定されたもののことである。『論理学』の理念をこうした〔対立的〕規定を用いて言い表わそうとすれば、『論理学』のカテゴリーは思想の規定のもとにあるばかりではなく、存在者の規定のもとにもあるのだと、〔思想と存在者の対立という観点を前提して〕言わざるをえまい。この定式では、『論理学』の理念は、『論理学』が第一歩から廃棄してしまっていたあの対立〔的観点〕から定義されるのである。〔つまり、こうした対立的観点をとる人々には〕『論理学』の理念は十分理解されていないわけである。[14]

『論理学』が究極的な根拠づけを行なう学であるはずなら、『論理学』に至る途上ではまだ単なる前提としての役割を果たしていた対立が、『論理学』それ自身のなかで展開され、概念的に捉えられるのでなければなるまい。伝統的な存在神学が必然的存在者という神の概念の内で媒介しようとした、概念と存在との主観的な対立が、『論理学』が開始される以前に、懐疑的に検討されたうえで解消されていなければならないのである。そうして初めて論理的な学は、これら「カテゴリー」の絶対的な意味を展開し、主観と所与の対立ではない、真の意味での対立を弁証法的に媒介しようとすることができるのである。

この学のカテゴリーのなかには主観のカテゴリーも含まれる。この主観のカテゴリーは精神の実在哲学の基礎のひとつになるのであって、主観的思想と対象との差異は、体系的にはこの実在哲学に位置している。けれども、ヘーゲルの存在論的論証の弁明は哲学的な学のこの部分に置かれるものなのだと考えようとするなら、それはまったくの誤りであろう。主観的精神の哲学はそれ自身が、〈思想から存在への移行が可能であり、それはこれまでにもうすでにいつも行なわれてきたのだ〉という前提に基づいて、展開されるのである。あらゆる存在神学の根底にある思想が思惟しているのは、一切の主観性に先立って存在し、一切の主観性から独立している意味での、存在と概念の統一である。

ところで、論理的な学の方法的内容が、存在神学の根底にあるこの思想に集約されるのだとすれば、存在論的論証が体系との連関でどのような位置を占めるべきかという問題に関して、先に挙げた仮説に対置される、いまひとつの仮説に達することができよう。すなわち、存在論的論証の本来の位置は〈論理的な学〉の始原に、したがって「単に主観的」とも「単に客観的」とも名付けることのできないような思想を考えようとする試みが最初になされるところに、見出されなければならないと考えることもできるという仮説である。ところが、この仮説も最後まで押し進めることはできない。というのも、〔予め〕存立し、それゆえに前提されている差異は、『論理学』の発端にあっては、まだ論理的な思想の歩みによって媒介されていないからである。始原は、〈自己自身に基づいて自己を規定する全体〉を展開・解明する第一歩である。その限りで始原が前提するのはただ、歩みを始めようとする決意、すなわち純粋な思惟に向かう決意だけである。一切の区別は、それがたとえこうした決意を導いてきたものであるにしても、この決意のさ中で忘れ去られ、無効にされなければならない。ところで、存在論的論証は本質的には、〔思想と存在という〕異なった規定を媒介するものである。だから、〔差異を前提するこの〕存在論的論証が〈論理的な学〉の真理の内で或る契機をなすというのならば、それは〈論理的な学〉の入口に位置することはできない。

D　このように考察してくると、存在論的論証が同一性を主張している概念と存在とは、ヘーゲルにあっては客観的な思想規定なのだ、という結論に導かれる。概念は主観的な思想ではなく、また存在も主観の対象ではない。両者は、互いに区別されはするけれども、その一方が他方を契機として自らの内に含んでいる、絶対的なものの定義である。「思惟と存在は対置されているという、まさにこのことが表明されている。そしてわれわれは、真実なものとは、単に思惟でしかないものではなく、存在してもいるもののことだということを認める。しかし、思惟を、ここで単に主観的なだけのものとみなしてはならない。思想とは、ここでは、絶対的な思想、純粋な思想のことを意味している」(GPIII 167)。

本研究の連関からすれば、われわれは、ヘーゲルの『論理学』の意味における、これらの概念の解釈に若干言及するだけで十分だとしなければならない。

E 『論理学』の第三巻は概念論である。この巻は、異なる思想規定を互いに相手から生じさせるやり方によって、先立つふたつの巻から区別される。本質の論理学〔本質論〕のなかではまだ、思想相互の差異は、思想相互の差異性という「仮象」であった。したがって、〔そこでは〕例えば肯定的なものと否定的なものというカテゴリーは反省規定である。すなわちそれらは、ただ相互的にのみお互いを通して規定され、その各々が、自分の反対項の概念であることによって、自分自身の反対項として規定されるような思想なのである。肯定的なものは否定的なものの否定であって、その限りでそれ自身が否定的である、等々。本質〔論〕においては、しかし、この両者の差異性という仮象はまだ取り除かれていない。差異が反省としてすでにそのなかで動いている統一が、まだ統一そのものとして措定されてはいないのである。この統一はこのような反省としての統一にすぎない。ところが概念〔論〕では、この統一が統一として登場してきているし、したがってこの統一が、反省の対象にもなった、と言うことができよう。いまや概念相互の移行の運動の過程のなかで、同時にこの移行の概念〔概念相互の移行を可能にする両者の統一〕が思惟される。

本質〔論〕がそこで動いている対立項は、同じひとつの統一の分離〔特殊化〕されたものとして捉えられる。したがって、この統一はこれら特殊化されたものどもにおいて自分自身を規定していることになる。それゆえ概念は、特殊化されたものの内でも依然として同じく自己同一的なもの〔概念〕であり続けるし、その限りで普遍的なものとしての自分自身と自らの特殊化された二項との統一である。すなわちこの概念は「即且つ対自的に規定されたもの」なのである。

　形式論理学に由来する、〈概念〉〔について〕の概念とほとんど共通するものをもたないこの思想を、ここで、形式論理学からこの思想に受け継がれている用語を用いて名付けようとしてはならない。そうしてはならない理由がヘーゲルには数多くあるからである。形式〔論理学〕的な概念からヘーゲルの〈概念〉の概念が区別されるのは、それがもつ客観性と包括的な普遍性によってである。形式論理学のいう概念はもっぱら思惟する主観の思想として理解されうるだけであるが、ヘーゲルのいう概念は、客観的な意味での絶対的なものそれ自身である。だからこそヘーゲルには、判断の例として「犯罪」〔実践的行為〕や、あるいは「色彩」を挙げることも許されるのである。形式論理学的な意味での概念は、多くの存在者の内に見出すことのできるひとつの事態〔共通概念〕を思惟するが、これらの存在者がそれぞれ互いに区別されるのは、この概念においては思惟されえない諸規定によってなのである。形式論理学は、特殊性は概念のもとに属すると言うが、ヘーゲルの概念は、しかし、特殊性を自分の内に含んでいるのである。形式論理学が概念と呼ぶものは、ヘーゲルにとっては、「表象」である。このような表象が一体なぜ〔外面的に〕「与えられる」のかは、主観の概念が精神の実在哲学〔『エンチクロペディー』第三部「精神哲学」〕において展開されるときに初めて理解されることができる。(二二)『論理学』のなかでは、表象の普遍性はそれにふさわしいどのような場所も見出すことができない。

いまや、ヘーゲルがどのようにして必然的存在者という宇宙論的な根本概念を〈概念〉の概念と同一視したり、それと共に概念の論理学を存在神学の基礎にしたりするようになるのかが、容易に理解される。デカルトとスピノザにとって、《必然的存在者》が必然的に存在するのは、それが《自己原因》であるからである。「《自己原因》とは重要な表現である。結果が原因に対置される。自己原因とは、作用し、他者を〔自分から〕分離〔して存在〕させる原因のことである。けれども、それが生み出すものは自分自身である。すなわち、この産出作用において自己原因は〔自分と他者の〕この区別を同時に止揚しているのである。……これこそはまったく思弁的な概念である」(GPIII 379)。《自己原因》とは、ヘーゲルが別の箇所(GB 130)で言っているように、概念の統一にふさわしい、きわめて驚くべき表現なのである。因果性のカテゴリーは、概念の論理学に先行する本質の論理学に属している。というのも、このカテゴリーは〔原因と結果という〕自らの契機の区別の仮象をいまだに帯びているからである。これに対し《自己原因》という思想はこの仮象に矛盾し、ほかでもなくこの仮象の否定である。なぜなら、自己自身を原因として生じる結果というものは、その原因と異なるものではないからである。このことから、カントはすでに『新解明』のなかで、神は決して自己原因と名付けられてはならない、と結論づけていた。[15] ヘーゲルもまたたしかに、《自己原因》という思想においては因果性の次元が廃棄されてしまう、と考える。けれどもヘーゲルによれば、まさにこの点にこの概念の思弁的特質が存しているのである。彼は因果性とその必然性という仮象〔本質論〕から概念の透徹した(自由な)統一〔概念論〕への移行をこう表現する。原因は他なるものを結果として規定する。ところで概念は自分自身を〔結果として〕規定するのだから、それは《自己原因》と呼ばれることができる、と。ヘーゲルはこの思想をハイデルベルク『エンチクロペディー』のなかで最もあざやかに定式化している。概念は「端的に作用するものであり、しかもまた、他者に作用するという仮象をもった原因のようなものではもはやなく、自分自身に作用するものである」(Enz. HD §112, 強調 ヘンリッヒ)。

F　概念に関するこのような理論を考慮に入れるなら、概念の内に存在という規定を見出すことも、したがってまた、『論理学』の歩みのなかで、伝統的な存在論的論証に対応する〔概念から存在への〕移行を実現することも、もはや困難ではない。存在という概念は、予めすでに次のように解明されていた。すなわち、ヘーゲルによれば存在は、《事象性の総体》という思想が結果的に収斂していく概念であって、端的に没規定的なもの、つまり自分自身にだけ関係づけられている直接態なのである。

ヘーゲルの後継者たちは、『論理学』の最初の概念〔「存在」〕に大いに頭を悩まし、この概念に、認識の理論から明らかにされる意義を与えようと試みてきた。こうして存在は、例えばエルトマンによれば繋辞《コプラ》の「である」であり、ヴァイセによれば純粋な思惟規定の「必然性」であるとされる[16]。これらの試みは、自分たちが明瞭にしようとした『論理学』の歩みを、かえって混乱させる。繋辞や妥当性といった錯綜した論理的現象と、始原としての存在とは同一のものではありえない。それというのもまさに、存在こそが、ヘーゲル自身がそこに立脚して初めて判断の概念や認識の概念へと歩を進める基礎だからである。存在はまた主観的な思想に対立する現実存在でもない。存在は肯定的なもの、端的に没規定的なもの、一切の規定の「純粋な抽象」である。けれども、「純粋な抽象」といってもやはりそれは、〈〔規定とは〕常に規定された規定である〉という規定の概念を定義することをそれが初めて可能にする限りで、肯定的なものなのである。後の論理学構想のなかで、ヘーゲルは存在を、語りえないものであるとも言っていた。「その純粋な未規定性のゆえに、存在は無、つまり語りえないものである」(Enz. HD §40, Rel. I 221)。

存在が未規定なものである以上、そのなかにはどのような対立も存在しない。というのも、限定とは、他なるものに対して規定すること、他なるものを自分の外にあるものとして措定することを、すなわち否定を意味するからである。してみると、存在の概念の内では、ありうる一切の規定の全体も思惟されている。存在はある意味で絶対的なものであるけれども、それはまだ何ら規定されたものを自分の内に措定してはいない絶対的なものである。したがって存在は、理念である絶対的なものに、絶対的に対立するものである。特殊なもの一切を自分の内で自分に基づいて措定する絶対的なものに、絶対的に対立するものである。

《自己原因》であり自己関係である以上、概念は存在という概念と同一のものであるし、概念もまたただ自己にのみ関わるものである。しかし、概念がこのような〈自己〉関係であるのは、〈存在が肯定的な自己関係であるのに対して〉否定的な関係としてである。概念は自分が空虚な普遍であることをやめ、自分を分離〈特殊化〉し、そのことによって自分を規定する。その限りで、概念は必ずしも没規定的な存在と同じだというわけにはいかない。けれども、概念が分離するのは自分なのである。概念の他者とは、自分が分離した概念それ自身である。そして、概念が自分の他者においてもやはり自分自身との透徹した統一を保っているのであるから、概念はその限りで存在である。「概念はさらに必然的に存在を含んでいる。この存在は単純な自己関係であり、媒介性をもたない。概念は、それを考察するなら、そこではすべての規定が理念的なものとして存在しているもののことである。この理念性は止揚された媒介であり、止揚された区別性、完全な明晰性、純粋な清澄性、そして〈自分自身のもとに在ること〉である。概念の自由は、それ自身絶対的な自己関係であり、直接態——つまり媒介をもたない統一——でもあるような同一性である。したがって、概念はこのように存在をそれ自らに具えている」(GB 175)。[17]

ヘーゲルは、伝統的な存在神学のふたつの根本概念を解釈する際、これらの概念と、存在と概念という論理的な学のカテゴリーとの間にふたつの相関を立てていた。すなわち、「存在」は「《事象性の総体》」と同じものであり、「概念」が「《自己原因》」である。存在論的証明に対応する推論は、ヘーゲルの『論理学』では次のようになる。存在は概念における契機である、あるいは概念は存在である。伝統の言葉遣いに直すなら、それに対応して、「《自己原因》」は「《事象性の総体》」であるという命題があてはまることになろう。——デカルト的な論証をこのように転倒しているということから明らかになるのは、ヘーゲルが形而上学的存在神学におけるこれらの概念の意味を、存在神学の問題を放棄することなく、どの程度変様させてしまったのかということである。デカルトが要請し、その必然性をモアもカドワースもジャクロもライプニッツも洞察し、カントが自分の批判の基礎にしていた、存在神学のふたつの概念を統一することが、ヘーゲルにとっても存在論的論証の問題の解決になるのである。モアや、彼に続く人々にとっては、カントにとってもそうであるように、《事象性の総体》という思想の内での概念から存在への移行が、必然的存在者という概念の意味を保証した。ヘーゲルにとっては逆に、「《自己原因》」としての〈概念〉、という概念が、存在論的証明において遂行される移行の可能性を保証する。——けれども、こうした比較は、正しいとはいえ、やはり限界がある。というのも、必然的なものや一切を包括する存在といった概念の意義が、『論理学』における解釈のなかで変更されているからである。

G　してみると、ヘーゲルの存在論的論証の理論は次の三つの契機によって特徴づけることができる。

第一に、純粋な思想規定を主観の概念から独立して定義するという『論理学』の理念によって、第二に、没規定的なものと規定の全体性との関係のように、互いに区別される存在と概念という思想規定の対立によって、第三に、どのような区別があるにせよ全体としては常に自己関係である絶対的なものの、その全体性におけるこれら存在と概念という規定の統一によって。

H　以上の予備作業をした後では、ヘーゲルの『論理学』の方法の内にある存在神学的推論はきわめて容易に理解できる。ヘーゲルは、この推論は単純明白である、と繰り返し断言してもいるのである。彼は、〈神には存在という規定が認められなければならないということほど明白で自明なことは何もない〉と主張することによって、批判主義的な敵対者たちに衝撃を与える。もちろん、この主張が衝撃を与えるのは、ヘーゲルにおける「概念」と「存在」の意義が明瞭に認識された場合だけである。「もしも精神のこうした最も内的なものである概念が、さらにはまた自我や、ましてや神のものである具体的な全体性が、存在のような貧しい規定、それどころか最も貧しく最も抽象的な規定さえも、自らの内に含まないほどに貧しいものだとしたら、これはもう奇妙なことだ、と言うことができよう」（Enz. §51）。してみると、このように奇妙に思う〔ヘーゲルの〕気持と、にもかかわらずヘーゲルが存在論的論証に割り当てている意義との間には矛盾が残るように思われる。ヘーゲルは一方で、「この問題〔存在論的論証〕こそは、哲学の関心全体を形づくっている、哲学の発端である」（GPⅢ 166）と述べる。ところが他方、論理的な学それ自身の歩みのなかでは、存在論的論証はこのような重要な意義をもってはいない。この論証が属しているのは第三部、すなわち主観的論理学〔概念論〕であって、そこでは存在論的論証は〈概念〉の概念から客観性の概念に移行する箇所に現われる。

存在論的論証が根本的な意義をもつのは「哲学の発端」としてであるが、それは、主観性が純粋に思惟しようと決意し、自分や自分の認識作用の可能性に関する反省を中断して、『論理学』の歩みに立ち入ろうと決意する場合にだけ可能になる。その際ある意味で主観性は自分自身を、すなわち思惟のすべての概念の根拠としての自分自身を放棄しなければならない。主観性は、もはや「構成[18]」をしてはならず、絶対的なものにおける思想の展開をただ「傍観する」だけの理性とならなければならない。しかしそれは主観性にとって、それ自身の本質の内にある諸々の理由からして困難である。すなわち、自らを捉え、自らを原理として措定する自我は、『論理学』それ自身ではないにしても、やはり『論理学』の可能性の否定的〔消極的〕前提なのである。もしも「自我」という純粋な思想が存在者との内容のある結合からも無内容な結合からも生じてこなかったとすれば、この思想は、一切の主観性を超越する『論理学』という学問が出発点としている純粋存在という思想にも決して到達しなかったはずである。それゆえにこそ、自我という思想はギリシア人たちの至福の世界よりも優れているのである。ギリシア世界では、どれほど優れた時代であってさえも、自己喪失の暗い陰がさしているからである。「キリスト教世界」が「途方もない緊張」状態のさ中で〈自己 Selbst〉を原理として生み出したのである。〈自己〉と存在を分離したり、〈自己〉を単に相対的な、それどころか有限な絶対的なものにしてしまったりする対立を、キリスト教世界が止揚するときに初めて、この世界は完成されることができる。つまり〈自己〉が概念にならなければならないのである。ところがこの世界では、〔存在と思惟（肉と霊）を〕対置させる緊張した関係のなかで存在から外へ現われてきた〔存在から自立してきた〕〈自己〉は、自分につきつけられた外化〔肉・存在・現実世界への従属〕の要求に断固として抵抗する。だから、どうしても〈自己〉と存在の対立に基づいて自分を規定せざるをえない悟性は、自分を絶対的なものとして措定するとき、この対立の統一を思惟することを拒んでしまう。観念論的思弁に対する批判主義の闘いとはまさに、〈自己〉の法則の内で根拠づけられた防衛ではあっても、不整合なものなのである。その武器が、ヘーゲルの考えによれば、存在論的論証に対する論理的異論である。観念論が批判主義に太刀打ちできるとすれば、それは、観念論がすべての思想規定の全体を思惟し、この全体のなかの一契機として主観性を思惟することができた場合だけである。そのときだけ、主観性が、これもまた主観性と同じくひとつの規定である存在に、絶対的な仕方で対置されてはならないのだということが、証明される。したがって、主観性と存在との対置ということから考えれば、概念と存在の、媒介と直接態の統一を指摘することが、論理的推論の根本の姿である。純粋概念の『論理学』が全体を、つまり絶対的なものを思惟することができ、それゆえそれが、対置のなかで動いている形式論理学の主観的概念にまさるものであるということが、この統一を指摘することによって明らかになる。

してみると、存在論的証明は、たしかに『論理学』の発端に位置してはいないが、しかしいまだ論理的な学の立場に達していない人にとっては、この学の理念の表現なのである。この証明は、それだけでみれば、『論理学』の歩みのなかでは容易に遂行されうる。そしてそれゆえにこそ、この証明が『論理学』における些細なものであるかのように思われたりもするのである。けれども、真正な哲学が依然として問題であるときには、存在論的証明はこの哲学の「全関心」を形づくっている。存在神学の敵対者たちに彼らの異論を放棄させることができるとすれば、それは、彼らが絶対知の立場に立たざるをえないようにさせる場合だけである。ところが、このような知が存在論的証明の思弁的な形式から始まることができない以上、観念論はやむなく、存在論的証明は自分にとっては自明の真理なのだ、と単に断言するだけで、存在神学に対する敵対者たちの懐疑に立ち向かい、その上で、概念と存在との根底的な区別を主張する哲学がそれ自身の区別立てに疑いの眼を向けるようにしむけなければならないのである。トマスやウェーレンフェルスの異論に対するヘーゲルの論争の粗雑さや、存在論的証明に関する彼の弁明の不透明さ——これが多くの人々にヘーゲルの『論理学』の研究を厭わせてきたのだとも言えようが——は、ヘーゲルが人を説得する技術が不得手であったとか、人を見くびるような形で批判する傾向があったということからだけで理解することはできない。ヘーゲル自身には、この粗雑さと不透明さこそが、思弁的観念論が存在論的証明の敵対者たちを——そこからしか伝統的な存在神学を正当化することも革新することもできない——『論理学』の立場に無理やり立たせる過程の、必然的な端緒だと思われていたのかもしれないのである。

この解釈の最良の例証は、『宗教哲学』の次の箇所（III 1,30）である。「存在というこの抽象的な規定は、本来それについて語る努力をすることすら無益なほどに貧困である。この直接的な理念は、概念のそれ自身との統一という、まったく空虚な契機にすぎない。ところが存在は概念や、あるいは表象や、固定化された主観性とあまりにも多くの点で対立している。つまり、対立がかくもはなはだしいのは、ほかならぬ精神という深みに、主観それ自身の全体性が、すなわち実体的な客観性が、したがって〔主観と客観の〕無限な対立が含まれているからである」（強調・ヘンリッヒ）。

しかしながら、このような解釈は、ヘーゲルの存在論的論証の理論を解明するのに役立つだけで、この理論を裏付けるには十分ではない。存在神学の問題を論じ尽くすことのできる問いの的確な定式化を、なおも問題にせざるをえないのだとすれば、ある完結した体系にただ従うだけでは意味がない。しかしこの定式化に関しては、外見上あまりにも懸け離れているようにみえる、カントとヘーゲルの思想の間に、思いがけない一致のあることが明らかになってきた。つまり、必然的存在者の概念の謎を解くすべを心得ている人だけが存在神学的な問題を克服することができるという点で、両者は一致している。必然的存在者の概念が明晰判明に思惟され、すべての認識の諸条件と結合されることができるのなら、——カントが「証明はすでに完了している」と述べていたように——存在論的論証は妥当する。そのときには、どのような論理的異論も経験主義的異論も、たとえそれらが明証性の外観を具えるようになったとしても、存在論的論証を否定する正当性をもつことはできない。ヘーゲルは、《自己原因》という概念が「真実の概念」であると確信していた。こうしてヘーゲルは、〈間違ってはいるにしても首尾一貫している〉とカントも認めていたひとつの立場を受け容れたのである。というのも、カントの批判は必然的存在者の概念を破壊しようとするものであるが、ヘーゲルも、そのことによってカントが「問題となる本質的な契機」を適切に言い表わしていたと、認めざるをえなかったからである（GB 147）。してみると、この両人の間で存在神学の運命が決定される。というのは、存在神学の形而上学的形式に後戻りする道は、カントの批判によってもはや閉ざされてしまったからである。

B　後期シェリング哲学における概念と現存在

1　シェリングと存在神学の歴史

後期シェリング哲学においても、存在神学の問いは、少なくみてもヘーゲルの『論理学』におけるのと同じほど重大である。この哲学の問題は、周知のように、積極哲学を消極哲学から区別することである。そして、この区別に関するシェリングの理論は、神の存在の存在論的証明についての彼の理論と一致している。彼の考えによれば、これまでの形而上学と、単に消極的なだけで、「論理的」でしかないヘーゲル哲学の誤りは、存在論的論証の間違った理解に起因しているのである。ところが積極哲学の意味は、まずもって存在神学の問題が正しいやり方で解決されたときにしか、理解できないというわけである。

シェリングはヘーゲルよりももっと詳しく存在論的証明の歴史的形態について論じている。彼はただ単に、ヘーゲルが行なっているように、存在論的証明の「真の内実」を、この内実の認識を困難にするだけの不十分な形而上学的形式から解き放とうとしているだけではない。シェリングにとって重要なのは、存在論的証明の歴史的形式のうちの特定の或るものが不十分だと言われるのはどのような欠陥や欠点によるのか、それとは別の形式の方がもっと満足のいくものだと言われるのはなぜなのかを詳細に示すことである。だからしてシェリングは、デカルトのテキストに直接分け入って、デカルトの論証をたびたび詳細に批判しているのである。「デカルトが近世哲学のあらゆる後裔にとって決定的な人になったのは、存在論的証明を提示したからであって、このことに較べると、そのほかに彼が哲学の発端について主張したことなどは取るに足りない。この論証が機縁となって生じてきた諸々の誤解を解きほぐし分析することに、哲学は今もなお従事していると言うことができる」(GNP 14)。偉大な先人たちがこの証明の推論形式について語りえた事柄に、シェリングは同意しない。この推論は、シェリングには概念と存在を媒介して無差別にする唯一のものだと思われたが、それをカントもヘーゲルも分明なものにすることができなかった、と彼は考える。「いわゆる神の現実存在の証明に対する批判のなかで、カントがまったく正しいことを言い当てていたのだと主張することはできない。私の見るところでは、わけてもいわゆる存在論的論証(これについては以下で詳しく論じる)の内に、カントが推論の本当の欠点を発見していたなどということは決してなかったのである」(O 45)。「こうした誤解は今日に至るまで解明されたことはなかった(必要とあれば、例えば、ヘーゲルが存在論的論証についていかに支離滅裂なことを述べているかを見るだけでいい)」(GNP 66)。

とはいえシェリングも、カント以後の哲学が皆そうであるように、存在論的論証とその批判の歴史について大まかな特徴しか知らない。〔存在論的論証の側については〕例えば彼は、アンセルムスを引用している(O 157)。また彼は、神の現実存在を神の概念から推論することができるのは、神の概念が必然的な現存在を含んでいるからだ、というデカルトの思想の独自性をも認識していた。そして、必然的現実存在という概念を最も完全な存在者という概念から切り離し、自らの存在論的論証を神の存在という概念から直ちに始めたとされるスピノザ(M 457, O157)とマールブランシュ(M 454)さえ引き合いに出している。ところが、シェリングのふれている存在論的論証の批判者といえば、唯一カントだけである。しかも、シェリングがそのほかの批判者たちのことを知っていたとみなすべきどのような根拠も見当たらないのである。シェリングがウォーレンフェルスやモスハイムやクルージウスの仕事について何も知らなかったということは、彼が存在神学を——その形而上学的形式と思弁的形式のいずれをも——反駁しようとする際の、そのやり方からはっきりと見てとれる。

すなわち、彼が存在神学に対して持ち出すのは、かつての論理的異論でしかなく、彼はこれをきわめて明確且つ鋭利に定式化しただけなのである。明らかに彼は、自分こそが、デカルト以来の哲学を混乱に陥し入れている件の「誤解」の蒙を初めて啓いたのだ、と信じているのである。彼の意見によれば、カントにはたしかに、概念と現存在との間の区別を一貫して堅持していたという功績が認められる。カントは「〈物の概念は単にこの物の純粋な本質を含んでいるだけで、事実性、つまり現実存在については何も含んでいない〉という規則にいかなる例外も認めていないが、神の概念に関してもそうなのである」(O 83)。それどころか、このように主張するカントが起因となって、「消極的なものと積極的なものとが哲学において区分されざるをえなく」(GNP 74) なったのである。けれども、カントがこの区別を神概念という特別な場合に立てるとき、彼は論理的異論を決して利用してはいないということに、シェリングは気づいてもいたのである。シェリングにとっては、まさしくこの点にカントの批判の欠点がある。カントは、すべての合理的神学の課題を次のように記していた。つまり、合理的神学は、或る概念を絶対的な必然性として見出すか、それとも或る物の絶対的な必然性をこの物の概念として見出すか、そのいずれかでなければならない、と。これに対してシェリングは反論する。「ところで、後者に関して言えば、何らかの存在者がその概念に基づいて必然的存在者と解されるのだということを、私は否定する。なぜなら、この必然的存在者が神であると言うのならば、その概念から理解されうるのは、神が必然的に実在するということではなくて、神は必然的実在者でしかありえないということ、したがって神は必然的に必然的実在者であり、つまりもしも神が実在するならば、神は必然的に必然的実在者であるということだけであって、神が実在するということはそこからは帰結しないからである」(O 167)。カントが概念から現存在に達することを一般に可能なこととして容認しているという点に、シェリングがカントの欠点を見ているということが、右の文章から推測できる。カントはたしかに、われわれにとってこのような〔概念から現存在への〕道が存在するということを、否定してはいた。けれどもカントは、このような道などありえないと、頭からきめつけていたわけではない。シェリングは、一見カントよりラジカルに見えるこのようなテーゼによって、カントを乗り越えたと考える。概念と現存在は本質的に異なるものだということを単純に指摘しているからといって、カントは実際のところ、存在論的論証を攻撃しているわけでも、またこの論理的異論を重視しているわけでもないのだから、シェリングの言い分は、その点では正しい。思惟と存在との間の区別が例外なく妥当するということは、批判主義的異論によって初めて保証されるのである。ところがこの異論を根拠づけるカントの回りくどい形式は、批判が論理的異論の真正な明晰さにも簡明な定式化にもいまだ到達していないために陥らざるをえなかった擬古主義だとシェリングはみなす。カントの論駁には長い前史があったのであって、そのなかで論理的異論はすでに不十分なものだと認識されていたということを、シェリングは見落しているのである。論理的異論を用いる人は、カントの批判を越えているのではなく、この批判に先行する段階に後戻りしているのである。論理的異論を用いるには、それなりの拒むことのできない理由があるということも、たしかにありえよう。けれども仮にそうした理由があるのだとしても、やはりシェリングは、〔彼によってあえて強められた〕論理的異論の強さと〔彼によって弱いものとみなされた〕批判主義的異論の脆弱さとの間に折り合いをつけなければならなかったはずである。その際シェリングの課題になるのは、すでにモア、カドワース、ジャクロ、ライプニッツ、そしてヴォルフが論理的異論に対して存在論的論証を擁護してきていたにもかかわらず、どうしてまた論理的異論がこの論証を論駁しうるというのか、このことを明らかにすることであったはずである。この課題を引き受けていない以上、シェリングによる批判は、トマス、ユエ、ウェーレンフェルス、モスハイム、クルージウスらの思想の無自覚な反復でしかない、と言わざるをえなくなる。こうした観点のもとで、シェリングによる批判を一層綿密に考察することにしよう。

2　シェリングの論理的異論

『近世哲学史講義』[19](GNP 15/16) と『啓示哲学講義』(O 156ff.) のなかで、シェリングは論理的異論を詳しく解説していた。デカルトの推論における諸前提は次のようになる。最も完全な存在者は、偶然的に実在することはできず、したがって必然的にしか実在しえない (大前提)。神は最も完全な存在者である (小前提)。さてこのふたつの前提から何が帰結するであろうか。デカルトは、神は実在する、と結論する。しかしデカルトは、神は必然的な仕方でのみ実在しうる、と結論すべきであったはずなのである。「神は必然的な仕方でのみ実在しうると言うのと、神は必然的に実在すると言うのとでは、まったく別なことなのである」(GNP 15)。デカルトの大前提のなかでは「或る種の現実存在」が語られているだけなのに対して、結論には「現実存在一般」が含まれている。つまり「《前提の内にあったよりも多くのことが結論に》」存在しているわけである。同じ事態が、後の講義では一層こみ入った言葉でこう表現される。神は単に必然的な存在者にすぎないのではなく、必然的に必然的な存在者である、と (O 159)。神が必然的な存在者だというのは、球が丸いというのと同じ意味においてである。丸さも必然的な現実存在も性質である。神が〈必然的な存在者である〉という性質をもつのは、球が丸いという性質をもつのと同じである。つまり、どちらもこうした性質を欠いては考えられない。したがって、球は必然的に「丸く」、神は必然的に「必然的な存在者」なのである。ここで〈必然的に〉と言われる場合の必然性は、最初の〔性質としての〕必然性とは区別されなければならない。この必然性は分析的な意味をもった〔分析判断の主語と述語を結ぶ〕必然性である。けれども、これら両方の必然性もさらに、現実的な現存在を想定するという必然性からは区別される。前のふたつはいずれも神の概念の規定に属している。こうして必然性の三様の意味が明らかになる。第一に、或る存在者の性質（この存在者に現実存在が帰属する仕方）としての必然性。第二に、分析的な意味をもった必然性——われわれはこの必然性によって或る存在者〔神〕にあの〔必然的な存在者という〕性質を付与せざるをえないのである。第三に、或る存在者が規定されたひとつの性質（第一の必然性）と規定されたひとつの構造（第二の必然性）とを伴って現実的に実在する場合、その現実存在の根拠となる必然性。以上の三つである。——シェリングの区別づけに関して言えば、必然性の第一と第三の意味を顧慮するだけで足りる。その際彼にとっては、第一の必然性は本質の必然性であり、第三のそれは現実存在の必然性である。「けれども、神の本質や本性や概念（これらは表現は違っても意味は同じである）からは、いつでも次のことしか帰結しない。すなわち、神は、もしもそれが実在するのなら、アプリオリに実在するものでなければならず、それ以外には実在することはできない、ということである。とはいえ、神が実在するということは、そこからは帰結しない」（O 156）。たとえ特別簡明に定式化しているにしても、シェリングが実は単に論理的異論を反復しているにすぎないということが見てとれる。論理的異論に特徴的なふたつの契機がシェリングの場合にも見出される。第一の契機は、概念と現存在は一般に、そして直接的に区別される、ということである。第二の契機は、偶然的な現実存在と必然的な現実存在との対立は、その両項が共に現実存在のひとつの在り方でしかなく、現実的な現実存在との関係からすればどちらも等価なのだ、というように理解されるし、どちらの現実存在からも「《物における》〔現実的な〕」現実存在は帰結しない、ということである。このようにしてしか、必然性の第一の意義と第三の意義との間の区別は保持されえないのである。

ところが他方では、論理的異論〔が提示されている〕にもかかわらず偉大な形而上学者たちに存在論的論証を固執する気にさせてきた〔この異論に対する〕あらゆる疑念が、またもや頭をもたげてくる。必然的と名付けられてしかるべき、現実存在の一定の在り方の概念が、それがまるで問題を孕んでいないかのように、シェリングによっても容認され利用されている。けれどもわれわれは、シェリングが唱えた異論のなかでは顧慮されることのなかった、諸対立を吟味するためのひとつの方法的な規則を、定式化することができる。つまり、どのような対立であるにせよ、その対立のどちらかの項が、この対立が関係づけられている主語を廃棄したり改変させたりしないかどうかが探究されなければならない、という規則である。われわれは人間についてこう言うことができる。人間は二本足か四本足かどちらかである。二本足であれ四本足であれどちらも人間が人間であることの在り方である。どちらにしても人間であることと「一般」に関しては無関係である、と。しかし、こうした言表が意味のあるような外観を呈するのも、四つの足をもつ存在者を人間と呼んで差し支えないのかどうか、したがってわれわれは四本足の人間について明晰な概念をもちうるのかどうかという点についての探究が、いまだ決着をみていない間のことでしかない。こうした探究を進めていけば、〔四つの足をもつ〕ケンタウロスは神人もしくは動物人間であり、したがって対立の主語〔人間という概念〕を拡張するものだ、といった答えを得ることもありえよう。しかしまた、ケンタウロスは、現実には決して生じることができないのだから、単なる想像上の産物でしかない、といった結論を得ることもできるはずである。必然的な現実存在についてもこれと同じことがあてはまる。必然的な現実存在は〔ライプニッツやヘーゲルが考えているように〕、現実存在一般の概念を現勢的な現実存在の意識と結合し、その限りでそれをより広義に規定する現実存在のひとつの在り方であることもありえよう。

しかしまた、必然的な現実存在がケンタウロスと同じく不可能な何かであるということも可能なはずである。まさにこれこそが、カントの意見だったのである。デカルト以来の、存在論的論証に関する様々な研究が明らかにしてきたのは、まさに次の選言が完全なものであるということであった。つまり、必然的存在者は現実的に実在するものとして思惟されなければならないか〔ライプニッツ、ヘーゲル〕、それとも、絶対的に必然的なものという思想が考えられないものであるのだから、必然的存在者を実在するものとして思惟することはそもそも不可能であるか〔カント〕、そのどちらかであるということである。

シェリングの異論は、論理的観点だけを利用してきた十七、十八世紀の批判者たちの異論と同じく、浅薄である。というのも、シェリングは、必然的な現実存在という思想が提出している本質的な問題を考慮していないからである。シェリングは、この思想を用いれば存在論的論証の妥当性に関する問いに答えることができるけれども、しかしその際に必然的な現実存在という概念の意味など顧慮する必要はない、と考えている。彼は、物のそのほかのすべての性質には妥当するけれども、必然的なものの性質には当てはまらない——というのもこれは現実存在の性質であって単に存在者の性質ではないからであるが——区別づけの図式を作り上げて、その図式のなかに必然的な現実存在の概念を組み入れているのである。こうした態度が容認できないものだということは、シェリング自身が別の箇所で必然的なものを問題にすることの意味について述べていたことからも明らかになる。

必然的な現実存在とは、シェリングにとっては、ポテンツ(二二)をもたない現実存在のことである。それは純粋な現勢的活動性《活動的実体》、《純粋現実態》である。ところが概念は、概念としては、一方でその規定性に基づいて、他方でその主観性に基づいて、ポテンツなのである。第一に、あらゆる概念は、それとは別の概念に対して規定されている。したがって、概念において思惟されるものが、およそ存在しているもののすべてだとは限らない。概念は、他の一切のものを「包摂している」ものについての思想、すなわち存在そのものについての思想ではなくて、そのほかの諸々の規定されたもののうちのひとつについての思想である。だから、或る概念において思惟されるものは、単に〈存在することが可能だ〉というだけのことなのである。つまり、概念において思惟されるものは存在しないこともありうるのである。しかし、そうだからといって、何ら規定されていないものが現実的に存在するとか、存在が無だとかということにはならない。第二に、どのような概念も主観的なものである。この命題を、シェリングはこういって明記している。すなわち、思惟されたものがすべて存在している何か〔無ではない何か〕だとみなされなければならない以上、思惟の最高の対象はまさにこの〈存在する〉ということである、と。〔特定の思惟作用ではなく〕思惟そのものが関係を取り結ぶのは、どのような特定の存在者とでもなければ、またすべての存在者の総体とでもなく、存在そのもの、つまり「存在する」ことと、なのである。[20] とはいっても思惟はさしあたっては、常にすでに規定されている〔特定の存在者の〕思想を思惟するのである。思惟は、自分が本質的に目指している思想、すなわち存在の思想を、まだ勝手に処理することができないからである。このように思惟のすべての根本概念、およびそれらの概念から導出されるすべての規定も、存在者そのものの思想を捉えようとする同じだけ多くの試みにほかならない。存在者そのものの思想に到達しない限りは、これらの根本概念や規定において現実的な存在に則した何かが思惟されているなどと、とても言うことはできない。或る思想が特定の存在についての思想であるばかりではなく、《現勢的な》存在者の認識だというのなら、この思想に先立って、存在者そのものについての思想が、すでに存在していなければならないのである。この前提を欠いている諸々の概念は、「現実的な」存在を認識するまでに至ることはないし、この意味で単に「主観的な」ものでしかない。或る《現勢的な》存在者を純粋な思想を通して得ようとする人は、それに先立って存在そのものを思惟していなければならない、というわけである。以上のような理由から、シェリングは存在の概念を自分の後期哲学の中心点に据えたのである。この概念を転機として、以前の同一哲学に呼応する消極哲学は、単なる概念や主観的思想の領域から抜け出す。存在という思想は、消極哲学が積極哲学に変わる転換点なのである。

必然的な現実存在について語るとき、シェリングが考えているのは、「端的な」存在、「純粋な」存在という意味での存在のことである。彼は必然的な現実存在と端的な現実存在という概念を同義に用いている。「われわれは、《或るものの本質から現実存在が帰結する》ということで、まさしく必然的実在者そのものだけを理解するが、それはつまりは、この必然的実在者が、まさに実在者であるという以外には考えられないような実在者そのもののことである限りにおいてのことである」(O 156)。

けれども、〈存在という〉この思想がすべての思惟の目標であるにもかかわらず、この思想に到達したとき理性は、この思想が自分と自分の洞察力を越えていることを認識せざるをえない。なぜなら理性とは、諸概念(諸々のポテンツ)によって存在者を規定する認識だからである。しかし、われわれは特定の概念から存在そのものに決して達することはできない。こうした存在は、それがすべての思想において理性によって前提されており、理性が不断にそこへと至る途上にあるものであるにもかかわらず、理性自身からはもはや規定することのできない「一切を圧倒するもの」であることが、理性に明らかになる。「端的な実在者、ただ実在するだけのものこそはまさに、思惟に由来するような一切を打ちひしぐものであって、それを前にすると思惟は口を閉ざし、その前に理性自身も膝を屈する。というのも、思惟はまさしく単に可能性にしか、つまりポテンツにしか関わらないからである」[21](O 161)。

こうした存在は存在そのものにほかならず、他の何ものによっても規定されていない。[22]それにもかかわらず、シェリングはこれを「必然的な」と呼び、こう呼ぶことによって存在を性質づけている。彼がなぜそうするのか、容易には理解できない。「純粋な」存在なら、必然的なものという規定からも自由なままにしておかなければならないはずではなかろうか。シェリングがこうした存在を必然的と呼ぶ根拠は、彼がそれを理性の限界とする根拠と同じものである。理性はその限界のなかで自らを放棄して、その外部に身を置かざるをえない。理性は概念と存在の間に区別を立てる——といっても理性がこの両者をその概念において〔つまりポテンツとしてのそれとして〕考えることのできる限りでのことであるが。しかし、存在という、明確な規定をもたない思想は、この区別立ての終局でもある。なぜならこの思想は、いかなるポテンツも（いかなる概念も）先行することを許さないもの、つまり「計り知れない unvordenklich もの」についての思想として、〔理性の〕概念的な理解の限界でもあるからである。「まさしくただ動詞的な意味で実在するものとしてしか考えられなかったものについて、それが実在することを証明しようとしても、それは無意味であろう」（O 156）。同じ論証が、『近世哲学史講義』のなかでもっと詳しく取り扱われる。つまり、こうした「単純性」、すなわち「端的な」存在であるという意味での、存在の概念は、理性によって一瞬のうちに思惟されるのだ、と。それは、シェリングの後期の表現方法によると、理性が硬直化するあの瞬間であって、これに続いて理性が脱自的になる瞬間が来る。「しかし私はこの存在をこのような抽象態のまま保持することはできない。〈存在している〔＝存在である〕そのもの das, was Ist〉については、私は、〈それはその後に続くすべてのものの発端であり表題ではあっても、それ自身としてはいまだ何ものでもない〔つまり無である〕〉ということしか知らない、などということは不可能である。つまり……〈〔存在である〕このものは存在してはいないのだ dieses nicht auch sei〉などということは——この〝存在している sei〟を現実存在の意味で解したとして——不可能である」（GNP 18）。存在そのものの非存在という思想が考えられないのであってみれば、シェリングは、こうした存在を「必然的」とも呼ぶことができるわけである。「思惟と存在とがひとつになる」このような転換点が、シェリングの初期の構想において無差別という思想が保持していたのと同じ体系的な位置を占めていることは疑いがない。無差別は、思惟についての、つまり主観的なものについてのわれわれの思想と、存在者についての、つまり自然についてのわれわれの思想とを、単に結合して統一するだけだ、としばしば考えられている。しかし、この解釈では無差別という概念の内にある観念論的な、フィヒテにつながる契機が見失われてしまう。無差別は、主観的なものの思想と自然の思想との統一であるのと同じく、存在と、存在を思念するわれわれの思惟との統一でもある。すなわち、すべての主観的なものの総体とすべての対象的なものの総体とが互いに媒介されて統一されるとすれば、それは絶対的なものにおいてであろうが、このような絶対的なものは、もしも対象的な統一が「主観的な」遂行のなかで無差別になると同時に、逆に主観的な遂行が「客観的な」現実として無差別になるのでないとすれば、それ自身が或る種の対象として考えられざるをえなくなろう。

すでに同一哲学の時代に、シェリングは、無差別というこの観念論的な概念を用いて、神の存在の存在論的証明を論理的異論から擁護していた。当時すでに、彼もまたこの異論をカントのものとみなしていたのである。もちろん存在論的論証が《自己原因》という古い概念を用いて行なわれる必要はない。形而上学的神学は、この概念において、思惟と存在の統一をただ存在における統一として論じてきたにすぎない。主観―客観〈主観であると同時に客観〉である統一が、自己原因として捉えられることによって客観にされたのである。「〈思惟と存在の〉対立はなるほど神において止揚されてはいたけれども、しかし両者の統一が認識されたうえで対立が止揚されたのではなかったのである」。シェリングの言う通りであったのなら、明らかに論理的異論は有効である。「このようにして、〈絶対的なものにおける思惟と存在の統一〉それ自身が再び単なる存在と化してしまい、この存在と哲学者の思惟との関係が再び実在的なものと観念的なものとの関係に等しくなってしまえば、神の存在は、もはや神そのものの内にある理念から生じるのではなく、哲学者の思惟から生じることになろう」[23]。ところが、論理的異論によって論駁されるのは、ほかでもなくこのように歪められた存在神学的思想なのである。けれども論理的異論は、哲学者の思惟が存在そのものの思惟になっている思弁的な原理〔例えばヘーゲルの場合〕には、まったく太刀打ちできないのである。

後期哲学の転換点は、かつての無差別と同じ役割を果たしている。すなわちこの無差別にあって思惟は、自らの最高の概念に到達すると同時に存在そのものに至るとされているのである。もちろん、後期シェリングは、無差別という思想において理性に自分自身を放棄することを要求する。彼によれば、同一哲学の言う無差別は、思惟の統一点であるにしても、転換点ではない。ほかでもなくこのことによって、ヘーゲルに通じる道を採っていた〔同一哲学の時期の〕シェリングと、ヘーゲルの公然の敵対者となった後期シェリングとが区別されるのである。

同一哲学を通して改良された形態の存在神学的思想なら、シェリングはそれを承認する。理性の特定の対象としての神の概念は、たしかにポテンツをもたない存在の概念を含んではいるけれども、現実的な現存在の確実性に至ることはない。むしろ存在という思想の方が、無規定的ではあるが直ちに現実的な現実存在を確証することになる。神の存在は、デカルトがなお望んでいたような、神の諸完全性のうちのひとつではない。神は存在そのものなのである。スピノザは、この定義を哲学の端緒に置いた最初の人であった。これによってスピノザは、「デカルトやマールブランシュに対してならばまだ向けることのできた」一切の反論や要求を免れたのである（M 275/6）。絶対的なものを定義という形態で導入して、思惟の歩みを絶対的なものから直ちに始めるやり方には、どこか欠陥があるように、初めは思われたりもする。しかしスピノザにあっては、絶対的に存在しているのは存在者そのもの、「端的に」実在しているものである。この思想は、現実的な存在について理性がもちうる最初で唯一の確実性を含んでいる。しかもこの確実性を直接的に含んでいる。それゆえスピノザのやり方――それはまた積極哲学のものでもあるのだが――は、このような定義の解明〔を行なうスピノザ〕よりも優れていると自負している存在論的論証に較べても、それなりの正当性をもっているのである。「というのも、無限に実在するものから単刀直入に始めるというスピノザのような人の正当性が否定された例を、少なくとも私は聞いたことがないからである。……無限に実在するものは、まさにそれが無限に実在するものであるからこそ、思惟や一切の疑念からも守られているのである」(O 161)。すでにデカルトがこうした思想の転換を開始していた。シェリングの考えによれば、デカルトによる存在論的証明の新たな根拠づけの意義は、デカルトがこの根拠づけによって、神の現実存在を、神の概念そのものの内で考えられるものからは帰結しないような何らかの外的な手段〔例えば、宇宙論的な、あるいは目的論的な手段〕を用いて証明することをやめたという点にある。「神は、最も完全な存在者であるがゆえに、実在するはずなのである」(M 279)。ところで、存在が神の概念から導出できるのであれば、存在はこの概念の本質的な契機でなければならない。これによって、デカルト主義者スピノザが辿る歩みが、すなわち、純粋な計り知れない存在を神の本質として理解しようとする歩みが、準備されたのである。

シェリングがこの存在を必然的な存在だと語るとき、この必然性が意味しているのは、〈存在を思惟するとき理性は現実的な現実存在をも同時に理解している〉ということである。理性は、思想から現実へと、直ちに移行せざるをえないのである。そして、思惟の対象となるとき、思惟をこのように強制的に移行させるものは、強制するというその限りで《必然的存在者》である。してみると、この必然性という規定は、この存在を、存在そのものに則してではなく、存在と理性との関係において、性格づけていることになる。だからこそシェリングは、カントが批判主義的異論を導入する際に立てた問い、すなわち「必然的な実在者とはどのようなたぐいの存在者でありうるのか」という問いをも排斥するのである（O 168）。必然的な実在者とは、「純粋に」実在するもののことであって、「そこでは本質、つまり〈何〔どんなたぐいの存在者〕であるのかということ〉についてはまだ何も概念的に理解することができない」（O 167）からである。その限りでは、それを「根拠をもたない実在者」と呼んでもよいことになる（O 168）。というのも、それは、或る明確に規定された現実存在によっては生み出すことのできない、明確な規定をもたない現実存在だからである。この現実存在の必然性は「端的な」存在の必然性であるが、こうした存在は明確な規定をもたないし、したがって根拠をもたない。規定されたものが生み出すことができるのは、ただ規定されたものだけである。したがって、《自己原因》という思想において、実在の有限な根拠づけの領域は乗り越えられることになる。存在が《自己原因》であるのは、存在が自らを規定するからではなくて、存在が《端的に》存在しているからである。存在は否定的な意味で《それ自身によって》存在するにすぎない。すなわち、存在は他のいかなる「物」によっても存在するようにはならないとか、存在が或るものに基づいて「存在する」と考えても、あるいはそれ自身に基づいて「存在する」と考えても、どちらも無意味だといった、否定的な意味においてのことでしかないのである。存在は、たしかに究極的な根拠ではある。けれどもそれは、存在が存在している限りのことでしかない。存在が根拠であるということが、〈存在が存在していること〉の純粋性を形づくっているわけではない。それゆえシェリングは、存在の自存性もまた、理性との関係においてしか定義できないと考える。「最も純粋な自存性の座である……最も近づき難い存在、悟性はこの存在から何も手に入れることができない。悟性はこの存在を、沈黙することによってしか言い表わさず、認識しまいとすることによってしか認識しない」（O 251）。

このような思想の内に、シェリングと、彼に先立つ存在論的証明の理論との間にある或る連関が示されている。すなわち、概念から存在への移行の内にあるような必然性に基づいて存在の「必然性」を理解しようとする試みが、シェリングによってこれまでよりももっと判明に捉えられるのである。概念から存在への移行は、ある意味では単に主観的なだけの思想から現実への移行である。ところが思惟の主観性は、従来まだ考慮されてこなかった特殊な意味で、シェリングによって理解される。すなわち「主観の内に含まれている」諸概念（諸々のポテンツ）を、カント主義者たちが主観の作用の在り方について語っているような意味で単に主観的なだけのものとみなすことなど、シェリングには思いもよらないことなのである。諸概念は「存在しているものの否定的な制約」なのであって、それゆえプラトンのイデアの存在様式をもっている。概念は思惟する主観の活動性の形式だと考えるカント―フィヒテ的な観念論に対して、シェリングは自分の消極哲学をはっきり区別しようと幾度も試みていた。思惟する主観の形式とは違い、消極哲学のいうポテンツはむしろ、ヘーゲルの論理学のカテゴリーと同じ意味で、客観的な原理である。理性の最高の対象は、やはり「存在そのもの」であって、思惟に固有な本質、例えば自我では決してない。この概念〔存在そのもの〕に至る途上で獲得される諸々のポテンツは、理性が認識において「接触する」（*θιγγάνει*）、存在の諸々のポテンツなのである。シェリングはこの連関で何度も、嫌でも眼につくほどに強調してアリストテレスを引いている[24]。哲学の方法は存在の思惟なのであって、内容をもたないために何ものにも達しないような、思惟についての空虚な思惟ではない、というのである。それにもかかわらず消極哲学は、それとは別な意味で主観的なものでしかない。すなわち、ポテンツの認識は現実的な存在についてどのような確信も生み出さず、ただすべての存在者の必然的な制約についての確信をもたらすだけなのである。「現実的な」存在が確実なものになるのは、ポテンツをもたない存在という思想においてだけである。諸々のポテンツは、ポテンツをもたない存在において自らを現実化し、したがって自分が真実であることを証明する（すなわち、ポテンツにおいて思惟される構造に対応している現実的な内容でみたす）ことができるし、またそうしなければならない。こうしてみると、積極哲学の第一のカテゴリーは、現実性のカテゴリー、すなわち事実性という端的な性格をもつカテゴリーでなければならないはずである。このカテゴリーが必然性の規定によって性質づけられるのは、ただ思惟を顧慮することによってだけなのである。けれども思惟は、自分が存在を思惟するとき、自分自身に先立ってなお存在しているもの〔存在〕に到達しているのだということを、つまり自分が存在を捉えているというよりも、むしろ存在のなかに自分を委ねているのだということを、知っているのである。

シェリングは、存在論的論証のふたつの形態があい前後しながら首尾一貫して展開されているのを知ってはいる。ところが彼はこのふたつの形態を、それぞれ異なる認識価値をもっているとみなし、互いに対立させている。彼によれば、ひとつは必然的な現存在を最も完全な存在者の規定のひとつとみなすデカルト的な論証であり、いまひとつがスピノザの論証である。スピノザの論証はもともと定義にほかならず、そのなかで神は純粋存在として考えられている。論理的異論が明らかにしているのは、なぜデカルト的な論証が欠陥推理なのかということだけである。これに対し、スピノザ主義的な論証は信頼するに足る洞察なのである。しかもこの論証は、理性にそもそも可能な第一の、最高の真理を伝えている。積極哲学はこの論証から始めなければならない。第一の〔デカルト的〕論証は、たしかにデカルトの場合には、《第一哲学》を導く役割を果たしてはいた。しかし、当然のことながらそれは、その歴史的経過のなかで、《特殊存在論》の最後という従属的な位置にまで零落したのである。カントが最初に目にし批判したのは、この位置での第一の論証であった――たとえまだこの論証の本来の欠陥について明晰な考えをもたず、また存在神学全体を、それゆえスピノザさえも論駁したのだという誤った考えを抱いていたにせよ（MI 282/3）。

デカルトとスピノザについて、ふたりの方法および神概念における差異を指摘しようとするシェリングの解釈は、すべての存在神学にとって根本的な意義をもつ問題、すなわち「存在」という概念の意味への問いに行き着く。しかし、彼ら双方の存在論的論証を、それぞれのもつ認識価値に関しても区別しようとするシェリングの試みは、核心的な吟味には耐ええない。純粋存在の思想が現実の確実性を告げるということが正しいのか、それとも、純粋存在の思想は、それが提示されるときただ存在の概念にしか、したがって例えば現実存在のカテゴリーにしか通じていかないか、そのどちらかなのである。前者の場合、純粋存在の思想は、それがそのほかの概念の要素（あるいは徴表）として現われるときでも、例えば《事象性の総体》という概念においても、現実の確実性を告げることになる。後者の場合であれば、純粋存在の思想がただそれだけで考えられるようなときであっても、この純粋存在の思想によって単なる思想以上の域に達することはないことになる。われわれは存在についての思想の一方の形式〔スピノザ〕を堅実な洞察に高めようとして、他方の形式〔デカルト〕を犠牲にすることなどできないのである。神という概念は純粋存在という規定なくしては考えられないのだということが、もしも真実であるのなら、神についての判明な概念をもつためには、私は神という概念を常に存在の思想と共に、同時に承認していなければならない。存在概念そのものが現実的な現実存在に関する確実性の根拠を含むのであるなら、私は結局は神の思想と一緒に神の現実存在をも意識しているということになる。存在概念がこの確実性を含まないのなら、存在が神のそのほかの規定を俟たずにそれ自身だけで考えられる場合でさえも、こうした意識が生じることはない。現実存在の思想の内に、事実的に実在することについての知も、すでに存在しているか、それとも存在していないかのどちらかなのである。すでに存在しているならば、そのことはデカルトとスピノザの双方の論証にあてはまるし、存在していないとすれば、ふたりの思想は単なる概念の域を出ていないことになる。論理的異論が、シェリングがそれを用いているほどの普遍的なレベルで妥当するということを前提するなら、われわれは右の二者択一の第二の結論を採用する決心をしなければならないはずである。〈存在者それ自身をではなく〉「存在者そのもの」という概念をも、私は純粋な思想としてもっているというわけである。この場合概念と存在とは区別されている。してみれば明らかにこれは、ヘーゲルの嘲けっていた、あの「馬鹿げた観念論」というものであろう。しかしながらこの観念論は、現実的存在者を認識するために没概念的な経験という道しか残しておかない論理的異論の、必然的な帰結である。シェリングの転換点は、しかし、存在を純粋概念によって告げ知らせるという、存在神学的な本性をもつものなのである。

3　必然的な存在と積極哲学の端緒

シェリングは形而上学的存在神学に対する批判と、消極哲学と積極哲学の区別づけを、論理的異論の上に築きあげているが、このことは、この批判の重大な欠点であり、また彼の体系構築にみられる由々しい弱点である。しかしながら、このような欠点を指摘することによってシェリングのような大哲学者の体系的な根本思想を片付けることができる、などと考えてはならない。むしろわれわれは、どうしてこのような思想がこのように明らかに不十分な形で表明されることができたのか、と問わなければならない。

シェリングの後期哲学の原理は、〈思想が存在に先立つのではなく、存在が思想の根拠なのだ〉という命題に定式化することができる。(25)『人間的自由の本質』以来すでに、シェリングの唯一の問題は、この原理を展開し、それを理性に対して根拠づけることであった。彼はこの原理の内に、ヘーゲルおよびいわゆる後期観念論者たちに対する自分の根源的な独自性と自分の哲学の特殊性を見ているが、それはまったく正当なことである。後期観念論者たちはといえば、彼らは自分の方ではシェリングに結びついていると思っているが、しかしシェリングの方は彼らをヘーゲル学派に属するものとみなしているのである。われわれはシェリングのこの原理を厳密且つ明晰に捉えなければならない。この原理はただ単に、現実が常に、われわれがそのなかで現実を思惟しているような概念より以上のものだということを意味しているだけでもなければ、概念からはどのような存在も導出できないということだけを言おうとしているのでもない。この原理は、どのような概念もそれ自体が、計り知れない存在を前提しているという、非常に幅広い意味をもっている。だからこそシェリングは、観念論の展開と密接に結びつけられ、イギリス経験論やヤコービからは切り離されるのである。彼の原理は、理性や概念そのものに関する言明なのであって、理性と並ぶ第二の原理とも言うべき、現実に対する理性の「関係」を言挙げするものではない。

シェリングをこの原理に導いていった様々な理由を、ここで十分に考慮することはできない。重要な思想家なら誰でもそうであるように、彼の場合にも、統一的な根拠に基づいて初めて解決されるような多くの問題が一緒になって働いている。そうした問題のなかには、たしかに自由の可能性や神の人格性に関する真正な概念への問いが含まれているが、しかしそれと同じく第一の学の端緒や、自然における非合理性と根源的偶然性《コンティンゲンツ》（一三）や、神話的宗教の本質への問いも含まれているのである。シェリングの考えによれば、こうした問いのすべてが解決されうるのは、「存在そのもの」を第一の根拠として思惟し、神の精神をも含めた精神を、この存在に対抗して措定されるポテンツとして、つまりこの存在に依存する、それゆえ副次的な存在ではあるにしても絶対的なものではないポテンツとして思惟することによってなのである。そうすることによってまさに論理的な同一哲学は、概念的に捉えられた存在、つまり理性や概念の内に閉じ込められた存在だけを思惟しようとする、単なる消極的な哲学になる。同一哲学が消極的なのは、それが単に「批判的」なものでしかなく、存在そのものから〔現実存在へ関係しなければならないという〕制限を取り払い、そのことによって存在そのものを制限のある領域から隔絶する、つまり「聖化する」からである（M 373/4）。それは、まだ積極的な存在、現実的な存在を思惟することのない、単なる形式的な哲学である。それは実に転倒した哲学なのである。なぜなら、この哲学は――存在から出発するにもかかわらず、存在を直接態の形式での概念にすぎないとするヘーゲルの論理学のように――、存在を概念から理解しようとし、したがって存在を概念に依存させようとするからである。理性は、自分の最高の思想〔存在そのもの〕のなかで立ちすくみ自らの終局に達したとき、いわば「極限」を迎えたとき、論理的な形式主義に基づくこのような転倒をやめる。その後そのすぐ次の瞬間に、理性は計り知れない存在の根源性を承認するに至るのである。存在と概念の真正な関係を保持している積極哲学にして初めて、消極哲学が本来何であるかを理解することを教えることができる。積極哲学は計り知れない存在に対して概念を復活するが、しかもそれでいてこの哲学は、ただ存在において、そして存在を通してのみ、存在に対〔するものと〕して自分を規定することができるのである。理性は、自らの終局において硬直化するのである以上、消極哲学を通して自らの脱自的本質を明らかにせざるをえない。というのも、理性は思想から出発するが、思想は存在への門出ではないからである。こうして理性にとっての存在、すなわち純粋なポテンツが〔理性の〕絶対的な限界になる。

この原理に基づいてシェリングは、容易に存在論的論証を解釈することができた。つまりこの原理が、シェリングに、ほとんど無理矢理に論理的異論を展開させることになったのである。なぜなら論理的異論は、単に消極的なだけの概念哲学と、この哲学によっては決して根拠づけられることのない積極的な現実哲学とを区別するのに、まったく打ってつけの異論だからである。――デカルトの証明において神の概念が占めている位置からすれば、本質《ヴェーゼン》概念は、神そのものにおいても、神的な存在の根拠であると推測される。つまり、神は最も完全な存在者《ヴェーゼン》であるがゆえに、現実的に現存する、というわけである。これに対して、シェリングがスピノザのものだとみなす論証では、没概念的な存在の方がより根源的である。してみればスピノザは、概念にも存在にも共通に妥当する秩序を守っていることになる。たしかにスピノザの論証は、神の存在証明だなどといえる代物ではない。神は単なる存在以上のものだからである。しかし彼は、現実的な存在の確実性を教えてくれるのであって、それによってその次に、この現実的な存在がさらに詳しく規定されて〈存在する神〉という概念にまでなることができるのである。スピノザ自身は、なるほど〈神は存在である〉という定義にとどまってはいる。その限りで彼は「物質的無神論」を説いている。つまり彼のいう神は、神〔例えば人格神〕として考えられているわけではないのである。けれども、「スピノザによって、少なくとも宗教の実体（絶対的なものの現実性と存在の優位性）〔ヘンリッヒの加筆〕は救い出された」（M 280）のである。それに対して、デカルトの論証は真の神概念を転倒している。この転倒こそ、シェリングがデカルトの論証を拒否するに至った体系的根拠なのである。シェリングはその際不適切な論理的異論を用いている。けれどもシェリングは、自分をそのように衝き動かした思想を、別な形で表現することもできたはずである。つまり彼は、デカルトの論証は明瞭ではないし、それはふた通りに理解できる、とも言いえたはずなのである。すなわちデカルトの論証は、一方では、最も完全な存在者という概念が必然的な存在という完全性を含んでおり、したがってそれ自身が〈存在すること〉の根拠を自ら含んでいるということを意味する。他方では、それは、完全な存在者は純粋存在という前提を根拠にしてしか考えられないということを意味する。デカルトの論証はこのふた通りのどちらかに解釈されるのである。第二の解釈は、存在が概念に依存するということを主張するものではなく、概念を存在の制約の下に置くものである。いずれの場合も現実的な現存在への推論が重要なのであって、どちらも形式的には筋道の立った存在論的論証である。とはいえ、ふたつのうちのどちらが明晰に規定された神概念に基づいているかとなると、これは問題である。第一の論証は存在という完全性を概念から導出しようとし、第二の論証はこの完全性を、概念が規定されるための制約として前提する。ふたつのうちのひとつだけが、それも第二の論証だけが正しいものたりうる。この区別に無頓着であるように思われる存在論的論証の定式に遭遇するとき、われわれは、存在論的論証がどのようにしてより正確に理解されるべきなのかという問題をあらかじめ明らかにしたうえでなければ、このような定式に同意してはならない。というのも、神の概念からは、もちろん神の現実的な現存在が帰結することはするけれども、しかし最も完全な存在者という合成された概念の場合には、神の現実的な現存在は神の完全性からではなくて、存在〔そのもの〕から帰結するのであって、この存在なくしては神の完全性も決して考えられないからである。――さらにシェリングは、このように〔デカルトの論証の解釈をふたつに〕区別することによって、存在神学に対する経験主義的批判の最も本質的な要素を顧慮したという功績を、自らに要求しえたはずである。経験主義的異論はこう主張する。存在は或る存在者の諸々の完全性のひとつを成すのではなく、それゆえ最も完全なものという概念からその現存在を推論することはできない、と。自分の理論に立脚して、シェリングはこの異論に次のように答えることができたはずである。存在はたしかに概念のいかなる契機でもないが、しかし概念の計り知れない前提なのだ。だからこそ、最も完全な存在者を、この前提なしに思惟することも、また不可能である。存在と完全性とは、なるほど（〔完全性に存在が〕含有されているという意味で）分析的に結びつけられているわけではないが、しかし（不可避的に共属しているという意味で）綜合的にたしかに結合されている。

この結合から、すなわち最も完全なものという思想の内にある、存在という前提から、このものの現存在を推論することはできるのである。してみれば、存在論的論証は、それが積極哲学の意味で捉えられる場合には妥当するが、しかし概念と存在の統一が消極哲学の意味で解されるなら妥当しない。シェリングはこのように返答することができたはずなのである。

ところがシェリングはこのようには語らなかった。彼は同じ思想を、論理的異論という不適当な手段によって根拠づけたのである。こうした手段では、彼は人を説得することができなかった。存在神学の近世史の成果を眼前にしている以上、われわれは、シェリングが自分のテキストのなかで挙げている論証に対して、どれが彼独自の見解なのかを明らかにしなければならない。

ところで、シェリングが論理的異論を用いているというこの事実は、われわれが消極哲学を積極哲学からはっきりと区別しようとする際に残ることになる或る難点を、隠蔽するという役目も果たしている。積極哲学は、「第一に」アポステリオリな認識を含んでいるし、「第二に」純粋存在という概念から始まると、シェリングは何度も主張していた。しかし、積極哲学の端緒はこうした断定と一致することはできない。というのも、積極哲学の端緒は、消極哲学と同じく、「計り知れない」存在を構成的〔に必要〕なものとして取り扱うからである。そのことを最もあざやかに示しているのが、「永遠なる真理の起源について」(M 573ff.)と「積極哲学の諸原理の別な演繹」(O 335ff.)というふたつの論考である。神は決して経験の対象ではありえない。したがって、積極哲学の神概念といえども、合理的な構成を経て認識されざるをえない。積極哲学の神学は、はっきりとふたつの部分に分けられている。第一の部分は神概念の合理的な演繹を含んでおり、そこで演繹される神概念においては、計り知れない存在が基礎的な規定をもち、理性というポテンツが派生的な規定をもつ。第二の部分は根源的に偶然的な創造という理論で始まる。神が有限な存在者を創造するということは、必然的なこととしてアプリオリに証明できるわけではない。つまりポテンツ論を手段にした創造の説明には、創造の現実についての経験が先立っていなければならないのである。(26)積極哲学は経験論だというシェリングの主張をまったく生真面目に受け取るなら、積極哲学を創造説から始めなければならなくなろう。しかもシェリング自身、『神話の哲学』の哲学的序論の終わりで、積極的な概念への問いは「合理的〔理性的〕な道を採っても解決」できると述べているのである(M 572)。ところが、先に挙げたふたつと並んで、シェリングによれば、なお積極哲学の第三の基準が存在する。すなわち、積極哲学は徹頭徹尾現実の認識であるという基準である。この基準に、それにふさわしい根本的な意義が与えられるなら、積極哲学がどんな概念から出発すべきかということの判定は、計り知れない存在に決定的に有利なように下されることになる。

シェリングは論理的異論の有効性を信じている。もしもその通りであるのなら、積極哲学の神概念から神の現実性についての確信を得ることは、もはやできないであろう。その場合には、理性が現実的な存在を知る唯一の場は、「端的な」、「純粋な」存在という思想の転換点だけだということになるであろう。シェリングが存在論的論証を、実際に評価したのとは別なやり方で評価していたのであれば、積極哲学を創造説から始める可能性を排除できなかったはずである。そうすればこの転換点の代わりに、消極哲学から積極哲学への転換のひとつの局面が、存在論的論証の妥当する領域として存在することになったであろう。けれども、論理的異論を含む、現存するシェリングの理論のなかでは、積極哲学の合理的な部分をこのように解釈することは不可能である。理性が現実のなかに移行することを可能にする唯ひとつの思想は、積極哲学の最初の規定であると共に消極哲学の終局でもあるのだが、それこそはすなわち純粋存在という、根拠をもたない思想なのである。このような結論と、積極的な神概念の構成は「合理的〔理性的〕な道を採っても解決される」ということを容認することとは、合理的〔理性的〕と消極的とが同義のものと解されるべきだといわれている以上、矛盾に逢着せずにはいない。したがってわれわれは、積極哲学の合理的〔理性的〕部分がどのようなアポステリオリな認識も含んでいないと、それゆえこの部分は積極哲学の第一定義に矛盾していると、はっきりと認めざるをえないことになるであろう。この矛盾に耐えることができるとすれば、それは、合理的な部分はそれでもやはり現実認識を含んでいるのだとか、この部分で哲学的な経験認識の可能性の理論的根拠づけがなされているのだと言うことによってである。なぜなら、合理的な部分は神の現実的な自由の理論を含んでおり、事実性、つまり構成されることはできず、ただ経験されうるだけのすべてのものに帰属する事実性は、この自由に基づいてしか理解できないからである。存在論的証明に反対する論理的異論は、消極哲学が積極哲学に移行する場所をはっきりと規定することによって、このような難点を取り除いているようにみえる。しかし論理的異論は、〔先に挙げた〕積極哲学の「第一」と「第二」の部分との関係への問いに答えるべき必然性がないかのような錯覚を、われわれに与えているだけなのである。

われわれの探究はシェリングの後期哲学における存在論的論証の位置に向けられていた。その本質的な内実からしてこの哲学は、ほとんどあらゆる点でヘーゲルの論理学から区別される。存在論的論証についての判断という点でも、両者には架橋不可能な差異があるようにみえる。シェリングは、ヘーゲルが冷笑的に拒絶している論理的異論を承認している。けれども、もっと詳しく見てみれば、このような対照をなす表層の下に、もっと深い或る共通性があることが明らかになる。シェリングにも、存在論的論証を全面的に排斥することなど、思いもよらないことなのである。シェリングは、もしも整合的であろうとするなら、積極哲学の意味で解釈される限りでの、存在論的論証のデカルト的な形式をも承認せざるをえないはずなのである。ヘーゲルとシェリングは、《必然的存在者》のうちの必然性の概念を、異なったやり方で規定しているだけのことである。ヘーゲルにとってこの概念は、事柄からして概念の自己規定を、したがってデカルトがそれに最も接近していたとされる思想を意味している。シェリングにとっては、この概念は、計り知れない存在という概念における必然性である。そしてスピノザこそが、この概念をそうした意味で理解し哲学の端緒においた人であったとされるのである。存在論的論証に関するわれわれの探究から明らかになってきた観点だけでは、どちらの体系構制が本質的に正しいかという点について全体的に決定を下すには、十分ではない。しかし存在神学の方法に関する判断という点では、ヘーゲルの方がより首尾一貫した立場を主張している。ヘーゲルが過ったのは、カントは論理的異論を用いたと考えたときだけであり、それゆえ歴史的な問いにおいてだけである。シェリングもヘーゲル同様、カントと共に始まる伝統の連関の内に立っている。しかもこの伝統たるや、まったく基礎的な知識についてすら意識や慣習のうえで深い断絶があるために、それ以前の形而上学から切り離されているのである。シェリングもヘーゲルと同じく、カント以前の存在神学における展開の実際の諸段階を知ることがなかった。ところがヘーゲルとは反対に、彼はこの欠陥に惑わされて存在論的論証に、この論証には的中しない異論を用いて不用意に対処してしまったのである。この異論は、彼でさえも、自分自身の立場を疑問に付すのでなければその正しさを根本から認めることのできないものなのである。したがって、ヘーゲルとシェリングとの間で決せられるべき体系的な問題に解決を与えようとはしない場合でさえ、理論の形式的な緻密さの優劣から明らかになる説得力という点では、ヘーゲルの方に分があるのだと、言ってよいことになる。存在論的論証の推論形式に関する理論の全体を視野に収めるなら、カントとヘーゲルの、どちらを選ぶかという余地しか残されてはいない。(27)

C　クリスチャン・ヘルマン・ヴァイセと存在神学の終焉

1　論理的なものの存在様式

シェリングは、存在神学上の問題を新たな形態で自分の体系構制の中心点に据えた最後の人であった。十九世紀の半ば頃、思弁的観念論の終焉と共に存在神学もまた色あせてしまったのである。それ以後の哲学的な時代の主要な勢力である新カント主義と実証主義によって、存在神学は、ヘーゲルの論理学と同じく当然のことのように排斥されてしまった。存在論的論証は、純粋思惟の諸カテゴリーが、それ自身に基づいて或る認識に到達するのに適したものだとみなされる場合にしか、展開されることはできない。伝統的な形而上学においても、またカント以後の観念論においても事情はその通りであった。しかし、概念は感覚的に与えられたものとの関係においてしか意義をもたないということが、最初から確定しているというように〈概念〉の概念が捉えられる場合には、或る概念から現存在の確信が得られるのかどうかという問いを立てることすら意味をもたない。〈概念〉についてのこの理論は、カントの場合には純粋カテゴリーの主観化にすら行き着く。新カント主義にあってはこの理論は、最高原理（「起源」）の理念性に関する一切の言明の確実性の根拠は数学的自然科学の事実にある、とされているところから帰結する。これに対して実証主義は、すべての概念は与えられた与件を秩序づける機能であるとする、概念的思惟についての理論をもっており、われわれはまさにこの理論によって実証主義を定義することができる。

クリスチャン・ヘルマン・ヴァイセにおいて、思弁的観念論およびこの観念論と共に存在神学的思想が解消されていった過程が、最も明確に認識できる。彼は、歴史的展開という概念が哲学においてもつ実質的な意味で、存在神学の最後の代弁者である。シェリングにさほど遅れることもなく、かといってシェリングに依存することもたしかになく、ヴァイセは自らの存在論的論証解釈に到達した。この解釈の概要は、シェリングの新しい哲学についての最初の報告が流布する以前に、すでに印刷されて出回っていた。シェリングの新しい哲学に関するこうしたニュースは、学界のヘーゲル反対派――ヴァイセもそのひとりである――の自意識を強めるのに役立ちこそすれ、その影響はせいぜい彼らの言葉遣いに表われただけで、彼らの思想にまで及ぶことは決してなかったのである。

ヘーゲルに対するヴァイセの批判の根底には、シェリングによるヘーゲル批判とは別な動機がある。シェリングは、計り知れない存在という規定を、すべての存在者およびすべての思惟の根拠として、したがってまた神的な存在者および神的な思惟の根拠として思想の内で捉えようとした。ヴァイセもシェリングと同じように、論理的なものの絶対性が現実の唯一の根本法則にされてしまったヘーゲルの論理学に反対して、神の人格性と自由とを取り戻そうとする。しかし、ヴァイセにとっては、論理学から現実的な神へと至る道は、〔シェリングのような〕脱自的な転換という性格をもつのではなく、論理学の欠陥を補完し体系を完成するひとつの歩みという性格をもっている。[28] この歩みにおいては、現実に対する論理的思想の体系上の位置は、ヘーゲルの論理学のなかで展開されていたものと基本的には変わっていない。この体系上の位置が、ヴァイセの場合、ただ制限されて理解されているだけである。つまりそれは、ひとつであれ、あるいはもっと多くの根拠であれ、現実的に存在するために、ともかくそれ自身からは導出されえない別の根拠を必要とするような、無制約な論理的《第一者》の位置として理解されているにすぎない。論理的な諸々の思想規定の体系は、すべての可能的な存在者の、客観的に必要ではあるが十分だとはいえない諸制約の体系になるわけである。ヴァイセによってこのように理解された体系は、もはやヘーゲルにみられるような、現実の一切の根拠および法則の総体ではない。とはいえ、論理的なものの存在様式が現実から区別されることによって新たに規定されるのであれば、存在論的論証の問題も新たに提示されるのでなければなるまい。

消極哲学と積極哲学の関係についてのシェリングの説は、それが論理的なものの優位性をまったく排除している限りで、ヴァイセよりもさらにもう一歩ヘーゲルの立場から隔たっている。論理的な《第一者》から計り知れない存在へ、という理性の方向転換（「破局」）が、この説の唯一の主題である。この観点のもとで考察するなら、ヴァイセの思想は、ほんのわずかに変様されただけのヘーゲル主義だと思われるにちがいない。ところが、それとは別な観点のもとでは、シェリングの積極哲学はいまだにまったく思弁的観念論の領域内に止まっているのであって、まさにこの観点でヴァイセはこの領域をすでに放棄し始めているのである。積極哲学もポテンツ化という方法を用いている。消極哲学の理性は、初期の同一哲学の弁証法的な方法を使って、〈存在する純粋存在〉という思想にまで至る諸段階を展開してみせている。そしてその後に、この純粋存在が計り知れないものであることが証示される。ところが存在の優位性へと方向転換した後で、この同じ理性が、この存在という《純粋現実態》に対して再び身を起こす。「理性がこの存在に身を屈するのはほかでもない、直ちに再び自分の正当性を主張するためである」（O 171）。理性が身を起こすのは、存在を第一のものと考え、ポテンツをこの存在に依存させることによってである。実際、存在が全体の第一のものだとされている以上、ポテンツは存在に依存せざるをえない。してみると、積極哲学もまたポテンツ論だということになる。積極哲学はたしかにポテンツの根源性を放棄してしまっていた。そしてそのことが、積極哲学を構築する際に甚大な変更をもたらしたのである。しかし、積極哲学は、それがもつ方法によって消極哲学から区別されるのではない。前進しうるためには経験に基づかなければならないとされている第二部においてすらそうである。シェリングは積極哲学の第一部で神の自由を演繹していた。ということはつまり、彼は創造の活動を根源的に偶然的なものと理解しているわけである。神が世界を創造せざるをえなかったということは証明されえない。神を思惟するということはむしろ、神を創造者たるに十分な、あるいはそれ自身たるに十分な可能性をもつものとして思惟するということを意味するのである。けれども積極哲学は、神の内にアプリオリに創造の可能性を思惟し、したがってあらゆる可能的な世界に必然的に妥当する構造を思惟する。だから、創造が現実に起こったのであるなら、哲学はポテンツ化する演繹という道を通って、創造の現実的な構造を概念的に捉えることができることになる。それを行なうのが積極哲学の第二部である。神と創造の関係と同じことが、悪へと決意する人間の自由と人類の歴史の神話的な時期との関係にもあてはまる。(29)——シェリングはたしかに、ポテンツ論の方法が伝える明証性を、ヘーゲルの論理学が要求する明証性から区別してはいる。ポテンツ論は、それが思惟の思惟ではなくして存在の思惟であるからには、経験を重んじなければならないし、第一歩から自然哲学の内になければならず、等しい権利をもちうるもっと多くの様々な道を進まなければならない。(30)シェリングにとって、哲学は試行的な学科なのである。けれども、そのことは、合理的哲学と積極哲学にも同じ意味であてはまる。したがってやり方に関しては、ポテンツ論も積極哲学も他方に負けず劣らず合理的〔理性的〕である。シェリングは、経験の哲学は——いやしくもそれが認識だというのなら——その方法によって哲学の根本法則と結合されていなければならないのだということを、十分弁えているのである。彼は、少なくとも形式的な意味では、〈すべての認識は自らに基づいて自分を規定する諸原理の体系を前提している〉というヘーゲルの絶対知の要請を承認している。そのことから、次のような積極哲学の暫定的で矛盾するように見える形態が説明される。すなわち、積極哲学は、内容上は存在の根源性と経験から出発し、人格性の自由と自然における根源的に偶然的なものの非合理性とを自然の対抗行為として理解しながら、しかしそれらを、やはりまさに概念的に理解し、すなわち純粋に合理的に構成的なやり方で、計り知れない存在から現出させるのである。(31)

(1) ヴァイセは、もはやシェリングのように、思弁哲学の方法的な要求にはっきりと身を委ねたりはしない。たしかに彼の議論はすべて、ヘーゲルから受け継いだ弁証法的な三分肢の形式で構成されてはいる。しかしヴァイセはまた、この形式は「哲学的な実在的学問」にあっては論理的な学の場合とは異なる意味をもつ(Dogm. I 291)、と述べてもいる。「思弁的な方法は……実在哲学的な領域では……或る変様された性格を帯びており、われわれは一般に発生的と名付けることによってその性格を言い表わしている」(290)。弁証法的認識の対象は、今や、自然そのものにおける運動の循環ではもはやなく、この循環の法則である(292)。この法則は、ヴァイセの見るところによれば、明らかに論理的な運動の法則と同じもの、つまり弁証法的な三分法(Trichotymie)である。しかし、現実においてはこの三分法が対象における結果として生じるのに対し、論理的な運動はいつも、純粋な思想規定を思惟する主観の運動でしかない。ヴァイセは、こうした思想をそれ以上詳しく展開したりはせず、認識論を参照するよう指示していたが、この認識論を結局彼は書かずじまいだったのである。とはいえ彼は、リヒャルト・ローテを引き合いに出しながら(292)、経験的自然科学の成果ばかりではなくその方法をも、思弁哲学の領域に取り入れようと初めて試みているのである。

ヘーゲルにおいては、弁証法的論理学が実在的な哲学的諸学の認識に確実性を保証していた。ところがヴァイセの場合は、これら諸学に認められる形式が方法の面においても論理学の形式から区別される以上、一体どのようにしてこの確実性が獲得できるのかということを、われわれは理解することができない。実在的な哲学的諸学にこの特殊な形式を認めたということによって、ヴァイセは、論理学に依存している立場から脱け出て、哲学的論理学の構成さえも支配するまでに至る歩みの第一歩を、自然科学に踏み出させたのである。新カント主義に至る途上で、その第二歩目を踏み出したのが、ヴァイセの発生的方法を哲学全体の方法にした、弟子のロッツェである。

(2) ヴァイセの構成の理論的な基礎は、彼が実在的諸学への移行を遂行する場合にだけ不安定で頼りないものになるというのではない。発生的方法の概念を自分の体系のなかで根拠づけることが可能かどうかという疑問は、それよりももっと深刻な疑念の一部分にすぎない。この疑念は、ヴァイセの論理学と、論理的な学の次元を越えているあらゆる認識――ヴァイセは自分の論理学はこうした認識に基礎と形式的な根拠づけを与えるのだと言う――との連関に向けられるものなのである。シェリングにあっては消極哲学と積極哲学とは、なるほどその内容においてではないが、その範囲においてはやはり同じである。積極哲学の内には、消極哲学において展開されていたのと同じ諸々のポテンツが、たとえ変様され、部分的に転倒された順序ででではあるにしても、再び登場している。世界という概念の内に属する諸々のポテンツを「《転倒》」するこうしたやり方を、思弁的な理性認識に基づいて論理的に正当化するなどということ自体、すでに容易なことではない[32]。ましてやヴァイセの体系の内では、このような試みは確実に失敗せざるをえないのである。以前すでに自らヘーゲルの論理学をそう理解していたのと同じように、ヴァイセは、諸々の報告書から伝え聞いていたシェリングの言う消極哲学という概念を、形式的な哲学という意味に解釈してしまった。シェリングが消極哲学にすぎないと非難したこのヘーゲルの論理学は、ヴァイセにとって、現実についての単なる形式の哲学である。この論理学の諸々のカテゴリーが現実によって充たされるとすれば、それは、これらのカテゴリーが、それ自身現実に存在し別の現実の産出の根拠であるようなひとつの原理〔神〕の内に総括されていて、カテゴリーはこの原理の内に、この原理によって実在するのだと言いうるようになったときだけである。論理的な思想規定は、たしかに神の純粋な思想ではある。しかし、もしも神が論理的思想の理性であると理解されるなら、神の本質は、的確に考えられているとは決して言えない。論理的なものは神の本質の形式的な基礎でしかない。〔現実的に〕論理的なカテゴリーを思惟した上でこれらカテゴリーの弁証法的な展開過程を押し進めていくという〔神的主観の〕作業によって、さしあたりは神の本質の現実性は、この形式的な基礎から区別されている。カテゴリーは、それが主観に伴うものである以上、この主観をおのずから指示する。というのも、諸々のカテゴリーは、互いに関係づけられてはいるものの、自分自身からこの関係を樹立することができないからである。すべての思想がそうであるように、カテゴリーも綜合的な主観性を必要とする。この主観性が現実的なものであるということ、そしてこの主観性がカテゴリーを論理学の体系にまで展開するということは、〔神の本質の形式的基礎である〕論理学そのものから演繹することはできないのである。

論理学の認識価値を制限するこのような思想に、第二の思想が続く。すなわち、カテゴリーは形式にすぎない。だから、論理学の現実的な主体である神の本質の内に、論理学を内容で充たす可能性が置かれていなければならない、というわけである。このことを考察するところから、三位一体に関するヴァイセの思弁は始まっている。アウグスティヌスの場合に似て、それは同時に、神の主観〔体〕性の統一のもとにある三つの心的能力についての思弁である。第一に〔父である〕神の構想力が根源的に偶然的な諸形態の充溢、つまり個々の現実を構想する。第二に論理的形式がこれらの形態を受け取り、これらの形態を通して自らの内容を獲得する。すべての形式的理性を越えているこの形態の充溢を眼のあたりにすること、それが「神の内なる息子」であり、同時に神の浄福である。第三に神の意志——と同時に精霊——がこの形態の充溢に、神的な本質の外部にあるという意味の現実存在を与える。だから、神の意志は本来神の創造の力である、ということになる。ヴァイセは物質的なものの根本的な特性である反撥力 Antitypie[33]（不可入性）と運動性とを、その起源が神的な意志の内にあるということから、明らかにしようとしている。

この思弁的な三位一体論は、きわめて機知に富んだかたちで展開されている。ヴァイセはこれを後期になって初めて構想し、その際これを——自分のよく熟知していた——長い伝統の内にみられる類似の試みに依拠して構築したのである。ところが彼の三位一体論は、明らかに理論的に基盤を欠いたものであって、証明されていない諸概念を用いた無自覚な構成物にすぎない。なぜなら、それだけが三位一体論の手順を哲学的に根拠づけることができるはずの論理学が、ほかならぬその三位一体論によって相対化されて単なる形式にすぎないものにされる定めにあるからである。この論理学はヴァイセにあっては、シェリングとヘーゲルによっていまだ不十分なものとみなされていた意味での、すなわちカントにとってカテゴリーが可能的な経験の形式的制約であったという意味での、形式では決してないのである。そうだとすれば、ヴァイセにおいては、現実的なものはただ内容の諸性質によってしか形式から区別されないことになるのだから、カテゴリーはすべての現実的なものにとっての完全な制約だということになるはずであろう。実際ヴァイセにとってはたしかに、カテゴリーもすべての現実的なものの形式的な制約ではある。しかし現実性はその本質において、カテゴリーよりももっと広義の形式的な制約によって特徴づけられているのであって、このような制約は、神の本質から、それゆえ論理学を補完するものから理解されなければならないというのである。したがって、これらの〔より広義の〕形式的規定は論理の学によって正当化されることはない。〔ヴァイセの場合〕それらは、弁証法的三分肢という論理的に最低限のものにしか定位することのできない盲目的な思弁〔三位一体論〕に委ねられているのである。

ヴァイセは、神の現実性を論理学の思想過程のなかから取り出し、それによって神の自由を守るのだという意図を、すでに自分の哲学的展開の始めから、つまりヘーゲルの生前にも、しばしば公言していた。この点では、彼は常にシェリングと一致していた。けれども彼は、彼の手にしうる後期シェリングのわずかなテキストからでは、シェリングが、そうした問題を越えて、論理的思想に対しても現実的なものの優位性を根拠づけようとしているのだということを、ほとんど看取することができなかったのである。ヴァイセにとって、神は論理的なものを現実化する原理ではあっても、すべての論理的なものになおも先立って配置される計り知れないものではない。シェリングのいう消極哲学という概念は、理性と存在の関係を転倒するところに基づいている。ヴァイセは、シェリングのこの概念を不当にも形式哲学と同一視してしまい、形式哲学は現実を補完しはするけれども、現実へと転倒されてはならない、という。ところで、シェリングの転倒が少なくとも積極哲学の諸概念（カテゴリー）を消極哲学によって根拠づける可能性を残しているのに対して、ヴァイセによれば、論理的なものを補完するもの、つまり現実は、論理的諸形式の体系をもってしては原則的に捉えることができない。論理的な思想をこととする理性が、自分がそれでもやはり対象として目指している存在そのものを思惟しようとする際に、耐えきれず硬直化してしまった後で、シェリングはこの理性をこうした存在に対抗して再び立ち直らせ、積極哲学の建築を、たとえ消極哲学の構成プランに従ってではないにしても、消極哲学の材料を用いて仕上げようとしている。だからこそ積極哲学もまた、方法からみれば依然として観念論なのである。これに対して、ヴァイセは論理的なものの領域を、論理的なものをまったく越え出ている根拠づけや諸原理を用いて補完しており、それと共に無自覚に、また意に反して、論理的なものの論理学にさらに先立つ理性を要求するはめになっている。このような理性は、論理学を越えてゆく論理的なものの歩みに明確な意味を与え〔るというほとんど困難な課題を担わ」なければならなくなるにちがいない。

この道を追ってゆけば、ヴァイセの思惟を支配していた或る問題が方法の側面から明らかになるかもしれない。ヴァイセはこの問題にあまりにも強く囚われていたので、この問題のために、神の自由に基づく哲学体系という自分のプログラムを、しばしば構想しながらも、ずっと後になるまで実行できなかったのである。その問題とはつまり、論理の学にどのようにしてその論理的な位置を定めることができるのか、という問題である。論理学（ヴァイセ自身はこれを形而上学と呼んでいるが）のカテゴリーに絶対的な意義を認めるとき、彼はヘーゲル主義者になる。その場合カテゴリーは単に、或る主体が或る対象を明確に規定して捉える際に用いる形式にすぎないのではないし、したがって主体の主観性によって制約されているわけでもない。カテゴリーは一切の現実の無制約的な、それだけで、それ自身からして必然的な形式となる。ところが他方でまたヴァイセは、カテゴリーは単に形式的な性格しかもたないとするカント的な思想を、ヘーゲル〔の右の思想〕に対抗させて漁夫の利を得ようとする。カテゴリーは絶対的な形式ではある〔ヘーゲル〕が、この形式は形式で、それがまず思惟され次いで現実化されるためには、或る主体を必要とし〔カント〕、それでいてカテゴリーは即且つ対自的にはこの主体の形式ではない〔ヘーゲル〕、というわけである。『いかなる意味でドイツ哲学は今日再びカントに定位しなければならないのか』という講演（一八四七年）のなかで、ヴァイセは自分自身の立場をカントとヘーゲルの総合だと述べていた（Dogm. I 269 も参照）。ヘーゲルは「認識の永遠且つ必然的な根本形式を現実的な事物の実在的な特性ないし本質規定と混同する」という誤りを犯してしまった(11)。しかし真にアプリオリなものは形式的なものでしかありえない(13)。このカント的な命題を、物の形式的な認識は常に物の現象の認識でしかないという別の命題と混同してはならないとヴァイセは言う。カントはこの命題によって、ヘーゲルのそれに対比される混同を犯してしまった。すなわちカントは、「物の本来の実在を純粋理性の必然性において――言いかえれば理性形式のアプリオリにおいて――認識することはできないという相対的な不可能性と、物の〈自体 An-sich〉のいわゆる絶対的な認識不可能性とを」混同してしまった(14)、というわけである。

ヴァイセ自身は、このようにカントとヘーゲルを総合することによって、自分はプラトン主義に接近していると思っている。彼が自分をプラトン主義と区別するのは、思想に対する現実の優位を指摘するときである。彼はこう述べている。論理学が展開するのは、単に現存しうるものだけの体系、つまり「観念的な宇宙」、いわば「灰色一色で描かれた、諸形式の影の国」である。われわれは、うっかり誘いにのって、「更に一歩を踏み出し、この形式世界の内に原型的な世界を、古代のプラトン主義のいう意味でのイデア界を、すなわち空間と時間の内にある経験に合った現実の世界よりももっと高次でもっと完全な真理の世界を、すぐさま無造作に見たり」してはならない、と(21)。

ヴァイセは自分の「形而上学」の特質を、ヘーゲル、カントおよびプラトンからそれぞれ三様に区別することによって規定しているが、そのやり方を哲学史の連関のなかで見てみると、ヴァイセが、論理的な思想規定に関する自分の概念のなかに、新カント主義の妥当性という概念の定義に含まれているすべての契機を取り入れていたということが明らかになる。新カント主義の妥当性概念の定義はこうなる。或る原理が妥当するのは、第一に、この原理が(経験論の諸概念とは違って)認識の可能性の必然的制約である場合、第二に、この原理が(カントのカテゴリーと違って)主観性によっては生み出されない場合、第三に、この原理が、現実的なものになるために、或る主体の現実性を必要とし、それだけでは現実的な原理だというわけにはいかない場合である。ヴァイセの体系は新カント主義の妥当性と価値の哲学の歴史的起源なのである。ヴァイセはまた、妥当性の概念を思想の重要な転換点で用いた最初の人であって、この概念を一般に流布させたのも彼の弟子ロッツェなのである。「私は言いたいのだが、存在のカテゴリーもそのひとつであるような諸形式全体に、――なるほど物の現実性の規定としてではないにしても、可能性の規定としての――妥当性を認めることをわれわれに許しているのは、まさにこうした事情ではないだろうか」(15)。

ところが、ヴァイセの妥当性の概念を依然として思弁的観念論の連関のうちに繋ぎとめておくような諸契機が、しかも哲学の新たな形態を根拠づけるのに際してこの概念を「この連関から」解き放つことを許さないような諸契機さえもが、右の引用文から明らかになる。すなわち、第一に、ヴァイセはヘーゲル同様、カテゴリーの連関は、カテゴリーそれ自身から明らかにすることができるのであって、カテゴリーとカテゴリーから区別される現実との関係を通じて初めて現われるというものではない、ということを確信していた（コーエンの起源概念と違う点）。ヴァイセの論理的体系は、たとえ全体としては現実的な主体による補完を必要としているにせよ、それ自身の内で完結している。第二に、ヴァイセにとってカテゴリーは、まずもって一切の物の可能性の制約であって、学問的認識の可能性の制約ではない（新カント主義の言うすべての形式と異なる点）。第三に、それでもなおカテゴリーが必然的に関係づけられている主観性があるとすれば、それは神による認識である。このことから、妥当性と価値の哲学がとる態度、すなわちカテゴリー的な諸形式をカテゴリーの機能からしか理解しないという態度が、ヴァイセには無縁だということが結論づけられる。妥当性と価値の哲学は、カテゴリー的な諸形式には絶対的なものという意義が帰属していると語っているにもかかわらず、それらを機能からしか理解しないのである。この哲学の言う絶対的なものは、依然として他との関係における絶対的なものでしかなく、したがって仮言的に絶対的なもの、つまり相関関係における絶対的なものにとどまっている。

ところがヴァイセは、〈もしも神の認識作用との関係を無視するとすれば、論理学の体系とは何なのか〉、と自問せざるをえない。ヴァイセの思想のなかには、彼をこれと同じ問いへと導いて行くもうひとつ別の道筋もある。つまり、もしも神の本質と神の現実存在とが論理学に基づいて概念的に理解されうるのだとすれば、神の本質は純粋に合理的なものになり、神の現実存在は必然的なものになるであろう、ということである。しかし、ヴァイセにとって問題なのは、キリスト教の真理、つまり愛としての神の本質と神の行為の自由とを、ヘーゲルの〔論理〕一元論に反対して、新たに根拠づけることである。したがって、論理学の体系は、神概念を顧慮せずとも理解することができるものでなければならなくなる。すなわち論理学の体系の妥当性は、神にもあてはまるという意味での妥当性とは独立に、考えられうるのでなければならないのである。

このゆえに、自分の哲学的原理の帰結に沿った形でなら、ヴァイセは論理学の体系に存在を認めるわけである。だが彼は、〈単に形式的に絶対的なものでありながら、なおかつ存在する絶対的なもの〉〔存在する論理学の体系〕という概念を、十分に規定しえているのであろうか。同一哲学の諸々のモティーフを知っていれば必ず持ち出さざるをえなかった疑念に対して、彼はこの概念を弁護することができるのであろうか。I・H・フィヒテ〔フィヒテの息子〕は、友人ヴァイセの哲学研究の基礎に、次のような非常に鋭い異議を差しはさんでいた。シェリングとヘーゲルがそれぞれ絶対知という立場に導かれていったのは、ひとえに、〈形式と内容、概念と存在というカテゴリーの〔対立の〕正当性の限界が絶対的なものそれ自身の内に見出される〉という洞察があったからなのだということを、ヴァイセの研究は見落としている。絶対的なものにあってはこうしたカテゴリーの対立は止揚されていると考えざるをえない。だからして、〈単に形式的に絶対的なもの〉と言うのは、木製の鉄と言うに等しい[34]。加えて、われわれがこのような思想を捉えることができるのだとすれば、それは、われわれがすでに〈無差別的に絶対的なもの〉という概念を所有していて、それに照らして、あの〈形式的に絶対的なもの〉に明確に規定された限界を見出す場合だけである。というのも、論理的なものは形式的な特質しかもたないという洞察は、もしもそれが無差別な全体性としての絶対的なものを漠然とでも前提している知から生じるのではないとすると、一体どこから生じるのか分からなくなるからである。それゆえ、無差別に絶対的なものというこの概念を出発点にしなければならない。以上のように異議を唱えるフィヒテがヴァイセと一致するのは、生ける神という思想をこの概念においてさっそく考えてしまうという誤謬に陥らないよう戒めている点だけである。だからヴァイセは、形式的に絶対的なものという自分の概念をふた通りの観点から擁護しなければならなかったのである。すなわち、単なる形式であるような絶対的なものが存在しうるのだということ、そして存在は単に形式的に絶対的なものにも帰属しうるのだということ、このふたつのことを示さなければならなかったのである。ヴァイセの存在論的論証の理論は、まさにこうした文脈に位置づけられる。

ヴァイセは空間・時間論を自分の形而上学の、内容からして最も重要な部分とみなしていた。こうした判断が理解可能なものとなるのは、彼の体系上の根本問題を明確に提示することができたときである。数、空間および時間という概念[35]は彼にとって論理学のカテゴリーであって、しかも本来、論理的なものそのものの最高の形式ですらある。この教説のなかで形式的に絶対的なものという彼の概念が繰り返し述べられ、具体的に展開される。すでにシェリングとヘーゲルは、空間概念はそれを自分の直観形式にしているような主体にだけ妥当するわけではないということを、示そうと努めてきていた。ところがヴァイセの理論においては、空間概念は自分の外に踏み出た絶対的なものよりも以上のもの、すなわち絶対的なものの外化された現実——自然——の最初の形態（ヘーゲル）よりも以上のものである。ヴァイセの考えによれば、ヘーゲルは、彼が空間を〔自然哲学の第一の規定として〕理念〔の展開である論理学の結末〕から取り出して措定するときに、（二四）直観の諸形式を悟性認識の諸形式から分離するというカント的な先入見に屈服していたのである。ところがこのような分離は、それが絶対知の次元で行なわれると、悪しき結果を惹き起こしてしまう。すなわち、単なる形式でしかない空間と時間が、現実化された理念の第一の内容にまで高められるのである。しかも、神の精神だけが論理的なものに現実性を与えることができるのであるからには、これらの硬直した空虚な形式が、「こともあろうに実体化されて自由で積極的な神の現実性という概念と化す」のである（Sendschr. 178）。これは「許し難い過誤」というものである（Dogm. I 345）。なぜなら、これによって、自然は理念の単なる廃物でしかないとか、神の現実性とは論理的形式主義のいう現実性にほかならないのだといったことが、さっそく主張されるからである。けれども、自然は論理的なものよりも「高いところにある」と解されなければならない（Met. 93）し、神の現存在は、論理的なものの現実性を、自らのもつ自由によって越えている現実性とみなされなければならない。――ところが、空間と時間が論理的なものそのものの契機として認識されるならば、論理学にはただ形式的に絶対的なものという意義しか属さず、このような絶対的なものは現実性の意味を決して端的に規定したりはしないのだということが、いわば《目の当たりに》証明される。というのも、空間と時間は実在する形式だからである。空間と時間は、たしかに形式である。だからこそ、空間と時間は充実を必要とするということ、つまり、完全に規定されるためには空間と時間が何か或る空間的なものや時間的なものを受け容れなければならないということを、誰も疑ったりはしないのである（Dogm. I 329ff.）。けれどもまた、空間と時間が機能という意味での形式にすぎないのではないということも、明白である。誰もが空間と時間を現実的な現実存在の実在する形式として表象する。だから、もしも空間と時間が論理的な学の最高の概念だということが証明できるなら、空間と時間の形式的な性格も、空間と時間の規定の現実的〈実在的〉な性格と同じように、全体として確定することになる。

言うまでもなく問題はひとえに、空間と時間が絶対的なものの論理学の展開のなかで究極的で最高の規定として現われるということを証明するのに成功するかどうか、に懸っている。若きロッツェは、この課題を解決しようとするヴァイセの形而上学の演繹を綿密に研究し、批判した。[36] この批判に対してヴァイセは、自分が「特殊な三性」〈数・空間・時間〉から空間を演繹するのに成功しなかったことを、認めざるをえなかったのである。彼にはこの演繹を、それよりもすぐれたもので補うことなどできなかった。ところが、彼自身が、この証明は自分の体系全体の中心点でなければならないと力説していた以上、この体系もまた仮説の段階を脱していなかったことになる。

もちろんヴァイセは、論理学における空間と時間の演繹は成功するにちがいない、と信じて疑わなかった。彼はこの演繹を、「空間と時間の必当然的な必然性の意識、すなわち〈空間と時間が存在しえないということは絶対にない〉という、思弁によっては抑えつけることのできない意識」に言及することによって根拠づけていた(Sendschr. 184)。ヴァイセの意見によれば、こうした意識から、以前カントは空間の主観性を導出していたのだが、[37] ヘーゲル以後この意識は論理学に訴えることによってしか理解できないものになってしまったのである。けれども、はっきりいって彼の確信をそれ以上に強めたのは、あの演繹を欠いてしまえば、神的な自由を正当化することに関わってきた自分の哲学的な仕事全体が根拠のないものに終わらざるをえなくなってしまう、という洞察だったのである。

このような正当化が可能であるにちがいないということは、ヴァイセにとって、ひとつの信仰箇条であるばかりではなく、ヘーゲル亡き後の時代の哲学的な営みを分析した成果でもある。ヴァイセはこの分析にいくつかの研究をささげていた。哲学的な体系たるものは、自らの真理性を保証するにあたって、自分自身をひとつの時代の真理の定式化とみなすよう試みなければならない、とヴァイセは主張するが、この点でも彼はヘーゲル主義者なのである。こうして彼は、I・H・フィヒテ宛の『公開書簡』のなかで次のように述べることになる。「貴方のお父上について次のような逸話が語られています。或る日お父上の大講義室の戸口に、『次に続く文章の構成がまだ見つけ出せなかったので、今日は講義を行なえない』という貼紙がしてあったというのです。これはひとつの告白、しかもお父上の率直な誠実さのゆえにというよりも、右の構成がまったくもってこの箇所、この連関にこそ見出されるにちがいないという確信のゆえにこそ、注目に値する告白なのです。お父上に似た誠実さをもって、もちろんそればかりではなくてお父上と類似した確信をもって表明するのですが、空間概念と時間概念の形而上学的導出に私はまだ完全に成功しているわけではないということも、またこの導出はまったくのところ私の採った〔この〕方法によってしか……成功しえないのだということも、私は自覚しているのです」(184)。J・G・フィヒテのこの逸話は、かつて彼の時代の意識にとってはたしかに面白味をもっていたのだが、ヴァイセの文章の強調部分はその面白味とほとんど合致してはいない。

ヴァイセには、体系的な構想を立てて考え、この構想が要求してくることをしばしば、しかもはっきりと告知するという傾向があった。初期の美学と後期の教義学——いずれも重要で内容の豊かな作品であるが——が存在していなかったなら、彼の仕事はプログラムのままに終わったことであろう。ヘーゲル以後の哲学はすべて、とりわけ方法的な反省を余儀なくされていた。それらは、ヘーゲルの百科全書的な体系の、ほとんど押しつぶされんばかりの重圧から、思想的に解放されなければならなかったのである。ところでヴァイセの才能は、このような状況のなかで自分を発揮するのに、特に向いていたのである。彼の文体は、周辺をなぞりながら説明を展開していくというそれである。彼は或る事態を決してそのまま無媒介に述べたりはしない。彼は、様々な歴史的な暗示を積み重ねながら、長い循環を経てこの事態に近づいていく。あらゆる現象を、それがもつ論理的構造の原理的な部分にまで連れ戻すヘーゲルの卓抜な文体から、ヴァイセは網羅性と反省的な特質だけを受け継ぎ、その簡潔さを受け継がなかったのである。

ヴァイセの、プログラムに則った作品のすべてには、神の存在の存在論的証明の分析が織り込まれている。だから、この証明から彼の体系構制に分け入ることができると、はじめは思われるかもしれない。けれども、これらの作品はやはり、彼が持ち出している諸々の理念の連関の内でしか理解されることはできない。神の存在の存在論的証明に関する彼の理論は、これまでの哲学史上最後のものであるが、それは彼の哲学的プログラムの要約版にすぎない。ただそれだけを取り出してみるなら、彼がこの証明に関して語っていることは十分明白だというわけでも、矛盾を免れているというわけでもない。だからこそ、ヴァイセの存在神学的な試みが含まれているもっと大きな連関を、前もって論じておく必要があったのである。

2　ヴァイセの論理的異論

或る意味でヴァイセは、存在論的論証に対する論理的異論を、すなわち、概念はそれ自身ですでに現実性を含んでいるわけではないという異論を、シェリングと共有している。この批判的観点には、論理学のカテゴリーは現実的なものの可能性の単なる形式でしかないという体系の教説が対応している。ところが、ヴァイセは同時に存在論的論証に賛成してもいる。論理学のカテゴリーは存在しているのだし、それは神性の、存在する《第一者》というわけである。したがって、存在論的証明についてのヴァイセの判断の内には、論理的なものの存在様式に関する彼の理論に付き纏っているのと同じ曖昧さが現われる。この曖昧さは、存在の概念を二重化することによってしか拭い去ることはできない。すなわち、論理学の現存在そのものが現実性から区別されなければならないのであって、論理的なものに現実性が与えられるためには、神の精神の内で論理的なものが自然へと高められるのをまたなければならないのである。けれども、ヴァイセにこの二重化を根拠づけることができているかといえば、それは疑問である。常に明確な存在概念から出発しなければならない存在論的証明そのものの歩みのなかで、彼がこうした根拠づけを行なうことができないのは、まことに確実である。それゆえこの証明は、体系のそのほかの諸前提にまったく依存していることになる。

「ヘーゲルによれば、存在論的証明とは、神の概念から神の現存在へと進展していくものである。……これに対して注意されなければならないのは、「概念」から「現存在」へと弁証法的進行が、すなわち弁証法的移行が起こりうる——つまり、概念の内部で概念の諸契機の間に行なわれるのと同じたぐいの弁証法的進行ないし移行が〔概念と現存在の間でも〕起こる——のだという考えのなかにこそ、……ヘーゲル哲学の根本的な誤謬が存在しているということである。これこそはまさに、すべての思弁的独断論の根底にみられる《論点先取の虚偽》なのである」(Dogm. I 339)。ヴァイセは〔ヘーゲルによる〕理念と現実との混同に反対して、「理念は現実に対して単に間接的な妥当性しか要求できない」(334) と主張し、神的な存在者の《本質 Quid》をその《事実性 Quod》から区別する。その際彼ははっきりとスコラ的な《本質 Essentia》と《存在 Esse》の区別立てを引き合いに出している (338, 342)。「それどころかヘーゲルは、自分の存在のカテゴリーを古代エレア学派の《在るもの〔存在者〕"Ὄν"》とまったく同じものだと説きながら、そうすれば、存在が実体化されて存在者になってしまうことを容認するという仮象が、必然的に生じる、ということに気付いていない」(Met. 114)。存在論的証明に対するカントの攻撃は、「あの証明が本質的に別な連関に属しているということを……指摘することによってしか論駁され」えない(I. d. G. 29)のであって、概念から現実性への移行を正当化することによっては反証できないのである。「したがって、神が存在するということを、……われわれは存在論的証明の成果だと直ちにみなすことはできないことになろう」(Dogm. I 340)。神が存在するということが、これまで常にこの証明の成果だとされてきたために、この証明の現実的な意義が明らかになった例がなかったのである。だから存在論的証明の反駁者たちは「いつの時代にも……反駁するのにさしたる苦労もせずにすんだのである」(Dogm. I 314)。

ヴァイセが言及する唯一の論駁は論理的異論である(I. d. G. 26)。シェリングと同じようにヴァイセも、この異論こそは、「カントが、それを用いることによって、これを機に決定的に存在論的証明を葬り去ることができると考えた」ものなのだ(I. d. G. 26)、という思い違いに陥っている。彼は『公開書簡』のなかで述べている。「〈アンセルムスの論証が証明しているのは、現実存在と神の本質ないし本性が、神についてのわれわれの表象の内で結合されているということだけであって、それらが真に現実的に結合されているということではない〉という異論が、アンセルムスに対してかくも頻繁に掲げられてきたが、こうした異論を予防するために」、デカルトは自分の証明に特殊な形式を与えたのだ、と(163)。ヴァイセが自分の疑念をこのようにはっきりと定式化している箇所はほかにないだろう。彼の考えによれば、存在論的証明において問われているのは、認識する主観と現実的な現存在との相関関係ではなくて、ふたつの客観的な思想規定の関係、すなわち概念(本質)の現実に対する関係であるということが、ヘーゲル以降再び自明になったのである。ところが、ヴァイセの異論は、それがたとえ別の内容をもっているにしても、構造からすれば、彼が引いている、アンセルムスに対する異論と、同じものである。存在論的論証に基づいて神の現実性を導出しようとする人々は哲学的独断論に堕している、とヴァイセが非難するとき、彼は論理的異論の用語で語っているのである。

3　思惟必然性の概念

ところで、存在論的論証がそれ固有の場を見出す連関とはどのようなものなのだろうか。存在論的論証が論理的異論に抗して身を保障されるのはどのような形式においてなのであろうか。ヴァイセはヘーゲルと同じく、神の現存在に関する様々な証明から「ひとつの学問的な全体」を構成しようとする（Dogm. I 310）。存在論的証明がこの全体の最初の一歩をなす。「したがって、神が存在するという……まさにこのことを、われわれは……三段論法の結論とみなすことができるのであって、この三段論法にあっては存在論的証明の成果がその大前提を成しているのである」（Dogm. I 340）。存在論的証明においては思惟必然性なる概念が展開されるが、これこそすべての現存在についてのすべての認識の基礎なのである。本来存在論的証明の根底にある要求とは、すべての現実存在に何らかの必然的なものを仮定しようとする理性の要求である、とヴァイセが考えるとき、彼はカントに同意しているわけである。彼はこの必然性の意味を認識の必当然性と解釈する。これによって、彼はすでにカントと直接対立していることになる。たしかにカントは、必然的存在者という概念をも論理的な要請に帰着させてしまった。けれども、カントにとって、こうした還元から生じたのは、論理的必然性と現存在の必然性とをそれ自身ですでに区別していた形而上学の立場での存在神学〔デカルト的第二の証明〕に反対しうる、新たな異論であった。そして、存在論的証明において問題なのは第二の〔現存在の〕必然性なのである。ところがヴァイセはこう述べる。「必然的なものという思想は……宗教的な経験のもつ神概念からまったく独立に、それ自身において人間の理性の内に存在する。この思想は、思惟と知との内で理性に到達可能な一切の確実性の究極の根拠として、すなわち、いまだまったく無内容なままに思惟されているあの真理という概念の、単純な内容として存在するのである。〈それは存在するものとしてしか考えられず、存在していないものとは考えられない〉、と人々が正当にも語ってきたのは、まさにこの真理概念なのである」（Dogm. I 313）。論理学それ自身が現実的なものの根拠である場合には、たとえそれが現実の十分な根拠である（ヘーゲルにみられるように）にせよ、あるいはやはり現実の第一の必然的な根拠である（ヴァイセにとってそうであるように）にせよ、論理的必然性と実在的必然性との間の区別は主張できないことになる。

もちろん、「経験的な悟性」にとっては、思惟必然的なものという概念は「空虚な場所」でしかない。経験的な悟性はこの場所に、判断と推論のための論理学の操作規則しか割り当てることはできない。「〔と ころが〕哲学的思弁はまさにこの場所に絶対的なものという、すなわち積極的な内実をもった思惟必然的なものという自らの概念を書き込もうと企てる」（Dogm. I 319）。「けれども、哲学的真理としてのこの概念そのものは、決してあのカントのカテゴリーほどに貧困なものでも内容空疎なものでもない。この概念は論理的ないし形而上学的合法則性の総体なのであって、しかも純粋な思弁的な思想がこの合法則性にまで到達しているときには常に、この合法則性によって、存在するものが存在しないものから、真理が非真理から区別されるのである」（I. d. G. 27）。してみると、存在論的証明は論理学という学問の認識価値の表現なのである。論理学は、なるほど現存在についての学問ではない。そして論理学がそういうものではない限りで、存在論的論証に対して論理的異論が有効になる。しかし、論理学が現存在の必然的な制約についての、すなわち現存在可能性についての学問であることも、またたしかである。[38] 存在論的論証は、まさに〔論理学の在り方の〕こうした必然性を確証しているのである。

しかし、概念と存在を媒介するはずのほかならぬこの「証明」が、単なる思惟必然性という概念を規定するのに、どうして適しているというのであろうか。ヴァイセは『形而上学』のなかで、存在概念の分析に際して、この問いについて一層立ち入った考えを表明していた。存在というカテゴリーが、彼の場合にも論理的展開の端緒に位置している。「存在という思想を思惟する人、……彼は同時に、自分が思惟している当のもの〔存在〕が端的に普遍的で必然的なものであり、それなくしてはそのほかのありとあらゆるものが、ただ単に彼にとって思惟不可能なばかりではなく、それ自身において存在不可能であるということを知っている」(Met. 108)。だから、あらゆる客観的論理学は、存在という思想から始めなければならない。この思想は、「疑惑からの自覚的な帰還、すなわちすべての客観的な真理を霧散させて主観的な仮象に変えてしまうことを自分の仕事にしている反省の絶望からの、自覚的な帰還」である(Met. 110)。「カテゴリーはすべて、存在のカテゴリーを媒介することによって己れの真理性と客観的妥当性との確実性を具えるのである」(Met. 112)。したがって、存在という思想は、それが体系的に展開されるなら、「カテゴリーを単なる主観的な悟性形式とみなすような見方と明確に対立するもの」なのである(Met. 112)。そして、存在するものはすべて存在しなければならないという命題の同語反復的な意味を越えた、存在という思想の内容が、まさにこの対立から理解されなければならないのである。

この存在の概念は、ヴァイセの後継者たちが用いた妥当性の概念と同じものである。ヴァイセは、存在の概念を現実存在の概念と混同しないよう注意している。彼が言うには、こうした「実体化」が存在論的証明や、またスピノザによる実体の定義の根底にある。スピノザの定義は、「実は、神性の現実存在の存在論的証明とまったく同じ内容をもち、それゆえにまた、この証明と同じ非難にさらされる」(Met. 112)のである。存在と現実存在の間の区別を判断に関連させて定式化しようとすれば、現実存在は述語の場所を、存在は繫辞の場所を占めなければならないはずだ、と言わざるをえない。「してみると、考えられているのは、……現実的なものの実体にまで……実体化された存在ではなくて、判断における繋辞によって表現されるような存在だということになる」(Met. 116)。

ヴァイセの形而上学は、個々の多くの点でヘーゲルの論理学に定位している。両者が区別されるのは、とりわけヴァイセの形而上学の出発点と目標によってである。つまり、ヴァイセは、繋辞として理解される存在の概念を、さらに押し広げて数、空間および時間の規定にまで及ぼそうとする。この歩みのなかに純粋な思惟規定のすべてが含まれる。ヴァイセはこれらの思惟規定の間に諸々の媒介を構成するが、まさにこの媒介によって存在のカテゴリーが、すべてのカテゴリーに主観性から独立した妥当性を与えるような思想になる。媒介されたこれらのカテゴリーによって、唯一の客観的―体系的な連関が、つまり思惟必然性の総体が形成されるが、それが同時に一切の現存在可能性の総体でもあることになる。したがって、そもそも存在の概念によって言い表わされる哲学的真理の理念が、この真理の体系として具体化されているわけである。

ヴァイセはカントの『唯一可能な証明根拠』の思想を次のような意味で解釈しようと試みてもいた。理性からみれば、可能性の概念は直接明証的であって、「この可能性は現実に存在するものでなければならず、存在しないものとは考えることができない」ということは明らかである(Dogm. I 321)。存在神学的思想のこの形式は、後にカントが展開した批判によって打撃を被ることはない。しかもこの形式は本来、存在論的論証の近世的な形式の展開が辿っていった目標なのである。ところが、ライプニッツにしてもカントにしても、この思想をあますところなく明確に叙述できる状態にはなかった。ヘーゲルにしても、一般に「どこか混乱した、当惑したやり方」でしかこの思想について考えを述べてはいないことから分かるように、存在論的論証の意図を捉えてはいなかったのである(Sendschr. 154)。ヴァイセは以上のように述べている。ヴァイセにとっては、思惟必然性という概念は、必当然的な明証性をもつ何らかの思想を空虚に要求するだけのものではない。この概念は、「存在および出来事一般のすべての可能性が、そのうちでひとつの根源的可能性へと包括されている」絶対的なものの概念として捉えることができる(Dogm. I 331)。「神の概念の内ではすべての事象性が合一されている」(Dogm. I 332)。ヴァイセは、これこそが一七六三年のカントの『証明根拠』の本来の意味だと認めようとしているのである。

しかし、存在神学の歴史に関する彼のテーゼは、気のきいた思いつき程度のものでしかない。それらは、存在神学の近世的な展開を現実に支配してきた諸々の動機を明らかにするのに、何ら寄与するところがない。明らかにヴァイセは、これらのテーゼを不用意に口にしただけなのである。ヴァイセのテーゼにできることと言えば、体系的な根拠づけにおいてしか分明になりえないような或る事態を明瞭にするという課題を、せいぜいもつぐらいのことである。

伝統の様々な神の存在証明からひとつの統一的な体系を構成しようとする際に、彼は存在概念の自分なりの体系的な解釈を使っている。それによれば、神の存在の存在論的証明は、ただ思惟必然性の概念に至るだけである。それは神の現実存在を証明しはしない。ところが、宇宙論的な思想と結合されれば、それは神的な現存在の証明にもなる。すなわち、可能的なものの総体は単なる形式概念でしかない。しかしそれは、統一的な形式の概念なのである。たしかにこの形式からは、いかなる現実性も理解されえない。しかし、もしも現実的なものが存在するのなら、この現実的なものは、統一的な形式によって措定される諸諸の形式的な制約に対応していなければならないのである。絶対的な理念が、自己自身と同一でありながら、諸々の区別や対立の無制約で不可分な統一であるように、「現実的な現存在も、この統一的な形式によって、たしかにそれ自身が措定されるわけではないが、しかしその可能性が措定されるのであるから、この現実的な現存在も根源的な現存在も、……言いかえれば根源的に現実的なものも、絶対的理念と同じように、一なるものにほかならないのである」。それはまさしく、そこにおいて可能性の諸々の区別が、措定されると同時に、統一において止揚されているような現存在である。かくしてそれは思惟、すなわち自己意識的な根源的主体である (Dogm. I 336)。

ヴァイセの神の存在証明は、もともと存在論的思想を宇宙論的思想とこのように組み合せたものでしかない。存在論的思想は、一般に或るものが存在するということの唯一の可能性の概念を明らかにするのに貢献し、宇宙論的思想は、そのことの確実性を裏付けるのに寄与する。したがって、神の現存在に至る推論は次のようになる。もしも一般に或るものが実在するのなら、それは、すべての存在の思惟必然的な諸制約を充たすものでなければならない〔存在論的思想〕し、それゆえ——主体としての現実〔第一原因者としての神〕だけが唯一これら諸制約の現実的主体たりうるのだから——この現実に由来するものでなければならない〔宇宙論的思想〕。ところが、或るものが実際実在している。したがって、思惟必然的な存在の諸制約の主体は実在する。すなわち、神は現実に存在する。

けれどもこの推論は存在論的思想の論理によっては正当化することができない。この推論の第一の前提の後半部分は、前半部分から整合的に導出されているわけではない。というのも、思惟必然的なものの可能性を現実存在にもたらす現実が、個別的な現実的なもの〔神〕でなければならないということは帰結しないからである。〔或るものが存在することの〕唯一の可能性が現実的な諸々の事物の体系のなかに入り込んでいるということもまた、同様に可能なのである。この第二の可能性に関する理論は、ヘーゲルの理論を模範にすることになるはずである。ところがヴァイセはその際、論理学を保証する唯一の根源的主体の必然性を、証明するというよりもむしろ主張することによって、この可能性をあまりにも性急に片づけすぎたのである。つまりヴァイセは、論理学の次元を脱け出るその第一歩からしてすでに、無自覚で恣意的な構成をしようとしている。彼の存在論的論証解釈はこの第二の可能性の理論に触れることはないのである。だからここでは、以上のことを確認するだけに留めておくことができるわけである。

存在論的証明を思惟必然性の証明と解する理由を説明する際に、ヴァイセは存在概念に関する研究を用いているが、この研究を追っていくなら、われわれは《事象性の総体》という古い存在論的神概念に立ち帰ることになる。こうして、存在論的な神概念が存在論的証明の成果として現われるという、奇妙な事態が出来する。ヴァイセの論理学において存在論的証明に対応するのは、存在という規定は論理学の出発点であるという指摘であった。というのも、この規定によって、純粋な思惟規定は、妥当性という性格をもつものとして保証されるからである。ところが、この存在もその一部をなしている諸々のカテゴリー（これを完全性と呼んでもよい）は、論理学の歩みのなかでまさに存在という規定から展開される。ということはつまり、諸々のカテゴリーは存在という思想から生じる成果であるにしても、しかし存在という思想はすべての完全性という理念（カテゴリーの総体）から帰結するものではないことになる。

4　思惟必然性の現存在

ところが、ヴァイセの存在論的論証解釈における前提と成果のこの転倒は、彼の説明の試みを奇怪な企てにしているものの、ほんの一部でしかないのである。アンセルムスも絶対的なもの（神）を、一切の完全性がそこで同時に措定される、あの一なるものと考えていた。したがってアンセルムスの神概念においても、ヴァイセの形而上学における「存在」とカテゴリーの「全体」とに対応するふたつの契機（統一性〔（1）〕と無限性〔（2）〕）を区別することができる。けれども、一切の完全性（2）の総体（1）としての神の概念は、アンセルムスの場合には、存在論的証明の前提にすぎず、その結果ではない。よしんば《事象性の総体》という表象が論理学の歩みを通して初めて明確な概念になるのだと仮定される場合でも、そうである。つまり存在論的な証明は、いま初めて始まるものでなければならないはずなのである。というのも、存在論的証明の課題は、《事象性の総体》という概念の内には存在という規定も措定されている、ということを明らかにするところにあるからである。その際この証明は、伝統的なものとヘーゲル的なものというふたつの証明目標をもちうる。存在論的証明に可能なのは、事象性の総体は現実に存在するということ（アンセルムス）を明らかにするか、それとも総体性という思想規定から存在という思想規定が生じるということ（ヘーゲル）を明らかにするか、そのどちらかである。前者の証明は、伝統的に、概念と現実存在の領域との間の原理的な差異を前提している。後者の場合には、存在（現実存在）のカテゴリーは、概念のカテゴリーと同じように、ヘーゲルの論理学の意味で超主観的且つ超客観的なものとみなされなければならない。この場合存在論的証明は、ひとつの論理的な連関を構成するわけである。ヴァイセは概念と現実存在を区別し、論理学の末尾でもなお論理学の現実性を問題にしているのだから、彼は存在論的証明をヘーゲルのようにではなく、そもそもアンセルムスと同じように捉えているのだと言わなければなるまい。もっともこのことは、初期の著作にみられる解釈にはあてはまらない。

『神性の理念』と『形而上学』〔という初期の著作〕のなかでヴァイセが存在論的証明に課していたのは、論理的カテゴリーの妥当性を保証する思惟必然性という概念を展開するという課題だけである。この「証明」は存在論的な神概念と共に完結するはずであった。ところがヴァイセは、結局はそれに満足できなくなったのである。というのも、彼はまさに、カテゴリーの妥当性から、カテゴリーによっては生み出されることも措定されることもできない現実を区別しているからである。概念の必然性は、必然性それ自身の反対物として、真に存在するもの、積極的で現実的なものを必要とする（Met. 16）。カテゴリーは「それだけでは何ものでもないが、存在者において〔初めて〕存在を絶対的に肯定するものとなる」（Met. 86）。「哲学がその実在的部門で対象にする普遍概念は、たとえそれが現実的なものの普遍概念であっても、決して現実的なものそのものではなく、常に、現実的なものの抽象的な……基盤でしかない」（Met. 88）。このように初期の著作のなかでは、思惟必然性は現実と根本的に対立して規定される。とはいえ、これらの著作においても、思惟必然性はやはり妥当性としてだけではなく、絶対的なものとしても捉えられる。思惟必然性は、ヴァイセによれば、現実の、あるいは現実のための、いかなる機能でもなく、それ自身によって規定される体系なのである。だからこそヴァイセは、思惟必然性はいかなる意味で一切の現実に先立って実在するのかという問いを回避できないわけである。彼はこの問いをI・H・フィヒテ宛の『公開書簡』のなかで初めて立てている。

　I・H・フィヒテは、『最近の哲学の特徴づけ』という論稿の第二版のなかで、ヘーゲルをこう非難していた。ヘーゲルは決して、「神の現存在の存在論的証明を論駁しているカントの本来の精神を理解していないか、あるいは少なくともカントに対してあのような嘲笑的な対応をしている間は、その精神を忘れて」いたのだ（S. 860）、と。フィヒテは、「〝存在〟や〝現実存在〟はいかなる述語でも、いかなる〝思想規定〟でも決してない」というカントの教説に従っている（860）。ヴァイセは、友人のこの発言によって初めて、存在論的論証についての自分自身の見解を補正し精密にすべく促されたように思われる。ところがヴァイセはヘーゲルの側に立ち、自分とフィヒテの間にある差異は、フィヒテが存在論を存在論的証明の観点で考察していないという、「まさにこの事態に集約される」[39]と書き付ける（Sendschr. 174）。ヴァイセは思惟必然性の概念を、いまやこれまでとは別のやり方で定義する。それ以前この概念は、ただ単純に哲学的真理の概念にすぎなかった。ところがいまや、思惟必然的とは、その概念が存在を内に含むもの(151)、しかもただ単に判断における繫辞という意味での存在だけではなく、現実存在という意味での存在を内に含んでいるものを意味する。つまり、思惟必然的なのは、「その内で存在の必然性が思惟の必然性と出合う」ような概念なのである(154)。「必然的実在者」という定式化がいまや、それがまるで「思惟必然的なもの」と直ちに同一であるかのように用いられる(172)。したがって、論理学という学は、諸々の形式的な根本概念の学であると同時に、第一の現実存在の学、それゆえ「思惟必然的なもの」の学になる。

ヴァイセ自身、論理的な学の意味を問うときに、存在神学的思想を主張する正当性を自問している。「けれどもどうしてなのでしょうか。言葉のもともとの歴史的な意味での存在論的証明が可能だとみなすとき、すなわち、この証明の完成に至る道がヘーゲルの論理学によって拓かれたのだと考えるとき、そのことによって私は、この論理学の内容についてすべての先人たちが述べてきた見解と、明々白々たる矛盾に陥らずにすむでしょうか。シェリングが絶対的な《第一者》、純粋に合理的なもの、あるいは思惟必然的なものについて提示していた見解通りに、論理学のこの内容が単に否定的に普遍的なもの、すなわち可能的な現存在の形式の制約でしかないとすれば、……つまりこの内容が……存在可能なものでしかなく、言葉の積極的な意味での存在者では決してないのだとすれば、どうしてこの純粋に……形式的な内容が存在者の存在を証明するものに……なりうるのでしょうか」(159)。この問いに対する答えとして、ヴァイセは現実性のふたつの意義の区別を展開しているが、この区別をヴァイセは初期にもすでに前提していたとはいえ、フィヒテの異論が提起される以前には決して詳述することがなかったのである。その区別とはすなわち、論理的なものという形式的な現実存在も、本来的に積極的なものである神的な現存在という自由な現実存在も、共に現実ではあるが、神的な現実の方は純粋に合理的な方法では証明されえないということである。「これこそは、……私がシェリングと共に自由の体系と呼んでいる哲学的世界観の根本公理なのです。けれども、こうして私は、この意味での存在論的証明のあらゆる試みを決然として斥けなければならなくなりますが、それと同じく断固としてこう主張してよいことになるのです。つまり、存在論的証明の過程で当然突きとめることができる何かが、神の内には在るのだ、と。いやそればかりか、神性という概念の普遍的な基礎はこの過程においてしか突きとめられないのだ、と」(160)。ヴァイセは、「現実存在」という言葉をこのように二重にして用いる点には不都合な問題があるということを認めている。彼の考えによれば、存在者を、存在している存在者から区別するシェリングの用語法では、この不都合を軽減するのに適さない。けれども、シェリングがその際念頭に置いている事柄は、或る真理を含んでいるのであって、その真理はヴァイセにとっても最も重要なものなのである。「存在者そのもの」の現実存在は決して合理的な証明にとっての対象となる必要はない。ところが、論理的な思想規定(である「存在者」)についても、それはある、と言わざるをえない。それゆえヴァイセは、「教説の根本公理に反する見かけ上の矛盾を……避け」ようとはしないのである(173)。彼は述べている。「否定的な《第一者》もあるのです。つまり、この《第一者》は、まさにそれがあるという理由で、すなわち〈それがあるということ〉が、この〈あるということ〉それ自身の内的必然性によって規定されて現存在や現実存在にまで進んでいくという理由で、現に存在し実在することになるのです。もちろん規定といっても、私の理解しているそれは、まだまったくこの《第一者》そのものの領域に属しており、《第一者》の彼岸にある積極的なものへの移行の途上にあるわけではないのですが」(173)。「それどころか結局のところわれわれは、……神の存在の存在論的証明のただひとつの対象を……概念的理解の基礎として、あるいは論理的な意味においては神的な存在の主体としてすら、すなわち神性そのものの内の《実在する第一のもの》として承認すべく決意せざるをえなくなるでしょう。なぜなら、神性のそのほかの規定は、これに較べれば《役なるもの》としてしかありえないのですから」(174)。

ヴァイセは、論理的なものの存在は現存在として規定されるまでになる、と語っている。論理的な展開の出発点となり、初期の『形而上学』において思惟必然性という言い回しに意味を与えていた例の存在と、こうした現存在が混同されてはならないということは、すでにこの点で明らかである。論理学の全行程が存在論的論証の推論と対応しているはずだとすれば、現実存在の概念は、その場所を論理学の終局にしか見出すことができない。ところが、ヴァイセの論理学のなかには、端緒を成す繋辞としての存在の概念と、因果性と一致する現実性の概念とのほかには、現実存在と呼ぶことのできるような肯定的な意味をもった概念は決して見出されない。論理学を締めくくるのは時間の概念であって、この概念は、ヴァイセがしばしば繰り返して断言しているところによれば、数および空間の概念と相俟って論理学の鍵概念とみなされなければならないものなのである。したがって、論理学の具体的な歩みが、〈論理学はさらに現存在として規定されるまでになる〉と断言することと一致しうるのだと仮定したいのであれば、現存在という概念が数や空間や時間の概念と同一であり、あるいはせめてこれらの概念を通して解釈されなければならないのだ、ということをも受け容れざるをえないことになる。

ヴァイセは『公開書簡』のなかでこうした解釈を採る決意をしていた。「そしてこうすることによって、存在論的証明のために私が要求していた地位に関連して、先に何よりもまず答えられるべきものとしておのずと浮かび上ってきていた問いに、いまや本来初めて答えられるのです。私は現実存在の概念の意義についての問いを……神性の概念そのものにおいてではなく、……神性のうちの《第一者》において考えるのです」。「現実存在のこの概念は空間と時間そのもの、すなわち通常現実存在の形式と呼ばれているものにほかならないのです」(188)。「大胆な主張を許して頂けるなら、神の現存在に関するすべての存在論的証明の営みの背後に、その本来の真理として存在しているのは、ただこのような思想だけなのです」(189)。というのも、事象性の総体には徴表として現実存在もまた含まれているという古い命題の意味は、空間と時間とがこの総体のなかに措定されていなければならないということだからである。「そうした事象性のなかには、現実存在もまた含まれているということ、したがって、これらの事象性の総体が……実在するものとして必然的に思惟されなければならないということ、このことが言わんとするのは、それゆえ、存在論を越えた現実を存在論的に肯定するには、空間・時間概念も欠かせないということにほかなりません」(189)。

ところがヴァイセは、空間と時間を論理学の契機として演繹することに失敗したことを、同時に認めてもいた。したがって、論理学の歩み全体に存在を認める権限があるとしても、まさにこの歩み全体が空間と時間の概念に帰着するということに懸っているのであってみれば、こうした権限は根拠づけられないことになる。けれども、論理学の歩みは空間と時間の概念に行き着くはずだ——J・G・フィヒテが自分の講義の進行について抱いていたのと同じ確信を、ヴァイセはこの点に関して抱いているのだが——と、それでもなお仮定するとしても、このようなヴァイセの理念に対しては、依然としてまだ或る疑念がつきまとうのである。しかもこの疑念は、純粋に彼のこの理念そのものを疑問に付すがゆえに、この理念は証明されていないではないかという異論に較べれば、より重大なのである。その疑念とはつまり以下のようになる。空間と時間に適用される現実存在の概念は、論理学の歩みのなかで根拠づけられているのではなくて、空間と時間という現象から読み取られている。この概念はいかなる概念でも決してなく、表象にすぎない。われわれの空間についての意識の内に、空間が現実的な何かだという確信が含まれているということは、なるほど本当である。事実われわれは空間を、現実的な現実存在のむきだしの形式だと考えたりもする。けれども、こうした確信が、まったくもって観念的でしかない幾何学的な秩序にもあてはまるような、空間についての単なる思想から生じたかもしれないではないかという点については、決して決着をみてはいない。空間概念を論理的に構成することに成功した場合でさえも、空間概念はこの概念という資格で現実存在の実在する形式であるという主張は、単なる断言にとどまるはずである。ヴァイセが、彼自身ヘーゲルに劣らず強い調子で掲げているような、論理的構成に基づく証明という要求を満足させようというのであれば、彼は空間と現実存在という規定を、最初はそれぞれ独立に展開し、その後に、一方が他方の契機であるということを示さなければならないはずである。ところがヴァイセは、空間は実在する形式だ、と直截に主張している。絶対知の連関の内に入ってさえいるなら、確実な明証性というものはまるで論理的な根拠づけなど必要としない、とでも言わんばかりである。

してみると、ヴァイセが自分の論理学を存在神学の伝統のなかに組み入れるために行なっている論議も、空疎な断言でしかないことになる。というのも、存在論的証明について語ることができるのは、概念から現実存在への移行がなされるときだけだからである。ヴァイセと共に思惟必然性の思想を解明する人は、ただ比喩や類比にだけかかずらい、存在論的証明を、この証明の推論形式に唯一ふさわしい次元の彼方で、取り扱うことになる。

ヴァイセの体系にこのような類比だけで我慢するよう求めるとしたら、この体系はこれ以上の整合性をうることはなかったであろう。ところが、論理学を絶対的な《第一者》として展開するのであるからには、ヴァイセは、論理学のなかで繰り広げられる連関に現実存在を認めざるをえなくなる。彼は論理学全体にわたって概念と現存在の連関を探究しなければならないのである。というのも彼は、論理学を予めすでに、思惟必然的なものの体系として定義していたからである。

しかし、現実存在の概念を、論理学それ自身のなかで求められている形式で論じ、それを空間概念から奪還するということによって、ヴァイセの欠陥が除去されることができるなどと期待することもできない。彼の体系構想の根本がこうした試みを妨げている。すなわち、こうした試みを行なったとしても、思惟必然的なものを現実的な存在と媒介するまでには至らないであろう。ヴァイセが論理学における現実存在のどんな演繹をしているにせよ、その演繹は、彼自身がこの学の回りにめぐらせている括弧――つまり〈論理学は現存在そのものについての学ではない〉という括弧――のなかにあるはずなのである。したがって、ヴァイセが論理学において行なっているこの演繹には、彼自身が採用していた論理的異論が、まさに的中することになろう。単なる形式でしかないという論理学の特質は、論理学それ自身から、ただしその末尾で初めて明らかになる。しかも空間と時間の形式構造との関連で明らかになるのだが、いかなる意味で全体があるのかということもまたそれと同じように、これら〔空間と時間〕の形式の存在様式から、最後になって初めて判明になりうるのである。論理学の概念はすでに初めから現実の否定態として規定されている。このように現実と対置されている限りでしか論理学はあるがままに定義されることはできない。つまりその場合にのみ、すべての現実的なものの形式的で思惟必然的な諸制約の学として定義されうるのである。それでもなお論理学の体系は実在すると言われる。だとすれば、論理学の反対物としての現実存在と論理学の存在様式としての現実存在という、この二重の現実存在の概念を根拠づけることこそが、論理学それ自身の課題だということになるはずである。しかし、定義上論理学が現実存在に対置されている以上、この二重の現実存在の概念が論理学のなかで論議されることはできない。だからして、ヴァイセが哲学的諸学の連関のなかでの論理学の位置について語る一切は、単なる主張や要請にとどまるし、したがって理性と神における自由の相関関係についての彼の理論もまた、主張もしくは要請の域を脱していないわけである。

こうして、ヴァイセの諸々の試みを突き動かしているジレンマが明白になった。すなわち、彼には存在神学的な思想を断念することも、これを根拠づけることもできないのである。哲学の根本問題に捧げられた諸著作のなかで、彼がプログラムや説明の域を脱け切れなかったのは決して偶然ではない。また、整合的な哲学的構成の才能という点で欠陥があるといってヴァイセを咎めることもできない。これについてなら、美学と神学における彼の業績を見ればよい。ヘーゲルによって規定されていながら、ヘーゲルと噛み合わなくなった状況のなかでヴァイセがあの根本問題を提起しているやり方が、彼をアポリアに陥らせたのである。彼には、ヘーゲルの論理学の方法を捨てて、諸原理の妥当性を主観性との、あるいは事実的な学問との相関関係においてだけ規定するという〔新カント主義の先駆となる〕用意もなかったし、〔ヘーゲルにならって〕諸原理の弁証法的な連関を絶対的なものそのものとして、つまり神の本質として承認するつもりもなかった。体系構想上の諸問題の布置のゆえに彼が立ち至ることになった諸々の矛盾は、ヘーゲルとカント主義との間のこの二者択一の内にはどのような整合的な媒介も存在しないのだという想いをわれわれに抱かせる。

ヴァイセが存在神学的な思想を持ち続けることができたのは、自らが先駆者として新カント主義に至る道を採りながら、この道を最後まで辿らなかったからにほかならない。新カント主義の哲学運動はただ部分的にカント哲学を蘇生させただけである。リープマンの「カントに帰れ」という標語がこの運動にふさわしい表現だと考えるのなら、この運動を正しく理解していることにはならない。この運動は、ヘーゲル以後の哲学の諸問題によって広範囲に規定されているし、むしろヘーゲル以後の哲学のなかで首尾一貫した立場に到達しようとする試みだと言える。この運動はヘーゲルと共にカテゴリーの客観性に固執し、主観の自発性に基づく思惟の根本概念の産出というカントの教説を斥ける。ところがこの運動は、やはりこれら根本概念を、〈それらは主観性と現実とに関係づけられている〉と定義し、したがってヴァイセ同様妥当性として捉えたのである。しかしながら、カテゴリーがそれ自身によって規定されるのではなく、他のもの（現実）との関係においてしか規定されないのだとすれば、概念から現存在への移行について、したがって存在論的論証について語ることには何の意味もない。ところが、妥当性の概念を導入したヴァイセは、存在神学を放棄することができなかったし、そうしようとさえしなかったのである。彼は、存在神学を自らの思想の中心に据えた人々のうちの、最後の人物である。存在神学のせいで彼が背負い込んでしまった諸々の矛盾が、体系的な意味においても彼が最後の人物であることを示している。ヴァイセからふたつの道が発している。すなわちヘーゲルとシェリングへと立ち帰る道か、それともヴァイセ以後七十年もの間アカデミズムの哲学を支配してきた原理論へと突き進む道かである。現代哲学は、新カント主義にもまして、ヘーゲルへと立ち帰る道を辿る気などありはしない。存在神学の根底にある体系的な思想は、したがって、今後もまた過去のことに属することになろう。この思想は、近世の思惟におけるその終焉を、クリスチャン・ヘルマン・ヴァイセに見出したのである。

結び　現代における存在神学の問題

神の存在の存在論的証明は、もはやそれ以上問うことのできない根源的な確実性を求める哲学思想が採用してきた諸形式のうちのひとつである。デカルトにおけるその発端から思弁的観念論の末期に位置するその終焉までの、この証明の近世の歴史を考察してきたが、その後でもなお、以下のようなもっと大きな連関のなかで、この証明の位置が規定されなければならない。

どの形態のものであれ、神の存在の存在論的証明が可能であるとすれば、それは、この証明を含んでいる体系的な哲学が以下の三つの条件を充たしている場合だけである。

(1) 体系的な哲学は、厳密な意味での原理という思想を、すでに捉えているのでなければならない。すなわち、存在しているものと思惟されうるものとの一切の、第一の根拠を問わなければならない。そしてこの根拠は単に根拠づけられるもののためにのみ存在するのであってはならず、根拠としての自分自身によって自分を規定するのでなくてはならない。ということはつまり、神が原理である場合しか、或る原理の本質概念の内にこの原理の現存在の根拠を求めることに意味をもたせることはできないということである。現存在を欠いては思惟されることのできない至高者は、有限なもの一切にとっての範型的な存在者(ギリシア人たちにとっての神的なもの)や、あるいは世界における一切の変化の第一動者(アリストテレス的な神)と区別されなければならない。それは本来無制約者という性格をもっている。したがってそれは、他のものによって「存在する」のでも、他のもののために「存在する」のでもない「存在そのもの」として理解されることもできる。絶対的なものというこの思想は古代末期の哲学において初めて見出されたが、この哲学は単にギリシア的な思想界によってばかりではなくて、同じようにユダヤ的な思想界やグノーシス的なそれによっても制約されていた。近世哲学においてこの思想に対応するのは、認識の第一原則という概念（フィヒテ）、あるいは精神という概念（ヘーゲル）である。こうした概念も、それ自身によって、それが現にあるがままのものであったり、また同時に、思惟可能なものの全体を措定したり、もしくは含んだりしているのである。

(2) 存在神学は存在論的差異という思想を前提している。本質（本質存在 Wassein）と現存在（事実存在 Daßsein）、原理と事実との間の区別がまだ問題になっていない場合には、或る特定の存在者の概念の内での両者の媒介を問うことにはどのような意味もない。存在論的差異は存在神学的証明のなかでたしかに止揚されはする。しかし、まさに止揚されるための条件として、存在論的差異が止揚に先立って問題にされていなければならない。ギリシア哲学は、或るものが存在するという事実が一体何を意味しているのかという問いを、決して立てなかった。ギリシア哲学の言葉には、純粋な事実存在を指し示すどのような語もみられない。われわれにしても、現実存在や偶然的なものについて語る場合、中世初期のラテンの用語を利用しているのである。

(3) 存在神学というものは、現存在とのまさにその差異が問われている本質が絶対的に規定されたものと考えられている場合しか、展開されることはできない。したがって、存在神学は純粋形相（Eidos）という概念を前提する。この形相は——例えば、主観に対してなされる妥当性の要求として（新カント主義）であれ、主観がそれによって自らに対象を生み出すような思惟そのものの機能として（カント）であれ、あるいは合目的的な機能に従って秩序づけられた思惟そのものの機能として（ヒューム）であれ――思惟する主観との関係によって定義されてはならない。ヘーゲル、シェリング、そしてヴァイセにとってそうであるように、あらゆる存在神学にとっても、純粋思想の内容は〈これらの思想が思惟されているということ〉に依存しないのだということが自明でなければならない。すべての存在神学はこの意味ではプラトン主義である。けれどもその立場を、カトリックの文献上「存在論主義」[三五]と呼ばれているものと混同してはならない。存在論主義とは、主観的な思惟と諸々の純粋な存在規定との徹底した平行関係を説くものであって、この説はヘーゲルによってすらまったく受け容れられなかったはずのものなのである。

アウグスティヌスの哲学において初めて以上の三つの条件のすべてが充たされる。ところがアウグスティヌス自身は、あまりに深く古代の伝統に結びつき、それと直接対立しながら思惟しているために、新しい原理をまだ純粋な形で言い表わすことができなかった。それを言い表わすことができた最初の人物こそ、彼の偉大な弟子アンセルムスだったのである。[40]

以上の三つの基準に基づけば、なぜ或る哲学の内に存在神学的な思想が見出せないのかという問いに、いまやそのつど〔個々の哲学を吟味する際に〕答えることができる。ギリシアの思惟においては第三の前提しか充たされてはいない。これとは反対に、この第三の前提は、ヘーゲル以後の哲学がもはや容認することのない唯一の前提である。究極的なものの問題〔第一の前提〕はヘーゲル以後の哲学にとって、いくらこの哲学がそうではないのだと信じ込ませようとしているとしても、依然として決定的なものであった。そして存在論的差異〔第二の前提〕はまさしくごく最近になって、最も多く論じられ最も根底的に考え抜かれている問いのうちに加えられるようになったのである。けれども、それ自身で規定される形相（Eidos）という思想〔第三の前提〕は、ヘーゲル学派の終焉以後は捨て去られてしまい、それ以後二度と息を吹き返すことはなかった。

このことは、カントによって根拠づけられた伝統に従ったり、あるいはヒュームの実証主義をさらに先へと展開したりするすべての哲学にとっては、自明のことである。カントの成果は、存在神学に対する彼の批判の成果も含めて、カテゴリーの主観化にあった。新カント主義の妥当性の哲学、例えば価値（リッケルト）や起源（コーエン）の哲学は、純粋思想が明確に規定された概念であることを現実――純粋思想において思惟されたり（リッケルト）、あるいは純粋思想によって措定されたり（コーエン）しなければならないような現実――との関係においてしか認めない限りで、カントに一致するのである。妥当するものや、原理であるものは、思惟する主観にとって、あるいは経験的な学問にとって妥当するのであって、この関係の外部では何ものでもない。新カント主義の哲学にしてみれば、存在神学的思想は、観念論的な形態をとりながらも〔主観との〕相関関係の外部で絶対的なものを無批判に実体化するものなのである。

新カント主義は、一八六〇年から一九二〇年までの時代を支配してきた。それは、存在神学を再び呼び起こすこともなく、過去のものとなってしまった。現代哲学は、ヘーゲルにますます接近しつつあることを、たしかに自覚してはいる。しかしそれなのに現代哲学は存在神学的思想の条件を充たしてはいない。今日存在論と呼ばれているものは、かつてこの名を担っていた《第一哲学》から区別されるが、それはわけても次のような確信――もとよりこれだけによるわけではないにしても――によっている。つまり、存在の意味への問いは人間の存在への問いと同時にしか答えることができない、という確信である。純粋思想は今日、記述だけを正しいものと認めようとする穏健な懐疑によって脇へ追いやられているか（人間学）、それともこの思想の諸前提に遡ってその守備範囲を越えた過重な質問を受けているか（ハイデガー）、そのどちらかであるように思われる。どちらもフッサールの現象学的哲学を継承している。というのも、すでにフッサールにあって存在概念は指示構造に、すなわちまず第一に生起〔意味の発生〕であり、派生的な諸形態において初めて意味作用となり、そして人間の主観性が自らの内で概念的に理解するような指示構造になったからである。いつであれ、或るものが「〔で〕ある」と語るとき、われわれが何を考えているのかが問われるとすれば、フッサールに従うにしても、もはや「カテゴリー」のことを、すなわち「存在」という純粋形相（Eidos）のことを考えていると言って答えることはできない。ところがそれによって、存在神学的思想もまた忘れ去られてしまうのである。(41)

これまでの思惟の歴史がわれわれに課してきた諸問題を正しく評価しようとするにしても、われわれは、形而上学的存在神学が神概念の内で考えていた本質と現存在の無差別性を、これまでとは別のやり方で再び捉えるべく努めなければならない。とはいえ、この無差別性を洞察するための定式が、神の存在の存在論的証明のそれでなければならないというわけではない。

いったいにこの無差別性という前提を欠けばそれ自身では理解されえないような一連の現象がある。例えば、「自我」という思想においては、意味統一〔〈を与える〉ほかならぬ「自我性」〔という意味統一〕〕と〔自我の〕現存在とが常に同時に思惟されている。というのも、自我性という思想を遂行しうるのは常にただ、自分自身を、したがって自らの現存在をも意識する、或る個別的な自我だけだからである。しかし、この現存在はまだ「自我という概念の内に含まれて」いるわけでも、したがってまた存在神学的に演繹されているわけでもない。善という思想においても、われわれの行為を導くものであるという、善の要求の現実性が常に同時に表明されている。この思想を明晰に思惟している人にとっては、この思想こそが、われわれの行為を導く善という要求が決して幻影ではないということを、同時に保証しているわけである。ところがこのことは、現存在を「《必然的存在者》」という思想から導出するのと同じやり方では、善という概念から決して導出されることはできないのである。してみると、存在神学の終焉という事態こそが、存在神学それ自身が哲学的思惟の長い時代を通じてそれに対して最も人を納得させるに足る答えを与え続けてきた諸々の問題を、存続させているのである。

すべての存在神学が、それ自身是非とも正当化を必要とする、先に述べた三つの前提をもつということは認められてしかるべきであろう。これらの前提のうちのどれかひとつしか受け容れられていなかったり、あるいは本質と現存在との無差別が考えられているのに、すべての存在神学に特徴的な布置が成立していなかったりするときには、存在論的証明に向かう痕跡や傾向をいくら探したとしても、結果はただ曖昧模糊としたものになるだけである。

純粋思想の本質や、この思想の果たしうる力への問いが消え失せてしまわない限り、存在神学は哲学の問題であることをやめたりはしないであろう。純粋思想を拒む可能性を、現代は、近世の存在神学の歴史をも含んでいるあの時代よりも、もっと明確に意識するようになってきた。だが、純粋思想の限界についての知を、思惟に外部から強制的に押しつけることなど決してできはしない。思惟は自分で自分を遂行しなければならないのである。唯一思惟にふさわしいこの方法で、思惟は、自分がたしかにこの限界を乗り越えているのか、それともその手前で終わっているのかどうかということを経験することになる。デカルトからカントへ、そしてさらにヘーゲルへと至る展開の成果であったあの二者択一から簡単に脱け出ることは、今日でも哲学には禁じられている。多分、これまではこの二者択一のなかで決定を見ることも、これをもっと大きな全体のなかに完全に包含させることもできなかったのであろう。であれば、哲学は今後もこの二者択一のなかで動かざるをえないであろう。

原註

序文

1 カール・バルト（一九三一年の著作〔巻末「参考文献目録」参照。以下同様。〕）、カール・ヤスパース（一九五七年の著作）、およびヴォルフラム・v・シュタイネン（一九二六年の著作）を参照。

2 ベーリングの三〇頁〔「引用文献目録」参照〕（本書一六九―一七〇頁を見よ）、クラークの二八頁（本書一三二―一三三頁を見よ）、（ディロフの一〇五頁にはこうある――「一度掛かったらなかなか取れない釣鉤のように、敵対者さえも摑えて離さない何かがこの証明には具わっている」）。

3 こうした批判者たちのなかには、ボイムカー、バウムガルトナー、エッサーおよびジルソンが含まれる。存在論的論証の弁明者として、ディロフは、この論証の中世の歴史を、見通しのきく形で叙述した。ダニエルスは重要な文献目録を提供してくれている。

4 最近の存在神学に関する文献のなかで挙げられなければならないのは、コティエ（トマス主義者）、フランケ（カント主義者）、そして特にルンツェ（プロテスタント神学者）である。ルンツェは、デカルトからドイツ観念論に至る時代の、神の存在の存在論的証明に関して、これまでのところ唯一包括的な叙述をものしている。これはもちろん解釈というよりもむしろ、神智学的と呼ぶことのできるルンツェ自身の立場からみて、この時代を思弁的に評価したものである。ルンツェはカール・バルトと同じように、存在論的証明は形式的には筋の通らぬものだということを確信していた（ルンツェの著書、一六五―一六六頁参照）。一八五〇年以降の時代の、この証明の信奉者と敵対者については、シュルテとシュタープの報告がある。ドイツ観念論の存在神学の終焉以後は、過去の根拠および反対根拠が復誦されてきたにすぎない。この証明は、体系的な哲学の内に、もはやいかなる位置も占めることがなかったのである。

研究史として一般に留意されるべきなのは、それが次の三つの局面で行なわれたということである。第一に、すでに十八世紀、特にヴォルフ学派において、存在論的論証の前史についての指摘と、文献便覧とが存在していた（例えば、ライプニッツ、ファブリキウス、グンナー、ヴァルヒ）。第二に、最初の歴史的叙述は思弁的観念論との連関において成立した。ヘーゲルやシェリングやヴァイセのほかに、ダウプ、フォルトラーゲ、ローゼンクランツ、そしてザイデルの名を挙げることができる。第三に、前世紀の中頃に、トマス主義的な論駁と存在論的証明の擁護との間のあの対立が生じ、そしてこの対立は根本において今日に至るまで依然として同じように続いている。この時代のものとしては、ハッセとヴァルテ、とりわけシュテックルの研究がある。今日バルトやヤスパースやシュタイネンやシュプリンガーに見られるアンセルムスの証明の解釈には、すでに神智学的解釈（ルンツェ）と心理学的解釈（アードルホッホ、およびその他多数）が先行していたのである。

5　フェヌロンは自分の存在論的証明を、神への感謝の念あふれた賛辞で締め括っている。

6　特にジルソンとコイレの研究。

7　Bernhard von Clairvaux, De diligendo Deo 7.

第Ｉ部

1　「神の存在の存在論的証明」という名称は、ずっと以前から外国でも普及していた。カント以前には、この証明はフランスでは「形而上学的証明」と呼ばれ、ドイツでは「デカルト的証明」ないし「アプリオリな証明」と呼ばれた。カントも最初はこの証明をデカルト的証明と名付けていた（Nov. dil. b., emBg. III, 2）。「存在論」という呼称がヴォルフに遡るということ、またカントがこの証明を――われわれがそのなかで「物一般の概念と共に」、そして経験なしに、前提されている神の現存在を認識するがゆえに――存在論的証明と名付けているということも、周知のところである。「存在神学」という用語も同じくカントに由来する（4647, 6214, S. 500; Pölitz Rel. 36ff.）。この用語は、『純粋理性批判』では何の役割も演じないため、用いられるまでには至っていない。ヴァイセはこの用語を一度使用しているが、しかし彼はこの用語を明らかに新しく作ったのである。次いでハイデガーがようやく再び形而上学の存在―神学的な二重の本質を、なるほど存在論的証明を包括しはするが、しかしこの証明からは導出されない意味において語っている。

2　十三、十四世紀のスコラ学においてこの証明を拒んだのは、トマス主義者たちだけである（ダニエルス、ディロフ参照）。ライプニッツの指摘はバロック期のスコラ学にしか該当しない（シュタイネン参照）。

3　常に『ロマ書』第一章第十八節に関連してそう言われるのである。

4　ニンク、一三〇頁以下、ジルソン『中世哲学の精神』第三章の終わり、参照。すでに挙げた人々のほかに、カトリックの哲学者たち、ガリグ・ラグランジュ、マルク・ポンティフェ、フランツ・ザヴィッキが批判者たちのなかに含まれる。彼らの神認識に関する書物は広く流布している。トマス主義的な批判はグレットやマンサーといった人々の辞典のうちにももちろん見出されるが、クノー・フィッシャーやラシェーズ・レイも論理的異論を提示している。

5　ここで論議されている異論の形式は、トマス・アクィナスの考えからすればアンセルムスの論駁と、認識の起源および《存在の類比》についての教説との間にある連関を顧慮していない以上、トマス・アクィナスにはそぐわないものだということが認められなければならない（オール・ハーランはこのテーマに関して啓発的な研究を著していた）。とはいえ、トマスの論駁はそれにもかかわらず、この異論に終始しており、この形式で歴史的に影響を及ぼしたのである。この異論がそれ自体根拠のないものだとすれば、それはまたトマス主義的な哲学の連関の中に置いてみることによっても救うことはできない。

6 最も完全なものという概念はそれ自体で明晰判明であるわけではない。しかしそれは必然的なものという概念の助けを借りて判明にすることができる（本書二三頁参照）。

7 Vgl. Runze S. 33.

8 本書二六頁以下参照。

9 こうした連関にはラシェーズ・レイが注意しただけである（S. 206 ff.）。

10 反意味というのは、矛盾とは違って、総合的なアプリオリ性の反対である。フッサールは、その「批判的」思想史において（Husserliana Band VII, 1956）、デカルトやヒュームが後代の人たちとは違い、このより広い「現象学的な」アプリオリ概念を所持していることを示そうとした。

11 クノー・フィッシャーのテーゼは、彼の『近世哲学史』第一巻第二部第四章の「神の存在の存在論的証明の基礎としての人間学的証明」という節に見出される。それはデカルトにおけるふたつの証明の連関に関する一般的見解を代表している。ディロフ九三頁、グラトリー第一巻二八二頁以下参照。

12 ゲルーの見解によれば、第二の証明は神の現存在の証明ではなく、神の自存性の証明である（Desc. selon l'ordre des raisons, I 372）。

13 近世の哲学者たちはすべて《存在の類比》の原理を何ら使用しない点で共通している。

14 Vgl. Koyré, Descartes und die Scholastik, Bonn 1923, S. 149.「たしかにトマスの立場を維持するのは困難である。——けっきょくのところ、彼は神の現実存在が《おのずから知られる》ということをどこから知ろうというのであろうか。そのうえ、或る命題がそれ自体で明証的だということを明証性をもって知るためには、その命題を明証的に認識できているのでなければならないのではないだろうか」。

15 一六四二年のラテン語版では、この箇所の神は「《最高の存在者》」と記されている。デカルトによって認可された一六四七年の仏語訳は、神について「その概念のうちにのみ必然的で永遠の現実存在が含まれている」ような「最高で完全な存在」という言い方をしているのだから、このテキストを変更したことになる（Vgl. Adam, Bd. IX, S. 55, Origi. S. 83.）。仏訳者は明らかにテキストの見なれない定式をデカルトの教説に適応させたのであって、そのためにデカルトの同意をとりつけたのである（以上の観察は卒業年次学生コンラッド・クラマー君に負う）。

16 その際、現存在がそもそも或る存在者の本質規定でありうるということ、そしてそれはその存在者の唯一の本質規定でありうるということが前提されていなければならない。この場合には、「存在がある」という命題は、たしかに同語反復的に明白だということになろう。

17 これは、神は「《学問》」（プラトン的弁証法）の主体であるというアウグスティヌスの教説の、より一層首尾一貫した形態である。

18 デカルトの objektiv は、われわれの哲学用語における subjektiv〔主観的〕と同じものを、したがってもっぱら obicit〔前方に投げる、表象する〕を意味する〔このため、本訳書ではデカルトの objektiv を「客観的」ではなく、「想念的」と訳した――訳者〕。

19 formal な真理は本質《形相《フォルマ》》そのものの構造を含む。この意味での formal〔形相的〕と wahr〔真理の〕は、「思惟の Form〔形式〕」とは何の関係もない。

20 ラシェーズ・レイの仕事の意図は、スピノザのこの客観主義をデカルトの証明から区別することである。

21 定理五。これには四つの方法論的定理が先行する。

22 第二反論に対する答弁の附録。

23 Vgl. WW. Bd. I, hrsg. K. Gebhardt, S. 23.

24 《知解を求める信仰》にとって、信仰の諸真理は、理性が正しい問いを立て、同時にこの問いが答えを見出すようになるという自信をつかむようにさせる教示である。もっとも、デカルト主義はこのような「キリスト教哲学」の思想を放棄した。その方法的原理が、この思想と調和することができなかったのである。残されたのは、知の確実性を保障し、そこにおいて知がひとつの全体となる神の現存在から知を始めることであった。

25 この制限は、存在論的証明に対して加えられるものではないので、トマスの異論と同じではない。

26 ドゥンス・スコトゥス自身が存在論的証明を承認していたかどうか、承認していたとすればどのような形で承認していたのかという問題は、今なお論争の余地を残している。Vgl. Bettoni, Borgmann, Daniels, Epping, v. d. Steinen.

27 カントによって有名になった百ターレルの例――実際これを考えついたのはベーリングだったのだが――には、してみると、すでに十七世紀のイギリスに先駆者がいたことになる。誰がふたつの金塊のイメージを最初に用いたのか、私には確定することができなかった。本書第一部原註、84参照。

28 この複数形は、ライプニッツ＝ヴォルフ学派の様々な教科書の構造の中の相違をも明らかにしてくれる。この相違については、後で取り扱われる。

29 Vgl. Theod. §§ 184ff., Nouv. Ess. IV 11, §1.

30 この証明は、明らかに、カントの『唯一可能な証明根拠』の推論形式の範型であった。しかしカントの証明とこの証明とを混同してはならない。ライプニッツが考えているのは、すべてのアプリオリな真理は、その妥当性を保証してくれる現実的主体を前提しているということである。これに対して、カントが証明しようとしているのは、もしもわれわれがそれに関して発言できる現実的な諸物の第一根拠が存在しないとしたならば、すべての命題（アプリオリであろうとアポステリオリであろうと）は、いかなる対象ももたないものとなるであろう、ということである。ライプニッツは、神の中に形式的なものの根拠を探り、カントは物の可能性についての命題の中に、実質的なものの根拠を探ったのである。

31 Vgl. Hannequin 1896.

32 本書第一部原註10参照。

33 最も完全な存在者の概念は決して可能な概念ではないという反論は、この定義によって答えられている。

34 本書、一一四頁以下参照。

35 ライプニッツによれば、或る存在者が現実的に存在しないのは、ただ、この存在者の本質からしてその存在者に属しているはずの現実存在が、妨げられている場合だけである。それゆえ現実存在は、それ自身本質規定である。

36 ライプニッツにとって、本質と力はまったく同じものである。私の論文、Über die Einheit der Subjektivität, Phil. Rundsch. III 1955, S. 34. 参照。

37 カントもまた、有限なものの現実存在が無限な存在者(第一の原因あるいは必然的原因)の非存在と矛盾なく結びつけられうるのは、有限なものが「単なる現象」にすぎない場合だけだ、という意見をもっている。

38 『神・世界・人間の魂についての理性的思想』(ドイツ語での形而上学)には、それゆえ、存在論的証明は見出せない。

39 宇宙論的証明の証明力は、〈宇宙論的系列が有限な数の項を含む系列である〉という前提に結びつけられてはいないというのが、ライプニッツの意見であった。無限な系列であっても、《自己による存在者》のうちに根拠を必要とする、というのである。

40 《必然的存在者》の神学の展開の歩みの中では、結局のところ、こうした考察を行なうことはやはり必要であろう。なぜなら、世界や人間の魂を神とみなしたり、それらを必然的存在者と混同したりするということは排除されなければならないからである(Vgl. Vern. Ged. §§ 939ff.)。

41 ヴォルフにとっては、どんな《一致》もすべて完全性であるが、バウムガルテンにとっては、諸々の事象性の《一致》だけが完全性なのである。それゆえバウムガルテンにおいて初めて、《最も完全な存在者》というヴォルフの概念が《事象性の総体》という概念へと変化したのである(さらにグンナーを参照せよ)。

42 第一の存在論的証明の神概念、すなわちヴォルフのアプリオリな神学(『自然神学』第二巻)の証明の神概念のこと。

43 道徳的なものの原理への問いが同じ時期に再び顕在的になった。イギリスの道徳哲学の影響がヴォルフ的主知主義を動揺させたのである。クルージウスは、善を意志からではなく、理性から導出することに反対した。〈道徳感〉の哲学者たちの数多くの翻訳、とくにハチスンのそれが出版された(私の論文、Hutcheson und Kant, Kantstudien 1957—58, S. 49—69. 参照)。アカデミーは形而上学が神の存在証明の批判と倫理学の自立化とによって、同じように危険にさらされていると考えたのである。

44 本書、八七頁を参照せよ。

45 エーベルハルトは、バウムガルテンと共に必然的なものの概念を存在論的論証から導出すると同時に、ヴォルフと共に「必然的現存在」という事象性を存在論的神概念の下に包摂しようとしている。

46 IV 1792, S. 477ff.

47 z. B. Stattler, S. J., Philosophia Bd. V, §54ff.

48 第一版は一七六九年。私の手元には、第六版（一七八九年）がある。§59, 3.

49 1. Bd. 1. Aufl. 1776, §739.

50 Anlage zur Architektonik…, Riga 1771, III, §30.

51 S. 596.

52 §26, 2 und 3.

53 《事象性の総体》は決して思惟されえないのだという異論は、歴史的にも問題そのものからみてもさほど重要ではない。本書七五―七六頁及び第一部原註91、ルンツェ、七一頁を参照。

54 本書、二六二―二六三頁参照。

55 《自己による存在》、《純粋現実態》。

56 レルミニエの諸論文が初めて出版されたのは、たしかに十八世紀の初めである。しかし、彼の批判の形式、また彼の最も大きな影響もなお十七世紀のものである。Vgl. Hauréau, Histoire littéraire du Maine, 2. Aufl. Bd. 7, Paris 1874, S. 239ff.

57 以下の章では、先述したことからすでに周知のものとなっている思想と論証とが幾度か繰り返されることになる（たとえ変更された形式においてであるにしろ）。というのも、批判者たちの論文はほとんど知られていないし、それらを手に入れるのは残念ながら困難だからである。したがって、ここでは単なる叙述を課題とするという点まで譲歩せざるをえない。

58 「それ自身によって知られる」(per se notum) は、「一見して明白な」を意味することはできない。「それ自身によって明らかな」の反対は、むしろアポステリオリな認識でなければならないし、したがって直接的に明証的なものも、概念から推論されたものも、それ自身によって明らかである。

59 「現実存在」の概念を思惟しようとする近代の諸々の試みは、この研究では、ライプニッツ、ヴォルフ、ヘーゲルおよびシェリングに関連して論評される。卓越した意義をもつもっと広汎な試みは、つい最近パウル・ナトルプの『哲学的体系構制』（ハンブルク、一九五八年）のなかでようやく知られるようになった。本書第三部原註、22参照。

60 Vgl. Dyroff S. 108.

61 パーカーがトマスに対してかたくなな態度をとっているのは、哲学的な議論において時代遅れだと思われないためだけではないのかと忖度される。カテルスはトマス主義者であったし、デカルトはその彼にすでに反論を書いていた。そしてガッサンディはその間に新たな異論を提示していた。パーカーにとってまず心に浮かんだのは、自分が彼らの根拠をすでに知っていたのだということ、そして自分の批判がトマス的な批判の反復以上のものであるということを知らしめることであった。
62 サミュエル・ウェーレンフェルス。神学教授。一六五七年生まれ、一七四〇年バーゼルにて死亡。
63 objektiv〔想念的〕はウェーレンフェルスにおいては、表象における対象にすぎないものを意味しており、したがって現実的に存在するものを直ちに意味するわけではない。
64 Aの立場からする存在論的証明の最も詳細な最近の批判はフランツ・ブレンターノを嚆矢とする(Vom Dasein Gottes, S. 19ff.)。ブレンターノも証明を概念の区別づけによって解決しようとする。彼の諸々の議論はウェーレンフェルスやブリヨンのものであるが(本書一四二—一四四頁を見よ)、彼らの著作をブレンターノは知らなかった。内容的な点で彼らの著作に関して語られうることは、したがってブレンターノに対しても妥当する。ついでに言えば、彼の機知に富んだ論議は読まれてしかるべきものである。
65 この現—存在は、P・ナトルプによれば(本書第三部原註22を見よ)哲学の第一原理であり、すべての思想の統一根拠である。
66 「ヤコブの『メンデルスゾーンの『朝の時間』の吟味』へのカントの論評」。S. LIII〔『カント全集』第十六巻(理想社)〕
67 イサック・ジャクロ。シャンパーニュのヴァニイで一六四七年に生まれ、一七〇六年ベルリンで死去。ジャクロはプロシアの首都のフランス教区で説教者をしていた。彼は『神の現実存在に関する研究』(ハーグ、一七九七年)という自然の目的論に関するかなり大部の作品を著した。フィリップ著『神学史からみた啓蒙の生成』(ゲッティンゲン、一九五七年)参照。Jacquelotという綴り方は、その時代にも用いられてはいたが、信憑性に乏しい。
68 恐らくこれはピエール・ジャック・ブリヨンであろう。彼はラ・ブリュイエールの『人さまざま』を弁護した著者として名を成していた法律家である(一六七一年パリに生まれ、一七三六年パリで没す)。
69 ブリヨンは他の論文のなかでも、「最も完全な存在者は実在する」という命題は仮言的なものでしかないという彼の見解を根拠づけていた。この論文は一七〇一年の『学芸新聞』一月の第二号にある。第四号でラ・モントルが彼に答えた。
70 話題になっているのは、サン・ドニ出身のベネディクト会修道士フランソワ・ラミ(一六三六—一七一一年)である。
71 本書七五頁以下参照。
72 ピエール・デ・メゾー。著述家。ベイルの〔哲学〕辞典の協力者であり、ロックの信奉者。一六六六年オーベルニュ生まれ。この時期ロンドンで生活していた。そこで一七四五年死去。恐らく「イギリス人の手紙」も彼の影響圏からでているのであろう。
73 ジャクロはここではモアにしたがっている。本書五四—五五頁参照。
74 『出エジプト記』第三章第一四節。
75 「引用文献目録」参照。
76 ヨハン・ローレンツ・モスハイム。一六九四年リューベック生まれ。ゲッティンゲンの神学教授。一七五五年没。

77 ナトルプについての本書第三部原註22を参照せよ。

78 アンドレアス・リューディガー。医者。一六七三年、ロホリッツ生まれ。一七三一年、ライプチッヒで死去。

79 Vgl. H. Heimsoeth, Metaphisik und Kritik bei Chr. A. Crusius, jetzt in:Studien zur Philosophie Immanuel Kants, Kantstudien Ergänzungshefte 71, 1956, S. 125ff. und vom Vf., Über die Einheit der Subjektivität, Phil. Rdsch. 1955, S. 35ff.

80 同じ考えは、モアとカドワースにもみられるし、そこでは、それが第二の存在論的論証の根拠づけのために役立っている。すなわち「神が可能であるならば、神は現実的に存在する」というのである。

81 ヨハン・ベーリング、マールブルクの哲学教授。一七四八―一八二五年。したがって、その著作の公刊の年にはベーリングは三二歳であった。Vgl. Memoria Joannis Beringii, von C. F. Chr. Wagner, Progr. Marburg 1825.

82 もちろん、ベーリングはこの論争を部分的に知っていたにすぎない。われわれはそれを以下のような方法で推論することができる。彼は、存在論的論証の敵対者の一人として、多くの人に読まれた『精選文庫』の編纂者でありロックの翻訳者であるル・クレールをしばしば引用している。（ル・クレールはロックの『人間知性論』の要約を『古今東西文庫』〔一六八六―一六九三年〕の中にロックの主著のそもそも第一版として公けにした。）〔ロックは『人間知性論』の刊行（一六八九年）に先立って「人間知性摘要」を書き、これをル・クレールの新聞にル・クレールによる仏訳で発表した（一六八七年）。「摘要」でない全訳は、一七二九年にコストによって刊行されたが、これは普通フランスでは第二版と呼ばれている。〕『精選文庫』（Bd. V1705, S. 130 143）の中には、彼の手になるカドワースの『知的体系』の書評が見出されるが、この書評もカドワースの存在論的証明を紹介している。一三三―一三四頁でル・クレールは次のように述べている。これらの証明はデカルト的証明ほど筋の通ったものではない。なぜなら、これらの証明は、「もしも、われわれが最も完全な存在者について形づくる観念に対応するような存在者が存在するならば、そのときには、このような存在者が存在するということが必然的である、ということ」に還元されるからである、と。この思想は当時のフランスの文献のなかでは最も普及していたもののひとつである。したがってル・クレールは、存在神学の批判の代表者であることを要求することはできないのである。

けれどもベーリングは、あたかもル・クレールが代表者であるかのように引用している。彼の典拠は明らかに、ル・クレールの書評を挙げているモスハイム（S. 896a）なのである。モスハイムにとって、ウェーレンフェルスとル・クレールは、他のすべての人々と等価《同種》なふたりの批評者である。しかし、そのことはル・クレールの場合には、せいぜい人物としての重要性という点で妥当するにすぎず、彼の論証の価値からしては妥当しない。ベーリングは文献的知識の問題においてもモスハイムの判断を信頼していた。すぐれた著作目録を提示しているグンナーを引用している（S. 56）にもかかわらず、ベーリングにとっては、モスハイム以前に登場しているけれども、モスハイムによっては引用されていない、存在論的論証のすべての批判者たちは未知なままであった。だから彼はこう言うことができるのである。「この証明の最もすぐれた敵対者のなかには、確かに、ル・クレール、ウェーレンフェルス、モスハイム、そしてホールマンが属している」(S. 6)、と。ではモスハイムには名前が見出されない、ガッサンディ、パーカー、デ・メゾー、そしてリューディガーはどうなるのか。

ホールマンについて私が入手することができたのは『気息論、心理学及び自然神学』だけである。これの二八一頁以下に、存在論的論証の取るに足りない批判が含まれている。

83 ベーリングは自分のこの著作出版の何年か後にはカントの信奉者になっていた。ベーリングが一七八五年に始めた往復書簡はたしかに、〔往復書簡とはいっても〕まったく一方的な関係であり、カントからベーリング宛の手紙はたった一通しか含まれていない。けれどもカントがどれほどベーリングのことを認めていたかということは、一七八八年三月七日のラインホルト宛書簡のなかで明らかになる。そのなかでカントは、『純粋理性批判』の解釈者としてカント自身が権限を認めていた宮廷説教師シュルツよりもむしろベーリングを、ヤコブによって計画されていた雑誌の共同編集者として推挙したのである。因みにこの雑誌の任務は、批判哲学に対する攻撃を吟味することにあるとされていた (Briefw. I S. 532)。

84 ベーリングの著作は表題の扉頁には一七八〇年に出版されたとされている。それでもベーリングは彼の〔百ターレルの〕例をカントから受け継いだのだとか、また出版者のこの申立ては正しくないと推測することもできるだろう。しかし、それに対して『純粋理性批判』が一七八一年五月に初めて店頭に出まわったということは別にして、ベーリングの著作のなかには特殊カント的な思想の、ましてや引用文の痕跡すら見出すことはできないのだと、弁ずることができる。「この例が、望むらくは、……を疑念の余地のないものにするはずである。云々」という言葉によって、ベーリングはこの例の発見を自分自身のものだとしているのである。逆に、カントがこの例を〔自分でも〕新たに発見したのだということもまたありそうもないことだとみるべきである。このように同時に成立したという蓋然性を算出することはほとんどできないし、この蓋然性はまたたしかに驚くほど小さい。加うるに、カントはこの例を付随的な引用というような形でのみ用いているのである (s. a. Pölitz Rel. 62)。カント自身の方ではベーリングを引いていないということは、容易に次のことから説明されえよう。つまり、カントは、彼の習慣からして恐らく本屋でざっと目を通しただけのこの著作の名前も表題も記憶にとどめていなかった、ということである。こうしてみると、カントがベーリング宛の書簡のなかでなぜこの著作に言及していないのかも理解できよう。ベーリングの側からあの引用文に注意をうながすことなどほとんどできなかったのである (同じように付随的に、そして引用句なしに、カントはしばしばデカルトの三角形の例を用いている)。——ベーリングの百ターレルの例には、十七世紀のケンブリッジにおける、ふたつの金塊の例が先行していた (本書第一部原註27参照)。類型学的な考察が示しているのは、ターレルや、刻印された金属の例、それよりもっとはっきりとした例すらあるということである。例えば、個々の事象性をいわば机の上で勘定することも許されるというような例もある。

85 無論ガッサンディの論証はもっと大きな内実的な重みをもっている。もしも現実存在が「事象性」であるならば、論理法則からしてこれが類であり、あれが種であるということはありえない、という彼の禁止手続きを想起されたい。

86 ヒュームがそう言いえていたとすれば、それによって彼は、フッサールの「根源的憶見 Urdoxa」の理論に比肩することになったであろう。

87 切り離されたものとして表象されえないものはまったく同一のものであるという命題は、あらゆる表象の根底には「印象」が存しているという規則からでてくる結論である。ヒュームの現実存在概念については、ナタンソンとポーゼンを参照。

88 リューディガー、本書一六四—一六五頁参照。

89 すなわち結果のことである。

90 トマスがアンセルムスの証明に第二の論証の形式を帰した最初の人であったように思われる。「《それゆえに私は言う。神は存在するという命題は、それ自身における限りでは、自明なものである。なぜなら〔ここでは〕述語と主語とは同じものだからである。神はまことに自らの存在でありたもう》」(S. T. I, I, 2, 1)。トマスの先行者たちのなかで、この思想に類似した響きが見てとれるのは、オーセールのギョーム(ヴィルヘルム)とヘールズのアレクサンダーだけである(Daniels S. 27 bzw. 31)。

91 哲学において矛盾と実在的な対立関係、すなわち、Aと非Aの関係と東風と西風の関係とが区別されて〔『哲学に負量の概念を導入する試み』〕以来、一切の事象性を自らの内に合一している存在者の思想はもはや考えられなくなった。というのも、実在的な対立関係においてふたつの事象性は相互に廃棄しあうからである。それゆえ、最も完全な存在者は東風でも西風でもありえず、これらの事象性の内の実在的なものの根拠でしかありえない。本書二八九頁参照。

92 Vgl. Gilson, St. Bonaventure, S. 138f. ——島の本質には決して現存在が属することはできないということを洞察しうるためには、われわれは無論すでに偶然性の宇宙論的な基準を所有し、用いていなければならない。

93 この異論が展開される以前には、批判と存在神学との戦いにおいては何事も確固として決定されることができなかった。存在神学は〔批判よりも〕一層すぐれた諸根拠を自在に使用したし、批判者たちは、存在神学に詭弁の罪をなすりつけることをやめなかった。彼らが敵対者となったのは、冷静な彼らの精神がただ単に神の概念からその現存在を推論することはいけないことだと言うからであって、決してそれ以上にその精神は彼らをして形而上学全体を攻撃するようにしむけはしなかったのである。ところが、形而上学全体に対するこの攻撃がなければ、この推論は論駁されえないのである。

第二部

1 「何かが悟性の妄想であり錯覚であるということを証明しようとするだけならば、それは哲学的思惟とは言われない。そうではなくて、そのような錯覚がどのようにして可能になったのかを洞察することもまた学ばれなければならない」(3706, S. III)。

2 K・ライヒは彼の研究の第五節で、すべての独断的形而上学にとって欠くことのできない根本思想である超越論的理想という思想に基づいて『唯一可能な証明根拠』を正当化しようと試みていた。一七六三年の著作においては、この思想は、必然的存在者は単純である（この存在者の非存在は「あらゆる可能性を抹殺する」）ということを基礎づけるために登場する。すなわち、もしもこの存在者が単純ではないのだとすれば、「その部分の各々は……若干の内的な可能性の究極の与件をもつが、〔一緒になった〕全体としてはすべての可能性をもつ」であろう。しかしそのときには、すべての可能性を根絶することなく、可能性の一部分を廃棄することができることになるだろう。「ところが、或るものが無である、ということは不可能である」。したがって、可能性の一部分を廃棄することはあらゆる可能性（可能性についてのすべての規定的な思想）を不可能にすることである。こうした思慮が、『純粋理性批判』の超越論的理想に関する章で展開される「可能性の総体」の思想に通じるのである。

　カントのこの論証は、『唯一可能な証明根拠』の具体的な証明の歩みにおいては、すべての思惟の実質的制約の必然性から「何らかの必然的なもの」の現実存在への推論は有効である、ということを前提にしている。この前提は、必然的な存在者について語ることの意味を一層詳しく規定するのに役立つし、『唯一可能な証明根拠』そのものとは同じものではない。

3 実在的な可能性の概念にとってこのような配列をすることの様々な帰結についてはReich, S. 25ff. を参照。

4 本書二六二頁以下参照。

5 本書二〇九頁以下と二一九―二二〇頁参照。ライヒ同書三六頁とは区別される。

6 それゆえ、『純粋理性批判』における神の存在の存在論的証明の位置は、超越論的理想と宇宙論的根本諸概念の解釈という回り道を通ることによってしか理解することはできない。

7 四つの「二律背反」〔Antinomien つまり複数形〕という慣用的な言い方はもはや普通に行なわれている。レイムント・シュミット版は頁見出しという形でそれを権威づけてさえいる。カントでは二律背反は単数形しかない。「こうした弁証論的推論のさいの理性の状態をわたしは純粋理性の二律背反〔Antinomie つまり単数形〕と名づけるであろう」（B 398, 強調・カント）。二律背反という言葉は自律と同じような読み方をされなければならない。「二律背反」を複数形にすることは「自律」を複数形にするのと同じく、無意味である。しかし、カントの単数形での語法を再度慣用化するのは恐らく不可能であろう。

8 カントはこのテーゼで、存在論的証明のなかで超世界的な神が理性に告知されるという、すべての存在神学の確信に反対している。

9 その批判主義的解釈という形で。

10 Vom Dasein Gottes, S. 32／33.

11 「最も本質的な困難はおそらく、われわれの語法がわれわれの最も正確な理念を表現するように見える場合にはいつでも、この語法は現存在を述語とみなす、という点にある」（Refl. 3706）。Vgl. a. Pölitz 281.

12 Vgl. Refl. 5783ff., 6255, 6320, 6381, 6389!, 6436.

13 Prschr. Abschn. Transzendente Theologie, vorletzter Abs.

14 Prschr. a. a. O.

15 神の存在論的証明との関係で、カントは様相カテゴリーについての自分の批判的な説を、あるときには以下のように定式化した。「或るものが現存在に関して必然的であったり、偶然的であったりする……のはいかにして可能であるのか、ということをわれわれは洞察しない」(Briefwechsel Bd. IV S. 470)。

16 Vgl. Herrlin, S. 49-52.

17 Vgl. Refl. 5854.

18 Vgl. G. Schneeberger, Kants Konzeption der Modalbegriffe, Basel 1952 (Rez. Vf. Phil. Rdsch. 1956).

19 Prschr. vierletzter Abs. im Abschn., Transzendente Theologie.

20 タウラー〔一三〇〇年頃―六一年没、ドイツの神秘思想家、エックハルトの弟子〕はこの深淵を、どんな被造物も充たすことも窮めることもできない「無底の深淵」と述べている。「《深淵は深淵を呼び出す》」(Predigt über Joh. 1, 7)。

21 Vgl. auch Refl. 3812／3, 3816, 4242, 5760, 6247, 6275, 6297!, 6222／3.

22 ヴォルフがランゲとブッデと猛烈な論争をし、また彼がハレから退去したという事実は、何よりも物理的神学に対する彼の批判の帰結であった。Vgl. Hume Dial. Abschn. II―VII.

23 新カント派の物自体の解釈にとって重要な意義をもっていた「限界概念」という語は、「conceptus terminator」の訳語である(4039)。それは一七七〇年の、理性についてのカントの理論においては、カテゴリーと理念とを同時に表わす言葉である。この両者は当時はまだ『純粋理性批判』におけるように区別されてはいなかった。

24 本書第一部原註、39参照。

25 始原という概念は「純粋な超越論的でさえある諸概念の不確かな土地へと逃げ込んでいくのであるが、そこでは大地は立っていることも泳ぐことも許さず、わずかな足跡をとどめるひまさえない」(B 754)。カントは第二の存在論的論証をおそらくまたそのような「湿原への歩み」とみなしていた。

26 本書一三―一四頁参照。

27 先に挙げた論拠からして『純粋理性批判』の中には存在しないだけである。

28 Vgl. Prschr., Abschn. Transzendente Theologie, 2. Abs.

29 カントの認識理論の展開の全歴史(リールとド・ブリーシャウワーを含めて)においてこの連関は考慮されていない。

30 そしてそれにもかかわらず、この異論は依然としてカントの批判に特有な異論とみなされている。『新解明』への所見がフランケの著書に見られる。

31 すなわち、この概念に現実性が対応している。

32 カントが経験主義的異論を初めて知ったのはいつなのか、それとも彼はこの異論を自分で新たに発見したのかどうかについては何ら指摘がない。こうしてカントは『唯一可能な証明根拠』において、この異論が自分自身に由来するものであるかのように語っている。しかし、カントがガッサンディもモスハイムも知らなかったなどということはありそうもないことである。十八世紀には、或る事柄を問うに際して、固有の解答を初めて与えた人を引用する必要はなかった。ヴォルフ学派の教科書はすべて大家の著書からの引用に溢れていたが、その著書への指示は見出せない。

33 カントがこれからさき論理的異論をもはや用いないのはたしかであるが、しかし彼はガウニロと同じように、もしも存在論的論証が有効なものであるならば、あらゆる種類の最も完全なものの現存在（例えば、最も完全な島）も証明されうるのでなければならない、という意見をもっている（emBg. Ⅲ2, Refl. 6289）。この異論に反対し存在論的論証に賛成する理由はすでに挙げられていた（本書一九五頁参照）。島の本質には決して現存在は含まれることはできないと言う人は、カントの批判の帰結に従えば「独断的」とよばれる、偶然的なものについての諸基準を、もちろん手中に納めていなければならない。理性の限界規定の後で、そして様相カテゴリーの主観化の後になってカントは、「最も完全な島」という種類の異論を用いる権利をもつのである。『唯一可能な証明根拠』の中ではカントはこの理論をまだもっていない。だからここではカントにはガウニロに従うことは許されなかったのだろう。

34 《知解を求める信仰》に反対してトマスにおいては、自然神学は《信仰に先立つもの》であり、これが信仰を妨害するものを取り除き超自然的であるものを人間の自然的認識に結びつけるのである。アウグスティヌスの伝統に一層近いことを自覚しているプロテスタント神学（バルト、ゴーガルテン、テイリッヒ）はこの学説に語気鋭く反対している。

35 カントは実践哲学の要請論の中で形而上学の神概念を再び利用している。すなわち、神が存在するという前提がなければ、人間は、自分が道徳的な意志規定において採ることを決意した目標を実現する可能性を疑わざるをえなくなる。人間は、道徳的で世界を生み出しかつ支配している至高の知性のことを思惟する。人間が生産的で道徳的な人生を送ろうとすれば、この知性の現存在を信じなければならない。ところが道徳的な特性をもつこの神は《必然的存在者》として思惟されない。この神の特性は悟性、意志そして力である。この神の本質存在と存在論的構成に関して、良き人間はいかなる言明もなす必要はない（Kr. d. pr. V. Orig. 223ff., 256ff. ; K. d. U. §87／8）。

この要請論の内にわれわれは、神の本質をもっぱら人間との関係だけから、啓示や「生起」や「御言葉」として理解する神学の起源を求めることができる。この神学にあっては神の直接性と内在性は、《知解を求める信仰》や存在神学におけるのとまったく同じように考えられるけれども、形而上学的な神論を媒介にして考えられはしない。

要請論はもちろん、プラグマティズムの前史にも、フォイエルバッハやニーチェの前史にも同じように含まれている。

第三部

1　存在論的証明の批判は二六三―二九九頁にある。二九六頁にみられる第五の根拠はもちろん論理的異論に終わっており、それゆえカント的ではない。

2　このような盲目的な形式のカント主義がなかったとすれば、カントに対する観念論哲学の急激な勝利も不可能であっただろう。

3　神の存在の存在論的証明に対してヘーゲルが行なっている最も重要ないくつかの論評に関する知識は、この際前提されざるをえない。

4　カントがこの発見の「父」であるという指摘が正しいのだとしても、それは、カント自身が論理的異論を自分の批判の前提にしてはいなかったという点で、留保を必要とする。

5　ヘーゲル自身が保証しているにもかかわらず、『精神現象学』はこうした意味でのヘーゲル哲学への序論としてふさわしいものではない。なぜなら、『精神現象学』そのものが体系の一切の決定的な前提を成しているし、この書の展開の法則は思弁的論理学を前提しなければ依然として理解されないからである。こうしたことを理解せずに、フッサールの意味でこの書を「現象学的に」解釈しても、この書の謎を解くことはできない。

6　**Kritik der reinen Vernunft** B 604ff. Pölitz Rel. 41, 57, 99 u. a.

7　この論評はシェリングにもあてはまるはずである。事実シェリングにとって、絶対的なものの「無差別」概念が存在論的論証の《立証の腱》なのである。本書三三〇―三三一頁参照。

8　存在神学上の省察のスタイルという点では、もちろんアンセルムスとデカルトにはなお共通するものがある。

9　ラシェーズ・レイ、および本書四二頁と四九―五〇頁を参照。

10　カントの考えによれば、必然的存在者がすべての完全性を自らの内で合一し、それゆえに神的な本質《ヴェーゼン》〔存在者〕であるということを示すためには、存在論的証明の助けをあてにせざるをえないという理由からしても、神の存在の宇宙論的証明は決して神の存在証明とは言えないのである。しかし、これは、絶対的に必然的なものという概念を形成することはいかにして可能なのかという、より原理的な問題の一面にすぎない。

11　ヘーゲルはさらに、カントの批判も「それだけでは不十分」だと考える。けれども、その際ヘーゲルは、カントが存在論的論証を古い論理的異論によって破棄しようとしているという誤解に囚われてしまっていたのである。

12　アルブレヒト、ドムケおよびオギールマンを参照〔参考文献目録〕。アルブレヒトの研究は論理的な学における前進の問題を、ヘーゲルの判断論に関するすぐれた研究を用いて、解決しようとしている。ドムケの研究と、オギールマンの当該の章とは、神の存在の存在論的証明に対するヘーゲルの発言の概要を提示してくれる。

13　この思想の恐らくは最も適切な定式化と思われるものはこれまで公けにされていない（一八二三年の論理学講義の、ホトーの筆記、マールブルク・西ドイツ叢書Q一二九九にある)。「こうした考えは部分的には〈認識能力の批判〉という表現のなかに容易にみてとれる。この表現から、われわれは認識の能力を認識した後に初めて認識しようとするなどという馬鹿げた事態が生じる。なぜなら、認識能力を認識するということによってすでに、今現に行使している認識作用が言い表わされているからである。ここから結果として生じるのがまさに、思惟は〈前提されたものであってはならない規定された形式〉であり、自分自身を探究し批判するような性質をもった形式である、ということである。してみれば、この〔思惟〕形式の活動とその批判とがそれぞれの内で合一されているのでなければならない。それら〔諸々の純粋思想〕はそれ自身においてそれぞれ自らの限界を規定し、それぞれ自分の欠点を示すのでなければならない」(S. 33a)。

14 『論理学』は、〔思惟と存在の対立を前提する人々にとっては〕主観的観念論(フィヒテ)と客観的観念論(シェリング)の綜合だと歴史的には理解できるにしても、それ自身においては、決してそのようなものではない。

15 本書二六三頁参照。

16 J. E. Erdmann, Grundriß der Logik und Metaphysik, 1843, §29, K. Fischer, Logik und Metaphysik, 3. Aufl. 1909, §76, Chr. H. Weiße, 本書三六八頁。

17 『法哲学』において(二八〇節)ヘーゲルはこの思弁的な証明を、国家の基礎である一般意志と、君主との関係の問題に応用した。意志の自己媒介の全体性〔一般意志・国家〕も〔概念と存在の場合と〕同じく自然的な個別性〔君主〕〔と不可分〕だというのである。

18 構成とは、フィヒテやシェリングのいう理性が、絶対的なものにかかわる際の態度の採り方である。

19 シェリングの区別付けにキルケゴールも従っている(Philosophische Brocken, ed. E. Hirsch, 3. Kap., とりわけ Anm. S. 39)。「ここで気付かなくてはならないのは、事実存在と観念的存在との間の概念の区別がないということである」。

20 この連関でシェリングは、必然的なものの「深淵」について語っているカント——「われわれは〔深淵という〕この思想を拒むことができないし、さりとてそれに耐えることもできない」(B 641)——を引用する。シェリングの考えによれば、まさしくこのことが「存在」という思想にも妥当する。この思想は思惟されなければならないが、しかしまた理性を沈黙させてしまうことにもなるからである(O163, WW XIV 342)。してみると、宇宙論的二律背反の解決は「計り知れない存在」という思想だということになろう。さらに、「深淵」なる語の意味が、この語のもともとの意味〔無根拠〕と同じだということになろう(本書第二部原註、20参照)。言うまでもないが、シェリングは、われわれはこの思想を拒むことができないというカントの註記に、カントとはまったく相違する解釈を与えていたのである。

21 思惟が哲学の第一の対象であるというヘーゲルの説に、シェリングははっきりと反対する。「というのは、アプリオリなものは、ヘーゲルがそう解しているような、空虚な論理的なもの、つまり〔思惟でありながら〕さらにもう一度思惟を内容とするような思惟ではないからである。このような思惟が出てくれば現実的な思惟は途絶えてしまう。それは詩についての詩によって詩が途切れてしまうのと同じである」（O 101f, O 67）。理性が消極哲学の終局で「自分を放棄する」のだとすれば、それは、理性が自分自身を概念的に捉えることができないからではなくて、理性の最高の対象である存在そのものが「計り知れないもの」であることが明らかになるからである。これに先立つ時期（いわゆるエアランゲン講義のなかで、WW IX 209ff, hrsg. Schröter, Bd. V, S. 23）シェリングは、理性にそれ自身と、自分によってのみ考えられたものとを放棄させるような、理性の「脱自Ekstase」を哲学の端緒として要求していた。しかし、この脱自はヘーゲルの「傍観」（これは論理的な学における主体の態度である）という概念に対応しており、同一哲学の前提である。したがってそれは、消極哲学の終局にみられる脱自的な方向転換のように理性の硬直化に行き着くことはない。エアランゲン講義の意味での脱自はまだ消極哲学それ自身の前提であるが、それは消極哲学においても存在そのものが対象となっている限りにおいてである。理性の自己への還帰（反省）はフィヒテの後期哲学における方法である。シェリングが、ヘーゲルの論理学は製粉所に穀物もないのに粉をひかせるようなものだ、と非難しているにもかかわらず、シェリングの理性概念はフィヒテの自己反省よりも、ヘーゲルのこの学の客観主義にいっそう接近している。そうでなければ、シェリングがスピノザを自分の偉大な師と認めたり、積極哲学がスピノザの『エチカ』のように、消極哲学の前提がなくとも始まりうるのだと認めたりすることは、ありえなかったはずである（本書四二頁、およびスピノザとデカルトの関係についてのラシェーズ・レイの諸研究を参照）。

22　シェリングの純粋存在はナトルプの『哲学的体系構制』における根源的な「事実性」ではない。ナトルプの場合には、「存在」はすべての概念にとっての前提であるが、シェリングの消極哲学にあっては、存在はすべての思惟が目指す目標である。場合によっては積極哲学の端緒（シェリングは積極哲学から直ちに始めることもできると考えている）とナトルプの「事実性」との間にならば一致がありうるかもしれない。しかし、ナトルプの「事実性」はコーエンのいう「起源」という性格をもっているし、同時にそれはすべての個別的なものの無限性の原理なのである。シェリングの「存在」は積極哲学においても依然としてポテンツと対立的に規定されている。内容の無限性ということからすれば、ナトルプの存在概念はヘーゲルと結びつく。

23　Fernere Darstellungen aus dem System der Philosophie, 1802, WW IV 364/5. Vgl. auch Bd. V 391.

24　『形而上学』1072^{b} 20.

25　W・シュルツの基礎的な諸研究を参照せよ。これらの研究によってシェリング研究はまったく新しい次元に入ったのである。

26　計り知れない存在から、再建されるポテンツへと至る歩みの、シェリングによる根拠づけは極めて問題的であるし、一義的に規定されてもいない。といっても、彼の構成という概念は思弁的な展開という——端的に「正当な」導出を要求する——ヘーゲルの概念でもない。シェリングにとって《第一哲学》は「試行的」なものなのである。つまり《第一哲学》は異なってはいても同等の権利をもつ様々な道を採ることができるわけである（M 330）。

27 シェリングから存在論的論証の歴史に眼を戻すなら、概念から現実への移行を「端的な存在」の内に見つけ出そうとするシェリングの思想の先行形態を認識することは可能である。ジルソン（L'esprit de la phil. méd. I）によれば、神を「存在者」と考えることはすべての中世哲学に固有な点である。彼の考えでは、キリスト教存在論のこの根本思想が存在論的論証にとっての歴史的前提でもある。シュタイネンによると、カエタヌスが初めて存在論的証明を、「在るものは在る」という命題と同一視した。カエタヌスは存在神学の批判者であった。ところがマルシリオ・フィチーノはこの命題を証明と認めたのである。近世ではとりわけマールブランシュが証明を「存在」の思想から導いていたけれども、その際シェリングのいう純粋な事実性（Daß）のことは考えられてはいなかった（本書三七一―三八頁を見よ）。フランス雑誌派の人々の論争のなかでG・C・S（頭文字だけで誰かは不明）は批判的な意図のもとに存在神学者たちをこう咎めていた。彼らは神の現存在を、たしかに「最も完全な存在者Être très parfait」という概念を前提にして推論しているが、しかし「最も完全な très parfait」からではなく、「存在者 Être」から推論している（Vgl. Nouvelles de la République des Lettres 1702, S. 271ff., s. a. Parker, Tent. 178）、と。

28 Vgl. Schulz S. 173ff.

29 シェリングは神話的な諸宗教を、神を選ぶというより純粋存在を選ぶことによって悪を選んだ人間の自由の罪だと解釈する。積極哲学は、ただこの選択の可能性を推論しうるだけであって、この選択が現実に行なわれたという事実を推論することはできない。

30 M 330.

31 計り知れないものに基づいて思惟の体系を造るこうしたやり方のゆえに、キルケゴールはシェリングから離れたのである。

32 というのも、神の自由が計り知れない存在をポテンツへと措定し、そのことによってポテンツを存在へと措定するということこそが、〔積極哲学の〕シェリングによれば世界（宇宙）の開闢だからである。諸原理の順序が創造において「転倒」されるわけである（M 343）。

33 Dogm. I S. 689ff. 不可入性はその起源を、〈存在するものを無から創造する〉神の意志の内にもつ。不可入性は、被造物の非存在に絶えず抵抗する力である。それに対してエーテルは、その起源を神の栄光と知恵の内にもつ、可入的な現存在である。というのも、このエーテル〔が物質の内に浸入して現存すること〕によって物質は無限に動かされるからである。

34 Vgl. Fichte, Der Begriff des negativ Absoluten……, Vmscht. Schrft. S. 157-217.

35 このような空間と時間の論理化という点では、ヘーゲル以後のほとんどすべての哲学者は、どうにかヘーゲルの立場を越えている。この論理化は、ヴァイセ同様トレンデレンブルクとコーエンにも見出される。

36 Ztschr. f. Phil. N. F. Ⅳ 1841, S. 1ff. ヴァイセの答弁はロッツェの論文のすぐ次に掲載されている。この答弁は『公開書簡』のなかで仕上げられている。

37 カントはわれわれの空間表象の必然性と幾何学的認識の必当然性から、空間は、それがいかなる概念でもない以上、われわれの直観作用の主観的な形式でなければならない、と推論したのであった。哲学的な方法という点でもしも超越論的観点が放棄されるのであれば、こうした解釈は禁じられるし、思弁的論理学に基づく推論の道しか残らなくなる。

38 すべての現実と対立しているこの単に形式的に絶対的なものが、それにもかかわらずどのようにして実在することができるのか――この問いに対する解答はまだ欠けている。

39 ヴァイセはこの解釈変更をそれと語らずに実行していた。

40 バウムガルトナーとシュタイネンは存在論的論証の前史に関する豊富な研究を引いているが、こうした研究と並んで、この論証がなぜかくも遅くなってようやく登場することになったのか、ということを明らかにしようとするいくつかの試みがある。Vgl. Seydel; Gilson, L'esprit de la phil. méd. Kap. 3; 本書ヘーゲルの章の二九二―二九三頁も参照。

41 筆者の論文 Über die Einheit der Subjektivität; Phil. Rdsch. 1955, S. 28ff.; Über die Grundlagen von Husserls Kritik der philosophischen Tradition; ebd. 1958 S. 1ff.

訳註

一 Realität の訳語である。事象性はスコラ学者の造語であって、ラテン語の res（もの）に由来し、id, quod aliquid est〈或るものがそれであるところのそれ〉、すなわち、もの（res）の性状（realitas）を意味する（ライプニッツ『単子論』（河野与一訳、岩波文庫）四一節の訳註一も参照）。但し、Realität は「実在性」を意味する場合もあるので、本訳書では文脈に応じて訳し分けた。

二 有限で可変的な人間の精神が真なる観念（例えば論理学や数学の必然的で普遍的で永遠な真理）を有するという心理学的な事実から出発して、人間的思惟から独立に実在するこれらの観念《イデア》の根拠として、それ自身絶対的で無限で創造的な真理たる神が、存在することを、証明する方法。K. Staab（「参考文献目録」参照）S. 136ff.

三 〈三段論法は三個の名辞を含み、且つ三個に限る〉という三段論法の第一規則を犯すものを「四個名辞の虚偽」という。本書一二五頁および一六六頁参照。

四 『省察』に付された「読者への序言」およびメルセンヌ宛書簡（一六四〇年一二月二四日付）にみられるデカルト自身の言葉。ゲルーはこの言葉に着目して、二巻本の大著『理性の秩序によるデカルト』（一九五三年）を著し、テキストの客観的な構造分析を提唱した。

五 バビロニアの創造叙事詩に登場する、天地の創造神。

六 〔時代が〕「いまにも経験論に賛意を表明しようとしていた」〔本書一〇一頁〕という叙述からもわかるように、経験論に「感染する」ことによって、大陸合理論のうちに生じた危機を暗示する言葉と思われる。

七 『神学大全』第一部第2問題第三項、また『対異教徒大全』第一巻第十三章参照。

八 『神学大全』第一部第2問題第一項のアンセルムス批判参照。

九 十七世紀末より出版され始めた全ヨーロッパ的規模の新聞雑誌。本書第一部第二章B2（一四二頁以下）参照。

一〇 ガッサンディの『形而上学研究――ルネ・デカルトの形而上学と彼の答弁に対する疑問と審理――』は、デカルトの『省察』（一六四一年）に附録の一部として収められたガッサンディ自身の「反論」と、これに対するデカルトの「答弁」を再録すると共に、デカルトの「答弁」を再び論駁しようとする「審理」を添えて、一六四四年に出版された。再録された分について言えば、「反論」が「疑問」と名を変えた点、「反論」と「答弁」が一対一の対応関係に置かれた点、「反論（疑問）」の項目ごとに論点を明確にする表題が付された点を除けば、字句の異同は認められない。本書のヘンリッヒの叙述からはガッサンディ自身がデカルトの立場を代弁して「答弁」を書き直したかのような印象を受けるが、これはヘンリッヒの表現上のレトリックであろう。

一一 「現実存在」が「完全性」「でありうるかもしれない」と仮定したうえで、ここでは、次のような類・種の包摂関係が考えられている。aもbも（c_1以外の）cもc_1の下にないのだから、「形式論理学の判断規則からして」、「現実存在する」という述語づけをされえない。つまり実在しないことになってしまう。

a もの（存在者）
　b 実体
　c 特性（完全性）
　　c_1「現実存在」という完全性
　　　c_1―1……　c_1―2……　c_1―3……　「現実存在」という完全性の下にある特殊な諸規定
　　c_2……　c_3……　…c_4……　その他の完全性

一二 『トレヴー新聞』は地名に由来する通称で、正式には、ここにあるように、『学問と芸術の歴史のための新聞』といわれる。

一三 カントは後年メンデルスゾーンに宛てた手紙の中で、『純粋理性批判』の完成に関して、「すくなくとも十二年間にわたる反省の所産を、ほんの四、五ヵ月で、いわば飛ぶようにして、しかも内容には最大の注意を払いはいたしましたものの、読者のための叙述の仕方とか容易な理解の促進にはほとんど努力もせずに完成した」ものである、と述べている。本文はこの事実を指すものと思われる。

一四 ヘンリッヒの原文では、ここが「第一の条件（A）」となり、次の「第一の条件（A）」と訳した部分が「第二の条件（B）」となっているが、二二四頁以下の説明からみて、これは明らかに筆者の記憶違いか書き違いと思われるので、番号および記号を入れかえて訳出した。

一五 カントは、『唯一可能な証明根拠』で、アンセルムスの証明を〈デカルト的証明〉と言っている。ここにカントのデカルトに対する誤解があると、少なくともヘンリッヒは考えているものと思われる。

一六 本書序文（xiii—xiv）および三三五—三三六頁参照。存在論は普通、存在そのものの意味を問う一般存在論と、特殊な領域の存在者を問う特殊存在論とに大別される。このうち特殊存在論はさらに、ⓐ心理学、ⓑ宇宙論、ⓒ合理的神学に細分される。神の存在証明は、この区分で言えば、特殊存在論の、しかもⓒの領域の問題とみなされるのが通例である。ところが、著者によれば、本書序文その他で述べられているように、存在論的証明は神それ自身への問いを一旦留保したうえで、存在そのものをまず問題にし、その後で神の存在へと推論を進めていくという手順を踏まなければならない。つまり、存在論的証明は、通常の存在論の区別を越えたところで、言いかえれば哲学の根底をなす問題として、存在を問うているのである。この意味において、デカルトの場合この証明が、一般存在論を、つまり存在としての存在を問うという意味での《第一哲学》を導く役割を果たしえたのである。しかし、この証明のもつこうした本来的な意味はデカルト以降――現代までを含めて――忘却されるに至り、たかだか©の領域の問題としてしか理解されなくなった。著者によれば、カントとドイツ観念論、とりわけヘーゲルが存在論的証明を本来の意味で再認識し、革新しようとしたのである。

一七　以下の論述で考慮されるべき、論理学に関するヘーゲルの著作は次の通りである。『論理学』初版（一八一二年）、ハイデルベルク『エンチクロペディー』の「論理学」（一八一七年）、『エンチクロペディー』の「論理学」（第二版一八二七年、第三版一八三〇年）、『論理学』第二版（一八三一年）。著者は『論理学』初版と第二版の区別を明記していないが、文脈上明らかに初版を指す場合もある。またこの書物に関して『　』の符号も付されていないが、訳者の判断で適宜『　』を補った。つまり『論理学』はいわゆる『大論理学』を指す。

一八　『哲学批判雑誌』は、シェリングとヘーゲルがイエナで共同編集した雑誌（一八〇二―〇三年）。クルークとシュルツェに関するヘーゲルの論文は、前者「常識が哲学とみなすもの――クルーク氏の著作に即して」（第一巻第一分冊）、後者「哲学に対する懐疑主義の関係」（同第二分冊）を指す。いずれも一八〇二年刊。

一九　原語は **verstellen** である。カント、フィヒテの哲学を主観的反省哲学と規定するヘーゲルの批判的視点は、この「すりかえ」概念に要約される。ヘーゲルは『精神現象学』で一節を設けて、主観的反省哲学の主張する要請論を批判している。詳しくは同書「精神」の章Cのbを参照。

二〇　『精神現象学』の当該箇所で、ヘーゲルは通常の判断命題と異なる真に哲学的な命題を「思弁的命題」と呼んでいる。思弁的命題とは、「命題の弁証法的運動を通して」主語と述語の絶対的同一性を明らかにするものである。すなわち、それは、判断や命題の形態で示される通常の実体の形而上学を一旦は破壊し、その上で真の思弁的真理を表現しようとするものである。ここで言う「弁証法的運動」は、広義にとれば、『精神現象学』全体の展開過程を指すとも解することができる。してみると、思弁的命題は、哲学的諸学の実在的部門から『論理学』へと至る通路をなすとも言える。因みにヘーゲルがこの箇所で思弁的命題の例として挙げているのは、次のふたつである。「神は存在である」。「現実的なものは普遍的なものである」。

二一　ヘーゲルによれば、表象の内容を外的に「与えられた」ものとみなし、これに「悟性のカテゴリー」を適用することによって判断が成立するとみなすのが、形式論理学の立場である。もちろんこの立場からすれば、自分の問題にしているのは単なる「表象」ではなく、様々な存在者に妥当する「共通概念」だということになる。けれども、その場合、表象の内容（存在）と表象の形式（カテゴリー）の区別が前提され、同時に表象の内容も外的に与えられるほかはないのであってみれば、ヘーゲルの言う自己産出的な精神の概念からすれば、この立場は「表象」段階のものとみなされる。著者の言及している箇所は『エンチクロペディー』第三部「精神哲学」の緒論（三七七―三八四節）を指すと思われるが、「表象」に関しては同書四四五節以下、この文脈との関連では特に四五五節を参照。

二二　Potenz、通常「勢位」「展相」「位相」等と訳される。シェリングのいわゆる「消極哲学」における基本的な概念。その内容は以下の著者の論述から理解できると思われるが、その論述を理解し易くするために補足的な説明を加えておく。ポテンツは、すぐ次の文章に出ている《純粋現実態 actus purus》のアクトゥス（現実態）に対立する概念である。したがってポテンツ概念は、アクトゥスへと至る可能性の各段階を特徴づける。前期のシェリングは自然のなかに各々のポテンツを認め、それぞれをアクトゥスに至るひとつの段階的秩序のもとで構想していた。したがって、ポテンツ論は、積極哲学からみれば、否定的（消極的）な意味での――つまりアリストテレス的に言えば、そうならないこともありうるという可能態における――存在者に関わるにすぎない。ポテンツの領域に対置される《純粋現実態》を、シェリングは「計り知れない存在」、「端的な存在」と呼んでいる。これを対象とするのが積極哲学である。もっとも積極哲学においても、ポテンツ論が用いられている。この不整合性が著者の批判の目指すひとつの焦点になる。

二三　後期シェリングにとって Kontingenz は単に必然性に対置される限りでの偶然性を意味しているわけではない。それは、必然性と偶然性というカテゴリー以前の、端的に在るとしか言うことのできない根底的な偶然性を、例えば神による世界の創造・開闢を言い表わす概念である（本書三四九頁参照）。この意味を踏まえ、「根源的偶然性」ないし「根源的に偶然的」と訳しておいた。

二四　『論理学』最後のパラグラフ、および『エンチクロペディー』二四七、二五四節参照。

二五　Vgl. Historisches Wörtebuch der Philosophie, Bd. VI, 1984. S. 1203-04. そこに次のような説明がみられる。「哲学上の用語としての存在論主義は、有限な知性による絶対的な存在の第一次的な認識の可能性を説くものと理解される。合経験的に与えられた現実的なものから出発して、根拠律を介して絶対的存在――神――の現実存在を推理的に捉えようとする形而上学とは違って、存在論主義は経験によって与えられるものの認識よりも、絶対的存在という理念の直接的な認識の方が優れているという。存在論主義を説く思想家たちはみな共通してこう考えている。つまり、絶対的存在のこの第一次的な認識はそのつどのそのほかの認識を制約するが、このような認識が表わしているのは、この存在の本質への洞察でも、啓示神学によって説かれた意味での神の観視（Sehen）でもない。それは、〈有限な精神が自分を遂行していく際に実在的な絶対的存在が思いもよらぬ形で現前するということ〉に関するアプリオリで直観的な知である」。

解説

加藤尚武

1　近代哲学の断層写真

「神の存在論的証明というのは神の定義からその存在を導き出す偽りの論理形式である。カントがそれを論駁して以来、真面目にそれを取り上げる哲学者はいない。」これが神の存在論的証明にたいする常識的な反応であろう。D・ヘンリッヒは現代ドイツを代表する哲学者であるが、彼がこの常識のもつ誤りをただす事によって哲学の根本問題がなんであるかを明らかにしたのが本書である。

神の存在論的証明のもっとも古い形式はアンセルムス（1033―1109）によるものである。神はもっとも完全なものである。その完全性にはあらゆる完全性が含まれる。神は知恵と力と善意を持つ。存在もまたそのような完全性のひとつである。ゆえに神は必然的に存在する。この「証明」を論駁しようと思うならば、「観念の内部で〈存在〉といわれるものも、観念の外部で存在するとは限らない」と言えば充分であるように思われる。実際、アンセルムスの同時代人である修道士ガウニロはそのような論駁をして、トマス・アクイナスの先駆けをなしている。

ヘンリッヒは、先ず存在論的証明はアンセルムス型とデカルト型に分かれ、ガウニロ‐トマス型の論駁はデカルト型には適用できないと言う。アンセルムス型は「最高に完全な存在者の現存在」を証明する。これにたいしてデカルト型は「必然的存在者の現存在」を証明する。この二つの型は本質的に異質なものであるのに、たえず混同されてきた。それにもかかわらずライプニッツやスピノザの思想の核心をなす新鮮な突出部分では、この二つの型の区別が無視できないような亀裂となって姿をあらわす。しかしそれはまた再び濁りの渦のなかに没して行くのである。この二つの型の歴史的な流れの綾を、デカルト（1596―1650）からクリスチャン・ヴァイセ（1801―1866）にいたるまで、綿密なテキストの読み込みによって解釈を下しながら描き出す概念史の記述が、本書の実体的な内容をなしている。

私はある冬学期をミュンヘンで過ごし、ヘンリッヒ教授のもとで研究生活を送った事がある。まず彼の言葉と感覚における繊細さが並々ならぬものであることが分かった。いつも穏やかな微笑を浮かべ、人をそらさぬ社交家でもあるが、感覚をすり減らして、人に媚びながら相手のでかたを意地悪く観察しているという擦れた外交官を思わせるようなところはない。大きな白く柔らかい手を表情豊かに動かしながら、少し高めのバリトンの美声で語るヘンリッヒ教授の言葉は、文字に直せばそのまま見事な散文の典型となるような完成度を示している。彼の著作の多くが大学での講義録からうまれているが、それは彼が日常的に常に完成度の高いドイツ語を話すということと、深い関わりがある。現在では講義を録音に取り、秘書の婦人にタイプ打ちさせているが、彼のドイツ語であればほとんど訂正の必要がないのではないかと思われるほどである。

こうした言葉の感覚の繊細さは、当然、彼がテキストを読む際にも生きてくる。テキストに疑問の箇所が出てきたとき、彼は決して既成の解釈を持ち込んで、強引に押し切るようなことはしない。そのような時には、いつも流れるような彼の言葉が止まり、彼の関心はいつまでもそこに留まり続ける。本書の通奏低音をなしている、デカルトとアンセルムスの神概念の違いという事も、きっとあるときデカルトのテキストを読みながら、「違う、違うぞ」とつぶやきながら、思いをそこにとどめた事から生まれてきたものに違いない。ただし、彼はおそらくはそのひとときの疑念を晴らすために、この大部の著作を書かねばならなかった。

ヘンリッヒ教授のもとで論文をまとめようとしている学生が、ある時ぼやいてこう言った。「ヘンリッヒ先生のもとで論文を書くのは大変だ。まず関連文献の完全なリストの提出が求められる。つぎにそのすべての読解をふまえたうえで、必要な論点を完全に整理して無駄なく叙述することが要求される。」この完全主義は本書のうちに実現されている。デカルトから始めて、存在論的証明を自己の思索に取り入れた最後の哲学者、クリスチャン・ヘルマン・ヴァイセにいたるまで、この問題に言及した全てのテキストが、解読され、分析され、簡潔に記述されているのである。本書は神の存在論というプレパラートの上に置かれた近代哲学の断層写真である。近代の思索の意味をその最根元にまで掘り下げて考え抜くためには、少なくともこれだけの読解が要求されると、ヘンリッヒは考えたのだ。これは安易に「近代の超克」を語るものに対しては恐るべき挑戦である。ヘンリッヒの大きく澄んだ眼差しは、この挑戦を前にしたとき、ハイデッガーもまた敗退するであろうと透視しているかの如くである。

本書の記述は、言葉の最もすぐれた意味で神の存在にかんする「観念史」であるが、しかし思想史の既成の枠組みのなかに描かれているわけではない。むしろそうした既成の枠組みを記述の内側から突き破るような思想史なのである。アカデミックな記述の客観性と近代哲学の意味を考え抜く既成の何ものにももたれかかることのない思索の結晶化なのである。

筆者デイター・ヘンリッヒは現代の西ドイツの哲学界を代表する大立て者である。訳書として、すでに『カント哲学の体系的形式』(理想社)が、出されており、本書のほかにもヘーゲル論の翻訳が間もなく出版されることになっている。国際ヘーゲル学会の会長をつとめるなど有名なわりには、比較的、著作の少ないヘンリッヒ教授の最も充実した主著が本書である。(主な著書論文については、「訳者あとがき」を参照されたい。)

2　存在における必然性の意味

存在論的証明には、アンセルムス型以外にデカルト型があり、ガウニロとトマス・アクイナスによる存在論的証明への批判はデカルト型には適用できない、それゆえ、デカルト型の証明は相変わらず正しいという主張が、本書の基本的な立場である。アンセルムスの証明は〈最高に完全な存在者〉の証明であり、デカルトの証明は〈必然的存在者〉の証明である。実はデカルト自身がアンセルムスを下敷にして自分の証明を語っているので、区別といっても一部では重なっている。ヘンリッヒは、デカルトが存在論的な証明を語った、大きく分けて三つのテキストのうちの一つにデカルトの独自性がはっきり出ていると言う。

第一のテキストは、『哲学原理』の第十四節であり（本書の一五頁）全知全能の最高に完全な存在者という神の観念のうちには、現存在が含まれるというのが要点である。第二のテキストは『省察』の第五であり、現存在を欠いた神は不完全であって、矛盾を含むから、考えることが出来ないという趣旨である。第三のテキストは、『省察』に後から付けられた「反駁と答弁」であるが、そのなかの批判者カテルスにたいする反論で、初めてデカルトの独自性が明示されているとヘンリッヒは主張する。そのデカルトの独自性は、神の観念に必然的に可能的現存在から現実的現存在への移行が含まれているという点にある。項目にまとめれば、「必然性」と「移行」である。「必然性」の契機は、すでに第二のテキストに出てくるので、その箇所にそくして説明がなされている。

デカルトを引用すればこうである。「現存在が神の本質から分離されえないのは、〈三角形の内角の和が二直角になること〉が三角形の本質から分離されえないのと同様である」（一七頁）。内角和の二直角と三角形の本質との必然的結合と同じように神の本質と現存在が結合しているというのだ。これを〈現存在と本質との必然的結合〉と呼んでおこう。〈神の現存在〉とは〈神が在る〉ということである。神の本質とは、〈神の何であるか〉のことである。内角和の二直角は三角形の本質の一つである。〈内角和が二直角になる多角形は三角形である〉ということは真理であるから、〈内角和の二直角〉はたしかに三角形の本質と必然的に結合していると言ってよい。この場合にはしかし〈本質と本質との必然的結合〉である。

ここでカントのいう分析的と総合的という言葉を思い出しておくことは有益であろう。分析的判断とは主語に含まれた概念を述語が解明しているもののことで、俗な解釈をすれば主語の中に隠れている概念を述語が明示しているものである。たとえば「おばあさんは年寄りだ」という判断では、「おばあさん」という主語のなかに隠れている「年寄り」という概念を明示している。もちろん隠れていなくても良い。「飲み水は飲むための水である」というのも、細かい違いは今は無視して分析判断といってよい。分析判断では述語が主語の内容を拡張しないのである。

これにたいして総合判断というのは、述語が主語の内容を拡張するものである。「酸素は気体である」という判断では、「酸素」という主語の意味内容を分析しても「気体」という述語は出てこないから、総合判断である。実際に液体酸素というものがある。分析判断であれば主語と述語の結合が無条件に必然的といいうる。神の本質という概念を分析すると現存在が出てくるというのであれば、本質と現存在の結合は分析的であるがゆえに必然的であると言うことになる。

カントは必然的な結合は、アプリオリでなければならないと考えていた。アプリオリと言うのは経験に依存しない、あらゆる経験に先立つものという意味である。これにたいして経験にもとづく判断はアポステリオリと言われる。カントによれば〈神の本質と現存在の結合〉が、もしも必然的であるとしたら「アプリオリの総合判断」であるということになる。カントは「何かがある」という判断を総合判断だと見なしていたからである。

デカルトはカントよりもずっと昔の人だから、デカルトに「カントの概念で言うと貴方の語る必然性は分析的であるかどうか」と尋ねるわけにはいかない。推測するよりほかにない。おそらく分析的であるのと同じ程度に必然的ではあるが、だからといって神の本質という概念のたんなる分析によって現存在が出てくるのではないとデカルトはいうだろう。

いわゆる分析哲学の立場に立つ人で、分析判断はすべてアプリオリで必然的、総合判断はすべてアポステリオリで偶然的という主張をする人は、クワインとクリプキ以前にはずいぶん多かった。今日では良く言えば寛容、悪く言えば懐疑的になってきている。だから、「本質と現存在との必然的結合」という概念にたいしても、「分析的でない」という理由だけでその必然性をむげに否定するような事はないであろう。問題はここで考えられている必然性の性質なのである。

3　可能性から現実性への移行

ヘンリッヒがデカルトの解釈を語るときには、ほとんど常に「省察」の「反駁と答弁」がいかに重要なテキストであるかを強調していた。私が聴いたのは大学一年生を主体にしたゼミナールであった。ドイツの大学には教養課程という準備段階はないから、ヘンリッヒのような大物の学者が一年生を教えるのである。デカルトにはよく夢の話がでてくる。ある時ヘンリッヒは、ちょっと脱線して夢と現実を区別することに一言ふれた。一斉に学生達の手が上がった。口ぐちに自分の夢体験を語って「夢と現実の区別が付かないような夢も存在するではないか」というのが学生達の大方の言い分であった。ヘンリッヒは「夢と現実の区別が本質的に不可能であるなら、夢という言葉、現実という言葉が無意味になってしまう」という分析哲学で仕込んだ話題を披露しただけなのだが、学生は幾たびとなく手を上げて発言を求める。とうとうヘンリッヒ先生の方が根負けしてその日は夢談義で終わってしまった。

夢談義のばあいに限らず、ヘンリッヒは現代のドイツの哲学者のなかでは分析哲学にくわしい稀な例外として、自己の思索を分析的に吟味することも忘れない。本書が書かれた当時すでに彼が分析哲学に通じていたかどうかは、確言できない。「本質と現存在の必然的結合」という観念について、もしもヘンリッヒが現在の彼の分析哲学的知識を持っていたなら、その必然性についての記述は今とは違っていたかもしれない。とは言うものの、ここで論ずる可能的現存在から現実的現存在への移行というテーマを考えると、問題の根がいわゆる分析哲学の射程をこえたはるかに深い地点に達しているのが、感ぜられる。

少し引用を重ねて見たい。第一の引用はヘンリッヒが引用したメンデルスゾーンである。デカルトの推論にたいする驚嘆を彼はこう語っている。「人間の認識の全域をとっても、この種の推論の例は決して存在しない。可能性から可能性へ、現実性から現実性への推論ならば、どこにでもある。心の外部にある実在的な現存在が、心の内部の観念的な現存在相互の関係と同じ様に、相互に関係づけられている。概念から物へ、観念から実在へと推論されたためしはかつてないのだ。」（本書三頁）

第二の引用。「第五省察のなかでもまだデカルトは〈最完全者〉という概念に基づく推論しか用いていない。だがカテルスが引用したトマスのアンセルムス批判を知るや、デカルトは概念から現存在への移行を基礎づけるのに、最完全者という観念が根本的に不十分だということを確信するにいたったのである。」（二〇頁）

第三の引用はデカルトの言葉である。「最高に力能のあるものの現存在を可能的なものと思惟できるのは、それが自己自身の力で実在できるということを認識するときに限られるのであるから、われわれはそれが現実的に実在すると結論する。」（二四頁）

これらの引用はいずれも、ここでの推論が〈可能から現実への移行〉であって、ふつうの意味での推論の概念の枠をこえるようなものであることを示している。いまここで等質性と非等質性という言葉を使って説明してみよう。およそ推論という形で考えられてきたものは、等質性の関係にすぎなかったが、神の存在論的証明における〈必然的存在者〉という概念に含まれるものは非等質性の関係なのである。無から有への移行である神の世界創造、父なる神のイエズスとしての啓示と受肉はいずれも非等質系での関係である。非等質系における同一という観念はたぶんにキリスト教思想に固有のものであって、歴史的にはカルケドン信条のキリスト論に始原をもつものと思われる。ギリシア哲学は「同じものが同じものに」という等質性をその根元の原理としていた。必然性という範疇をひとからげにして等質性に限定してしまえば、可能から現実への移行の必然性はその限定のもとでは当然の事として不可能になる。それは「無から有は生じない」というパルメニデス的な原理のもとで「無から有の創造」がなりたたないのと同じ理由による。

アンセルムスの「最高に完全な存在者の存在」という観念は、ヴォルフ流の解釈を引き合いに出すまでもなく、等質系の論理で成り立っている。「存在すること」は、いわば完全性の等質的な要素なのである。「事象性」と本書で訳したレアリテートは、肯定・存在・完全の要素である。神はこの要素の集約なのであるから、当然ながら存在を含むのである。要素の集合であるものがどうしてその要素を含まないと言えるだろう。しかし「存在という要素」をふくむことは「非存在という要素を含まない」ということではない。この論理で「必然的な存在者」という観念を支えることはできない。

しかし非等質系の論理は西洋の伝統では非合理にしかならない。この伝統は現代にまで引き継がれている。総合判断をすべてアポステリオリであるとみなし、分析判断をすべてアプリオリと見なすという古い分析哲学の立場は、等質性を分析性に一致させるという点において、近代哲学の隠された深層的な態度決定に従っている。近代哲学はそれが必然性の範疇を論理的な必然性の方向に求めたときには、等質性という数学的な空間を走り、それが必然性を「力能」というダイナミックなものをよりどころに、現実性の方向に求めれば、非等質性の力学に身を擦り寄せることになるのである。もちろん今日的に見て力学は等質系の論理であるにすぎないが、近代では「力」の概念は、非等質的移行を含意することが多かった。カントにおける「力学的」dynamisch という語法もそうなのである。有意味性と指示とは言葉と世界に関わる非等質性である。主観と客観、心と身体、内なるものと外なるものとに関わるものもまた非等質性である。非等質性の特徴として、関係する項が共通の要素をもたないこと、同一の視界に置かれていないことを挙げておいてもよい。

4 霧の中の橋

神の本質にその現存在が、あたかも〈内角和の二直角〉が三角形の本質に属する数学的必然性と同じだけの必然性で属し、しかもその現存在の必然性が可能的現存在から現実的現存在への移行の力学的必然性を意味するとすれば、もはや存在論的証明を拒否する理由はありえない。断っておくがこれは「必然的存在者は必然的に存在する」という分析判断ではない。近代以後の哲学が確実に必然性だと保証できる謙虚な守備範囲は〈分析性というアプリオリな必然性〉だけなのであるから、ヘンリッヒの推薦するデカルト型の存在論的証明を正当化することはむろんできはしないが、さればといって否定するための確実な根拠もない。

もともと非等質系を処理する確実な方法など、近代哲学にありはしない。非等質系をあたかも等質系に置き換えることが出来るかのような幻想が、自分一人が厳密主義者であって、あとは全て言葉の形を実在の形と取り違えているだけだと思い込んできただけだ。だからヘンリッヒにはデカルト型の存在論的証明を信ずる権利はある。だが彼はその権利を行使しようとはしない。本書の序文で彼は「存在論的証明を神の有効な証明として再び掲げようなどという意図は私にはない」と言う。

それでは本書は近代哲学を神の存在論という断層で切ってみせただけの、たんなる思想史にすぎないのだろうか。たしかに思想史、概念史としても第一級のできばえと面白さを示してはいる。だがそれが著者ヘンリッヒの信仰と信念とは無縁のたんなる研究書であるかといえば、そうではない。

ヘンリッヒは自分の信仰について告白することを留保しつづけている。最近の著作題名を仮に「収束する地平」と訳したとする。風景画などで家並の遠近法をあらわす線が地平にむけて走り、収束して行く。その線（Flucht-linien）をその題名は表している。すなわち思索の原点となるものをそれらの収束する線は指し示すであろう。だがそれは原点そのものが見えて来ていることを意味してはいないのだ。題名そのものが一つの留保を含んだ形になっている。この留保はしかし信仰の可能性を奪うような意味での唯物論にたいしては、確実な抵抗線を築かなければならない。すなわち精神の存在を擁護するという戦略を採る。その戦略にとって大きな拠点となるものはデカルトのコギト・〈我思う〉である。コギトと神をつなぐ橋、それがそのまま「存在論的証明」になるのではない。ただ存在論的証明はその橋の形をおぼろげに描き出しているのである。その霧の中の橋の形に黒い線を重ね描きすると、自己関係性、自己根拠性という言葉が浮かんでくる。自己原因という言葉もヘンリッヒは、スピノザよりも古い言葉として指摘している。

信仰と思索の根元を自己原因的なものと見込むことは、信仰の形としては自力的なものを中心に置くことになると思われる。そのことはヘンリッヒのシェリングへの見方にうかがい知ることができる。思惟の沈黙を代償としてしか知られないような存在こそが、真の存在であるとしたら、思惟の自立が同時に存在の真理をとらえる事は不可能になる。シェリングの言は、思惟の彼岸にしか存在がなりたたないことを告げている。「端的な実在者は思惟に由来するような一切のものをうちひしぐ。その前に立てば、思惟は沈黙し、理性そのものですらも膝を屈する。思惟はまさしく可能性・ポテンツにしか関わらないからである」（三二八頁）。理性の自己放棄こそが「本質と現存在の無差別性」（三八七頁）を可能にするという思想は、後に実存主義によって切り開かれてくる近代主義批判の方向を示している。後期シェリングの思想をヘンリッヒは〈思想が存在に先立つのではなく、存在が思想の根拠なのだ〉と要約してみせる（三三七頁）が、このテーゼには唯物論もまた唱和するだろう。シェリングの立場は「無差別という思想において理性に自分自身を放棄することを要求する」（三三二頁）。ここからは当然、思惟が自立して一人歩きすることは、危険であるか、不遜であるかはいずれにせよ、信仰の形として他力的なものがでてくる。分別のさかしらに沈黙をしいるのは存在そのものの重さである。シェリングはそのような〈端的に存在するもの〉を語っている。「最も近付き難い存在、悟性はこの存在から何も手に入れることができない。悟性はこの存在を沈黙によってしか言い表さない。認識すまいとすることによってしか、認識しない」（三三三―三三四頁）。

「近代の自我中心主義は、デカルトにはじまり、ヘーゲルで絶頂を迎えるが、後期シェリングの〈積極哲学〉と称される存在思想を転換点として、新たな展開場面にいたる」という今では常識化した近代哲学観をヘンリッヒは語らない。近代哲学を主観と客観の二元論の成立と克服の過程として描く、認識論中心の史観を採用しているとも思われない。手慣れた歴史図式のなかで〈最も新しいもの〉をやたらにありがたがる風潮からすれば、〈時代錯誤〉というレッテルすら貼られかねない。この著作がその根底に置いた歴史観は、「近代の超克」とか「ポスト・モダン」とかの歴史意識の前提となる概念そのものを、根底から突き崩すような意味を持っているのである。それは近代思想のなかで、いかに我々が打ち消そうとしても打ち消すことが原理的に不可能である様なものは何であるのかを、見つめることから生まれた思索なのである。いったい「近代の超克」を口にする誰が「近代超克の極限的限界」に思いを走らせたであろうか。

思想というものの極限的な形を描くと、その中に存在論的証明のかたち、霧の中の橋がどうしても浮かび上がってくる。まず原理となるものがある。是はなにか他の原理から導きだすわけにはいかない。すると原理そのものが自分の真理性を自分で保証しているようなものでなくてはならない。「自己規定的根拠」(三八三頁)でなくてはならない。自己原因、自己根拠を一括して自己関係性と呼ぶなら、原理は自己関係的でなくてはならない。その条件を満たすものは、存在論的証明が規定する意味での神のみであると、ヘンリッヒは主張する。

つぎに思想は本質と現存在との同一と差異をともに支えることができなければいけない。ヘンリッヒは明確には語っていない(三八四頁)が、こうした非等質系の関係は存在論的証明における神にとっては、いわば〈お手のもの〉であるはずである。ただしこのことは、神における本質と現存在の同一がカントの意味で分析的ではないという条件を必要とする。分析性はただ同一を支えるのみで差異を支えることができないからである。

最後に思想は、意識に依存しない概念の規定を必要とする。本質がそれを意識する主体とのかかわりをはなれて規定されるという条件である。本質は、いわば自分だけで自分を明らかにできるようなものでなくてはいけない。このような言い方が正しいとするなら、ヘンリッヒのあげる思想の極限的条件は、いずれも自己関係性という形をしていることになる。現代のドイツでは、ヘンリッヒと肩を並べる形で、リュディガー・ブプナー(加藤・竹田訳『現代哲学の戦略』勁草書房)もまた、哲学の極限的な形式としての自己関係性ということを語っている。ブプナーとヘンリッヒとのかかわりに関して私にはささやかな思い出がある。

ミュンヘンでヘンリッヒ教授を訪ねた初めての日のことである。哲学科の図書室で、ヘンリッヒ教授の研究室の場所を尋ねた私に秘書の婦人が手元の紙切れに部屋番号を書いて渡してくれた。外国人である私が聴き違えるといけないからである。廊下を歩きながら、ふと、その紙切れを裏返すと、そこにはD・ヘンリッヒのサインがあった。それは図書の貸し出し票であって、彼はプフナーの近刊書を借り出していたのだった。

5　神という名の例外者

神においては本質と現存在とが必然的に結合している。この必然的結合は可能的現存在からの現実的現存在への移行をも含んでいる。これがヘンリッヒの理解する存在論的証明である。もしもこの証明を批判しようとするならば、例えば「現存在をあらわす述語は分析判断である場合を除いて、アプリオリの必然性を形づくらない」というような反証を試みる。カントによる反証を「現存在は本質の一つではない」と言い換えてもよいだろう。しかし、いかなる反証をも撃退できる伝家の宝刀がある。「神は例外である」と言えばよいのだ。そして実際に存在論的証明の批判にたいする反批判では、神と被造物との差異を無視するものだという論点が幾たびとなく出されている。

真面目に議論をしようと思うならば、神と被造物に共通して用いることのできるカテゴリーを決めてからにしなければならない。たとえば「神は賢明である」というとき、その「賢明さ」は神と人間と猟犬とで同じ意味であるか、どうか。もしも、まったく違った意味であるならば、神について語られたいかなる言葉も理解されないであろう。もしも、まったく同じ意味であるとすれば世界を創造する神は世界のどこに、いつ存在すると言えるのだろう。ここでの議論では当然「存在」という概念の同義性が問題になる。

神は被造物と異なり、より高い存在を持つということは、キリスト教思想の根底にあるものである。我々自身の存在についていえば、昨日の私はもはや存在せず、明日の私はいまだ存在していない。私の存在そのものの中に、無がはいりこんでいる。それが人間における「存在と時間」のあり方なのだ。これに対して、神は「出エジプト記」（三—一四）でモーゼにむかって自己を「在りて在るもの」としてつげている。神のみが十全な存在を持つ。このことは原因に関して言えば、神が自己原因であって、自己の存在の原因を自己自身のうちに持つことを意味している。被造物に関しては、常にその存在者の他者の内にのみ存在の原因がある。被造物は自己によって存在するものではなく、神の存在を分かち持つ。それゆえ被造物の存在を通じて神の存在を知ることは、可能であるが、神の存在そのものは知り得ない。神と被造物とは「似ていて似ていない」（トマス）のである。

似ていて似ていない神と被造物について「存在」や「単一」や「善」という概念が、同義的であるかどうかという議論は、それらを「超越概念」と呼ぶ伝統とともに古い。トマスとドゥンス・スコトゥスによって代表される神学の遺産である。近代における「存在論的証明」は、超越概念論が忘れ去られた空白に書き込まれている。超越概念論を抜きにした存在論はどうしても片手落ちになる。「神は例外である」という伝家の宝刀がいつどこで出てくるか、油断ができない。

スピノザの汎神論はこうした存在論の領域で、世界の存在と神の存在の同義性を確立したものと解するならば、デカルトとは違う歴史的な位置を与えられるべきではないかと思われる。世界が存在することと、神が存在することとが根元的に同義であるという条件で、本質と現存在の結合が語られるのであれば、その現存在を「観念内の現存在」だと見なす根拠がなくなるからである。この存在概念が同時にヘーゲルのそれであると思われないではない。ヘンリッヒは自己原因という概念をデカルトからスピノザにかけて連続的であると見なして、汎神論による存在論的証明の変質ということを語ろうとはしない。シェリングの神概念が汎神論によって存在論的証明が変質した後の思想であると考えなくてもよいのだろうか。

ヘンリッヒの眼差しが見つめている中心点は、自己原因としての神と理性との間の「あれか、これか」に答えることである。「神は、存在神学が望んできたように、純粋な思想にとって既に現前しているのか、それとも、積極哲学へのシェリングの脱自的転向や、キルケゴールの逆説に見られるように、人間が思惟してはいても最後には理性が自分自身を放棄し、絶対者を自己の限界として認識することによってのみ、神に達することができるようになるのか」（序文）。この問いに理性の自立を選んで見せたヘンリッヒが、近代哲学の遺産を引き継ぐ代償がいかに重いものであるかを、知らないとは言えない。

訳者あとがき

本書の意義については、加藤尚武先生の解説に詳しく述べられているので、ここでは著者ヘンリッヒの略歴と業績について若干の紹介をしておく。

ヘンリッヒ（Dieter Henrich）は、一九二七年にマールブルクに生れ、マールブルク、フランクフルトの両大学で学んだ後、ハイデルベルク大学で一九五〇年に哲学博士の学位を、一九五六年には大学教授資格を取得した。その後、ベルリン自由大学、ハイデルベルク大学の正教授を経て、一九八一年にミュンヘン大学正教授となり、現在に至っている。なお、一九七〇年と一九七九年には、来日して、各地で講演を行っている。主な著書・論文を挙げれば、次のとおりである。

I、著書

1 Der ontologische Gottesbeweis, Tübingen 1960
2 Fichtes ursprüngliche Einsicht, Frankfurt 1967
3 Hegel im Kontext, Frankfurt am Main 1975
4 Identität und Objektivität, Heidelberg 1976
5 Selbstverhältnisse, Stuttgart 1982（Reclam）

6 Fluchtlinien, Frankfurt am Main 1982

二、論文（上記著書所収論文を除く）

1 Zur theoretischen Philosophie Kants, in: Philosophische Rundschau 1953
2 Das Prinzip der kantischen Ethik, in: Philosophische Rundschau 1954
3 Über die Einheit der Subjektivität, in: Philosophische Rundschau 1955
4 Der Begriff der sittlichen Einsicht und Kants Lehre vom Faktum der Vernunft, in; Die Gegenwart der Griechen im neueren Denken, hrsg. von D. Henrich, W. Schulz und K.-H. Volkmann-Schluck, Tübingen 1960
5 Leutwein über Hegel, in: Hegel-Studien 1965
6 La découverte de Fichte, in:Revue de métaphysique et de morale 1967
7 Kants Denken.-Über den Ursprung der Unterscheidung analytischer und synthetischer Urteile, in: Studien und Materialien zur Geschichte der Philosophie, Bd. 6, 1967
8 Selbstbewußtsein, kritische Einleitung in eine Theorie, in: Hermeneutik und Dialektik, hrsg. von R. Bubner, K. Cramer, R. Wiehl, Tübingen 1970
9 Systemprogramm? in: Hegel-Studien 1973
10 Die Beweisstruktur von Kants transzendentaler Deduktion, in:Kant. Zur Deutung seiner Theorie von Erkennen und Handeln, 1973
11 Kritik der Verständigungsverhältnisse, in:Zwei Reden, Frankfurt am Main 1974

12 Die Deduktion des Sittengesetzes, in: Denken im Schatten des Nihilismus, hrsg. von A. Schwan, Darmstadt 1975

13 Formen der Negation in Hegels Logik, in: Hegel-Jahrbuch 1974, Bonn 1975

14 Hegels Grundoperation, in:Der Idealismus und seine Gegenwart, hrsg. von U. Guzzoni, B. Rang und L. Siep, Hamburg 1976

15 Aufklärung der Herkunft des Manuskripts > Das älteste Systemprogramm des deutschen Idealismus <, in: Zeitschrift für philosophische Forschung 1976

16 Hegels Logik der Reflexion, 2. Fassung, in: Hegel-Studien 1978

17 Zwei Theorien zur Verteidigung des Selbstbewußtseins, in: Grazer Philosophische Studien 1979

18 "Identität"—Begriffe, Probleme, Grenzen, in: Identität, hrsg. von O. Marquard u. K. Stierle, München 1979

19 Absoluter Geist und Logik des Endlichen, in: Hegel-Studien 1980

20 Die Formationsbedingungen der Dialektik, in: Revue Internationale de Philosophie 1982

21 Theorieformen moderner Kunsttheorie, in: Theorien der Kunst, hrsg. von D. Henrich und W. Iser, Frankfurt am Main 1982

22 Logische Form und reale Totalität, in: Hegels Philosophie des Rechts, hrsg. von D. Henrich und R.-P. Horstmann, Stuttgart 1982

23 Deduktion und Dialektik, in: Kant oder Hegel?, hrsg. von D. Henrich, Stuttgart 1983

三、邦訳

1 『カント哲学の体系形式』門脇卓爾監訳　理想社（カント関係の上掲3、4、7、10、12の五論文収録）

2 「意識と自己意識に関する理論の諸問題」1、2　雑誌『理想』No. 458, 459（上掲8の論文の訳）

3 「ヘーゲル哲学の歴史的前提」　雑誌『理想』No. 449（上掲3の著書所収論文の訳）

4 「精神の他者性と絶対性」　雑誌『哲学論叢』（大阪大学哲学哲学史第二講座）第五号（上掲5の著書所収論文の訳）

5 「二つの大戦後のドイツ哲学」雑誌『思想』No. 558

6 「近代哲学の基本構造」　雑誌『思想』No. 612（上掲5の著書所収の論文の訳）

7 「自己意識と自己保存」　雑誌『思想』No. 655（上掲5の著書所収の論文の訳）

さて、本書（Der ontologische Gottesbeweis）は、哲学史上最も重要な問いのひとつである「神の存在の存在論的証明」の問題を、近世哲学に定位して、問題史的に展開するものである。その構想は壮大なものであり、またその叙述は、驚く程緻密な文献研究を土台にしているという点で、本書は、近世哲学史の研究に寄与する記念碑的労作のひとつといっても過言ではないであろう。けれども本書の「序文」と「結び」からも見てとれるように、それは同時に、現代に哲学する人々への問題提起を含んでいる。すなわち、ここで扱われているテーマは、著者の究極的な意図からすれば、単に近世の問題であるばかりではなく、とりわけ現代のアクチュアルな思想問題でなければならないのである。なぜなら、今日の喧しい方法論談義の只中でますます見定めがたくなりつつある〈思惟と存在の根源的関係〉の解明を、その直接的なモチーフにしている点にこそ、「存在論的証明」をめぐるこの偉大な闘争の特質が、あったはずだからである。この証明は、古色蒼然たる「神学」の事柄、しかも哲学的には〈すでに解決済みの事柄〉として、斥けられるべきでは決してない。むしろそれは、ヘンリッヒが本書の「序文」で述べているように、哲学がいつの時代にも「自らの命運を賭して」かかわらなければならない根本問題なのである。本書は、まさにこのことを、（存在神学の歴史的・批判的分析を通して）われわれに改めて想起させようとしていると思う。本書の訳出を思い立った所以である。

訳業は遅々として進まず、草稿が一応の形を整えたのは着手してから三年後、一昨年のことである。内容の高度なことと大部なことが、そして何よりもわれわれの浅学非才が妨げになって、成稿を得るまでに予想外の時間がかかってしまった。この間草稿を幾度も交換し、機会のある毎に集まって疑問の箇所を徹底的に議論しあい、文意を少しでも判り易くするように努めた。議論の段階で味わうことのできた楽しさが訳文のなかに反映できているならば、訳者としてこれに過ぎる喜びはない。一応の分担を決めて出発した仕事ではあるけれども、こういうわけで語の厳密な意味での共訳となりえたこともわれわれの喜びとするところである。

難解をもって聞こえた本書も、精読すれば得るところ少なくないことを、われわれは確信している。本書の読み方として一言つけ加えておけば、「序文」、第一部の「序論」、第一部第二章「序論」、第一部第三章「体系的概観」、そして「結び」をまず読まれることをお勧めする。その後に順序通り読まれると理解しやすくなろう。なお凡例にも記しておいたが、引用文献のうちまったく参照できなかったものがいくつかある。この部分については今後見直していくつもりである。思わぬ誤読、誤訳の可能性もあろうかと思われるが、御叱正、御指摘頂ければ幸いである。

最後に、この訳書がこのような形で出版される運びになったことについて、幾人かの方にお礼を述べておきたい。

ヘンリッヒの仕事の重要性を——早くも十数年前に——最初にわれわれに御指摘下さったのは、細谷貞雄先生であった。この翻訳の仕事を通して先生の御指摘を、いささかなりとも理解できたことをわれわれは喜びに思っている。また、本訳書の出版について御心配頂き、その上解説の労をとって頂いた加藤尚武先生にも、お礼を申し述べなければならない。加藤先生は、本書の意義を逸早く認識され、われわれを絶えず励まして下さった。われわれ訳者としては感謝の言葉もない。大阪大学の波田節夫教授と京都大学の道籏泰三助教授は、本書の意義と価値を理解され仲介の労をとって下さった。専門書の売れ行きの思わしくない最近の出版界のなかで、本書のような本格的研究書の出版をお引き受け下さり、訳者たちの我が儘に耳を傾けて下さった法政大学出版局の編集長稲義人氏と藤田信行氏にも、この場を借りて改めて感謝の言葉を述べたいと思う。

一九八六年三月

訳者

著者

ディーター・ヘンリッヒ
(Dieter Henrich)

1927年マールブルク生まれ．現代ドイツを代表する哲学者．マールブルク，フランクフルト両大学で学び，1950年ハイデルベルク大学哲学博士，56年同大学で大学教授資格を取得．その後，ベルリン自由大学，ハイデルベルク大学の正教授を経て，81年ミュンヘン大学正教授に就任．カント，フィヒテ，ヘーゲルなどいわゆるドイツ観念論哲学の研究に独自の領野を拓く．国際ヘーゲル学会の会長をつとめ，1970，79年には来日し各地で講演を行っている．

解説者・訳者

加藤　尚武（かとう　ひさたけ）

1937年生．京都大学名誉教授．
著書：『ヘーゲル哲学の形成と原理』，他

本間　謙二（ほんま　けんじ）

1945年生．北海道教育大学学長．
訳書：クリストフ『フッサール』（共訳），他

須田　朗（すだ　あきら）

1947年生．中央大学教授．
訳書：カッシーラー『認識問題』（共訳），他

中村　文郎（なかむら　ふみろう）

1946〜2008年．元岩手大学教授．
訳書：ベルクソン『時間と自由』，他

座小田　豊（ざこた　ゆたか）

1949年生．東北大学教授．
訳書：ヘーゲル『イェーナ体系構想』（共訳），他

《叢書・ウニベルシタス　190》
神の存在論的証明
近世におけるその問題と歴史

1986年８月５日　　初版第１刷発行
2012年７月５日　新装版第１刷発行

ディーター・ヘンリッヒ
本間謙二／須田 朗／
中村文郎／座小田 豊　訳

発行所　財団法人　法政大学出版局
〒102-0073 東京都千代田区九段北3-2-7
電話03(5214)5540 振替00160-6-95814
製版，印刷：三和印刷／製本：ベル製本

ISBN978-4-588-09952-6

参 考 文 献

以下の目録においては，本文および原註で引用された全出版物が枚挙されているわけではない．しかしこの目録によって，神の存在の存在論的証明に関する最も重要な文献と特記さるべきモノグラフが，概観されるはずである．タイトルの後の＊印は，その作品が，参考文献についての更に詳しい指示を含んでいるということを示している．

ADLHOCH, B., Der Gottesbeweis des hl. Anselm, Phil. Jahrbuch VIII-IX, 1895ff. (5 Beiträge).

ALBRECHT, W., Hegels Gottesbeweis, eine Studie zur „Wissenschaft der Logik", Berlin 1958.

ALLERS, R., Anselm von Canterbury, Leben, Lehre, Werke, (Einleitung), Wien 1936.

BAEUMKER, CL., Witelo, Münster 1908, S. 297ff.*

BAINVEL, J. V., Anselm II (Argument de saint) in: Vacant-Mangenot (dict. de théol. cathol.) I, 2, 1901, Sp. 1350–60.*

BARTH, K., Fides quaerens intellectum, Anselms Beweis der Existenz Gottes, 1. Aufl., München 1931, 2. Aufl., Zollikon 1958.

BAUMGARTNER (ÜBERWEG), Die patristische und scholastische Philosophie, 12. Aufl., Tübingen 1951, S. 199ff., Lit. S. 699.*

BECCARI, A., La prova ontologica, Arch. Filos. VII, 1937, S. 45ff.

BENSOW, O., Über die Möglichkeit eines ontologischen Beweises für das Dasein Gottes, Rostock 1898.

BERGENTHAL, F., Ist der „ontologische Gottesbeweis" Anselms von Canterbury ein Trugschluß? Phil. Jahrb. 59, 1949, S. 155ff.

BERTIN, F., La preuve de l'existence de dieu selon S. Anselme, Compte rendu du troisième congrès scientifique . . . Brüssel 1895, S. 77ff.

BETTONI, E., L'ascesa a dio in Duns Scoto, Mailand 1943.

—, Ontologico, argomento, in: Enciclopedia filosofica III, 1957.

BOHATEC, J., Zur neuesten Geschichte des ontologischen Gottesbeweises, Leipzig 1906.

BORGMANN, P., Über die Stellung des Duns Scotus zum sog. ontologischen Gottesbeweis, in: 6. und 7. Lektorenkonferenz der deutschen Franziskaner, Werl 1934, S. 116ff.

BOUCHITTÉ, H., Histoire des preuves de l'existence de dieu, Paris 1840.

BRENNECKE, A., Kurzgefaßte Darstellung und Beurteilung der von Leibniz aufgestellten Beweise für das Dasein Gottes, Phil. Monatshefte V, 1870, S. 42ff.

BRENTANO, F., Vom Dasein Gottes, Leipzig 1929.

CALLOS, E., Y a-t-il chez Malebranche une nouvelle preuve de l'existence de Dieu? Giornale Metafisica, V, 1950, S. 503ff.

CAPPUYNS, D. M., L'argument de saint Anselme, Recherches de Théol. anc. et méd., 6, 1934, S. 331ff.

COCK, A., The ontological Argument for the Existence of God, Proceedings of the Aristotelian Society, N. S. XVIII, 1918, S. 363ff.

Cottier, A., Die Gottesbeweise in der Geschichte der modernen Aufklärungsphilosophie, Bern 1943.
Cronston, M., The Existence of God, (Rezension Mark Pontifex), Mind LVII 1948, P 532.
Daniels, A., Quellenbeiträge und Untersuchungen zur Geschichte des Gottesbeweises im dreizehnten Jahrhundert mit besonderer Berücksichtigung des Arguments im „Proslogium“ des hl. Anselm, Beiträge zur Geschichte der Philosophie des Mittelalters VIII, 1909.
Daub, C., Philosophische und theologische Vorlesungen, Berlin 1838–44, Bd. 2, 1839, S. 417ff.
Domke, K., Das Problem der metaphysischen Gottesbeweise in der Philosophie Hegels, Diss. Leipzig 1940.
Dyroff, A., Der ontologische Gottesbeweis des hl. Anselmus in der Scholastik, in: Probleme der Gotteserkenntnis, Münster 1928.*
v. Endert, C., Der Gottesbeweis in der patristischen Zeit, Augsburg 1869.
Epping, A., Scotus en het anselmiaans Godsbewijs, in: Doctor subtilis, Collectanea franziscana nederlandica, VII, 1, 's-Hertogenbosch 1946, S. 29ff.
Espinas, A., L'idée initiale de la philosophie de Descartes, Rev. de Mét. et de Mor. 1917, S. 273ff.
Esser, M., Der ontologische Gottesbeweis und seine Geschichte, Diss. Bonn 1905.
Faust, A., Der Möglichkeitsgedanke, 2. Bd., Heidelberg 1932, S. 164ff.
Fischer, F., Der ontologische Beweis für das Dasein Gottes und seine Geschichte, Progr. Basel 1852.
Fischer, K., Descartes, Geschichte der neueren Philosophie I, 5. Aufl., Heidelberg 1912.
Fonk, A., Ontologisme, in: Vacant-Mangenot 11, 1, 1930, Sp. 1000ff.
Fortlage, C., Darstellung und Kritik der Beweise für das Dasein Gottes, Heidelberg 1840.
Franke, H., Kants Stellung zu den Gottesbeweisen im Zusammenhange mit der Entwicklung seines kritischen Systems, Breslau 1908.
Fuhrmans, H., Schellings letzte Philosophie, Neue deutsche Forschungen Phil. Bd. 36, Berlin 1940.
Fuzier, R. P., La preuve ontologique de l'existence de dieu par Saint Anselme . . ., Compte rendu du quatrième congrès scientifique . . ., III., 114ff.
Garrigou-Lagrange, R., Dieu, son Existence et sa Nature, 5. Aufl., Beauchesne 1950.
Geyser, J., Das philosophische Gottesproblem in seinen wichtigsten Auffassungen, Bonn 1899.
—, Zum Beweise Gottes aus dem Begriff Gottes, Phil. Jhrb. 17, 1904, S. 92ff.
Gilson, E., La philosophie de St. Bonaventura, Paris 1924, S. 136ff.
—, Études sur le rôle de la pensée médiévale dans la formation du système cartésien, Paris 1930.
—, Sens et nature de l'argument de Saint Anselme, Arch. d'hist. doctrinale et littéraire du moy. âge., IX., 1934, S. 5ff.
—, L'esprit de la philosophie médiévale, 2. Aufl., Paris 1944, übers.: Der Geist der mittelalterlichen Philosophie, Wien 1950.
Gouhier, H., La preuve ontologique de Descartes, Rev. int. de Phil. VII, 1954, 295ff.
Gratry, A., Studien. I. Folge: Über die Erkenntnis Gottes. 2. Bd., übers. Pfahler, Regensburg 1858.
Grunwald, G., Geschichte der Gottesbeweise im Mittelalter, Münster 1907.
Gueroult, M., Descartes selon l'ordre des raisons, 2. Bd., Paris 1953.
—, Nouvelles réflexions sur la preuve ontologique de Descartes, Problèmes et controverses, Paris 1955.

GUILTON, J., Note sur l'argument ontologique et sur la critique que Kant en a fait, Les Études philosophiques XI. 1937, S. 23ff.
HAMELIN, O., Le système de Descartes, 2. Aufl., Paris 1921.
HANN, F. G., Die Ethik Spinozas und die Philosophie Descartes', Innsbruck 1875.
HANNEQUIN, A., La preuve ontologique cartésienne défendue contre la critique de Leibniz, Rev. de Mét. et de Mor., 1896.
HARTMANN, A., Der Spätidealismus und die Hegelsche Dialektik, Neue deutsche Forschungen 163, Berlin 1937.
HASSE, F. R., De ontologico Anselmi pro existentia dei argumento, Bonn 1849.
HERRLIN, O., The Ontological proof in Thomistic and Kantian interpretation, Uppsala Universitiets Årssrift 1950, 9.*
JASPERS, K., Die großen Philosophen, München 1957, S. 725ff.
KOPPER, J., Bemerkungen zum anselmischen Gottesbeweise, Ztschr. für phil. Frschg. IX, 1955, S. 302–306.
KÖRBER, J., Das ontologische Argument, Progr. Bamberg 1884.
KÖSTLIN, J., Die Beweise für das Dasein Gottes, Theol. Studien und Kritiken, 1875, S. 601ff.
KOYRÉ, A., Descartes und die Scholastik, Bonn 1923, S. 136ff.
—, L'idée de dieu dans la philosophie de S. Anselme, Paris 1923.
KRUMME, J., Kants ontologischer Gottesbeweis . ., Diss. Münster 1927.
LACHIÈZE-REY, P., Les Origines Cartésiennes du dieu de Spinoza, Paris 1932.
—, Réflexions sur le cercle cartésien, Rev. phil. LXII, 1937, 205ff.
LEESE, K., Philosophie und Theologie im Spätidealismus, Berlin 1929.
LÉON, A., Les éléments cartésiens de la doctrine spinoziste sur les rapports de la pensée et de son objet, Paris 1907.
LIEDTKE, H., Die Beweise für das Dasein Gottes bei Anselm von Canterbury und Renatus Cartesius, Diss. Heidelberg 1893.
LOTZE, H., Mikrokosmos, 4. Aufl., Leipzig 1888, S. 560f.
MAC IVER, A. M., A Note on the Ontological Proof, Analysis VIII, 1948, S. 48ff.
MANSER, G., Das Wesen des Thomismus, 3. Aufl., Freiburg i. Schw. 1949.
MEDICUS, F., Zwei Thomisten contra Kant, Kantstudien III, 1899, S. 320.
NATHANSON, H., Der Existenzbegriff Humes, Berlin 1904.
NINK, C., Philosophische Gotteslehre, München 1948.
OESTERLEY, H., Abriß der Geschichte der philosophischen Beweise für das Sein Gottes, Diss. Göttingen 1855.
OGIERMANN, H. A., Hegels Gottesbeweise, Analecta Gregoriana XLIX, Rom 1948.
OSTERMANN, W., Über Kants Kritik der rationalen Theologie, Diss. Jena 1876.
PASCHEN, O., Der ontologische Gottesbeweis in der Scholastik, Progr. Aachen 1903.
PETRONIEVICS, B., Der ontologische Beweis für das Dasein Gottes, Leipzig 1897.
PONTIFEX, M., The Existence of God, London 1947.
POSEN, E., Die „Existenz" bei David Hume, Diss. Gießen 1921.
RAGEY, M., L'argument de S. Anselme, Étude philosophique, Paris 1893.
REICH, K., Kants einzig möglicher Beweisgrund zu einer Demonstration des Daseins Gottes. – Forschg. z. Gesch. d. Phil. u. Päd. 17, Leipzig 1937.
RIVAUD, A., Les notions d'essence et d'existence dans la philosophie de Spinoza, Paris 1905.
ROSENKRANZ, C., Ontologischer Gottesbeweis, Ersch und Gruber III, 4, 1833, S. 21ff.
RUNZE, G., Der ontologische Gottesbeweis, Halle 1882.*
SAMUEL, O., Der ontologische Gottesbeweis bei Karl Barth, Immanuel Kant und Anselm von Canterbury, Theol. Blätter 14, 1935, S. 141ff.
SAWICKI, F., Theorie der Gottesbeweise, Paderborn 1926.

SCHINDELE, Zur Geschichte der Unterscheidung von Wesenheit und Dasein in der Scholastik, München 1901.
SCHULTE, F., Die Gottesbeweise in der neueren deutschen philosophischen Literatur, Studien zur Philosophie und Religion Heft 19, Paderborn 1920.*
SCHULTZE, H., Der ontologische Gottesbeweis, Progr. Hamburg 1900.
SCHULZ, W., Die Vollendung des deutschen Idealismus in der Spätphilosophie Schellings, Stuttgart 1955.
SEYDEL, R., Der geschichtliche Eintritt ontologischer Beweisführung für das Dasein Gottes, Ztschr. f. Phil. u. phil. Kritik, XXXII, 1858, S. 24ff.
SPEDALIERI, F., Anselmus an Gaunilo?, Gregorianum 28, 1947, S. 54ff.
—, De intrinseca argumenti S. Anselmi vi et natura, Gregorianum 29,1948, S. 204ff.
SPICKER, G., Kampf zweier Weltanschauungen, Stuttgart 1898, S. 206ff.
SPRINGER, J. L., Argumentum ontologicum, proeve eener existentieele interpretatie, Assen 1946.
STAAB, K., Die Gottesbeweise in der katholischen deutschen Literatur von 1850 bis 1900, Paderborn 1910.*
STEENBERGHEN, F. v., Le problème philosophique de l'existence de Dieu, Rev. phil. Louvain XLV, 1947, S. 301ff.
STEINEN, W. v. D., Vom heiligen Geist des Mittelalters, Breslau 1926.*
STIELER, G., Nikolaus Malebranche, Stuttgart 1925.
STÖCKL, A., De argumento ut vocant ontologico, quo existentia dei demonstrari solet, Münster 1862.
—, Die Beweise für das Dasein Gottes, Katholik 1860, S. 279ff.
TENNEMANN, W. G., Geschichte der Philosophie, Bd. X/XI (Descartes und seine Nachfolger), Leipzig 1817–19.
THÔNE, P., L'argument ontologique, sa nature, sa valeur, Ann. phil. chrét. 158, 1909, S. 396ff.
TORCIANTI, L'argomento ontologico di S. Anselmo nella storia della filosofia, Riv. Rosminiana 1911–12.
TRENDELENBURG, A., Logische Untersuchungen, 3. Aufl., S. 466.
WALTE, G. A., De ontologico pro dei existentia argumento, Diss. Bremen 1856.
WEBB, C. C. J., Studies in the History of Natural Theology, Oxford 1915.
DE WULF, M., Histoire de la philosophie médiévale, 6. Aufl., Louvain-Paris 1934–47.

引用文献および引用略号

以下の目録においては，本文と原註で論及された著作，および近世における神の存在の存在論的証明の歴史の理解のために必要なその他の文献のいくつかが挙げられている．本文において括弧で引用されている著作については，その略号を *zit.* の後に挙げてある．

Anonymus, Neue Bestätigung des Schlusses von der Möglichkeit des allervollkommensten Wesens auf dessen Wirklichkeit, Clausthal 1771.

—, Kurzer und klarer Beweis der Existenz Gottes und seiner unendlichen Vollkommenheit (Dialog), Mercure scavant, 1684, S. 2ff.

—, Etwas über den Begriff des notwendigen Wesens, und den daraus hergeleiteten Beweis seiner Wirklichkeit, Phil. Magazin, ed. Eberhard, Bd. IV, 1792, S. 470ff.

—, Beitrag gegen Jaquelot, Nouvelles de la République des Lettres 1702, S. 271ff.

—, (Lettre Anglaise), Beitrag gegen Jaquelot, Nouvelles de la République des Lettres 1703, S. 163.

—, Rezension von Rüdiger: Physica divina, Journal des Scavans 1717, S. 18ff.

Baumgarten, A., Metaphysica, 1739, in: Kants handschr. Nachlaß, Bd. IV. *zit.:* (nach Paragraphen) Met.

Bayle, P., Dictionnaire, IV, 1720, Artikel Zabarella.

Bering, J., Prüfung der Beweise für das Dasein Gottes aus den Begriffen eines höchstvollkommenen und notwendigen Wesens, Gießen 1780.

Brillon, P. J., Jugement de la preuve de l'existence de Dieu prise par l'idée de l'être très parfait, Journal des Scavans 1701, S. 25ff.

—, Beitrag gegen Jaquelot, Histoire des Ouvrages des Savans 1701, S. 141.

Budde, I. F., Theses Theologicae de Atheismo, Trajecti (= Utrecht) 1737.

Clarke, S., A demonstration of the being and the attributes of God . . ., London 1705, übers. Braunschweig und Hildesheim 1756.

Crusius, Chr. A., Entwurf der notwendigen Vernunftwahrheiten . . ., Leipzig 1745.

Cudworth, R., The true intellectual system of the universe, London 1678, *zit.:* (nach Seitenzahlen bzw. Paragraphen der lateinischen Übersetzung von Mosheim, Jena 1733) Mosheim.

Descartes, R., Meditationes de prima philosophia, Paris 1641, *zit.:* Med.

—, Briefwechsel, ed. Adam – Tannery, Paris 1897ff.

—, Principia philosophiae, Amsterdam 1644, *zit.:* Pr.

Des Maizeau, Beitrag gegen Jaquelot, Nouvelles de la République des Lettres 1701, S. 511ff.

—, Beitrag gegen Jaquelot, a.a.O. 1702, II, S. 31ff.

—, Beitrag gegen Jaquelot, a.a.O. 1703, S. 187ff.

Du Hamel, J. B., Theologiae clericorum summarium, Tom. I, Paris 1694, S. 10ff.

Eberhard, J. E., Vorbereitung zur natürlichen Theologie, Halle 1781, in: Kants handschr. Nachlaß, Bd. V., S. 491ff.

Fabricius, J. A., Delectus argumentorum et syllabus scriptorum qui veritatem religionis christianae adversus atheos . . . asseruerunt, Hamburg 1725.

Feder, J. G. H., Logik und Metaphysik, 6. Aufl., Göttingen 1789.
Fénelon, de, Traité de l'existence de Dieu, 1712, in: Oeuvres choisis de Fénelon, Paris, 1837, S. 1ff.
Fichte, I. H., Beiträge zu Charakteristik der neueren Philosophie, 2. Aufl., Sulzbach 1841, S. 860f.
—, Der Begriff des negativ Absoluten und der negativen Philosophie, Ztschr. f. Phil. XII, 1843, = Vermischte Schriften, Leipzig 1869, I, 3, S. 157ff.
Gassendi, P., Fünfte Einwände gegen Descartes' Meditationen, in der Ausgabe der Meditationen, Paris 1641.
—, Disquisitio metaphysica seu dubitationes et instantiae adversus Renati Cartesii Metaphysicam, et responsa, in: Petri Gassendi opuscula philosophica, Lugduni (= Leiden) 1658, S. 269ff.
Gunner, J. E., Beweis von der Wirklichkeit und Einigkeit Gottes, Jena 1748.
Hegel, G. W. F., Jenenser Schriften, (1801–03) = WW. ed. Glockner, Bd. 1, *zit.:* Jena.
—, Die Phänomenologie des Geistes, (1807), ed. Hoffmeister, 5. Aufl. 1949, *zit.:* Phän.
—, Wissenschaft der Logik, (1812–13) 2. Bd., ed. Lasson 1934, *zit.:* Log.
—, Enzyclopädie der philosophischen Wissenschaften im Grundrisse, Heidelberg 1817, = WW. ed. Glockner Bd. 6, *zit.:* (nach Paragraphen) Enz HD.
—, Vorlesungen über die Philosophie der Religion, 3. Bd., ed. Lasson 1925–29, *zit.:* Rel.
—, Die Beweise vom Dasein Gottes, ed. Lasson 1929, *zit.:* GB.
—, Vorlesungen über die Geschichte der Philosophie, 3. Bd., ed. Michelet, (= WW. ed. Glockner Bd. 17.–19.) 1833–36, *zit.:* GP.
—, Enzyklopädie der philosophischen Wissenschaften im Grundrisse, 2./3. Aufl., Heidelberg 1827–1830, mit Erläuterungen und Zusätzen ed. Henning, 1840, *zit.:* (nach Paragraphen) Enz.
L' Herminier, N., Summa theologiae, 1704, Neuausg. Venetiis 1761, *zit.:* l' He.
Histoire des Ouvrages des Savans, XVI/XVII, 1700–1701, *zit.:* Hist.
Hollmann, S. C., Pneumatologia, psychologia et theologia naturalis, Göttingen 1780, S. 281ff.
Huetius, P. D., Censura philosophiae cartesianae, Paris 1689, *zit.:* Hu.
Hume, D., A Treatise on Human Nature, 1739–40, ed. Green and Grose, London 1898, *zit.:* Treat.
—, An Enquiry concerning human understanding, London 1748, *zit.:* Enq.
—, Dialogues concerning natural religion, ed. A. Smith, London 1779, *zit.:* Dial.
Jacob, L. H., Prüfung der Mendelssohnschen Morgenstunden..., Leipzig 1786, (mit einem Vorwort von Kant).
Jaquelot, I., Rezension der Schrift von Werenfels, Histoire des Ouvrages des Savans, 1700, S. 199ff.
—, Beitrag gegen Brillon, Histoire des Ouvrages des Savans 1701, S. 226ff.
—, Beitrag gegen Werenfels und Des Maizeau, Histoire des Ouvrages des Savans 1701, S. 420ff.
—, Beitrag gegen Des Maizeau, Nouvelles de la République des Lettres, 1702, II, 293.
Kant, I., Principiorum primorum cognitionis metaphysicae nova dilucidatio, Königsberg 1755, *zit.:* Nov. dil.
—, Der einzig mögliche Beweisgrund zu einer Demonstration des Daseins Gottes, Königsberg 1763, *zit.:* emBg.
—, Kritik der reinen Vernunft, Riga 1781, *zit.:* KdrV.
—, Preisschrift über die Fortschritte der Metaphysik, ed. Rink 1804, *zit.:* Prschr.
—, Handschriftlicher Nachlaß, Metaphysik, in: Kants gesammelte Schriften, Bd. IV. und V. Berlin 1926–28, *zit.:* vierstellige Ziffern.

KANT, I., Vorlesungen über Metaphysik, ed. Pölitz, Erfurt 1821, *zit.:* Pölitz.
—, Vorlesungen über die philosophische Religionslehre, ed. Pölitz, 2. Aufl., Leipzig 1830, *zit.:* Pölitz Rel.
—, Vorlesungen Kants über Metaphysik, ed. Heinze, Abhandlungen der sächs. Akad. d. Wiss., phil.-hist. Kl., VI., Leipzig 1894, *zit.:* Heinze.
—, Die philosophischen Hauptvorlesungen, ed. Kowalewski, Leipzig 1924, *zit.:* Kowalewski.
LAMBERT, J. H., Anlage zur Architektonik . . ., 2. Bd., Riga 1771.
LAMY, F., Beitrag gegen Brillon, Mémoires pour l'histoire des sciences et des arts (Mémoires Trevoux) 1701, S. 108ff.
LEIBNIZ, G. W., De vita beata, (?), in: Erdmann, S. 55ff. Alle Schriften von L. *zit.:* Erdm., nach: G. G. Leibnitii opera philosophica . . . omnia, ed. J. E. Erdmann, Berlin 1860.
—, Brief an Hermann Conring, 1678, in: Erdmann, S. 78.
—, De veritatibus primis, (?), in: Erdmann, S. 99.
—, Meditationes de cognitione . . . (1684), in: Erdmann, S. 79ff.
—, Discours de Métaphysique (1686), *zit.:* (nach Paragraphen) Disc.
—, De rerum originatione radicali (1697), in: Erdmann, S. 147ff.
—, De la démonstration cartésienne de l'existence de Dieu . . ., (Teilstück aus einem Brief), Mémoires pour l'histoire des sciences et des arts (Mémoires Trevoux) 1701, (im Anschluß an Lamy).
—, Nouveaux essais sur l'entendement humain (1704), *zit.:* (nach Paragraphen) N.E.
—, Theodicee, 1710, *zit.:* Theod.
—, „Monadologie" (1714), *zit.:* (nach Paragraphen) Mon.
—, Textes inédits, ed. Grua, Paris 1948, S. 328.
LOTZE, H., Bemerkungen über den Begriff des Raumes, Sendschreiben an C. H. Weiße, Ztschr. f. Phil. N. F., IV, 1841, S. 1ff., = Kleine Schriften Bd. I, 1885.
MALEBRANCHE, N., De la recherche de la vérité . . ., 2. Bd., Paris 1674/5, *zit.:* Rech. (nach Abschnitten).
—, Entretiens sur la métaphysique . . ., Rotterdam 1688, in: Oeuvres de Malebranche, ed. Simon, Paris 1842, Bd. I., *zit.:* Entr.
MEIER, G. F., Metaphysik, 4. Bd., Halle 1755/9.
MENDELSSOHN, M., Abhandlung über die Evidenz in den metaphysischen Wissenschaften, Berlin 1764, 2. Aufl. 1786, in: M's. Schriften zur Phil., ed. Brasch, 2. Bd., Leipzig 1880.
—, Morgenstunden, Berlin 1785.
MORE, H., Antidotus adversus Atheismum, London 1674, in: scriptorum philosophorum Tom. II, London 1679. – . . . Antecedentis Antidoti adversum Atheismum Appendix, London 1679, a.a.O., *zit.:* Ant.
MOSHEIM, I. L., R. Cudworthi Systema intellectuale . . . (lat. Übersetzung mit einer Prüfung und verschiedenen Beobachtungen und Dissertationen), Jena 1733.
Nouvelles de la République des Lettres, 1701–1703, *zit.:* Nouv.
PARKER, S., Tentamina physico-theologica de Deo, London 1665, *zit.:* Tent.
—, Disputationes de Deo et providentia divina, London 1678, *zit.:* Disp.
PLATNER, E., Philosophische Aphorismen, 2. Bd. 1. Aufl., Leipzig 1776.
PLOUQUET, G., Observationes ad commentationem Diss. Imm. Kant de uno fundamento demonstrationis existentiae dei, Tübingen 1763.
RÜDIGER, A., Physica Divina . . ., Frankfurt a.M. 1716.
SCHELLING, F. W. J., Zur Geschichte der neueren Philosophie, (1827), = WW. ed. K. F. A. Schelling, Bd. X, S. 1–200, *zit.:* GNP.
—, Vorrede zu einer philosophischen Schrift V. Cousins, (1834), = a.a.O., Bd. X, S. 201ff., *zit.:* Cousin.

Schelling, F. W. J., Philosophie der Mythologie, erstes Buch (der Monotheismus), = a. a. O., Bd. XII, *zit.:* Mth.
—, Philosophie der Mythologie (1842), = a. a. O., Bd. XI, *zit.:* M.
—, Philosophie der Offenbarung, (1854), = a. a. O., Bd. XIV, *zit.:* O.
Spinoza, B., Renati Des Cartes principiorum philosophiae . . ., Amsterdam 1663, *zit.:* (nach Paragraphen) Princ.
—, Korte Verhandeling van God, de Mensch en deszelfs welstand, lat. ed. 1852, holl. 1869, (s. Überweg-Heinze III, S. 273), *zit.:* nach Abschnitten.
—, Ethica, ed. 1677, *zit.:* (nach Abschnitten) Eth.
Stattler, B., Philosophia methodo scientiis . . ., Pars V., Theologia naturalis, Augustae vindelicorum (= Augsburg) 1771.
Swicerus, H., Epistola apologetica ad Deoduraeum Gentagulum, in qua argumentatio Cartesii pro Existentia Dei . . . asseritur Ulm 1700.
Tittel, G. A., Erläuterungen der theor. und prakt. Phil. nach Herrn Feders Ordnung, Metaphysik, neue Aufl., Frankfurt 1788.
Ulrich, J. A. H., Institutiones logicae et metaphysicae, Jena 1785.
De Vries, G., Exercitationes rationales de deo . . . ., Trajecti 1685, S. 14ff.
Walch, J. G., Artikel: Gott, in: Philosophisches Lexikon, 4. Aufl., Leipzig 1775, Sp. 1801ff. (mit weiterer Literatur).
Weisse, Ch. H., Über den gegenwärtigen Standpunkt der philosophischen Wissenschaft, Leipzig 1829.
—, Über das Verhältnis des Publikums zur Philosophie in dem Zeitpunkte von Hegels Abscheiden . . ., Leipzig 1832.
—, Die Idee der Gottheit, Dresden 1833, *zit.:* I. d. G.
—, Grundzüge der Metaphysik, Hamburg 1835, *zit.:* Met.
—, Über die metaphysische Begründung des Raumbegriffs, Ztschr. f. Phil. N. F. IV, 1841, S. 25ff.
—, Das philosophische Problem der Gegenwart, Sendschreiben an I. H. Fichte, Leipzig 1842, *zit.:* Sendschr.
—, In welchem Sinne die deutsche Philosophie jetzt wieder an Kant sich zu orientieren hat, Leipzig 1847.
—, Philosophische Dogmatik oder Philosophie des Christentums, 3. Bd. Leipzig 1855–62, *zit.:* Dogm.
Werenfels, S., Judicium de Argumento Cartesii pro existentia dei petito ab eius idea, Basel 1699, in: Opuscula tom. II, Lugduni 1772, S. 198ff.
—, Vindiciae judicii de argumento Cartesii contra epistolam apologeticam pro hoc argumento, Nouvelles de la République des Lettres 1701, S. 514ff., 1716, S. 534ff.
Wolff, Ch., Nötige Zugabe über Herrn Dr. Buddens Bedenken, Frankfurt 1724.
—, Philosophia prima sive Ontologia, Frankfurt 1729, *zit.:* Ont.
—, Vernünftige Gedanken von Gott, der Welt und der Seele des Menschen . . ., Frankfurt und Leipzig 1719, 5. Aufl. 1732.
—, Theologia naturalis, 2 Bände, Frankfurt 1736/7, *zit.:* Theol.
—, Deutsche Übersetzung der Vorrede zum zweiten Band der Theologia naturalis, in: ges. kleine phil. Schrift., IV., S. 276ff., Halle 1739.